# 高拱论札

GAOGONG LUNZHA

岳天雷　岳洋洋　著

河南人民出版社

·郑州·

## 图书在版编目（CIP）数据

高拱论札 / 岳天雷，岳洋洋著 . — 郑州 ：河南人
民出版社，2024. 6
ISBN 978 - 7 - 215 - 13304 - 4

Ⅰ . ①高… Ⅱ . ①岳… ②岳… Ⅲ . ①高拱（1513 -
1578）- 人物研究 Ⅳ . ①K827 = 48

中国国家版本馆 CIP 数据核字（2023）第 055117 号

河南人民出版社 出版发行

（地址：郑州市郑东新区祥盛街 27 号 邮政编码：450016 电话：0371-65788055）
新华书店经销　　　　　　　　河南锦华印务有限公司印刷
开本　710 毫米 × 1000 毫米　　　　1/16　　　印张　21.5
字数　338 千字
2024 年 6 月第 1 版　　　　　　2024 年 6 月第 1 次印刷

定价：59.00 元

# 目　　录

# 绪 论

　　明代嘉靖、隆庆和万历时期的著名政治家和思想家高拱,在明清时期就是褒贬不一、毁誉参半的历史人物,迄至近现代更是众说纷纭,见仁见智。正如明末清初思想家孙奇逢所说:"中玄居政府,毁誉参焉。"①这本小书,以史实和史料为依据,对高拱的"为相之材"和"为官操守"及其相关问题作了全面辨析和缜密考证,试图廓清笼罩在高拱身上的种种历史迷雾,以此把握隆庆政局和隆庆改革之实态,梳理隆庆改革与万历改革传承之脉络,并彰显高拱的改革事功和历史地位。在绪论中,拟就高拱的生平与评介、本书的内容与重点、研究的目的与方法等问题加以概要性阐述。

## 一、生平与评介

　　高拱出身于官宦世家。其先祖为山西洪洞椿树胡同之高氏,其名曰成,于元末避兵乱,始徙居河南省新郑县(今属郑州新郑市)东北河东高老庄②。高成五世孙曰魁,即为拱之祖父。高魁,字文元,号两峰,成化二十二年(1486)丙午科举人,官至工部都水清吏司郎中。魁生三子,其第三子尚贤即为拱之父。高尚贤,字大宾,号凤溪,正德五年(1510)庚午科乡试中举,正德十二年(1517)丁丑科会试进士及第,官至光禄寺少卿。尚贤生六子,高拱排行第三,"伯兄捷,南京佥都御史;仲兄掇,金吾卫千户;弟操(早逝);次弟才,右军都督府经历;次弟捒,凤阳府判"③。长兄高捷,字渐卿,号存庵,嘉靖十

---

　① 孙奇逢:《中州人物考》卷二《高文襄公拱》。
　② 河东高老庄,在今河南省新郑市城东北八公里处。河东,因居莲河东侧而得名。
　③ 郭正域:《合并黄离草》卷二四《太师高文襄公墓志铭》。

三年(1534)甲午科中举,嘉靖十四年(1535)乙未科进士及第,官至南京佥都御史。其他兄弟也大多取得功名,为官从政。可见,高氏家族"一门三进士",家世显赫,是新郑的名门望族。

高拱,字肃卿,号中玄①,生于明武宗正德七年(1512 年②)十二月十三日,卒于明神宗万历六年(1578)七月初二日,享年六十六岁。

高拱自幼聪敏,资禀颖异,"五岁善对偶,八岁日诵数千言"③。年纪稍长,苦学问,攻经义,"为文不好琐屑,而沉雄开爽,出人意表"④。嘉靖七年(1528),"年十七魁其乡"⑤,以礼经中戊子科经元。嘉靖二十年(1541)辛丑科进士及第,选为庶吉士。嘉靖二十二年(1543)十月,授翰林院编修。嘉靖三十一年(1552)八月,裕王(即后来的明穆宗)出阁讲读,高拱首任其侍读讲官,后升侍讲学士。高拱侍裕邸凡九年,深得裕王倚重,师生情谊深厚。这为其后登上权位高峰并主持隆庆改革创造了重要条件。嘉靖三十九年(1560)三月,拜太常寺卿,掌国子监祭酒事。嘉靖四十一年(1562)正月,擢礼部左侍郎;八月,高拱以礼部左侍郎兼翰林院学士同左春坊左谕德兼侍读瞿景淳充总校官,参与重录《永乐大典》。嘉靖四十二年(1563)四月,由礼部左侍郎兼翰林院学士,转吏部左侍郎兼学士,掌詹事府事。嘉靖四十四年(1565)六月,升礼部尚书兼翰林院学士,召入直庐。嘉靖四十五年(1566)三月,以礼部尚书兼文渊阁大学士,入阁参与机务。同年十二月,世宗崩,穆宗即位,改元隆庆。

隆庆元年(1567)二月,高拱晋少保兼太子太保武英殿大学士。四月,晋少傅兼太子太傅吏部尚书。高拱入阁后,因与首辅徐阶的政治立场、治国纲领和学术思想存在分歧和对立,徐阶发动言官轮番弹劾,掀起逐拱浪潮。五月,高拱称病归里,首次落败。隆庆二年(1568)七月,徐阶致仕,李春芳任首辅。隆庆三年(1569)十二月,穆宗召高拱还阁,以大学士兼掌吏部事,由此

① 高拱号"中玄",清康熙之后改为"中元",因避康熙"玄烨"之讳所致。
② 高拱生于正德七年(1512)十二月十三日,换算成公历,跨入第二个年头,即公元 1513 年 1 月 19 日。
③ 高有闻:《高文襄公文集·高公讳拱列传》,《高拱全集》附录二《高拱生平文献》。
④ 郭正域:《合并黄离草》卷二四《太师高文襄公墓志铭》。
⑤ 郭正域:《合并黄离草》卷二四《太师高文襄公墓志铭》。

拉开了隆庆改革的序幕。隆庆四年（1570）十二月，晋少师兼太子太师建极殿大学士。隆庆五年（1571）五月，李春芳致仕，高拱升任内阁首辅，仍兼吏部事。隆庆六年（1572）正月，加柱国，赠太师，晋中极殿大学士。五月，穆宗崩逝，神宗即位，高拱失去靠山。六月，次辅张居正利用皇位交替之机，与同高拱素有矛盾的宦官冯保勾结，并取得李太后支持，以"专权擅政"的罪名，斥逐高拱"回籍闲住"，高拱再次落败。这一事件，史称张居正"附保逐拱"。

高拱下野后，张、冯惧怕高拱东山再起，便利用万历元年（1573）正月发生的"王大臣案"，试图构陷而诛之。因其宫府串通的违制之举，以及朝野舆论的强大压力，最终不得不罢手，高拱侥幸逃过一劫。经此沉重打击，高拱晚年"志不尽舒，才不尽酬"①，于万历六年（1578）七月含冤病逝。高拱病逝二十四年后，即万历三十年（1602）三月，时值神宗举行建储大典，其嗣子高务观疏请"赐名之典"。神宗追念高拱安边定业，"功不可泯"，赠太师，谥"文襄"。高拱三十年不白之冤得以平反昭雪。

由上可见，高拱一生从政长达三十余年，晋职十四次，但其仕途并非一帆风顺，而是经历了"两起两落"，即两次入阁、两次被罢的宦海沉浮。"两起"之时，他秉忠为国，力行改革，试图为走向衰败的明王朝开出新局面；"两落"之后，他并未意志消沉，一蹶不振，而是发奋著述，整理疏稿，力图为明代政治文化和思想文化发展作出贡献。可以说，高拱的一生是历经磨难而顽强奋斗的一生，也是力破旧制而锐意改革的一生。"他是一个在政治上和学术上都有特别表现的人物，是一个站在时代前面开风气的人物。"②

然而，后世对高拱的认识和评价可谓褒贬不一，毁誉参半。高拱逝世后，最早为其作出评价的是明神宗。万历七年（1579）二月，神宗在高拱葬祭批文中，肯定其"才气英迈，遇事能断"，对其靖边功绩特别作了肯定和褒扬，言俺答"因求互市，朝议纷纭。拱奋身主其事，与居正区画当而贡事成，三边宁戢。又广寇鸥张，辽东数与虏角一时，督抚剿除，拱主持力为多"；但同时又指出他"不避恩怨，然性急寡容，与同列每成嫌隙。虽自清励，而所引用多

---

① 郭正域：《合并黄离草》卷二四《太师高文襄公墓志铭》。
② 嵇文甫：《论高拱的学术思想》，载《嵇文甫文集》下册，河南人民出版社1990年版，第434页。

门生,不无窥窃,至摧抑故相(徐)阶,拱不为无意,然其家人狱成,而拱谓已甚者,必欲轻出之,则原非深于怨毒者"。① 官方这种毁誉参半之评,对后世史家影响巨大。

最早为高拱作传的是明代文学家和史学家王世贞。《嘉靖以来内阁首辅传》卷六《高拱传》在诸传中撰写最早,当在万历十八年(1590)王氏去世之前的数年之内。② 该传虽然简略记述了高拱的才能和事功,但其大半篇幅却是贬责之辞、"訾议"之论,并给予否定性评价:"拱刚愎强忮,幸其早败;虽有小才,乌足道哉!"③在王氏笔下,高拱"不霁"是十恶不赦的政治罪人,"报复"成性的失德小人。与王氏相反,万历三十年(1602)高拱平反之后,时任礼部侍郎的郭正域应高拱嗣子务观乞请撰著的《太师高文襄公墓志铭》,不仅详细记述了高拱的从政经历和公正廉直的为官之道,而且还重点记述了他的改革事功和靖边功绩,并给予肯定性评价:"嘉、隆之际,相臣身任天下之重,行谊刚方,事业光显者,无如新郑高公。"④显然,王世贞将其评为"反面人物",郭正域将其视为历史功臣。可以说,王氏和郭氏分别开启了后世贬责与褒扬高拱之端绪。例如,有些史家将其贬为"负才自恣""性急寡容""性直而傲"之人,有些史家将其誉为"救时贤相""治安良相""社稷名臣",还有大量褒贬不一、毁誉参半的论评,真可谓"中玄居政府,毁誉参焉"⑤。不过,随着明王朝逐渐走向衰亡,国势渐趋陷入衰败,有些史家又重新忆起高拱当年的改革之举、振兴之功,对其认识和评价也逐渐形成了表扬多于批评、褒誉多于贬责的倾向。但不可否认的是,王世贞的《高拱传》和郭正域的《太师高文襄公墓志铭》是引起后世褒贬毁誉、众说纷纭的历史源头,乃至成为现今认识和评价高拱的思维定式。

① 《明神宗实录》卷八四,万历七年二月乙巳。
② 参见南炳文:《修订中华点校本〈明史〉高拱、徐阶二传随笔》,《史学集刊》2008 年第 4 期。
③ 王世贞:《嘉靖以来内阁首辅传》书末"野史氏曰"。按,对王氏所谓"乌足道哉"的评价,樊树志先生辨析说:"高拱虽然被取代,但其政绩已为张居正新政奠定了基础。……(高拱)掌权达两年半时间,不少政绩颇为引人注目,例如在张居正协助下达成隆庆和议,推行考课政策,山东新河的开凿,海外贸易的开放等,很难以'乌足道哉'一笔抹杀。"(樊树志:《晚明史(1573—1644 年)》上卷,复旦大学出版社 2003 年版,第 241—242 页)
④ 郭正域:《合并黄离草》卷二四《太师高文襄公墓志铭》。
⑤ 孙奇逢:《中州人物考》卷二《高文襄公拱》。

　　如果说明清史家秉持的是褒贬不一、毁誉参半的评价态度，那么，近现代学术界受其影响出现截然相反的评价，可谓仁者见仁、智者见智，是其所是、非其所非。这些不同或相反的认识和评价，大致上有三种倾向。一是倾向于肯定或赞誉之评。即肯定高拱有其显著改革功绩，吏治上"仕路肃清"，经济上国库充裕，边政上"边陲晏然"，并据此认定高拱是隆庆改革的主持者和隆万大改革的始创者，是当之无愧的政治家和改革家。二是倾向于否定或贬责之评。即以渲染、夸大高拱的秉性耿直为根由，以他主政时间短暂为理据，以他与徐阶、李春芳、赵贞吉、殷士儋等隆庆阁臣的矛盾为缘由，不仅全盘否定其为人、为德和为政，而且还提出所谓的"性格偏狭"说、"有仇必报"说、"贪污腐化"说、"留下烂摊"说、"相材缺失"说、"政治权谋"说、"开启党争"说、"新郑横议"说等，可谓将高拱刻画为十恶不赦的政治罪人、"报复"成性的失德小人。三是倾向于有褒有贬、有毁有誉之评。一般来说，这种评价倾向对高拱的执政能力、改革事功持肯定和赞誉的态度，而对其秉性耿直、为官操守则持否定和"訾议"的态度。① 实际上，这种评价倾向在近现代学术界评价中为数居多，占据的分量最重，而纯粹的肯定性评价和否定性评价并不多见。只不过在有褒有贬、有毁有誉的评价中，存在着褒多于贬，或毁大于誉的差别，即分量有所轻重而已。

　　那么，为何会出现如此不同甚至截然相反的认识和评价？究其原因，既有客观因素，也有主观因素。客观方面，由于采信史料、研究视角、评价标准的不同；主观方面，由于研究者秉持的观点、立场、偏好的不同，特别是由于传统之见、门户之见、地域之见的不同。这是导致对高拱的认识和评价出现差异乃至得出相反结论的重要因素。

# 二、内容与重点

　　对高拱的评价，既有高拱的为相之材、主政纲领、改革事功的问题，也有

---

① 　关于高拱研究及其评价问题，笔者在《高拱研究的回顾与展望》(《河南大学学报(社会科学版)》2010 年第 1 期)一文中作了综述。

高拱的性格秉性、为官操守、做人之道的问题，还有他晚年所著《病榻遗言》一书的刊刻时间、内容真实性、政治影响力的问题。可以说，人品、为人、性格、为官、官德、为政等方面，对高拱的认识和评价皆有不同，甚至截然相反。

因此，要使高拱学术研究得以全面展开，就必须依据史实和史料，深入研究和缜密考证这些不同乃至相反的认识和评价问题。本书以此为视角，坚持论从史出的原则，运用辩证的思维方法，以历史进步为其评价标准，试图辨明是非，考镜源流，探寻真相，进而把握隆庆政局和隆庆改革之实态，厘清隆庆与万历改革承传之脉络。在内容编排上，本书以"相材"和"官德"问题为重点，依据高拱"两起两落"的先后时序来编排章节次序。除第一章外，具体辨析和研究十二个问题，全书凡十三章。另附有四篇附录。下面，就各章的主要内容和观点加以提要性概述。

第一章：是是非非论高拱。在高拱的主政纲领、靖边事功、为相素质、为政作风、性格特征、为官操守等诸多方面，明清史家的记载即有明显的褒贬毁誉之处，近现代学术界的认识和评价更是众说纷纭，反差颇大。究其原因，一是由于历史人物的复杂性或多面性，二是由于明清历史文献的不同记载，三是由于高拱与隆庆阁臣之间的复杂关系。坚持论从史出的治史原则，运用矛盾分析的辩证思维方法，确立历史进步的人物评价标准，应是解决不同评价问题的关键。

第二章："内阁混斗"问题。这是关于隆庆内阁连续出现的激烈斗争的性质问题。有些学者将其定性为"混斗"或"内讧"，并认定高拱是在"混斗""内讧"中将其他阁臣排挤出阁的始作俑者。然而，这只是政治表象，其实质则是"混斗""内讧"背后存在着保守与改革两大营垒的对立。隆庆朝为时短暂，仅有六年，但却是由保守走向改革的大转折时期。前三年是以徐阶为首的保守派对嘉靖弊政进行救弊补偏的阶段，后三年是以高拱为首的改革派全面推行改革的阶段。随着前后期阁权的转移，即徐阶致仕，高拱不久提任首辅并兼掌吏部事后，隆庆政局呈现出由保守到改革的走向，并开启了隆万大改革之先河。因此，高拱应是改革家，而非所谓的"老斗士"。

第三章："阁臣去政"问题。关于隆庆阁臣徐阶、陈以勤、赵贞吉、李春芳、殷士儋先后去政的原因，明清以来的记载大都归咎于高拱，认为这是高拱排逐打击的结果。最早提出这一观点的,当是明代史学家王世贞。其所撰的《高拱传》虽然对高拱的才学及"俺答封贡"之功略有提及,但通篇叙述的重点乃是高拱如何倾轧同僚、结党营私、排斥异己、贪污纳贿,特别是其大肆渲染高拱"报复"隆庆阁臣问题,曲解隆庆阁臣去政之真相。然而,考之历史事实,揆诸历史文献,高拱与隆庆阁臣去政并没有必然联系,高拱并非排逐隆庆阁臣的始作俑者。

第四章:"挟私报复"问题。高拱是否"挟私报复"隆庆阁僚,是明清至今评价中的焦点问题。所谓高拱"挟私报复"问题,仍然出自王世贞的《高拱传》。该传大半篇幅叙述高拱如何倾轧同僚、"报复"朝官、排斥异己等,从而使其背负"挟私报复"的恶名,并对后世史家及现今史学界也产生了严重的负面影响,似乎已成为"共识"或"定论"。辨析和澄清这一问题,对公正评价高拱的政治品行和道德操守至关重要。

第五章:"相材缺失"问题。高拱是否缺失相材?这是现今学术界纷争的重要问题。有些学者认定高拱"相材缺失",没有为相的素质、才能和肚量,这不符合历史事实。嘉靖四十五年(1566)三月,高拱首次入阁,由于同首辅徐阶的政治立场、治国纲领和学术思想存在分歧,被逐出内阁,这绝非所谓"以群辅搏首辅,有违做官之道"所致。隆庆三年(1569)十二月,高拱再次入阁,内阁诸臣去政,也是由于政见政纲存在分歧,绝不能归咎于高拱。史家沈德符提出这都是张居正一人所为,应是符合史实之论。高拱入阁拜相,"公正廉直",论相业功绩,不亚于徐、张;论为官操守,又比徐、张清廉高尚。所谓高拱"相材缺失",既有失公平公正,也有悖于历史事实。

第六章:"改革纲领"问题。嘉靖末年,高拱任职礼部时提出而未上奏的《挽颓习以崇圣治疏》(即《除八弊疏》)是否具有改革纲领的性质,现今学术界有不同的认识和定性。从该疏内容来看,它不仅深刻揭露了嘉靖中期以后形成的"八弊"积习及其根源,而且还提出破除"八弊"的改革对策和"修内攘外,足食足兵"("修攘强裕")的改革目标,与张居正的《陈六事疏》有异曲同工之妙。可以说,《除八弊疏》是高拱主政后用于指导隆庆大改革的纲领性文献,并非像有的学者所说,该疏只停留在具体是非的论断上,缺乏高屋建瓴、统揽全局的气势,从而否认高拱改革的全局性、整体性和系统性。

第七章:"留下烂摊"问题。这是对高拱改革效果的不同评价问题。有学者认为高拱主政时间虽然短暂,仅有两年半,但却取得了"边陲晏然"的显著功绩,使隆庆后期呈现出中兴之势,并为张居正改革奠定初基,张居正改革只是对高拱的继承和发展,合称隆万大改革。与此相反,另有学者把高、张对立起来,固守"褒张贬高"的历史成见,不顾历史事实和明清史家的论定,提出高拱留下来的是"一个内忧外患的烂摊子","张居正接高拱那可是个烂摊子","高拱留下难以收拾的残局",完全抹煞高拱的靖边功业和改革事功。这种所谓的"烂摊"说或"残局"说,是对历史的误读,也是对读者的误导。

第八章:"俺答封贡"问题。隆庆四年(1570)九月,西北边疆发生的"俺答封贡"事件,是中国古代边疆史和民族关系史上的重大历史事件,也是明、蒙之间由战转和的标志性事件。在该事件的主持者或决策者问题上,学术界提出了不同观点,主要有高拱决策说和张居正决策说。如果从解决该事件的决策者所处的政治地位、在封贡过程中所起的决定性推进作用,以及明清历史文献的记载等方面来考察,其主持者或决策者当属高拱,而非张居正。高拱是该事件的真正决策者。

第九章:"颇以贿闻"问题。高拱是廉吏或者是贪官,是惩贪者或者是受贿者?这关涉其政治品行和为官操守,是明清以来颇具纷争的问题。从史料记载来看,高拱不仅不是贪官而且还是廉吏,特别是他在主政期间,不仅"田宅不增尺寸""家素寒约",对家族约束甚严,与严嵩、徐阶、张居正放纵子弟贪贿巨额家财形成鲜明对比,而且还大力惩治贪腐,遏制贪贿之风的盛行。据统计,高拱惩办贪贿案件六十四起,惩处文武贪官一百六十九人,一时"仕路肃清"。其惩贪举措是奖廉与惩贪、拒贿与惩贪、惩贪与罚酷、惩贪与查勘相结合,这是其惩贪的重要经验。当然,高拱也为此付出了沉重的政治代价,即对大要案的处理与次辅张居正产生重大分歧,甚至揭露张居正的贪贿问题,最终导致张居正"附保逐拱",高拱再次落败。

第十章:"为官操守"问题。高拱主政期间,是否与阁僚互诉、贪污纳贿、"迎立周王"和"失贿致死"等,这也是明清以来论评相异的问题。倘若追根求源,盖出自王世贞的《高拱传》。该传违背论从史出、以史立论的治史原则,运用虚构、夸张甚至杜撰、伪造的文学手法,对高拱的为官操守和做人之道提出了颇多"訾议"和责难。如果考之历史事实,揆诸历史文献,就不难看到,王氏提出的"訾议"和责难皆为臆测之言、虚妄之论,历史偏见甚为明显。究其原因,是王氏在其父平反和复官问题上,与高拱结有私怨。

第十一章:"学侣政敌"问题。明隆庆、万历时期的内阁首辅高拱与张居正既是学侣又是政敌。一方面,他们的治国理念、政治纲领、学术思想的基本一致,使其能够携手共政,力行改革,开启隆万大改革的序幕,并取得显著成效;但另一方面,在封建专制制度形成的中央集权条件下,他们之间又存在着尖锐的权力之争、矛盾冲突,具体表现为用人与收恩、惩贪与纳贿、掌权与夺位的对峙,最终导致"张胜高败"的结局。探寻高、张由学侣到政敌的逆变,有助于认识隆万政局的走向、隆万改革的传承。

第十二章:"王大臣案"问题。这是发生于万历元年(1573)正月,以构陷大学士、顾命大臣高拱为目的的冤案。有些学者为袒护张居正,竭力否认其参与密谋"王大臣案"。然而,这并非历史事实。案发后,张居正不仅上疏请求追查幕后"主使勾引之人",意图追究高拱的"谋逆"之罪,而且还公然违背祖制,窜改东厂揭帖,留下"历历有据"四字把柄。由于这一把柄被重臣杨博、葛守礼抓住,加上朝野舆论的强大压力等因素,迫使张居正再次上疏要求"稍缓其狱",并匆匆处死王大臣以灭口。结案后,他又竭力辩白收功,试图掩盖当初谋杀高拱之阴谋。这是他参与密谋此案的确证,诸多明清历史文献也有明确记载。只有对张居正进行事功与道德双重评判,才能还原历史上真实的张居正。

第十三章:"政治权谋"问题。学术界对高拱晚年所著《病榻遗言》的刊刻时间、内容真实性、政治影响力等问题也存在着诸多纷争。有些学者依据此书认定张居正倒台原因中包含高拱的"政治权谋"因素,将其视为导致张居正冤案的"强烈催化剂"。然而,这并没有史实根据。据考证,《病榻遗言》一书刊刻问世于万历三十年至三十一年(1602—1603),而不在万历十年至十二年(1582—1584),故与张居正身后罹难无涉;该书是高拱对隆庆六年(1572)正月至万历元年(1573)二月之间发生的诸多政治事件的真实回忆录,并非不实之词;该书是当事人记述的真实回忆记录,绝不是"为其身后报复政敌"的所谓"政治权谋""巧妙政治设计";该书不可能影响到万历十年（1582）以后的明代政局,不会也不可能有如此大的政治威力和影响力。

由上可见,对于高拱的认识和评价,问题颇多,涉及方方面面,但其中有两个重点问题,即"官德"和"相材"问题。上述诸多方面,基本上都是围绕着这两个重点问题展开的。大致来说,阁臣去政、挟私"报复"、为官操守、颇以贿闻、王大臣案、政治权谋等篇章属于高拱的"为官操守"问题;内阁混斗、相材缺失、改革纲领、留下烂摊、俺答封贡、学侣政敌等篇章属于高拱的"为相之材"问题。当然,这两个重点问题并非泾渭分明,而是相交叉、相纠缠的,可谓"两面一体",是不能截然分开的。其中,大部分篇章均属于这种情况,只不过有不同的偏重而已。在我们看来,只有把握这两个重点问题,才能提纲挈领,纲举目张,厘清纷繁复杂的不同认识和评价问题;也只有进行以"官德"为核心的道德评价,以"相材"为核心的事功评价,才能还原历史上真实的高拱,并对他作出准确的定性和定位。那种以道德评价与事功评价往往不一致为由,对高拱只做道德评价而舍弃事功评价的方法是片面的,不是全面客观的评价。①

另外,本书最后还附有四篇附录,旨在为认识和评价高拱提供历史依据。(1)"高拱的吏政改革"提出,高拱主政期间,大刀阔斧地进行了一系列挽刷颓风、振兴朝政的改革,在用人之制、考核之制、奖惩赏罚之制等方面都进行了大幅度整顿,成效卓然。高拱改革不仅刷新了明代吏政,为明代人事制度掀开了新的一页,而且也开启了隆万大改革之先河,具有十分重要的历史地位。(2)"高拱的惠商之政"提出,高拱针对嘉末隆初商业凋敝、币制混乱、国库亏空的财政困局,大力推行惠商之政,整顿用钱之法,健全货币流通体制。这些改革举措不仅促进了商品流通,繁荣了商业经济,增加了国库收入,而且也顺应了明代商品经济发展的潮流,使隆庆后期呈现出经济繁兴之势。(3)"高拱的人才思想"提出,高拱的人才思想主要有"用人必先养人"的育才思想、"人有当用之才"的识才思想、"有才皆得其用"的用才思想和

---

① 比较目前学界对高拱和张居正的评价,对高拱的道德评价居多而大多舍弃事功评价,故有贬低甚至抹黑的趋势;对张居正的事功评价居多而大多舍弃道德评价,故有无限拔高的倾向。因此,要还原历史人物的真相,事功和道德两个方面的评价不可偏废。

"推贤让能"的爱才思想。研究高拱的人才思想,不仅有助于正确评价隆庆改革,而且对现今实施的人才强国、科教兴国战略也有重要的启示意义。(4)"高拱的实学精神"提出,高拱不仅建构起以元气实体论、求实求是论、实理实事论和实政实惠论为主要内容的实学体系,而且还阐发了务实精神、求是精神、实践精神、批判精神和改革精神等许多有价值的精神品格。总之,高拱的学术思想是其改革经验的概括和总结,是其改革实践的理论指南,而他的改革实践既是其学术思想形成的现实基础,也是其学术思想的经世价值取向。

# 三、目的与方法

辨析和考证对于高拱的不同认识和评价问题,有重要的学术价值和意义。首先,这是加强隆庆政局研究的需要。长期以来,明史研究形成"两头重、中间轻"的局面。明中后期的研究较为薄弱,对处于这一时段的隆庆朝的研究更为薄弱。这种局面的形成,不仅是因为隆庆朝为时短促,仅有六年,前有四十五年的嘉靖朝,后有四十八年的万历朝,两长夹一短,似乎很不重要,故被史家一笔带过,或并入嘉靖,或并入万历,甚至略而不论①;而且也是因为许多史家将隆庆政局定性为"混斗""内讧",纯属权力之争、意气用事,故而认为其不值得研究。显然,这种定性在很大程度上又与对高拱的评价问题密切相关。因此,只有加强高拱及其不同评价问题的研究,才能准确把握隆庆政局的走向和隆庆阁臣斗争的性质,厘清隆万大改革的传承脉络,凸显隆庆朝在明史中的重要地位。其次,这是加强高拱改革研究的需要。

---

① 田澍先生对这种研究状况有明确阐述,言:"隆庆朝的时间较短,仅为六年(实为五年半)。但这六年并非一般的六年,而是具有承前启后的特殊六年。它处于明朝嘉靖和万历两个最长时段的中间,并与这两个时段构成了明代相对独立的历史单元——嘉隆万时期。这个时期将近一百年!综观学界的研究,对这一历史时期的认识还不够深入,特别是对隆庆政治缺乏总体把握。"(田澍:《震荡与调适:隆庆政治的走向》,《社会科学辑刊》2011 年第 2 期)赵世明也有相同的表述,说:"隆庆在位时短,高拱为政更短。加上早期对明史的研究存在重两头、轻中间等原因,隆庆历史包括高拱改革被史界长期忽视,这就成了大多数人只知张居正,不知高拱的缘由。"(赵世明:《高拱与隆庆政治》前言,西南交通大学出版社 2014 年版,第 6—7 页)

长期以来,对高拱定性的不同,导致对其改革的研究处于或空缺或薄弱的状态。有些学者将其定性为权力斗争的"反面人物"或"老斗士",因此,在他们的视野中,只有高拱倾轧同僚、"报复"朝官、结党营私、贪污纳贿等,不会也不可能有高拱改革之研究。这种定性,必然导致高拱改革研究的空缺。与此不同,有些学者将其定性为政治家或改革者,这就必然或多或少论及高拱的改革问题。在这些学者中,有的是为研究高拱学术思想而论及高拱改革问题,提出"高拱改革开张居正之先"的观点(嵇文甫);有的是为研究张居正改革而论及高拱改革问题,提出"隆万大改革"的观点(韦庆远);有的是为研究嘉靖初年"大礼议"而论及高拱改革问题,提出"嘉隆万改革"的观点(田澍)。① 尽管他们对高拱改革研究有或大或小的学术贡献,但并非将其作为专题加以研究,这就不可避免地存在着不全面、不系统的问题。因此,加强高拱的"为相之材"和"为官操守"及其相关问题的研究,阐明高拱作为改革者所具备的能力、素质和操守,无疑是改变这项研究的薄弱状态并使其得以深入展开的重要条件。最后,这也是澄清有关高拱的诸多误读、误解,还原历史真相的需要。如前所述,目前对高拱的认识和评价呈现出众说纷纭、见仁见智,甚至是不分是非的复杂状态。将其誉为"救时良相"者有之,将其贬为"老斗士"者有之,将其视为毁誉参半者也有之。因此,要正本清源,辨明是非,纠正偏见,破除成见,就必须对其不同认识和评价问题进行全面辨析和缜密考证。如此,才能不断地接近甚至还原历史真相,准确地定性和定位。

在写作态度和方法上,本书尽量做到以下几个方面。一是秉持客观公正的学术立场。对高拱既不饰美,也不掩恶,在充分掌握史料的基础上,正确处理正反两方面的史料,并在比较研究中,得出客观公正的结论。另外,尽量摒弃先入为主、学派门户、地域偏爱之见,以实事求是的态度来认识人物、评价人物、臧否人物。二是运用辩证思维的研究方法。高拱作为历史人物的复杂性和多面性,决定了我们必须运用一分为二的矛盾分析方法。既

---

① 对上述三种观点的分析,参见岳天雷:《高拱改革研究综述》,载《高拱年谱长编》附录四,中州古籍出版社 2017 年版,第 521—524 页。

要分清主要矛盾和次要矛盾,也要分辨矛盾的主要方面和次要方面。只有抓住主要矛盾或矛盾的主要方面,才能反映历史人物的本质和主流,准确地定性和定位,而不能颠倒主次,更不能喧宾夺主,否则必然背离历史事实。三是确立正确的人物评价标准。既不能以多数人的判断为标准,也不能以阶级的划分为标准,而要以是否推动历史进步和发展为标准,坚持历史主义的评价原则。这就是要放在特定的历史背景中,看他对历史起了何种作用,即推动作用,或阻碍作用。若是前者,就要基本肯定;若是后者,就要基本否定。唯有如此,才能作出客观公正的评价,得出符合历史事实的结论。

需要说明的是,本书是围绕明清时期和近现代学术界有关高拱的不同认识和评价问题而开展辨析和论述的,并非完备之作。有些史料的使用、语言的表述和观点的提出略有重复或重叠,这主要是为了独立成章或内容相对完备的需要。当然,由于笔者功力不逮,学识有限,本书所论只是一家之言、一孔之见,是完全可以进一步商榷和探讨的。倘若如此,必将有助于促进高拱学术研究全面深入地展开,取得"拨云见日"之效。这也是笔者所深望和期盼的。

# 第一章　是是非非论高拱

高拱是明代嘉、隆、万时期著名的政治家,也是明清至今众说纷纭、是非无定的历史人物。诸多政治家和史学家对其认识和评价褒贬不一,毁誉参半,将其誉为"救时贤相""治安良相""社稷名臣"者颇多,将其贬为"负才自恣""报复恩怨""性直而傲"之人者也不鲜见。那么,明清至今到底有何不同认识和评价? 其产生的原因何在? 如何作出客观公正的评价? 对此,有必要加以梳理和阐述。

## 一、明清时期,褒贬不一

对高拱褒贬不一、毁誉参半的评价,在明清时期甚至高拱在世时就已经出现。正如明末清初思想家孙奇逢所说:"中玄居政府,毁誉参焉。"①就其褒贬毁誉的基本倾向来看,对高拱的经世才能、改革功绩、靖边事功秉持褒奖之评,但对其秉性耿直、为相肚量、品行操守却持贬责之论。

先看明代官方对高拱毁誉参半的评价。高拱逝世不久,即万历七年(1579)二月,明神宗既肯定其"才气英迈,遇事能断",如俺答"因求互市,朝议纷纭。拱奋身主其事,与居正区画当而贡事成,三边宁戢。又广寇鸥张,辽东数与房角一时,督抚剿除,拱主持力为多";但又指出他"不避恩怨,然性急寡容,与同列每成嫌隙。虽自清励,而所引用多门生,不无窥窃",甚至"摧抑故相(徐)阶,拱不为无意,然其家人狱成,而拱谓已甚者,必欲轻出之,则

① 孙奇逢:《中州人物考》卷二《高文襄公拱》。

原非深于怨毒者"。① 万历三十年(1602)三月,神宗在为其平反的《诰命》中仍然给予毁誉参半的评价,既指出"即其人实有忧国家之心,兼负济天下之具,如处安国亨之罪,不烦兵革而夷方自服,国体常尊,所省兵饷何止数十万? 又如授那吉之降,薄示羁縻而大虏称臣,边氓安枕,所全生灵何止数百万? 此皆力为区画,卓有主持";但同时又指出他"自搏击之余而当枢要,则恩怨不免太明。……盖棺论者谓其意广而气高,间不符于中道。要之性刚而机浅"。② 官方这种毁誉参半的盖棺定论,直接影响到明清时期对高拱的认识和评价。

　　再看明代政治家、史学家对高拱褒贬不一的论评。清官海瑞早先是持贬责之评,言"恶如高拱,诚不可一日使居辅弼以当钧轴";而后通过对高拱操守和改革的观察,又有褒扬之论:"中玄是个安贫守清介宰相,是个用血气不能为委屈循人之人。……中玄其得为贤哉!"③史家王世贞由于同高拱结有私怨,故作出贬多于褒的评价。一方面,对其才能和功绩略有肯定:"拱为人有材气,英锐勃发,议论蜂起","辽东数与虏角,拱善其抚臣张学颜以及总帅李成梁,抚而用之,遂屡胜,成功名";但另一方面,对其性格、为官和为政又持否定态度:"性迫急,不能容物,又不能藏蓄需忍。有所忤,触之立碎,每张目怒视,恶声继之,即左右皆为之辟易。"④"拱衔阶甚,必欲杀之,嗾言路追论阶不已,而使其所仇诬饰其诸子罪,下抚按置狱。"⑤其总体评价是"拱刚愎强忮,幸其早败;虽有小才,乌足道哉"⑥。徐学谟褒扬高拱的清廉操守:"在事之日,亦能远杜苞苴,若肯平心易气,调停佐翼之体,亦近时之贤辅也。"但对其心胸度量又持贬斥之论:"奈何浅衷狭量,偏信门生,专修'报复'。以一首辅而又摄冢宰,期于必快己意。"⑦周世选认为"新郑秉政,是相材也",但其"愎

---

① 《明神宗实录》卷八四,万历七年二月乙巳。
② 《明神宗实录》卷三七〇,万历三十年三月丁卯。
③ 海瑞:《乞治党邪言官疏》及《附录》,载《海瑞集》上册。
④ 王世贞:《嘉靖以来内阁首辅传》卷六《高拱传》。
⑤ 王世贞:《嘉靖以来内阁首辅传》卷七《张居正传》。
⑥ 王世贞:《嘉靖以来内阁首辅传》书末"野史氏曰"。
⑦ 徐学谟:《世庙识余录》卷二六。

且忮,报复恩怨无已"。① 何乔远指出"拱才辩朗博,治经论政皆有理会,……而当官敏达果任,其奏疏多有可采者";然而又提出他"掌吏部,多快恩仇,私亲旧门生"。② 支大纶一方面确认"高拱当鼎革之时,居保衡之位,开诚布公,周防曲虑,不阿私党,不顾私家,即古社稷臣,何以加焉",但另一方面又认定"拱天资刚愎,持论多偏。是己而不稽于众,任气而不折于理;抱朴忠而专政,恃偏才以盖人"。③ 朱国祯既认定"高出理部事,入参阁务,兴化(李春芳)为首揆,受成而已,遇大事立决,高下在心,应机合节,人服其才,比于排山倒海未有过也",又指出他"惟恩怨太明,异同难化"。④

迄至明末清初,毁誉参半仍然是史学家评价的主导倾向。谈迁提出"新郑始志,不失为社稷臣",然而又认为他作为"顾命之臣,自负付托之重,专行一意,以至内猜外忌,同列阴行其谋"。⑤ 傅维鳞既评价"高拱以藩邸腹心,得君行政,慨然以综核名实为己任。其所条奏,铨政边才,凿凿可施之当今。练达晓畅,救时贤相也",同时又指出他"昧于几事,输诚同列,卒受倾危,抑所谓不学无术者欤!"⑥王鸿绪认为"自是三十余年,边陲晏然,拱之力为多",但又提出"拱初持清操,后渐以贿闻。盖其门生亲串为之,而拱以此致物议"。⑦ 李振裕认定"拱为人有材气,英锐勃发,议论蜂起,而更留心国是,兴利除弊,其章疏载于实录者灿然可观",但又提出他"惟少其好报复,无相度云"。⑧ 万斯同提出"拱练习政体,称经济才,其所虑衷建白者,皆卓然可行",但又提出其"刚褊太甚,难于成事,所谓才有余而量不足者也"。⑨ 张廷玉主持修纂的《明史》,一方面肯定"拱练习政体,负经济才,所建白皆可行",另一方面斥责其"性强直自遂,颇快恩怨,卒不安其位去。……拱之再出,专与阶修郄,所论皆欲以中阶重其罪","拱初持清操,后其门生、亲串颇以贿闻,致

---

① 周世选:《卫阳先生集·大司马周卫阳先生全集序》。
② 何乔远:《名山藏·臣林记》卷二五《高拱传》。
③ 支大纶:《支华平先生集》卷三八,杂剳四十二则。
④ 朱国祯:《皇明史概·皇明大事记》卷三八《阁臣》。
⑤ 谈迁:《国榷》卷六八,隆庆六年六月庚午,"谈迁曰"和"史臣曰"。
⑥ 傅维鳞:《明书》卷一三五《高拱传》"史官曰"。
⑦ 王鸿绪:《明史稿》列传第九二《高拱传》。
⑧ 李振裕:《白石山房文稿》卷一二《高拱传》。
⑨ 万斯同:《明史》卷三〇二《高拱传》,"论曰"。

物议","高拱才略自许,负气凌人"。① 如此等等。

可以说,明清官方和史家对高拱的评价呈现出的有褒有贬、毁誉参半的倾向,是引起现今史学界众说纷纭、是非无定的重要因素。

# 二、现今论评,见仁见智

明清时期官方、史家对高拱的才能和功业秉持褒奖之评,但对其秉性耿直、为官操守则持贬斥之论。② 这种褒贬毁誉,迄至近现代可谓有过之而无不及,学者们不仅对其性格秉性、为官操守等问题仍有分歧,甚至对其改革功业、靖边事功、为相素质和行政才能等问题也是见仁见智,迄无定论。

## (一)"内阁混斗"问题

隆庆朝仅有六年,为时短暂,但先后出入内阁任大学士的却有九人之多,即徐阶、李春芳、高拱、赵贞吉、郭朴、陈以勤、张居正、殷士儋和高仪,亦称"九相"。阁臣进进出出,像走马灯一样,使隆庆朝局呈现出混乱的状态。故此,有些学者将其定性为"混斗""内讧"。如说:内阁大臣连绵不断的内讧,自相残杀的纷争,严重地挫伤了执政的元气,诸多新政,有始无终,功败垂成,党同伐异,最终导致两败俱伤。隆庆年间的改革成效与成果自毁,相生相克,内耗不可收拾。③ 入阁视事,尤其是担任内阁首辅,吸引了当时众多官员投入,有的还将它作为自己终生奋斗的目标。明白了此种情况,那么对于隆庆内阁中阁臣间的激烈"混斗"也就不难理解了。阁臣相互倾轧、排挤

---

① 张廷玉:《明史》卷二一三《高拱传》,"赞曰"。
② 田澍先生说:"高拱也是明代颇有争议的历史政治人物。虽然高拱的政治贡献为绝大多数史家所认可,但在其某些作为、性格以及宦海斗争等方面,一些研究者多有批评。……总体而言,这种批评吹毛求疵,流于表象化,缺乏应有的学术高度。"(载赵世明:《高拱与隆庆政治序》,西南交通大学 2014 年版,第 2 页)赵世明也说:"相对而言,对高拱的批评多集中于其脾性和为政风格,而对于才略和政绩批评较少。这也从一个侧面证明高拱是一位很有才干且政绩卓著的政治人物。"(同上书,第 203 页)
③ 刘志琴:《张居正评传》,南京大学出版社 2006 年版,第 79 页。

的"内讧"层出不穷,致使内阁重地也波澜迭涌,风云多变。① 所谓内阁"混斗",就是阁臣无原则、无立场、无是非,只为登上高位或争权所进行的相互排挤和倾轧,即"内讧"。学者们认定徐阶、李春芳、赵贞吉、陈以勤和殷士儋等阁臣被排挤出阁,皆是高拱"报复"的结果。如有学者说:从隆庆四年到五年(1570—1571),高拱一连赶走陈以勤、赵贞吉、李春芳、殷士儋四位大学士,这在明代朝廷确为罕见,其骄横之状不可一世。② 又有学者说:高拱发扬了连续作战的"老斗士"精神,先后将陈以勤、殷士儋、赵贞吉、李春芳等逐出内阁。③

对上述观点,韦庆远先生提出反驳,认为"混斗"这样的说法并没有准确地反映出问题的实质,绝不能忽视成员之间在政纲上本来存在着严重的分歧,在意识形态上本来存在着严肃的冲突这一事实。在隆庆内阁中,确实存在着由徐阶、李春芳、赵贞吉三大"学者"组成的以尊奉陆王心学为理念的"同志",并且在当政期间,利用拥有的职权威望以扩大其讲学活动。他们三人在阁内坚持保守旧制的治道观点,也是如出一辙的,这就必然激发了与实际信奉和推行商、申、韩法家学说的高拱、张居正间的冲突。因此,像这样营垒分明,目标明确,具有原则意义的斗争,实不宜笼统地称之为"混斗"。④

### (二)"改革纲领"问题

高拱于嘉靖四十五年(1566)任礼部尚书期间撰有《挽颓习以崇圣治疏》(即《除八弊疏》),因嘉靖崩逝而未奏上。针对如何认定该疏的性质,能否将其视为高拱主政后的改革纲领等问题,学界提出了不同观点。

一种观点认定该疏为改革纲领。有学者认为高拱要破除"虚套""旧套""常套""故套""旧习""虚文""拘挛之说"。高拱针对这种虚浮、因袭之风,

---

① 吴仁安:《张居正与明代中后期的隆庆内阁述论(上)》,《江南大学学报(人文社会科学版)》2012年第6期。

② 刘志琴:《张居正评传》,南京大学出版社2006年版,第131页。

③ 赵毅:《高新郑相材缺失论》,《哈尔滨师范大学社会科学学报》2010年第1期。

④ 韦庆远:《有关张居正研究的若干问题——〈张居正和明代中后期政局〉一书的序言》,《史学集刊》1998年第3期。

提出了一切唯实的施政方针,强调要遵"实理",做"实事",行"实政"。<sup>①</sup> 有学者指出,高拱在主持内阁、推行改革之前提出了自己的带有纲领性的政治主张,即《除八弊疏》。这份疏文特别强调不能再墨守成规,必须以变处变。由于高拱奏疏起草于嘉靖去世前夕,因嘉靖崩逝而未奏上,因此疏文只能集中于除弊。当然,高拱条列必须扫除的"八弊",也是抓住了明中叶官僚政治最主要、最恶劣的方面,高在执政后,也是首先对此"八弊"痛加割治的。高拱《除八弊疏》在揭露嘉靖末叶廊庙和各级官吏中的积弊方面,较之张居正《陈六事疏》更为具体深入,但在营造新局面的建议方面,则不如张疏条分缕析,全局在胸。但两份疏文都是立足于除旧布新,将国家的前途命运寄托于改革整顿之上,对隆万大改革均起到了纲领性的指导作用。<sup>②</sup>《除八弊疏》是希望革除当时存在的坏法、黩货、刻薄、争妒、推诿、党比、苟且、浮言等八种恶习,因世宗去世而没能上奏。高拱日后推行全面改革和整顿,很大程度上为张居正十年改革奠定了坚实基础,并指明了方向。所以,没有有胆有识的高拱大刀阔斧地进行的全局性改革,仅仅在《陈六事疏》的路径上亦步亦趋,隆万政治不会有太大的起色,也很难有所谓隆万大改革的成就。<sup>③</sup> 高拱在此疏之中,畅谈国家亟须整治、根除的八种弊端。在这个政治改革纲领的指导下,结合后来张居正的《陈六事疏》,明朝高、张先后两届内阁大刀阔斧地进行了一系列挽刷颓风、振兴朝政的改革,在吏治、边政、法治、赋税、漕运等方面都卓有建树,由此揭开了长达十余年之久的隆万大改革的序幕。<sup>④</sup>

另一种是持否定观点。有些学者提出,高拱也有一本《除八弊疏》,顾名思义,与张居正《陈六事疏》有异曲同工之处。该疏对官场的揭露和鞭挞,具体生动,可谓入木三分。然而,高拱只注重于是是非非的论断,缺乏理论的概括和提炼,更缺乏《陈六事疏》那样高屋建瓴、统筹全局的气势。故此,高拱奏疏不具有改革纲领的性质。<sup>⑤</sup> 高拱改革是以权变思想作为指导的,对明

① 牟钟鉴:《高拱的实政论及其理论基础》,载陈鼓应等主编:《明清实学思潮史》上册,齐鲁书社 1989 年版,第 258—259 页。
② 韦庆远:《张居正和明代中后期政局》,广东高等教育出版社 1999 年版,第 299—331 页。
③ 赵世明:《高拱与隆庆政治》,西南交通大学出版社 2014 年版,第 22—24 页。
④ 张鑫:《试析隆庆初高拱的首次罢休》,《天中学刊》2012 年第 4 期。
⑤ 刘志琴:《张居正评传》,南京大学出版社 2006 年版,第 127 页。

朝体制只是细枝末叶的修补,或零打碎敲的完善。与张居正改革相比,高拱改革不具有整体性和系统性。① 显然,这是以高拱改革不具有整体性和系统性为由,否定《除八弊疏》具有改革纲领的性质。

上述分歧的实质,是对高拱改革的不同认识和评价。一般来说,凡是肯定高拱的改革并认为它开创其后张居正改革之先河,即秉持"隆万大改革"②观点的,就会认定该疏具有改革纲领的性质;否则,必然否定其改革纲领之性质。

### (三)"挟私报复"问题

有些学者对高拱的为政作风和为官操守问题颇有"訾议",其中一个重要因素即是所谓"报复"问题。那么,针对高拱生前是否"报复"徐阶等隆庆阁臣,死后是否"报复"张居正等问题,学界展开了激烈争论。而"报复"张居正的论争,又是针对高拱晚年所著《病榻遗言》一书刊刻问世时间、内容真实性及其政治影响力等问题而展开的。

关于"报复"徐阶问题。有学者提出高拱是有仇必报之人,想要有所作为又丢不开个人恩怨,没有胆识和度量摆脱一己的私仇,这就失去了改革的重要前提,再也不可能迈出前进的步伐。③ 有学者说,高拱"报复"徐阶的确是深文周纳,无所不用其极了,甚至远远超过"罪不原其情,而以深入为公;过不察其实,而以多讦为直"的刻薄之习了。④ 有学者说,在明代首辅中,像高拱这样有仇必报、性格偏狭的人并不多见。俗话说宰相肚里能撑船,指的是度量和气量,高拱就是气度太小。⑤ 有学者说,徐阶推荐高拱入阁,但高拱却恩将仇报,发动了声势浩大的"倒徐"活动。高拱复政后,又力图"报复"已

---

① 吕延明、颜广文:《"张居正改革"、"隆万改革",还是"嘉隆万改革"——明朝中期改革运动称谓的界定》,《广东教育学院学报》2010 年第 4 期。
② 韦庆远:《张居正和明代中后期政局》绪论,广东高等教育出版社 1999 年版,第 4—5 页。
③ 刘志琴:《张居正评传》,南京大学出版社 2006 年版,第 83 页。
④ 尹选波:《高拱的执政思想与实践论略》,《史学月刊》2009 年第 4 期。
⑤ 熊召政:《政坛一把霹雳火——记老斗士高拱》,《紫禁城》2010 年第 8 期。

经下野的徐阶,将政敌赶尽杀绝。① 可见,这些观点从高、徐的恩怨出发,认定高拱"报复"徐阶。但实际上,高、徐既有政见政纲的对峙,也有学术思想的分歧。这才是他们发生冲突的根本原因。

关于"报复"张居正问题。有学者认定高拱的《病榻遗言》是张居正冤案的诱因,达到了身后"报复"之目的。如说该书在万历十一年至十二年(1583—1584)刊刻问世。在张居正死后倒台时,神宗尚未下绝情辣手,这时《病榻遗言》就及时地刊刻问世。高拱遗著的出现,成为最后处理张居正一案的强烈催化剂。该书是否出自高拱的手笔还大可研究,即使确系他的手笔或口述,其中情节的真实性也难以判断。该书本身的真实性和可靠性可疑。② 有学者认为,该书作为高拱罢官后所写的政治回忆录,在万历初年的政坛无异于投下一枚重磅炸弹,所释放出的政治能量和影响力是不可估量的。此书有极大的可能是在神宗处理张居正一案期间刊刻问世的,因此,张居正、冯保、戚继光、曾省吾、王篆等人的倒台原因中包含着高拱的政治权谋。此书的内容有的可信,有的是不实之词。此书是政治权谋的产物,似亦无可厚非。③ 有学者说,此书的问世,在处理张案过程中成为一股强大力量。这股力量不仅助长了朝廷对张居正的总清算,而且也加速了万历新政的垮台和旧政的复辟。高拱在逝世后也达到了"报复"目的。④ 有学者认定此书是高拱在病榻上口头叙述,家人记录并整理,并未经过高拱本人最终审定认可的一部著作。书中既有他神志清醒时的口述内容,也有其在半昏迷状态时的胡乱编造,也有家人在整理时核对增补的文字和思想。⑤ 有学者认为,该书是高拱被贬还乡后,临终前对他所参与政事的回忆,体现出他的政治权谋。书中有大量篇幅是对张居正的才学、官声操守以及争夺权力的描述。⑥

---

① 吴仁安:《张居正与明代中后期的隆庆内阁述论(下)》,《江南大学学报(人文社会科学版)》2013 年第 1 期。
② 黄仁宇:《万历十五年》,中华书局 1982 年版,第 33—36 页。
③ 赵毅:《〈病榻遗言〉与高新郑政治权谋》,《古代文明》2009 年第 1 期。
④ 许敏:《关于高拱研究的几个问题》,《中国史研究》2010 年第 4 期。
⑤ 任昉:《高拱〈病榻遗言〉性质新探——以隆庆六年六月"庚午政变"为线索》,《历史文献研究》(总第 32 辑),华东师范大学出版社 2013 年版,第 59—71 页。
⑥ 韩梦丽:《高拱〈病榻遗言〉中张居正形象分析》,《齐齐哈尔大学学报(哲学社会科学版)》2016 年第 12 期。

还有学者认为,此书是高拱在与张居正和冯保政治斗争失败后所作,所以书中有许多对张居正、冯保的恶意诋毁,也夹杂着许多高拱本人的臆断,导致在记载中出现了许多不实之处,影响了此书的价值。①

实事求是地说,这些学者认定神宗是看过此书才处理张居正一案的,缺乏史料依据;神宗即使看过此书,它能否成为张居正死后倒台的"强烈催化剂"或"政治权谋",也缺乏史料依据。没有史料依据,"报复"说就难以成立。

### (四)"俺答封贡"问题

"俺答封贡"或"隆庆和议",是隆庆四年(1570)九月在西北边疆发生的重大事件。这既是中国古代边疆史和民族关系史上的重要事件,也是明、蒙之间由战转和的标志性事件。学界就该事件发生的背景、条件、进程、结果及其意义等问题研究颇多,但在其主持者或决策者问题上分歧巨大,主要提出了三种观点。

一是高拱决策说。有学者提出高拱是该事件的主持者,认定高拱以招致俺答封贡为最成功,虽在前线运作于王崇古,但主持者则为高拱。此后,鞑靼扰边之患遂减。② 有学者认为,促成俺答封贡的首功当属高拱,而非张居正,尽管张居正有辅佐之劳。③ 有学者认为,高拱主导了俺答封贡事件的全过程,他是该事件的真正决策人。但由于张居正主持修撰的《明穆宗实录》刻意隐瞒高拱这一功绩,以致学术界对高拱决策之功的研究有所忽略④。有学者认为,隆庆年间,明朝对蒙古的政策发生了重大转变。封贡互市从根本上改变了明朝北边防御的面貌。在这一转变过程中,时任内阁首辅的高拱改革兵部及边镇吏治,储养边才,把握把汉那吉事件契机,达成"隆庆和议",使数十年刀兵相见之北边成为明蒙互市、两族和平交往的乐

---

① 张帅帅:《〈病榻遗言〉性质考辨》,《绵阳师范学院学报》2020年第3期。
② 邓之诚:《中华二千年史》卷五《明代之政治》,中华书局1983年版,第139页。
③ 李勤奎:《促成"俺答封贡"的首功当属高拱》,《驻马店师专学报(社会科学版)》1992年第1期。
④ 颜广文:《高拱与"俺答封贡"》,《广东教育学院学报》2004年第1期。

土。其功惠及当时,垂训后世。① 还有学者认为,洪武、永乐之后,对于如何应对北部蒙古问题,明朝始终未能找到良策。在对抗屡屡无效后,和解便成为唯一的选择。在这一政策大调整中,张居正辅助高拱,并在穆宗的支持下,在隆庆后期与俺答汗实现了和解,有效缓解了蒙古对北京的直接威胁。②

二是张居正决策说。有学者指出,在封贡互市的争论中,张居正占据主要的地位。这次决策的大功,当然由高拱、王崇古和张居正平分,但是居正却尽了最大的努力。③ 次辅张居正主管兵部,也是边防事务的真正主持者。"俺答封贡"是隆庆年间新政的最大成就。其中,张居正起到了重要的策划和推动作用。④ 有学者认为,高拱正是出于对张居正的友情和信任,才在这件事上大力支持张居正的。也就是说,张居正是策划者,高拱是支持者。⑤ 有学者认为,在"隆庆和议"中,张居正悉心指授王崇古和方逢时,通过书牍来往和奏疏沟通朝廷与边镇的关系,周密策划与部署,最终实现了"俺答封贡"。张居正是主要策划人,是起主要和决定性作用的。⑥ 有学者认为,张居正在此情况下临危受命,他从隆庆二年(1568)起便担任了负责明朝边防的重任,以重整武备、解除边患为己任。⑦《张居正与"俺答封贡"》⑧一文也认定主持、策划者是张居正。

三是穆宗"宸断"说。有学者指出,隆庆三年(1569)九月"穆宗大阅",是促成俺答封贡的决定性条件,册封蒙古鞑靼部首领俺答汗为顺义王,从此双方通贡互市。在这一过程中,起决定性作用的是穆宗两次"宸断"。⑨"俺

---

① 王雄:《高拱与明隆庆朝的北边防御》,《广播电视大学学报(哲学社会科学版)》2009 年第 4 期。

② 田澍:《张居正的蒙古观及其实践》,《中国边疆史地研究》2014 年第 2 期。

③ 朱东润:《张居正大传》,湖北人民出版社 1981 年版,第 115 页。

④ 刘志琴:《张居正评传》,南京大学出版社 2006 年版,第 91、105 页。

⑤ 郦波:《风雨张居正》,中国民主法制出版社 2009 年版,第 102 页。

⑥ 唐玉萍:《张居正、高拱在"隆庆和议"中的作用对比》,《赤峰学院学报(汉文哲学社会科学版)》2010 年第 5 期。

⑦ 吴仁安:《张居正与明代中后期的隆庆内阁述论(下)》,《江南大学学报(人文社会科学版)》2013 年第 1 期。

⑧ 其其格:《张居正与"俺答封贡"》,《内蒙古师大学报(哲学社会科学版)》1996 年第 2 期。

⑨ 王天有:《试论穆宗大阅与俺答封贡》,《北京大学学报(哲学社会科学版)》1987 年第 1 期。

答封贡"是影响中国北疆历史发展的重大事件,而穆宗即位后政治形势的重大变化是其决定性条件。穆宗没有民族偏见,因而在出现机遇时,才能作出正确的决策。① 不过,与前两说相比,穆宗宸断说在学界影响不大。

比较高拱决策说与张居正决策,前说更有优势,更接近于历史真相。这不仅是因为张居正主管兵部、是边防事务实际主持者的论点缺乏文献证据,没有史料支撑,更是由于在隆庆后期,高拱为首辅,居正为次辅,这种权力格局使高拱居于决策地位当无疑义。在受降、纳叛、封贡、开市的每个环节上,高拱始终起着掌控全局的决定性作用,而居正只有辅佐之功。从历史文献记载来看,其记载次序总是先高拱后居正,这一次序从未有过颠倒。这完全可以确证高拱是决策者,而张居正是辅助者。

### (五)"相材缺失"问题

高拱是否具有为相的素质、才能和气度,也是学界争议颇大的问题。有学者认定高拱快意恩仇,不能和衷同事,缺少像徐阶那样表率百官、兼容并包的博大胸襟;说他心胸偏狭,缺乏为相的气度,其为相的素质或能力是有欠缺的。高拱被驱逐与其人格弱点有某种必然的关联。高拱的相材是缺失的,这也给我们提供了一个缺失相材的一代横臣形象。② 对此,有学者提出异议,认为高拱首次入阁,由于同首辅徐阶政见存在分歧,而被逐出内阁,绝非所谓"有违做官之道,大失人望"所致。高拱复政后,隆庆阁臣去政也是由于政见之不同,绝不能归因于高拱,实际上均是由张居正所为。高拱为官公正廉直,论相业功绩不亚于徐、张,论道德操守又比徐、张高尚。所谓"相材缺失"说有失公正,有悖于史实。③

与"相材缺失"说密切相关的,是高拱"留下烂摊"说或"残局"说。有学者认定高拱留下来的那可是个烂摊子,一个内忧外患的烂摊子。④ 有学者认

---

① 胡凡:《论明穆宗时期实现"俺答封贡"的历史条件》,《中国边疆史地研究》2001 年第 1 期。
② 赵毅:《高新郑相材缺失论》,《哈尔滨师范大学社会科学学报》2010年第 1 期。
③ 岳金西:《高拱缺失相材吗?——与赵毅教授商榷之二》,《哈尔滨师范大学社会科学学报》2012 年第 2 期。
④ 郦波:《风雨张居正》,中国民主法制出版社 2009 年版,第 193、156 页。

为,高拱当权后刚愎自用,一反徐阶的善政,丢失官心民心,自毁新政的前程,这说明他不能高瞻远瞩、整合全局,只留下难以收拾的残局。①

从历史观来看,上述"烂摊"说、"残局"说乃是性格决定命运、决定事功的唯心史观,既否定其为相素质和才能,也否定其改革功绩;从方法论上说,两说皆是抓住一点不及其余的片面方法,不是辩证分析的方法。可见,两说在观点和方法上均存在问题。

### (六)"颇以贿闻"问题

高拱主政期间是否纵容门生弟子贪污纳贿,他是清官或是贪官,这也是学界争论的焦点问题。

有学者提出,高拱自身在贪贿上亦脱不了干系,迹涉索贿的问题。不可否认的是,高拱晚节不保,"苟苴之效彰,而廉隅之道丧"②。也有学者持存疑态度,认为高拱本人是否贪贿,亦有待考证。③ 有学者则提出,高拱不仅不是贪官,反而是一位清正廉直之官。这同前任首辅徐阶子弟横行乡里、大肆敛财、兼并土地,形成明显对比;也与后任首辅张居正在惩治别人腐败时,自己也贪污纳贿,拥有良田八万余亩,形成鲜明反差。显然,有些论者将高拱记述为贪官,有悖于历史事实。④

### (七)"王大臣案"问题

万历元年(1573)正月发生的"王大臣案",是高拱罢官后,张居正与宦官冯保惧怕他东山再起,威胁到他们权位,便假借此案,密谋株连高拱,最后因朝臣极力反对而作罢。学界对张居正是否参与了此案、是不是主谋、是否保全高拱有功等问题,存在着较大争议。

一种观点认为张居正保全高拱有功,是否参与密谋此案成历史之谜。例如有学者说,一场非常大的危机被张居正化解了,既保全了高拱能平安度

① 刘志琴:《张居正评传》,南京大学出版社 2006 年版,第 89—90 页。
② 尹选波:《高拱的执政思想与实践论略》,《史学月刊》2009 年第 4 期。
③ 南炳文:《修订中华点校本〈明史〉高拱、徐阶二传随笔》,《史学集刊》2008 年第 4 期。
④ 岳金西:《高拱的惩贪方略及其代价》,《古代文明》2011 年第 1 期。

过晚年，又顾及了冯保的面子，不至于让他与内阁结仇。① 又有学者说，张居正有没有参与其事，参与程度有多深，已成为难解的历史之谜。因为诬陷高拱的王大臣案件真真假假、云笼雾罩，张居正是否参与密谋没有确证，要说全不知情，那也未必。②

另一种观点认为张居正密谋此案之目的，是诬陷甚至诛杀政敌高拱，为张居正辩解是多余的。有学者提出"王大臣案"是由宦官冯保主谋，在张居正知情并在一定程度参与下炮制出来的假案。倘若承认他在一些方面有过失误、失律乃至失德之处，便会动摇他的历史地位，其实这样的担心与辩解都是多余的。③ 有学者认为，此案发生之背景是冯保挟旧怨而居正为专权，欲陷害政敌高拱于死地。然而，该案最终以杀王大臣而了结，未能陷害高拱，不如张、冯之初愿。④ 还有学者认为，王大臣案发生时，高拱已经下野，难以构成对张、冯的威胁，张、冯却无中生有地诬陷株连，必欲置高氏一门于死地。虽然没有成功，但已经暴露了张、冯的冷酷无情，实在让人们不寒而栗。⑤

如果从明清史料来分析，应该说前一种观点立论基础薄弱，缺乏坚实有力的史料支撑，且带有相当大的主观想象成分；后一种观点立论则有坚实的史料基础，更接近于历史真相，因而也是目前学界较为流行的观点。

# 三、是是非非，原因辨析

有关高拱评价的诸多是是非非，在明代人物研究中是鲜见的。不过，这也是学术研究的正常现象，从某种意义上说，这也是高拱学术研究深入的表现。关于上述是非之评形成的原因，除研究者囿于门户之见、存有历史成见或固守狭隘地域观念等主观因素之外，还可从历史人物特点、人际关系和文

---

① 熊召政：《张居正冷处"行刺"危机》，《领导文粹》2008 年第 22 期。
② 刘志琴：《张居正评传》，南京大学出版社 2006 年版，第 156、152—153 页。
③ 韦庆远：《张居正和明代中后期政局》，广东高等教育出版社 1999 年版，第 22—25 页。
④ 商传：《"王大臣案"小议》，载牛建强等主编：《高拱、明代政治及其他》，河南大学出版社 2011 年版，第 168—178 页。
⑤ 樊树志：《张居正与冯保——历史的另一面》，《复旦学报（社会科学版）》1999 年第 1 期。

献记载等客观方面来分析。

其一,由于高拱的复杂多面性而引发不同评价。处于社会关系中的人总是复杂的、多面的,而高拱作为历史人物更是如此。他的复杂多面性,大致可归纳为两个方面。一方面,隆庆后期,他主政时,力破旧制,推行改革,功绩卓著。这使隆庆后期呈现出中兴之势,也为其后张居正改革开启了先河。因此,明清以来将其誉为"救时贤相""治安良相""社稷名臣"者颇多。但另一方面,他又有秉性耿直方面的缺陷,如"性急寡容""性直而傲""负才自恣""性刚而机浅"等。也正因如此,明清以来的史学家才作出了诸多负面评价。不难看出,由于立论依据不同,其结论必然相异。这里的关键问题,是将改革事功还是将性格作为主要依据或主要方面,这是引起分歧争议问题的重要因素,也是正确评判高拱的关键。

其二,由于对隆庆阁僚复杂关系的不同认识而引起不同评价。高拱与徐阶、李春芳、赵贞吉、殷士儋等隆庆阁僚存在着极为复杂的关系,既有学术思想、意识形态的分歧,也有政治立场、治国纲领的对立。即使同属改革派的高拱与张居正,在封建专制体制下也存在着激烈的权力斗争。高拱与隆庆阁僚之间的复杂关系,是引起分歧和争议的重要原因之一。就高、张关系来看,主要有两种评价倾向。一是高、张对立,褒张贬高。自从梁启超、朱东润先生将张居正誉为改革家之后,后世便形成了美张丑高的评价倾向。目前,学界更是将张抬上了神坛,并为其戴上"伟大改革家"的耀眼光环,并以高的某些性格缺弱来衬托张的事业伟大。① 这种高、张对立,贬高褒张的思维定式,实质上就是明清史家反对的"祖文襄则绌文忠,祖文忠则绌文襄"②"进江陵者退新郑,进新郑者退江陵"③的历史偏见。二是高、张并立,事功相埒。高、张是一等一的名相,事功同等显著。如史家所说:"隆、万间所称最名相二:曰高新郑公文襄,张江陵公文忠。两公钟异姿,膺殊宠,履鼎贵之

---

① 关于学界如何将张居正定性为著名改革家并加以无限拔高的过程,毛佩琦《张居正改革,一个神话——为张居正正名》(载《晋阳学刊》2010 年第 4 期)一文作了详细梳理。

② 马之骏:《高文襄公集序》,载《高拱全集》附录二《高拱生平文献》。

③ 李永庚:《重修文襄高公祠堂记》,(清)乾隆《新郑县志》卷二七《艺文志》。

位,竖震世之勋,皆大略相埒。"①不仅如此,高拱还具有开创之功:"江陵负豪杰之才,其整齐操纵,大略用高公之学。"②"高拱是一位很有干略的宰相,在许多方面开张居正之先。"③于是可见,对高、张的不同定性定位而形成的对立说和并立说,是引发不同评价的重要原因。

其三,由于历史文献的不同记载而形成不同评价。高拱逝世后,最早为其作传的是王世贞的《高拱传》和郭正域的《太师高文襄公墓志铭》,前者作于万历十八年(1590)王氏逝世之前的数年之内,后者作于高拱被平反的万历三十年(1602)左右。然而,这两篇传记却作了截然不同的记述。王传除略有肯定其才能及"俺答封贡"之功外,重点记述的乃是他如何重用门生、贪赃索贿、卖官鬻爵、结党营私、倾轧同僚、"报复"朝臣等,并给予否定性评价:"拱刚愎强忮,幸其早败;虽有小才,乌足道哉!"④在王氏笔下,高拱"不音"是十恶不赦的政治罪人、"报复"成性的失德小人。王氏不能秉持客观公正的治史原则,是因为王氏在其父王忬平反和复官问题上与高拱存有私怨。⑤ 与王传不同,郭传不仅详细记述了高拱的从政经历和公正廉直的为官之道,而且还重点记述了他的改革事功,如说:"嘉、隆之际,相臣身任天下之重,行谊刚方,事业光显者,无如新郑高公。"⑥总之,王传将其记为"反面人物",郭传将其视为历史功臣。从一定意义上来说,王传和郭传分别开启了贬责与褒扬高拱的先河,也是引起现今褒贬毁誉、是是非非的最早历史源头。

# 四、评价方法,几点思考

那么,如何才能对高拱作出客观公正、实事求是的评价? 这可以从方法

---

① 马之骏:《高文襄公集序》,载《高拱全集》附录二《高拱生平文献》。
② 郭正域:《合并黄离草》卷二四《太师高文襄公墓志铭》。
③ 嵇文甫:《论高拱的学术思想》,载《嵇文甫文集》下册,河南人民出版社 1990 年版,第 451 页。
④ 王世贞:《嘉靖以来内阁首辅传》书末"野史氏曰"。
⑤ 参见岳天雷:《王世贞与高拱的恩怨》,《博览群书》2011 年第 1 期。
⑥ 郭正域:《合并黄离草》卷二四《太师高文襄公墓志铭》。

论层面提出以下几点认识和思考。

其一,在治史态度上,要反对实用主义和虚无主义,对历史人物要有求实、敬畏的态度,而不能一概否定或信从。例如,有的学者为凸显张居正的改革事功及其"伟人"形象,便提出"继任首辅的高拱,早有雄心大志,想大干一场,但他当权后刚愎自用⋯⋯只留下难以收拾的残局"①,"高拱留下来的是一个烂摊子","张居正接高拱留下来的那可是个烂摊子"②等说法。为证实这种"残局"说或"烂摊"说,在史料使用上不是采取实用主义,就是秉持虚无主义,关键是看有利无利,有利则用,无利则弃。这种实用主义或虚无主义的治史态度,必须予以摒弃。③ 在笔者看来,研究历史人物应该不溢美、不掩恶,不为尊者、亲者讳,要有实事求是的态度,不能像梁启超所批评的王世贞、杨慎那样,"资料和自己脾胃合的,便采用;不合的,便删除;甚至因为资料不足,从事伪造;晚明人犯此毛病最多,如王弇州、杨升庵等皆是"④。此论甚确。

其二,在史料运用上,要坚持论从史出的原则,摒弃以论带史的方法。史料是历史研究的前提,也是立论的基础。没有或缺乏史料,就不能立论。例如,有的学者为了给张居正揽功争名,提出他是"俺答封贡"决策者的观点,其根据是他当时主管兵部工作,但没有列出任何一部相关文献来支撑这一观点。可见,此论不实。又如,有的学者为了将张居正冤案归罪于高拱晚年所著的《病榻遗言》一书,认定高拱在身后实现了"报复"张居正的观点,不仅提出该书刊刻问世于万历十一(1583)、十二年(1584)之间,其内容为不实之词,而且还提出神宗是看过此书后才决定处理张居正一案的。但遗憾的是,这种观点没有史料依据,纯属臆测之论。这种以论带史的研究方法违背了历史主义原则,得出的结论也必然偏谬。

其三,在研究方法上,要运用辩证思维方法,善于分清主次,抓住矛盾的

---

① 刘志琴:《张居正评传》,南京大学出版社 2006 年版,第 89—90 页。
② 郦波:《风雨张居正》,中国民主法制出版社 2009 年版,第 141、193 页。
③ 参见岳天雷:《高拱留下来的是"烂摊子"吗?——兼评郦波先生的〈风雨张居正〉》,《中国图书评论》2011 年第 1 期。
④ 梁启超:《中国历史研究法补编》,载刘梦溪主编:《中国现代学术经典·梁启超卷》,河北教育出版社 1996 年版,第 347 页。

主要方面。高拱的复杂多面性,决定了我们必须辨明主次,善于区分矛盾的主要方面与次要方面。就高拱的事功与性格相比,事功无疑是其主要方面,而性格则是次要方面。只有抓住事功这一主要方面,才能反映其本质和主流,进行准确的定性定位;如果颠倒主次,喧宾夺主,就会遮蔽、淹没乃至否定其事功这一本质和主流。有的学者提出所谓高拱的"有仇必报"说、"相材缺失"说等,就是以他的秉性耿直来否定其为相素质和改革事功的①,即以次要方面来否定主要方面。显然,这种颠倒主次、喧宾夺主乃是形而上学的研究方法,其结论必然背离史实。

其四,在评价标准上,要以历史进步为标准,坚持历史主义评价原则。毋庸讳言,高拱有其"负才自恣""强直自遂""性急寡容""性直而傲"的秉性缺弱,但不能将其作为评价标准,否则,就会陷入"性格决定命运""性格决定事功"的唯心史观。评价历史人物,要看他对历史进步起了何种作用,即推动作用或阻碍作用。若是前者,就要肯定;若是后者,就要否定。如前所论,高拱主政期间,大刀阔斧地进行了一系列洗刷颓风、修举实政的改革,使隆庆后期呈现出中兴之势,也开启了万历初元张居正改革之先河,在一定程度上遏制了明王朝下滑的颓势。倘若以这一标准来衡定,高拱无疑促进和推动了历史进步。因此,其被称为明代政治家和改革家,当之无愧。

---

① 实际上,以高拱的性格特征来否定其改革事功也是不能立论的,因为性格是一把双刃剑。高拱的果敢、直率、急躁、机浅等性格特征,对于讲究圆滑处世、不露锋芒的封建官场而言,固然是其性格缺弱;但对于有志于洗刷颓风、整顿改革的高拱来说,又恰恰是其性格优势或优点。不然,改革不可能推行,事功不可能建立。正如明朱国祯所说:"高(拱)出理部事,入参阁务,兴化为首揆,受成而已,遇大事立决,高下在心,应机合节,人服其才,比于排山倒海未有过也。"(朱国祯:《皇明史概·皇明大事记》卷三八《阁臣》)今人赵世明也说:"作为一个个体的人而言,高拱直率,敢言敢为,富于才华而不乏傲骨,应该是难得的优点,但作为一个官僚,一个政治家,这在实际政治中却是优缺参半。改革的推行,政治的刷新是需要这些性格气质的,否则改革只能是亦步亦趋,抑或小修小补,难以取得实效;但直率而傲的性格与封建官场有些格格不入,或者说在封建官场复杂的人际关系中,或许还是需要一些圆通和委婉。"(赵世明:《高拱与隆庆政局》,西南交通大学出版社 2014 年版,第 205 页)

# 第二章 "内阁混斗"问题

高拱不同认识和评价问题的产生或形成,是同隆庆阁臣斗争的性质和隆庆政局的走向密切相关的。只有准确认识和把握隆庆阁臣斗争的性质和隆庆政局的走向,才能深刻了解高拱不同认识和评价问题产生的根源和背景,也才能真正理解有关高拱的不同认识和评价问题的实质。

## 一、混斗之说,并非实质

在明代历史上,隆庆朝为时短促,仅有六年(1567—1572),但先后出入内阁任大学士的却有九人之多,即徐阶、李春芳、高拱、赵贞吉、郭朴、陈以勤、张居正、殷士儋和高仪,亦称"九相"。隆庆阁臣进进出出,像走马灯一样,使隆庆朝局呈现出混乱的状态。故此,有些学者将其定性为"混斗"或"内讧"。如说:内阁大臣"连绵不断的内讧,自相残杀的纷争,严重地挫伤了执政的元气,诸多新政,有始无终,功败垂成,党同伐异,最终导致两败俱伤。隆庆年间的改革成效与成果自毁,相生相克,内耗不可收拾"①。"争取入阁视事,尤其是担任内阁首辅,吸引了当时众多官员投入,有的还将它作为自己终生奋斗的目标。明白了此种情况,那么对于明代中后期隆庆内阁中阁臣之间的激烈'混斗',也就不难理解了。""阁臣们之间相互倾轧、排挤的'内讧'斗争则屡出不穷,致使天下臣民敬仰的内阁重地也波澜迭涌,风云多变。"②在这种观点看来,所谓内阁"混斗",就是内阁"九相"为了登上高位或

---

① 刘志琴:《张居正评传》,南京大学出版社 2006 年版,第 79 页。
② 吴仁安:《张居正与明代中后期的隆庆内阁述论(上)》,《江南大学学报(人文社会科学院)》2012 年第 6 期。

争夺最高权力而进行的相互排挤和倾轧,亦即"内讧"或"阁争"。持这种观点的学者认定徐阶、李春芳、赵贞吉、陈以勤、殷士儋等阁臣出阁,皆是高拱排挤或"报复"的结果。高拱俨然成为这场"混斗"的罪魁祸首。如说:"从隆庆四年到五年,在一年多的时间内,高拱一连赶走陈以勤、赵贞吉、李春芳、殷士儋四位大学士,这在明代朝廷确为罕见,其骄横之状不可一世。"①"高新郑此番发扬了连续作战的老斗士精神,先后将陈以勤、殷士儋、赵贞吉、李春芳等逐出内阁。"②如此等等。

对这种"混斗"或"内讧"说,韦庆远先生明确提出不同观点,指出:

> 对于隆庆内阁的人事变迁和权力转移,有些史家将之概括为"混斗"。窃以为,这样的说法并没有准确地反映出问题的实质。……很重要还在于,成员之间在政纲上本来存在着严重的分歧,在意识形态上本来存在着严肃的冲突。……在隆庆朝的内阁中,确实存在着以徐阶、李春芳、赵贞吉三大"学者"组成的,以尊奉陆王心学为理念的"同志",并且在当政期间,大力利用拥有的职权威望以扩大其讲学活动,此在政治上亦有明显的反映,他们三人在阁内坚持保守旧制的治道观点,也是如出一辙的,这就必然激发与实际信奉和推行商、申、韩法家学说的高拱、张居正间的冲突。……像这样营垒分明,目标明确,具有原则意义的斗争,实不宜笼统地称之为"混斗"。③

在我们看来,所谓"混斗",只是政治表象,并非实质。其实质是在"混斗"背后存在着的保守与改革的具有原则意义的斗争,即不同政治立场、治国纲领和学术思想的对立和分歧。故此,笔者赞同韦先生的观点,并加以全面申述,以确证高拱并非内阁"混斗"的"老斗士""老愤青",而是与张居正同属改革派的政治家,是他引领和主导着隆庆政局由保守走向改革,由守旧

---

① 刘志琴:《张居正评传》,南京大学出版社 2006 年版,第 131 页。
② 赵毅:《高新郑相材缺失论》,《哈尔滨师范大学社会科学学报》2010 年第 1 期。
③ 韦庆远:《有关张居正研究的若干问题——〈张居正和明代中后期政局〉一书的序言》,《史学集刊》1998 年第 3 期。

走向革新。

# 二、隆庆政局,改革走向

在明史上,隆庆朝仅有六年,与其前的嘉靖朝(共四十五年)和其后的万历朝(共四十八年)相比,是最短命的朝代。两长夹一短,似乎隆庆朝显得微不足道、很不重要,因此史家多对其略而不谈,或并入嘉靖,或并入万历,一笔带过。然而,隆庆朝却是一个从守旧到革新、由保守到改革的大转折时代。前三年是以徐阶为首的保守派对嘉靖弊政进行救弊补偏的阶段,后三年是以高拱为首的改革派全面推行整顿改革的阶段。随着隆庆前后期阁权的转移,即徐阶致仕,高拱不久职任内阁首辅并兼掌吏部事后,不仅提出了隆庆改革纲领,而且还大力推行吏治、边政、荒政、赋税、漕政等一系列改革,由此使隆庆政局呈现出从守旧到革新、由保守到改革的走向,并揭开了"隆万大改革"的序幕。

隆庆政局由守旧到革新、由保守到改革的走向,是同嘉靖时期密切相关的。嘉靖初期随着政治革新的出现①,社会生产力获得了发展,资本主义萌芽得到了成长,但嘉靖中期以后生产关系日益腐朽,各种社会矛盾空前尖锐,政治危机全面爆发。这主要体现在五个方面:一是世宗荒淫,朝政败坏。这时的世宗崇信道教,大兴土木,祈求长生。特别是"中年以后,营建斋醮,采木采香,采珠玉宝石,吏民奔命不暇,用黄白腊至三十余万斤。又有召买,有折色,视正数三倍"②。他不断遣官采办大木,嘉靖二十年至二十六年(1541—1547)采木于川、湖、贵州,仅"湖广一省费至三百三十九万余两"③。伴随着世宗怠政惰政,朝政也日益败坏。其时统治集团内部矛盾重重,争权夺利,贪贿成风。世宗的倒行逆施和朝政败坏,使社会更加动荡不安。二是农民起义,风起云涌。由于农民不堪忍受极度繁重的赋税徭役,因而在全国范围内爆发了大规模的农民战争。据统计,嘉靖朝爆发大大小小农民起义

---

① 参见田澍:《嘉靖革新研究》绪论,中国社会科学出版社2002年版,第6—8页。
② 张廷玉:《明史》卷八二《食货志六》。
③ 张廷玉:《明史》卷八二《食货志六》。

多达二百四十四起。① 其中著名者如:嘉靖三十二年(1553)河南柘城盐徒师尚诏起义,先后攻克一府二州八县,队伍发展到数万人,震动河南、山东、安徽三省;嘉靖三十九年(1560)广东张连起义,转战福建、江西,有众十万;嘉靖四十四年(1565)四川蔡伯贯以白莲教发动起义,攻破七个州县;嘉靖四十五年(1566)广东李亚元起义;等等。② 这些起义虽然先后被镇压,但它足以说明嘉靖中期以后社会政治危机的严重。三是市民斗争,日趋激烈。由于明王朝对市民阶层征以重税以及施加各种专卖政策的限制,严重地阻碍资本主义工商业的发展,因此,各地不断发生各种形式的市民斗争。例如,嘉靖十九年(1540)江西景德镇陶工因饥饿而反抗,爆发大规模的斗争;嘉靖三十五年(1556)江西上饶陶工因岁饥而起义;嘉靖四十五年(1566)浙江开化、江西德兴矿工起义;等等。③ 四是少数民族不断暴动。由于明王朝统治者推行大汉族主义,在云、贵、川、两广等地区相继爆发了少数民族暴动。例如,云、贵的苗族起义;川西的藏族起义;广西的瑶族、僮族起义;广东的黎族起义;等等。④ 五是南倭北房,大肆侵扰。自从嘉靖中期以后,西北蒙古鞑靼各部连年内犯,西窥太原,东闯辽左,入古北口而直犯京畿,致使京师多次戒严。如嘉靖二十九年(1550)俺答汗率军入古北口,直逼北京城下,大肆抢掠达八日之久,"纵掠而归"⑤,京畿百姓的生命财产受到了严重侵害。这即是震惊当时的"庚戌之变"。嘉靖三十三年(1554)俺答部"攻蓟镇墙,百道并进,警报日数十至,京师戒严"⑥。嘉靖四十二年(1563)该部又"大掠顺义、三河,诸将赵溱、孙膑战死,京师戒严"⑦。东南倭患虽自明初开启端,但杀伤人数最众,抢掠财富最多,破陷地区最广的倭寇事件,则集中发生在嘉靖二

---

① 参见张显清、林金树主编:《明代政治史》上册,广西师范大学出版社2003年版,第150页。
② 参见张廷玉:《明史》卷一八《世宗本纪二》,卷二一二《俞大猷传》,卷二〇六《马录传》附《王科传》。
③ 参见张廷玉:《明史》卷一八《世宗本纪二》。
④ 有关嘉靖时期农民起义、少数民族暴动和兵变等概况,参见汤纲、南炳文:《明史》上册,上海人民出版社1985年版,第402—407页。
⑤ 谷应泰:《明史纪事本末》卷五九《庚戌之变》。
⑥ 张廷玉:《明史》卷三二七《鞑靼传》。
⑦ 张廷玉:《明史》卷三二七《鞑靼传》。

十五年(1546)以后。① 倭寇又与海盗相互勾结,协同行动,经常攻城略地、杀官戮民,沿海地区备受蹂躏。由上可见,嘉靖中期以后,明王朝已处于内外交困、危机四伏之中。

嘉靖四十五年(1566)十二月,世宗崩逝,穆宗即位,年号"隆庆"。明代历史也由此进入了一个新时期。但如何扭转嘉靖中期以后日益严重的政治困局,如何摆脱空前严重的政治危机,仍然是摆在隆庆时代面前的重要课题,众多阁臣也由此而形成了守旧与革新、保守与改革两大对立派别。隆庆朝仅有六年,而阁臣却有九人之多。其中先后任内阁首辅的有徐阶、李春芳、高拱三人;先后入阁出阁的有郭朴、陈以勤、殷士儋、赵贞吉、高仪五人;一直任阁员至次辅的只有张居正一人。九人像走马灯一样,进进出出,人事不断变迁,权力不断转移。从表象上看,似乎是争权夺位的"混斗",但从本质上看,"混斗"背后却深藏着守旧与革新、保守与改革的根本分歧和对立。徐阶、李春芳、赵贞吉一方,其政见政纲是救弊补偏,力图恢复和维持明王朝的祖宗旧制,学术上信奉程朱理学和陆王心学,是谓守旧派或保守派;而高拱、张居正一方,其政见政纲则是变法改革,力图挽救摇摇欲坠的大明王朝,学术上主张儒法兼宗和经世实学,是谓革新派或改革派。两派营垒对立,阵线分明。其他阁员或赞助守旧,或附和革新,或保持中立,或入阁不久而猝死,不仅不占重要地位,而且先后淡出政坛。不论是前期的徐阶、李春芳与高拱、郭朴的争斗,还是后期的高拱、张居正与赵贞吉、殷士儋的争斗,其中固然有个人恩怨的成分在,但最主要的是政见政纲和学术思想的分歧和对立,都是围绕着权力这个核心问题而展开的斗争。因为谁掌握了阁权,居于首辅之位,谁就可以运用自己的世界观、价值观和政治观来改造社会、治理国家。

总之,隆庆朝是由守旧到革新、由保守到改革的大转折时期。隆庆前期,是徐阶、李春芳对嘉靖朝遗留下来的弊端恶政进行拨乱反正、救弊补偏的阶段;隆庆后期,则是高拱、张居正对吏治、边政、法治、田制、赋税、漕运等方面进行除弊兴利、整顿改革的阶段。明代中后期的改革运动,就是从高拱

---

① 胡凡:《嘉靖传》,人民出版社2004年版,第383页。

主政的隆庆后期开始的,并为张居正改革奠定了基础,确定了政策走向。换言之,如果没有隆庆后期高拱主政时期的改革,那么,万历初元张居正的改革就势难迅猛推进。就此而言,高拱是隆庆政局的领军人物,是他引领着时代发展的潮流、隆庆政局的走向,即从旧政走向新政,从保守走向改革。那种认为"高拱的傲慢、褊狭和短视,决定了他能开启道而不能终其事,改革的使命不可能由他来完成"①的论断,纯属无稽之谈!

# 三、保守改革,两派对峙

在隆庆内阁中,高拱与徐阶分别是改革派和保守派的代表性人物,他们无论是在政治立场、治国纲领还是在学术思想上,都存在着根本分歧和对立。这种分歧和对立,随着首辅徐阶及李春芳先后致仕,高拱复政任内阁大学士兼掌吏部事,不久擢升内阁首辅仍兼吏部事,使隆庆政局呈现出由守旧到革新、由保守到改革的走向。

徐阶(1503—1583),字子升,号少湖,又号存斋,松江华亭(今上海)人。嘉靖二年(1523)登进士第,授编修。嘉靖初期,徐阶因议孔子尊号与大礼新贵张璁意见不合,被从翰林院调外任以历练民事,先后任福建延平推官、浙江佥事、江西按察副使、翰林院侍讲、国子监祭酒、礼部右侍郎、吏部右侍郎、礼部尚书等职。嘉靖三十一年(1552)入阁,嘉靖四十一年(1562)代严嵩为首辅,直至隆庆二年(1568)七月致仕。高拱于嘉靖二十年(1541)举进士,选庶吉士。其后入翰林,拜太常寺卿,擢礼部左侍郎。嘉靖四十五年(1566)三月拜文渊阁大学士,入阁参政。隆庆元年(1567)四月,晋吏部尚书。因与首辅徐阶的矛盾冲突,五月称病归里。隆庆三年(1569)十二月,穆宗召高拱还阁,以大学士兼掌吏部事。隆庆五年(1571)五月,高拱任内阁首辅,仍兼吏部事,直至隆庆六年(1572)六月被罢官。

由徐、高从政经历可以看出,高比徐年少十岁,从政迟十八年,科举晚六科,入阁晚十四年。嘉靖四十四年(1565),高拱主持乙丑会试,"曾以题字致

---

① 刘志琴:《张居正评传》,南京大学出版社2006年版,第158页。

先帝疑",徐为高"解先帝疑"。不久,徐又荐高入阁。应该说,无论从年龄、科举、从政、入阁、恩德等哪个方面来说,徐阶都堪称前辈元老,高拱则是晚辈后生。然而,高拱却不是无能等闲之辈,从不屈从于同其政治立场、治国纲领、学术思想相对立的前辈元老。

**(一)政治立场的对立**

高拱首次入阁不久,便与首辅徐阶发生了诸多矛盾冲突。表面上看,似乎是阁僚之间的权力之争,但实质上则是不同政治立场和路线的分歧和对立。这种分歧和对立又集中反映在高、徐对世宗钦定的大礼议的不同认识和看法上。是否认同、坚守世宗所定的大礼议,不仅关系到隆庆政治的稳定,而且也关涉到隆庆政局的走向。

徐阶利用世宗《遗诏》"尽反先政",否定世宗钦定大礼议的合法性。当年,徐阶因议孔子尊号与张璁意见不合,被张璁"贬谪"到地方任职,历练民事。这种曲折经历,势必使徐阶不认同张璁,更不认同世宗钦定的大礼议。不过,世宗在世时,一贯工于心计的徐阶还有所隐忍,甚至迎合,不急于表达自己对大礼议的不同看法,因为他没有胆量与皇权公开对抗。但随着嘉靖帝驾崩,他便通过草拟世宗《遗诏》,公然否定世宗钦定的大礼议,将其视为恶政。世宗《遗诏》提出:

> 只缘多病,过求长生,遂致奸人乘机诳惑,祷祠日举,土木岁兴,郊庙之祀不亲,朝讲之仪久废,既违成宪,亦负初心。迩者天启朕衷,方图改辙,而遽婴疢疾,补过无由。每一追思,惟增愧恨。①

世宗《遗诏》不仅具有明显的"罪己""自责"的意味,而且还增加了纠偏的内容,但仅涉及礼仪、平反和停止不急之务诸项。如说:

> 郊社等礼及朕祔葬享,各稽祖宗旧典,斟酌改正;自即位至今,建言

---

① 徐阶:《世经堂集》卷五《拟遗诏》。

得罪诸臣,存者召用,没者恤录,在系者即先释放复职,方士人等,论厥情罪,各正典刑;斋醮、工作、采办诸劳民事,即行停止。①

与世宗《遗诏》一脉相承,在隆庆《登基诏》中,徐阶对大礼议仍然秉持否定态度。与大礼议相关的两条是:

> 郊社等礼及袝葬袝享,遵奉遗诏,各稽祖宗旧典,斟酌改正。礼部会官查议旧礼,某项当复新礼,某项当罢,某礼当行于某处,某礼当举于某时,并陵葬庙享当袝之正,逐一开具奏请。
> 自正德十六年四月至嘉靖四十五年十二月以前建言得罪之臣,遵奉遗诏,存者召用,殁者恤录,吏、礼、兵部作速查开职名,议拟具奏。②

可见,徐阶试图借助世宗《遗诏》,推卸自己的职责。他可以利用二诏刺激部分臣民的神经,在短时期内能够获得好评和声誉,"朝野号恸感激",但好景不长,他必将为其一味地"谤先帝"付出代价,更不能指望二诏"革故鼎新",开创隆庆新时代。

与徐阶的政治立场相反,高拱则充分肯定了坚守世宗所钦定大礼议的必要性和合法性。他试图以此为基点,消解徐阶制造的隆庆政局纷争,结束政局动荡的局面,并为隆庆大改革提供政治前提,奠定政治基础。因此,隆庆三年(1569)十二月,高拱复政,"尽反阶所为,凡先朝得罪诸臣以遗诏录用

---

① 谈迁:《国榷》卷六四,嘉靖四十五年十二月辛丑。
② 《明穆宗实录》卷一,隆庆元年正月壬子。徐阶不仅为建言得罪诸臣平反、复职、赠官、赠荫、赐祭、赠谥达数百人之多,而且更重要的是不加澄辨,丧失原则,一律平反复官,以致形成诸多流弊,遭到史家的强烈批评。如王世贞云:"嘉靖遗诏,恤录言事得罪诸臣,虽仿改元诏旨,最为收拾人心机括。惜乎吏部奉行之臣,未谙典故,仓卒奏请,不能无舛。如熊太宰浃之加少保。少保,三孤也,非部所宜定议也,此一舛也。得罪之臣,当酌其事理之切直,心之赤诚与否,而后剂之。今但以得祸轻重为主,致郭丰城之恤反优于杨富平,此二舛也。翰林春坊自有本等阶职可赠,今拟赞善修撰皆为光禄少卿,是外之也,此三舛也。都给事、御史止赠通参大理丞,其有遗误而抚按题请者超二级,太常少卿致仕官亦如之,此四舛也。"(王世贞:《觚不觚录》,《文渊阁四库全书》台湾影印本)

赠恤者,一切报罢"①,提出对建言得罪诸臣要据实甄别区处,不宜一再加官晋爵。如嘉靖前期刑部主事唐枢因上疏议"大狱"而被斥为民,而到"隆庆初,复官。以年老,加秩致仕。会高拱憾徐阶,谓阶恤录先朝建言诸臣,乃彰先帝之过,请悉停之,枢竟不录"②。

不仅如此,高拱还于隆庆四年(1570)九月奏上《正纲常定国是以仰裨圣政疏》,严厉批驳徐阶否定世宗钦定大礼议的政治立场,旗帜鲜明地支持世宗所钦定的大礼议。疏言:

> 我皇上嗣登宝位,志隆继述,所谓不改父之政,实本心也。而当时议事之臣,不以忠孝事君,务行私臆,乃假托诏旨,于凡先帝所去,如大礼、大狱及建言得罪诸臣,悉起用之,不次超擢,立至公卿,其已死者,悉为赠官荫子。

> 夫大礼,先帝亲定,所以立万世君臣父子之极也。献皇尊号已正,《明伦大典》颁示天下已久矣。而今于议礼得罪者,悉从褒显,将使献皇在庙之灵何以为享? 先帝在天之灵何以为心? 皇上岁时祭献,何以对越二圣? 则岂非欺误皇上之甚者乎? 至于大狱及建言得罪诸臣,岂无一人当其罪者? 而乃不论有罪无罪、贤与不肖,但系先帝所去,悉褒显之,则无乃以仇视先帝欤? ……臣独痛夫人臣归过先帝,反其所为,以行己之私臆,既多时矣,宜亦有明之者矣。而今当事之臣,尚公然为之,不觉其悖;旁观之人,尚漫然视之,不以为非。……

> 伏望皇上敕下阁臣议行,务将皇上继述之本心,与夫今日群臣所以仰体圣心而敬承先帝之志者,当何如为是,并往日所行之非,明白谕告天下,以醒久迷之人心,以开久涂之耳目。嗣后敢有务行己私,扬先帝之过者,皆以大不敬论。③

高拱此疏既表明了肯定世宗所钦定的大礼议的政治立场,也是稳定隆

---

① 张廷玉:《明史》卷二一三《高拱传》。
② 张廷玉:《明史》卷二〇六《唐枢传》。
③ 高拱:《掌铨题稿》卷一《正纲常定国是以仰裨圣政疏》。

庆政局并以此为基点实施隆庆改革的一份极为重要的奏疏。他提出坚守世宗所定的大礼议是君臣必须固守的政治原则,不得借助否定这一政治原则而捞取政治资本。此时,穆宗态度大变,对高拱奏疏给予了大力支持,深表赞同,并颁下圣旨:

> 大礼,皇考圣断,可垂万世。谏者本属有罪,其他谏言被遣诸臣,亦岂皆无罪者?乃今不加甄别,尽行恤录,何以仰慰在天之灵?览卿奏,具见忠悃。这所陈乞,都不准行。……以后敢有借例市恩、归过先帝的,重罪不饶。①

圣旨的颁布,彻底打碎了一些人借助遗诏冲击世宗所定大礼议的幻想,同时也标志着世宗遗诏被废止,隆庆新局的开启。

总之,徐阶否定世宗钦定的大礼议,不仅在伦理上割裂了嘉、隆二帝的父子之恩、伦理之情,而且在政治上制造了隆庆初期的内阁纷争,导致政局震荡。相反,高拱勇敢地坚守世宗所钦定的大礼议,论证了皇位交替的合法性,为隆庆改革奠定了政治基础,提供了必要的政治前提。可以说,高拱之所以在隆庆改革方面有所建树,就在于能够正确地对待大礼议。这也是他对隆庆政治的最大贡献,是其政治见识远高于其他隆庆阁臣的重要体现。正如田澍所说:"高拱被穆宗重用后,充分肯定了世宗钦定的大礼议,旗帜鲜明地坚持世宗朝的政治路线,使隆庆朝在震荡中得以调适,完成了与嘉靖朝的理性对接。这是高拱对隆庆政治的重要贡献,也是高拱在隆庆政治中有所建树的基点。"②那种认为高拱出于私人恩怨,对徐阶草拟世宗《遗诏》加以否定,甚至是对徐阶打击"报复"的看法③,不符合历史事实。

---

① 转引高拱《掌铨题稿》卷一《正纲常定国是以仰裨圣政疏》。
② 田澍:《震荡与调适:隆庆政治的走向》,《社会科学辑刊》2011 年第 2 期。
③ 如姜德成说:"以个人恩怨否定《嘉靖遗诏》是高拱偏激狭隘,是其政治生涯中一极大败笔。……高拱、郭朴以不与共谋而怀忌恨,挟私忿而诋毁《遗诏》,与群情感恸朝野相庆的局面极不协调,以此而自陷于孤立,结怨外廷,是非高明政客之所为。"(姜德成:《徐阶与嘉隆政治》,天津古籍出版社 2002 年版,第 291 页)

### （二）治国纲领的对峙

大礼议政治立场的分歧,必然引发治国纲领的对峙。因为政治立场决定治国纲领,治国纲领又是政治立场的具体体现。

徐阶为人处世擅于谋略算计,是玩弄权术的高手,《明史》说他"性颖敏,有权略,而阴重不泄"①。嘉靖末年,他有扳倒严嵩之功,结束了严嵩乱政。他在主政之后,又标榜所谓的"三语政纲",即"以威福还主上,以政务还诸司,以用舍刑赏还公论"②,由此赢得了言路的喝彩、朝士的拥戴,博得美名盛誉。特别是在嘉隆交替之际,"阶草遗诏,凡斋醮、土木、珠宝、织作悉罢;大礼大狱、言事得罪诸臣悉牵复之。诏下,朝野号恸感激"③。应该说,徐阶采取救弊补偏的措施,对隆庆政治起了一定的作用。但是,时代在发展,局势在变化,解决矛盾的对策也应发生变化。进入隆庆朝以后,众多有识之士面对嘉靖中期以来空前严重的社会政治危机,已不仅仅满足于拨乱反正、救弊补偏,而是迫切要求整顿改革、振兴朝政。这时各种主张改革的呼声一浪高过一浪。面对这种新局势、新情况,徐阶不仅不能跟上时代的步伐,反而仍然以他在世宗《遗诏》中提出的恢复祖宗成法的老套来应对。通观他在致仕前所上的奏疏,也都是一些"致君尧舜上"的老套。"阶所持诤,多宫禁事"④,名为持诤宫禁,关注皇帝生活,其实关注的仍是自己如何保位固宠,根本没有提及改革原有体制的内容。正如田澍所说:就徐阶而言,"其本身并非革新之能臣,前不如张璁,后不及高拱、张居正。……虽然嘉靖皇帝离开了人世,但服务于嘉靖皇帝的阁臣徐阶等人还活着,像任何皇位交替时的阁臣一样,旧阁臣与前朝弊政有千丝万缕的联系,不可能把一切弊政全部推于已死的皇帝身上而与前朝弊政完全划清界限。所以,要让这样的阁臣担当革新重任是不现实的。"⑤梁希哲也指出:"徐阶不是王安石、张居正式的改革家,缺乏他们那样的气质和魄力,也没有他们那样的政治抱负。"⑥正因如此,

---

① 张廷玉:《明史》卷二一三《徐阶传》。
② 张廷玉:《明史》卷二一三《徐阶传》。
③ 张廷玉:《明史》卷二一三《徐阶传》。
④ 张廷玉:《明史》卷二一三《徐阶传》。
⑤ 田澍:《震荡与调适:隆庆政治的走向》,《社会科学辑刊》2011 年第 2 期。
⑥ 梁希哲:《论徐阶》,《吉林大学社会科学学报》1987 年第 6 期。

在隆庆前期,徐阶一直奉行的是救弊补偏、恢复旧制的政治纲领。

与徐阶相反,高拱明确提出"挽刷颓风,修举务实之政"①的改革纲领。他通过对嘉靖中期以后弊端恶政的长期观察思考,大约在入阁前夕即嘉靖四十五年(1566)三月间撰就了《挽颓习以崇圣治疏》(即《除八弊疏》)。该疏虽然是一篇未上的奏疏,当时在朝野内外影响不大,但它却能高屋建瓴,把握时局的发展趋势,提出了一系列大破陈规、立足于变的整顿改革方案。在疏文中,高拱提出时势艰危的根源在于"积习之不善",并对其寻根求源,条分缕析,列为"八弊":一是曲解法律,任意轻重:"自通变之说兴,而转移之计得。欲有所为,则游意于法之外,而得倚法以为奸;欲有所避,则匿情于法之内,而反借法以为解。爱之者,罪虽大而强为之辞;恶之者,罪虽微而深探其意。……是曰坏法之习,其流一也。"二是卖官鬻爵,败坏名节:"自苟且之效彰,而廉隅之道丧。义[名]之所在,则阳用其名而阴违其实,甚则名与实兼违之;利之所在,则阴用其实而阳违其名,甚则实与名兼用之。进身者以贿为礼,鬻官者以货准才。……是曰赎货之习,其流二也。"三是刻薄寡恩,刁难民众:"曲求小节,务在深文。事有当然,故抑滞留难以为得;赋有定数,必剥民多羡以为能。罪不原其情,而以深入为公;过不察其实,而以多许为直。是曰刻薄之习,其流三也。"四是争功嫁祸,彼此排挤:"各为异同,互相彼此。事出于己,虽甚不善而必要其成;事出于人,虽甚善而每幸其败。如弗败也,犹将强猎其功;苟无成也,必且曲嫁其祸。是曰争妒之习,其流四也。"五是推诿扯皮,功罪同途:"今也一日之事,动滞数年;一人之事,动经数手。去无程限,来不责迟;苟有微嫌,遂成永避。常使薰莸同嗅,功罪并途。漏网终逃,国有不伸之法;覆盆自苦,人怀不白之冤。是曰推诿之习,其流五也。"六是文武不协,党同伐异:"今也武则非文,文则非武。出诸科甲则群向之,甚至以罪为功;非出诸科甲则群抑之,甚至以功为罪。常使多助者昂,寡助者低。昂者志骄,每袭取而鲜实;低者气沮,多隳堕而恬污。是曰党比之习,其流六也。"七是因循塞责,苟应故事:"以因循为心,以卤莽为计。无事则不为远虑,而聊徇故事,图侥幸于目前;有事则颠顿仓皇,

---

① 高拱:《政府书答》卷四《答同年陈豫野》。

而不度可否,徒撴拾以塞责。名为救时,而适增其扰;名为兴利,而益重其害。是曰苟且之习,其流七也。"八是浮言丛杂,混淆是非:"彼之所是,此之所谓非也;甲之所否,乙之所谓可也。事方立而忽夺其成,谋未施而已泄其计。苍黄翻覆,丛杂纷纭。谈者各饰其私,而听者不胜其眩。是曰浮言之习,其流八也。"①

这些积习前后相因,彼此相仿,已经形成官场的腐败风气、习惯势力,大有积重难返之势,"八弊流习于下,非惟不可以救患,而患之所起实乃由之"②。但是,高拱坚信吏治可修,诸边可靖,兵弱可振,财乏可理,这就必须使用"抉肠涤胃之方"、"剔蠹厘奸之术",大力进行整顿改革。不整顿就没有出路,不改革就不能振兴。于是,他提出了革除"八弊"的对策:

> 夫舞文无赦,所以一法守也;贪婪无赦,所以清污俗也。于是崇忠厚,则刻薄者消;奖公直,则争嫉者息;核课程,则推诿者黜;公用舍,则党比者除;审功罪,则苟且无所容;核事实,则浮言无所售。③

除弊对策集中到一点,就是凡事核实,以法治国。"八弊既除,百事自举。"④只有破除"八弊",才能拯救危机,扭转颓势,达到"修内攘外,足食足兵"的目的。可以说,《除八弊疏》是高拱致力于隆庆改革的纲领性文献。

### (三)学术思想的分歧

政治立场和治国纲领的对立,皆根源于学术思想或意识形态的分歧。徐阶遵奉程朱理学,笃信陆王心学,是王阳明的忠实信徒;而高拱虽然自诩为儒臣,实际服膺的则是法家学说,力倡经邦济世的实学。阳明心学与经世实学是明代中后期两种根本对立的学术派别。

---

① 高拱:《南宫奏牍》卷一《挽颓习以崇圣治疏》。
② 高拱:《南宫奏牍》卷一《挽颓习以崇圣治疏》。
③ 高拱:《南宫奏牍》卷一《挽颓习以崇圣治疏》。
④ 高拱:《南宫奏牍》卷一《挽颓习以崇圣治疏》。

徐阶是心学家聂豹的弟子,"聂双江初令华亭,先生受业其门,故得名王氏学"①。他授编修后,曾因驳斥时任首辅、嘉靖革新的主持者张璁(1475—1539)准备废除孔子"文宣王"称号,被贬为延平府推官。在延平,他著《学则》一书作为讲章,广招门徒,大力宣扬阳明心学。督学江西时,他在南昌建仰止祠,专祀阳明,"大发师门宗旨,以昌率诸生"。入阁后,他大力倡导讲学活动,使其极盛一时。

> (徐阶)及在政府,为讲会于灵济宫,使南野(欧阳德)、双江(聂豹)、松溪(程文德)分主之,学徒云集,至千人。其时癸丑(嘉靖三十二年)、甲寅(嘉靖三十三年),为自来未有之盛。②

当时主会者联讲长达两个月之久,其势之盛为数百年来所未有。徐阶以首辅之尊,亲自主持讲学,并一再邀请各地来京朝觐官员和朝廷各衙门官吏听讲。嘉靖三十九年(1560),徐阶"乃约诸路入觐诸僚、天下髦士之试春官者,以及京朝各署,下至山林隐叟布衣,几三千人,大会于象所"③。嘉靖四十四年(1565)春,徐阶又"合部寺台省,及觐会诸贤,大会灵济宫。徐政府手书程子《定性》一书'学者先须识仁'一条,令长子携至会所。兵部南离钱公(名钱镇,号南离,官至兵部郎中)出次朗诵。诸公恳师申说,师亦悉心推演,听者跃然"④。对此,吴震先生综评云:"'灵济宫大会'自嘉靖二十年代以来,曾多次举行,主持者多为阳明弟子,可以说该会是王门讲学运动达至高潮的一大标志,其有赖于徐阶之力为多。"⑤徐阶以首辅之尊,用政权鼓动讲学,当即遭到非议。这种变了味的讲学,不仅成为士大夫进身之阶和获取利

---

① 黄宗羲:《明儒学案》卷二七《文贞徐存斋先生阶》。
② 黄宗羲:《明儒学案》卷二七《文贞徐存斋先生阶》。
③ 沈懋孝:《水云绪编·讲学述》,引自吴震:《明代知识界讲学活动系年:1522—1602》,学林出版社2003年版,第232页。
④ 罗汝芳:《盱坛直铨》卷下,引自吴震:《明代知识界讲学活动系年:1522—1602》,学林出版社2003年版,第266页。
⑤ 吴震:《明代知识界讲学活动系年:1522—1602》,学林出版社2003年版,第267页。

禄的渊薮,而且赴会"缙绅可攀附得显官"①。给事中张岳曾上疏,力陈讲学之弊:

> 今讲学家以富贵功名为鼓舞人心之术,而闻风争附者,则先以富贵功名横于胸中。铨衡一缺,则翘首而垂涎;馆局一开,则热中而濡足;司钱谷则慕秩署之清华;典刑名则思兵曹之喧赫;居台谏则羡卿贰之崇高。以为不通其说,不究其术,则无以满其欲而济其私。然后剽窃浮词,谈虚论寂,相饰以智,相轧以势,相尚以艺能,相邀以声誉。②

张岳认为,讲学助长了官场上追名逐利、奔竞攀附、谈虚论寂的丑恶腐败之风。其时,徐阶柄政,"开讲学以收誉。故岳微言之,恐触时忌,引而不敢发也。岳不久亦外调"③,被黜为云南参议。

与徐阶的学术立场相反,高拱对程朱理学和阳明心学均持批判态度。他驳斥宋儒对《春秋》经义的穿凿附会,批驳理学空谈心性,不务实际,认为"宋儒穷理,务强探力索。故不免强所不知以为知,自以为是"④。与理学"存天理,灭人欲"的论调相对立,高拱提出"天理,人情之至也,人情即天理"⑤的观点,认为不存在所谓人情之外的天理,如果远人情以为天理,那么这就不是真正的天理。对当时理学家热衷谈论的"朱陆异同",高拱则斥之为"空虚无据","徒务口说,依傍他人门户,随场悲喜,以为知道,良可羞也"。⑥ 对王阳明心学,高拱也驳斥说:

> 后世论学者,动涉玄虚,以驾空悬悟为高,以杳冥而不可即者为精,徒侈口谈,更无循据,令人无下手处,固知不足以为学也。非惟不足以

---

① 徐学谟:《世庙识余录》卷二一。
② 《明世宗实录》卷五四一,嘉靖四十三年十二月壬申。
③ 许重熙:《嘉靖以来注略》卷五,嘉靖四十三年六月。
④ 高拱:《本语》卷二。
⑤ 高拱:《问辨录》卷七《论语》。
⑥ 高拱:《本语》卷三。

为学也,且病之矣。①

另外,高拱不仅从不涉足徐阶主持的讲会活动,而且还痛抑讲学。隆庆三年(1569)十二月,"新郑高文襄起掌吏部,以与华亭有隙,痛抑讲学"②。他一方面禁止各地督学宪臣聚徒讲学,另一方面还通过考察贬谪京官,遏制京师讲会之风,以经世实学端正学风,改变谈玄论虚、不务实际的官场风气。"高拱、张居正在上台执政之后,一方面整顿徐阶时代所产生的弊政,并对很多借机谋财的书院讲学进行整顿,另一方面他们也极力整顿徐阶时代盛行的心学,并积极阐发自己的思想理念,以统一思想。"③

高拱尽管自诩为儒臣,实际上服膺的是法家学说。其学术思想的特点是阳儒阴法,儒法兼宗。他说:"昔仲舒欲罢去诸家,独宗孔氏。予以为宗孔氏者,非必一致,亦有诸家。虽皆讲明正学,乃各互有离合。"④高拱在儒家学说中注入了法家思想的内容,援法入儒,提出:"有时异世殊不宜于今者,亦皆为之,变通之,斟酌损益,务得其理。"⑤"事以位异,则易事以当位;法以时迁,则更法以趋时。"⑥这些论点与法家集大成者韩非"世异则事异""事异则备变""是以圣人不期修古,不法常可,论世之事,因为之备"⑦的变法理论如出一辙。高拱建构的变革理论,是为他推行隆庆改革提供理论服务的。

正因为高、徐在政治立场、治国纲领和学术思想上存在对立和分歧,所以,高拱复政后,就必然要"尽反阶政",这是顺理成章的,也是合乎时代发展潮流的。在高拱看来,只有"尽反阶政",才能扫除改革道路上的障碍,才能为隆庆改革开辟新路,也才能挽救明王朝逐渐衰败之势。"高拱复出后,力反徐阶所为,力行改革,重新评价世宗,停止不加澄辨的平反、改判方士王金

① 高拱:《问辨录》卷七《论语》。
② 孙钅广:《兵部左侍郎许孚远神道碑》,载焦竑《国朝献征录》卷四一。
③ 姜海军:《明后期政治变局下心学、理学的消长》,《社会科学辑刊》2016 年第 5 期。
④ 高拱:《问辨录序》。
⑤ 高拱:《问辨录》卷二《中庸》。
⑥ 高拱:《问辨录》卷六《论语》。
⑦ 《韩非子·五蠹》。

等,从而创造了良好的君臣关系和政治氛围,为进一步改革找到了支点和依据。"①然而,有些史家无视高、徐在政治立场、治国纲领和学术思想上的对立和分歧,完全从个人恩怨出发,把高拱"尽反阶政"视为对徐阶的打击"报复",提出:"拱衔阶甚,必欲杀之,嗾言路追论阶不已,而使其所仇诬饰其诸子罪,下抚按置狱。"②"拱之再出,专与阶修郤,所论皆欲以中阶重其罪。"③现今有的学者也提出:高拱"对于他的政敌徐阶却耿耿于怀,不仅利用职权必欲置于死地,对附和徐阶的官员也不放过,不论是非黑白,全面否定徐阶的作为"④。"高拱当时并不想停止对徐阶的报复。……此却怀宿怨恃权穷治致仕失势老臣,且既兴报复以抒旧恨,又欲取信于天下不留报复之名,所为失于缙绅风度,而为后人所鄙视。"⑤"高拱报复徐阶的确是深文周纳,无所不用其极了。"⑥等等。不难看出,这种观点认为高拱当初被徐阶逐出内阁,如今又被召回以大学士兼掌吏部事,手握重权,必然对徐阶进行打击"报复"。然而,这只是看到了政治表象,即去政和复政问题,没有论及高、徐的政治立场、治国纲领和学术思想的对立和分歧问题,更没有触及改革与保守相对峙的深层原因。显然,这种完全从个人恩怨出发,把高、徐之争归结为权力斗争的论断,是肤浅的、偏颇的,不符合历史事实。

总之,徐阶奉行救弊补偏、恢复旧制的治国方略,而高拱则力行"挽刷颓风,修举务实之政"的改革纲领;徐阶遵奉程朱理学,笃信阳明心学,而高拱则阐扬变法思想和经世实学。高、徐政治立场、治国纲领和学术思想的分歧和对立,正是隆庆政局由守旧走向革新、由保守走向改革的思想根源。

## 四、隆庆改革,政治纲领

在隆庆内阁中,高拱与张居正同属改革派。张居正(1525—1582),字叔

---

① 赵世明:《高拱"尽反阶政"浅析》,《殷都学刊》2008 年第 1 期。
② 王世贞:《嘉靖以来内阁首辅传》卷七《张居正传》。
③ 张廷玉:《明史》卷二一三《高拱传》。
④ 刘志琴:《张居正评传》,南京大学出版社 2006 年版,第 89 页。
⑤ 姜德成:《徐阶与嘉隆政治》,天津古籍出版社 2002 年版,第 371 页。
⑥ 尹选波:《高拱的执政思想与实践论略》,《史学月刊》2009 年第 4 期。

大,号太岳,湖广江陵人。嘉靖二十六年(1547)中进士,选庶吉士,授编修。高、张同在翰林,在太学,先后任裕王(即位后隆庆帝)讲官,以学问相切磋,以事功相期许,建立了志同道合的友谊。隆庆后期,两人联手合作,力行改革,取得了隆万大改革第一阶段的丰硕成果,为第二阶段的改革奠下初基。他们之所以能够携手共政,致力于改革,就在于其有基本相同的政治纲领和思想基础。

### (一)立志经世的政治盟友

高拱有诗云:"技艺宁足先,修能良可慕。……古则俱在兹,莫枉邯郸步。"① 可见,他不屑于研习诗词技艺、摹仿古则教条,而要精研国家典章制度,提高平章政事的能力。他认为,辅臣出诸翰林,其职责不只是"备问代言,商榷政务",且负有"辅德辅政,平章四海"的重任。② 张居正在翰林院期间,其旨趣亦在于潜求国家典章,精研时事政治。"诸进士多谈诗、为古文,以西京、开元相砥砺,而居正独夷然不屑也。与人多默默潜求国家典故与政务之要切者衷之。"③

高、张相期以相业。他们在太学时,张为司业,"独与祭酒高拱善,相期以相业"④。张曾言:"追惟平昔,期许萧曹丙魏。"⑤高曾为此撰写《萧曹魏丙相业评》。⑥ 其主旨都是要以汉朝的萧何、曹参、魏相、丙吉为榜样,同心合力,振兴朝政。这表明他们有着共同的政治抱负。万历时大学士沈鲤言:高、张同在政府,"其初谋断相资,豪杰自命,即丙魏房(玄龄)杜(如晦),固未肯多让也"⑦。礼部尚书李腾芳亦言:高、张"皆负不世出之才,绝人之识。本以忠诚不二之心,遭时遇主,欲尽破世人悠悠之习,而措天下于至治。其

---

① 高拱:《诗文杂著》卷一《奉诏读书翰林述怀》。
② 高拱:《本语》卷五。
③ 王世贞:《嘉靖以来内阁首辅传》卷七《张居正传》。
④ 王世贞:《嘉靖以来内阁首辅传》卷七《张居正传》。
⑤ 张居正:《张太岳集》卷三四《答司寇曹傅川》。
⑥ 高拱:《诗文杂著》卷一《萧曹魏丙相业评》。
⑦ 沈鲤:《张太岳集序》,《张太岳集》,上海古籍出版社1984年影印本。

所就虽皆不克终,然其所设施,亦不可泯矣。……人称丙魏房杜,同心是矣"。① 高拱在回忆他们共事经历时也说:

> 荆人为编修时,年少聪明,孜孜向学,与之语多所领悟,予爱重之。渠于予特加礼敬,以予一日之长,处在乎师友之间,日相与讲析理义,商榷治道,至忘形骸。予尝与相期约,他日苟得用,当为君父共成化理。②

可见,高、张是志同道合的政治盟友,有着深厚的个人友情。张居正也多次言及他与高拱是"香火盟""生死交"③,有些史料亦称高、张为"刎颈交""金石交",等等。即使在隆万之交,高、张关系破裂,但仍然保持着礼仪往来。④

### (二)政见相同的改革纲领

引领隆庆政局走向,确立改革大政方针的,是高拱的《除八弊疏》和张居正的《陈六事疏》。这两份纲领性文献,是他们联手合作共同致力于隆庆改革的政治纲领。高拱的《除八弊疏》已如前述,这里仅就张居正的《陈六事疏》略加分析。

隆庆二年(1568)七月,张居正恩师徐阶致仕,他便立即呈上《陈六事疏》。疏言:"近来风俗人情,积习生弊,有颓靡不振之渐,有㢢[积]重难反[返]之几。若不稍加改易,恐无以新天下之耳目,一天下之心志。"⑤因此,他乞请隆庆帝励精图治,进行改革整顿。在疏文中,张居正既指出时弊之所在,又提出改革之对策。他针对当时议论太多,相互掣肘,浮言塞责,不务实际,提出"省议论"的对策;针对当时纲纪不振,法度不行,刑赏不公,奖惩不明,提出"振纲纪"的对策;针对当时朝廷诏旨多废阻不行,行政效率低下,提

---

① 引谈迁《国榷》卷六八,隆庆六年六月庚午,"李腾芳曰"。
② 高拱:《病榻遗言》卷二《矛盾原由上》。
③ 张居正:《张太岳集》卷三四《答参军高梅庵》《答司寇曹傅川二》。
④ 参见于慎行《谷山笔麈》卷四《相鉴》。
⑤ 张居正:《张太岳集》卷三六《陈六事疏》。

出"重诏令"的对策;针对当时选拔人才,眩于声名,用舍进退,名实不符,提出"核名实"的对策;针对当时灾害频仍,民不聊生,国库空虚,财政危机,提出"固邦本"的对策;针对当时南倭北虏,大肆侵扰,军力不振,边防大弛,提出"饬武备"的对策。① 综上六策,集中到一点,就是要集中权力,统一纲领,进行旨在强国富民的整顿改革。

高拱的《除八弊疏》和张居正的《陈六事疏》,虽然提出的时间不同(高疏在前,张疏在后)、特点不同(高疏较为笼统,张疏比较具体)、反响不同(高疏未上,反响较小,张疏呈上,影响较大),但是,这两份疏文的基本立场和观点则是高度一致的,都是立足于除弊兴利、革旧布新之上的,都是把国家的前途命运寄托于整顿改革、力行实政之上的。② 可以说,这两份纲领性文献是整顿改革中的姊妹篇,起着前呼后应、统筹全局的作用,是指导隆万大改革的纲领性文献。

### (三)基本一致的思想基础

高拱和张居正都是儒法兼宗的思想家,都具有变法改革的价值观。正因如此,他们才能够联手合作。但在世界观上,他们有明显差别。高拱较纯,直接继承的是王廷相的气学,建构起气学哲学体系。而张居正较杂,既接受了禅宗的思想影响③,又受到了阳明心学的熏染④;早年崇信阳明心学,中年转向经世实学,但始终未脱离阳明心学。或许是世界观的差异,最终使两人在隆万之际分道扬镳。

---

① 张居正:《张太岳集》卷三六《陈六事疏》。

② 关于高疏与张疏的关系,赵世明先生提出,高、张上疏时间相差两年,但其精神实质和具体内容趋于相同。其一,高、张二人都一改徐阶热衷的劝君模式,也尽量避免对君王的批评言辞而招致改革受挫;其二,在主旨精神上仍能发现其一致性,即二人都主张对全局存在的问题进行一次大改革,以扭转仕风,扭转朝政,改变发岌可危的局面;其三,在内容上也有诸多相同之处,如高主张革除"浮言之习",张则建议"省议论",等等。(参见赵世明《高拱与隆庆政治》,西南交通大学出版社 2014 年版,第 168 页)

③ 参见张居正《张太岳集》卷二五《答李中溪有道尊师》,卷二六《答中溪李尊师论禅》,卷三五《寄高孝廉元谷三首》等信函。

④ 参见张居正《张太岳集》卷二九《答南司成屠平石论为学》,卷三一《答藩伯周友山论学》,卷三五《启聂司马双江》和《答罗近溪宛陵尹》等信函。

　　高拱的学术思想已如前述,这里仅就张居正的学术思想略加分析。一是抵制讲学活动。与高拱相同,张居正也是徐阶讲学的坚决反对者。"张江陵不喜讲学名色,盖惩徐华亭末流之弊,抑浮薄辈"①;"徐文贞素称姚江弟子,极喜良知之学。一时附丽之者竞依坛坫,旁畅其说。因借以把持郡邑,需索金钱,海内为之侧目。张文忠为徐受业弟子,极恨其事而诽议之"②。可见,在讲学方面,他同业师徐阶是根本对立的。二是阐扬经世实学。高拱对宋明理学末流和嘉靖弊政作了深刻揭露和批判,阐发了他的经世实学价值观。而张居正对理学末流的批判比较肤浅,对嘉靖弊政的揭露较为深刻。他痛斥理学末流是"虚寂之说,大而无当,诚为可厌"③,要求"学者以足踏实地为功,以崇尚本质为行"④。他强调学术应为政治服务,其真正目的是要为改革服务。三是儒法兼宗。高、张都以儒臣自命,但服膺的却是法家学说。张曾说:"夫法制无常,近民为要;古今异势,便俗为宜。"⑤他主张"法后王"的历史观,继承了法家"不期修古,不法常可"⑥的变法观点。他称赞汉宣帝"实事求是,而不采虚声;信赏必罚,而真伪无眩,是以当时吏称其职,民安其业"⑦。可以说,"实事求是"是高、张的经世实学和变法改革的精髓和灵魂。

　　不难看出,高、张无论是在政治见解、改革纲领还是在学术思想上都是基本一致的。正因如此,他们在隆庆后期才能密切合作,携手共政,大力推行洗刷颓风、振兴朝政的一系列改革,揭开"隆万大改革"的序幕。然而,高、张的关系并非铁板一块,他们存在着激烈的权力之争。⑧ 正当高拱力行改革之时,由于穆宗崩逝而失去了靠山。神宗登极后,高拱不懂得如何重新取宠

---

① 黄景昉:《国史唯疑》卷八。

② 沈德符:《万历野获编》卷八《嫉陷》。

③ 张居正:《张太岳集》卷二二《答楚学道胡庐山论学》。

④ 张居正:《张太岳集》卷一六《辛未会试程策二》。

⑤ 张居正:《张太岳集》卷一六《辛未会试程策二》。

⑥ 《韩非子·五蠹》。

⑦ 张居正:《张太岳集》卷一六《辛未会试程策二》。

⑧ 史载:"居正次拱相,拱多面折,居正衔之"(《明神宗实录》卷八四,万历七年二月乙巳);"张居正素妒臣夫(高拱)轧己,欲467排挤,谋夺其位"(范守己:《御龙子集》卷六七《代高少师张夫人乞补恤典疏》);"居正深中多智,耻居拱下","方思所以倾拱"(文秉:《定陵注略》卷一《逼逐新郑》)。凡此均说明,权力斗争是高、张矛盾由产生到激化的根本原因。在权力斗争的驱使下,高、张矛盾于隆庆五年(1571)秋以后全面爆发。

固位,反而开罪于近侍权宦冯保,又丝毫察觉不到身边张居正虎视眈眈觊觎相位,这就使他在权力斗争中处于十分被动的地位。隆庆六年(1572)六月,张居正和冯保勾结,利用隆万交替的有利时机,取得神宗生母李太后的支持,下诏驱逐高拱。于是高拱落魄而去,内阁大权遂归于居正。尽管高拱是权力斗争的失败者,这是其人生的不幸,但他所开创的改革事业被张居正所继承和发展,这又是他不幸中之有幸。正如高拱在致友人信函中所说:"如其得行,当毕吾志;如其不可,以付后人;倘有踵而行者,则吾志亦可毕矣。"①从这种意义上说,高拱也是成功者。

总之,徐阶与高拱先后作为隆庆内阁的首辅之臣,他们在政治立场、治国纲领和学术思想上有着保守与改革的对峙,随着隆庆前后期阁权的转移,即徐阶致仕,不久高拱担任内阁首辅,隆庆政局呈现出由保守到改革的走向。隆庆三年(1569)十二月以后,同属改革派的高拱与张居正由于改革志向相投、政治纲领相同和学术思想基本一致,相互配合、携手共政,由此开创了隆万大改革的先河,并取得了阶段性的显著功绩。因此,高拱主持的隆庆改革在明代历史上虽然短暂,仅有三年,但却占有十分重要的历史地位。那种认为"高与徐(阶)、与张(居正)关系,没有改革、保守之分,其矛盾和冲突,并不是改革与保守之争。他们之间的进退、上下,与改革、保守没有直接联系"②的观点,纯属无稽之谈!

---

① 高拱:《政府书答》卷四《答同年符后冈》。
② 许敏:《关于高拱研究的几个问题》,《中国史研究》2010 年第 4 期。

# 第三章　"阁臣去政"问题

隆庆三年（1569）十二月，高拱主政后，由保守到改革、由守旧到革新的隆庆政局走向，必然使那些秉持保守政治立场或倾向的内阁大臣（包括持有中立态度的阁臣）失去在朝中立足之地，先后退出政坛，致仕回乡。那么，这又关涉这些阁臣去政的具体原因或历史真相的问题。

关于隆庆阁臣徐阶、陈以勤、赵贞吉、李春芳、殷士儋先后去政的原因，明清以来多有分歧和争议。最早提出将隆庆阁臣去政归罪于高拱的，是明代文学家和史学家王世贞所撰的《嘉靖以来内阁首辅传》卷六《高拱传》。该传虽然对高拱的才学及"俺答封贡"之功略有提及，但通篇叙述的重点乃是高拱如何倾轧同僚、结党营私、排斥异己、贪污纳贿，特别是大肆渲染高拱"报复"隆庆阁臣问题，曲解隆庆阁臣去政之真相。然而，考之历史事实，搜诸历史文献，高拱与隆庆阁臣去政并没有必然联系，高拱并非隆庆阁臣去政的始作俑者。

## 一、去政问题，多有曲解

隆庆阁臣徐阶、陈以勤、赵贞吉、李春芳、殷士儋的去政问题，有些学者认定是高拱打击、排逐、"报复"的结果。如说："穆宗即位后，高拱更负气，自以为是皇帝旧臣，不把他的引荐者内阁元辅徐阶放在眼里，常与之相抗衡，迫使徐阶不安其位，不得不'乞归'。他一向以精明强干自诩，傲视同僚，先后赶走阁臣陈以勤、李春芳、赵贞吉、殷士儋。"[1]"高拱在内阁中犹如一头好

---

① 樊树志：《万历传》，人民出版社 1993 年版，第 19 页；又见樊树志：《张居正与万历皇帝》，中华书局 2008 年版，第 42 页。

斗的雄狮,横冲直撞。他不仅迫使徐阶辞官回家,而且把矛头不断指向其他内阁大臣,先赶走了赵贞吉。大学士陈以勤也……引疾回乡。半年后,首辅李春芳也在高拱排挤下辞官回家。接着,高拱又把矛头指向……新入阁的殷士儋。殷士儋亦遭弹劾而辞官。"①"徐阶、陈以勤、李春芳、赵贞吉和殷士儋等五位阁臣,则都是遭到'练习政体,负经济才'的高拱的打击、排挤而先后被驱逐出阁的。"②"从隆庆四年到五年,在一年多的时间内,高拱一连赶走陈以勤、赵贞吉、李春芳、殷士儋四位大学士,这在明代朝廷确为罕见,其骄横之状不可一世。"③"高新郑二度入阁,位居次辅,这时首辅是李春芳,同列还有赵贞吉、陈以勤、张居正、殷士儋(后来又补高仪入阁)。高新郑此番发扬了连续作战的老斗士精神,先后将陈以勤、殷士儋、赵贞吉、李春芳等逐出内阁。"④"高拱复职,内阁即发生一系列人事变迁。隆庆四年,陈以勤、赵贞吉因与高拱'事多忤戾'相继而去,而李春芳则于隆庆五年以孙克弘之狱坚辞得请归乡。此间朝中人际矛盾以及外廷的党比纷争愈加激烈,徐阶于嘉隆之季所为重大政绩相继为高拱所翻覆贬损,而徐阶一向渴望的致仕之后宁静恬淡的田园生活,亦成为一场劫难。"⑤

　　高拱排逐隆庆阁臣的观点,可谓由来已久。倘若追根溯源,盖出自明代史学家王世贞的《高拱传》。该传叙述的重点乃是高拱如何倾轧同僚、"报复"阁臣、排斥异己、贪赃纳贿等。在王氏笔下,高拱"不酋"是十恶不赦的政治罪人、"报复"成性的失德小人。自王氏的《高拱传》问世以来,负面影响甚为深远。许多明清史家凡为高拱立传或论及与之相关之处,无不采信该传资料,大肆渲染高拱的"报复"问题。如今,史学界也大多承袭这一观点,不仅对高拱的政治品格和道德操守提出"訾议"和责难,而且还反复强调他对隆庆阁臣的"报复"问题,歪曲隆庆阁臣去政之真相。

　　有鉴于此,本章以王世贞的《高拱传》为主要参考文献,全面辨析和探讨

① 战继发:《万历初政格局探析》,《学习与探索》1999 年第 6 期。
② 吴仁安:《张居正与明代中后期的隆庆内阁述论(下)》,《江南大学学报(人文社会科学版)》2013 年第 1 期。
③ 刘志琴:《张居正评传》,南京大学出版社 2006 年版,第 131 页。
④ 赵毅:《高新郑相材缺失论》,《哈尔滨师范大学社会科学学报》2010 年第 1 期。
⑤ 姜德成:《徐阶与嘉隆政治》,天津古籍出版社 2002 年版,第 337—338 页。

徐阶、李春芳、陈以勤、赵贞吉、殷士儋等隆庆阁臣去政之真相及其原因。这不仅有助于廓清围绕在高拱身上的历史迷雾,还其清白,而且也有助于还原隆庆阁臣去政之真相,把握隆庆政局变化之实态。

# 二、首辅之臣,去政真相

在高拱任首辅之前,内阁首辅先是徐阶,后是李春芳。明清以来,有关徐阶和李春芳的去政问题多有不实之词,有的学者将其去政、致仕归罪于高拱的"排逐"和"报复"。故此,这一问题实有辨析之必要。

## (一)徐阶去政之真相

隆庆二年(1568)七月,内阁首辅徐阶因户科左给事中张齐的弹劾而致仕。这时高拱已被徐阶驱逐出阁[时在隆庆元年(1567)五月],归家新郑赋闲两年有余。而王世贞却说徐阶是被高拱打倒的。张宪博先生曾驳道,"一个在野失意之臣,如何能撼动日值中天的首辅徐阶","因此徐阶致仕与高拱没有直接的关系"。① 王世贞《高拱传》揭露张齐的纳贿活动,事将泄,"齐迫,则走谒阶子璠,欲求为居间,璠病不出。齐恨甚,遂露劾阶六事,多御史康陈语。诏调齐外任。阶再上疏乞归,而张居正意不欲阶久居上,且与高拱有宿约,以密纸报李芳,阶倦不任矣。遂许之"②。而传文对张齐论劾徐阶的疏文讳莫如深,只字不提。

这里需要辨明三点。其一,传文作者认为张齐疏劾徐阶多齐康陈语;而齐疏劾徐,又认定是高拱为疏。其逻辑推演是:张疏即齐疏,而齐疏即高疏,所以张疏即高疏,因而徐阶是被高拱打倒的。因为前提是错误的,其逻辑结论必然是荒谬的,也是背离史实的。张齐疏劾徐阶的内容并非齐康陈语,张齐疏言:

---

① 张显清、林金树主编:《明代政治史》上册,广西师范大学出版社2003年版,第353页。
② 王世贞:《嘉靖以来内阁首辅传》卷六《高拱传》。

> 阶侍世宗皇帝十八年,神仙、土木皆阶所赞成;及世宗崩,乃手草遗诏,历数其过。阶与严嵩处十五年,缔交连姻,曾无一言相忤;及严氏败,卒背而攻之。阶为人臣不忠,与人交不信,大节已久亏矣。比者,诸边告急,皇上屡厪宣谕,阶略不省闻,惟务养交固宠,擅作威福。天下惟知有阶,不知有陛下。臣谨昧死以闻。①

此疏确实击中了徐阶的软肋,挑明了他入阁以来的要害问题,而传文则一字不提。

其二,徐阶于隆庆二年(1568)七月丙寅被批准致仕,确是张居正活动内廷的结果。居正"意不欲阶久居上",这是他的真实意图,并为其言行所证实。徐阶致仕四十天后,野心勃勃的张居正即上《陈六事疏》②,向皇上陈述其全面施政纲领,俨然以总揽全权的首辅自居。张居正促成徐阶致仕,同高拱并无必然联系。传文谓张居正与高拱"有宿约"是毫无根据的,其深意是言徐阶是被高拱打倒的。

其三,徐阶致仕固然与张居正私下活动有关,但其根本原因是徐阶主政不作为,不展布,从而失去穆宗的宠信。张齐疏论的最后一事,是问责"大学士徐阶不职状"。所言"比者,诸边告急","阶略不省闻",是指如下边防大事。隆庆元年(1567)九月"癸亥,俺答陷石州,杀知州王亮采,掠交城、文水。壬申,土蛮犯蓟镇,掠昌平、卢龙,至于滦河"③。在此虏犯东西二边的紧急时刻,穆宗亲自选将调兵,屡有宣谕,加意防守,而具有辅弼职责的徐阶却若无其事,不闻不问。

> 时上御经筵毕,而询阶以战守方略,掌詹赵贞吉条对甚详,阶不能答,乃请至阁议。及议,贞吉首言,宜用首相巡边。阶不怿,竟以漫语上覆。是时,上方秉渊穆,诸臣始奉玉音,(徐阶)竟无长策登对,殊缺望

---

① 《明穆宗实录》卷二二,隆庆二年七月甲子。
② 《明穆宗实录》卷二三,隆庆二年八月丙午。
③ 张廷玉:《明史》卷一九《穆宗本纪》。

也。不久,贞吉出而南矣。①

　　在穆宗督促下,徐阶召集文武群臣集议,迟迟于十一月才呈上老生常谈、面面俱到的防虏之策十三事。② 于此可知,徐阶作为首辅没有尽到平章军国大政职责,不作为,不展布,从而失去穆宗的宠信,才导致允准致仕。徐阶之所以不展布、不作为,是因为他一味凸显内阁无权而推卸责任,如说:

　　　　至我朝革丞相,设六卿,兵事尽归之兵部,阁臣之职,止是票拟,亦犹科臣之职,止是建白。凡内外臣工,疏论边事,观其缓急,拟请下部看详,及兵部题覆,观其当否,拟请断处。间值事情重大,拟旨上请传行。盖为阁臣者,其职如此而已。③

　　与徐阶相反,高拱复政后明确提出:

　　　　国朝设置阁臣,初止备问代言而已,后乃隆以穹阶,委以平章重务,是辅弼之臣也。辅弼之臣,上佐万几,无专职而其职无所不兼,必使阴阳调和,纪纲振饬,百官奉职,万姓乐生,礼教流行,风俗淳美,兵强财足,四夷咸宾,然后其职乃尽。④

　　可见,同样作为隆庆内阁首辅,徐阶推卸职责,不展布,不作为,而高拱却果敢有为,勇于担责,其反差是何等的鲜明!
　　徐阶在隆庆朝担任首辅一年半,除据遗诏处置斋醮有关官员、方士,以及不加甄别恤录、起用先朝得罪诸臣外,其所持净者"多宫禁事",所关注者"养交固宠",所忽略者多军国大政,其致仕是不可避免的。正如赵世明所说:"面对内忧外患的危局,徐阶并没有有效的举措予以化解。虽没有继续

---

① 唐鹤征:《皇明辅世编》卷五《徐文贞阶》。
② 《明穆宗实录》卷一四,隆庆元年十一月辛酉。
③ 《明穆宗实录》卷二二,隆庆二年七月乙丑。
④ 高拱:《纶扉稿》卷一《披沥悃诚辞免恩命疏》。

严嵩的老路,但危局因为惯性而继续下滑,而言路则已从一个极端走向另一个极端,使其更加恶化。徐阶的多年为政仍旧没有改变言路大坏、法度不行、纲纪不肃、上下姑息、诏令不行、盗贼蜂起、虏患日深、边事久废等局面。……他缺少高拱整顿全局的勇气,也缺少张居正的全局忧患意识,而'惟务养交固宠'。"①可见,对军国大政不展布、不作为,是徐阶致仕的根本原因,而与赋闲在家的高拱并没有关联。那种认为"高拱不甘就此而罢政,日思复为任用,并使人连络李芳事则比较可信。……高拱因与徐阶阁争去政在野,而归政之心极盛。李芳等大珰居内屡因外廷节制对徐阶甚怨。……张居正有高拱'宿约',假李芳之怨,形成朝中、内廷、在野三个因素构成徐阶致仕"②的说法,与史实不符。

### (二)李春芳去政之真相

李春芳,字子实,号石麓,南直隶扬州兴化人。嘉靖二十六年(1547)状元及第,与张居正同科。嘉靖四十四年(1565)入阁参与机务,兼武英殿大学士。隆庆二年(1568)七月,徐阶致仕,李升任首辅。

徐阶致仕时,"以家国之事"托付给得意门生张居正。③ 张居正便虎视眈眈,觊觎相位,并及时呈上施政纲领《陈六事疏》,以便争得首揆席位。因此位居末辅的张居正从来不把首辅李春芳放在眼里,"视春芳蔑如也。始阶以人言罢去,春芳叹曰:'徐公尚尔,我安能久,容计旦夕起身耳!'居正遽曰:'如此,庶保令名!'春芳愕然"④。不久,李春芳便以亲老二疏乞休,帝皆不允。⑤ 如此,张居正等待首辅之位的想望落空,却等来了资深气盛的赵贞吉入阁。贞吉"自负长辈而材,间呼居正'张子',有所语朝事,则曰'唉,非尔少年辈所解'。江陵内恨,不复答"⑥。居正在阁甚感孤立,视春芳、贞吉为其谋求仕进的最大障碍。于是居正又走内线,"与中贵人李芳辈谋,召用高拱,俾

---

① 赵世明:《高拱与隆庆政治》,西南交通大学出版社2014年版,第22页。
② 姜德成:《徐阶与嘉隆政治》,天津古籍出版社2002年版,第334页。
③ 张居正:《张太岳集》卷三四《答上师相徐存斋》。
④ 万斯同:《明史》卷三〇三《李春芳传》。
⑤ 《明穆宗实录》卷三〇,隆庆三年三月乙卯、戊午。
⑥ 王世贞:《嘉靖以来内阁首辅传》卷七《张居正传》。

领吏部,计以扼贞吉,而夺李春芳政"①。此时正值穆宗思拱不置,召拱还阁为次辅,兼掌吏部事。隆庆四年(1570)正月,高拱至京履任。而传文却写道:"春芳虽以拱之故,不得舒,然犹时取裁酌,不至过甚。间为阶宽解,而拱渐不乐。南京吏科给事中王桢缘而论春芳,乃力请骸骨,凡三上疏,许之。"②把王桢疏劾春芳致仕,归咎于高拱的斥逐,这是歪曲史实的。

高拱还阁,履行次辅职责,对首辅春芳并无侵权越职行为,二人还是互相支持、互相尊重的。如隆庆四年(1570)九月,俺答款塞求贡,朝议纷然,高拱决策,奋身力主其事,居正亦和之,春芳亦以为当许,"乃偕拱、居正即帝前决之,封事遂成"③。贡市成功,阁臣均加官晋爵。当是时,李、高二人并未互相拆台,妨碍对方行使职权。"春芳虽为首辅,而拱实掌吏部,用人行政皆自拱出。"④高拱一身二任,并有雷厉风行的施政风格。"出理部事,入参阁务,兴化为首揆,受成而已,遇大事立决,高下在心,应机合节,人服其才,比于排山倒海未有过也。"⑤所谓春芳"以拱之故,不得舒""间为阶宽解,而拱渐不乐",皆出作者之偏见;至谓给事中王桢"缘而论春芳",更是作者的揣度之谈。据《明穆宗实录》记载,王桢疏诋春芳之前,即隆庆五年(1571)二月,春芳上疏"以疾乞休",上未允,并遣太医官诊视。⑥ 四月,南京吏科给事中王桢等论春芳"以亲老求去,再疏即止,因缘为弟改官,冒恩非分,且言其父居家不检,春芳不能辞责"。上切责"桢等轻率妄言,诽谤辅臣,有失国体,姑贷其罪"⑦。春芳当即上疏申辩乞休,此为二次乞休。从王桢所言"以亲老求去,再疏即止"来看,事指隆庆三年(1569)三月春芳以二疏求去,此时高拱尚未还阁,因此说王桢缘拱而论春芳,是毫无根据的。隆庆五年(1571)五月,春芳又三疏求退,帝见其求退之意坚决,乃许之。⑧ 可见,李春芳五疏求退,与

① 王世贞:《嘉靖以来内阁首辅传》卷七《张居正传》。
② 王世贞:《嘉靖以来内阁首辅传》卷六《高拱传》。
③ 万斯同:《明史》卷三〇三《李春芳传》。
④ 万斯同:《明史》卷三〇二《高拱传》。
⑤ 朱国祯:《皇明史概·皇明大事记》卷三八《阁臣》。
⑥ 《明穆宗实录》卷五四,隆庆五年二月壬寅。
⑦ 《明穆宗实录》卷五六,隆庆五年四月庚申。
⑧ 《明穆宗实录》卷五七,隆庆五年五月壬戌、辛未、戊寅。

高拱毫无关系。隆庆五年(1571)春夏,李春芳之所以求去,是形势所迫,绝非高拱有意驱逐。高拱复政一年有余,即取得重大成就。"高决策定贡市,合七镇为一,岁省边费百余万。招安国亨出就理,尽平两广诸蛮。一时经略,慷慨直任,皆有成功。然兴化不胜迫,辞位去,高居首。"① 朱国祯的这种分析,是完全符合李春芳去位史实的。

# 三、内阁群辅,去政真相

隆庆内阁去政的除首辅徐阶、李春芳之外,还有阁臣陈以勤、赵贞吉和殷士儋等人。有关这三人的去政问题,王世贞《嘉靖以来内阁首辅传》的记载也多有曲解之词,需要辨明事实真相。

## (一)陈以勤去政之真相

陈以勤,字逸甫,号松谷,四川南充人。嘉靖二十年(1541)进士,与高拱同科。嘉靖三十一年(1552)八月,与高拱同为裕王府讲官。隆庆元年(1567)二月,以勤升礼部尚书兼文渊阁大学士。隆庆四年(1570)七月,四疏乞休,上优诏许之,仍加兼太子太师吏部尚书致仕,给驿遣官护行。② 关于陈致仕问题,王氏《高拱传》提出:

> 陈以勤与拱俱为裕僚,而名位亦相等,拱意忌之。会以勤奏时政六条中,于吏部微有忤,偶与其属言及曰"高公故不谙此"。其属泄之拱,拱怒,即故屈其奏,多不行。而以勤微知其端,上疏恳乞休。③

王氏所言是背离史实的。首先,所谓高、陈二人在裕邸"名位亦相等,拱意忌之"云云,纯系作者偏见。嘉靖三十一年(1552)八月,"上命翰林院编修拱暨检讨陈氏(以勤)充讲读官,拱说四书,陈说五经。既又有谕,先学、庸、

---

① 朱国祯:《皇明史概·皇明大事记》卷三八《阁臣》。
② 《明穆宗实录》卷四七,隆庆四年七月戊子。
③ 王世贞:《嘉靖以来内阁首辅传》卷六《高拱传》。

语、孟,而后及经。于是乃分说四书"①。按照规制,藩王讲官止用检讨,而裕王府兼用编修,独异他府,此世宗之意也。其时,中外也视高拱为裕王府长史。高、陈二人在裕邸相处九年,融洽无间,并无衅隙矛盾。当时二人"名位"并不"相等",高拱绝不会"忌恨"以勤,这也是以勤所明确承认的。但在作者盛名之下,后世论者将其偏见推到了极致。

其次,隆庆四年(1570)六月,陈以勤疏陈六条:慎擢用、酌久任、处赃吏、广用人、练民兵、重农谷。疏入,上下该部议行。② 其中前四条多少都与吏部职责有关。在高拱《掌铨题稿》卷十七、十八共八疏编订的"条陈急务"中,首疏便是《复大学士陈以勤条陈疏》,针对"慎擢用",将本部司属与科道官的升擢情况作了说明,并提出今后升降去留的政策规定,获圣旨准行。③ 高拱在其余七疏所条陈的二十五项急务中④,涵盖了以勤所言"酌久任、处赃吏、广用人"三条内容,无须一一题覆。由此确证,所谓"拱怒,即故屈其奏,多不行"是不实之词。至于陈以勤对其属曰"高公故不谙此"的所谓谗言,更是对其人格的玷辱,一贯恬静寡欲的陈以勤根本不是那种背后拨弄是非之人。恶意挑离高、陈关系,不过是枉费心机而已。

最后,陈以勤疏陈时政六事之后,七月以疾四疏乞休致仕,上察其诚恳,优诏许之。⑤ 而传文却认为,以勤致仕是因为高拱"故屈其奏,多不行。而以勤微知其端,上疏恳乞休"的。这不是陈以勤乞休的真正动因。时人许国有言:

> 是时,新郑、内江外相引重而中矛盾,江陵因构其间。公烛其微,故有归志。⑥

隆庆四年(1570)上半年,内阁凡五人,以首辅李春芳、赵贞吉为一方,以

---

① 高拱:《日进直讲序》。
② 《明穆宗实录》卷四六,隆庆四年六月乙卯。
③ 高拱:《掌铨题稿》卷一七《复大学士陈以勤条陈疏》。
④ 高拱:《掌铨题稿》卷一七《复总督王之诰条陈疏》;卷一八《复科道官条陈考察事宜疏》。
⑤ 《明穆宗实录》卷四七,隆庆四年七月戊子。
⑥ 许国:《许文穆公集》卷一二《大学士文端陈公以勤墓志铭》。

次辅高拱、张居正为一方,两派治道不同不相为谋,外相引重而中实有矛盾。而一贯保持中立态度的陈以勤深烛其微,"故有归志"。在隆庆前期的内阁矛盾中,"徐阶为首辅,而拱方向用,朝士各有附,交章相攻。以勤中立无所比,亦无私人竞。阶与拱去,无'訾议'及之者"①。及至后期内阁矛盾,以勤仍持不偏不倚的中立态度,考虑到自己"与拱同年,且裕邸旧僚,贞吉其乡人,而居正则所举士也。然以勤度不能解,恐终不为诸人所容,力引疾求罢"②。这才是陈以勤致仕归家的真正原因。

### (二)赵贞吉去政之真相

赵贞吉,字孟静,号大洲,四川内江人。嘉靖十四年(1535)进士。隆庆二年(1568)二月,赵贞吉为礼部尚书兼翰林院学士,协管詹事府事。隆庆三年(1569)八月,兼文渊阁大学士,入阁办事。隆庆四年(1570)二月兼掌都察院事,二月至十月因考察科道,赵贞吉与高拱发生抵牾,十一月致仕。关于赵贞吉去政的原因,王氏《高拱传》写道:

> 以勤归而拱益横。既觇知上意,有所不悦于言路,遂因左右媒而传旨下吏部考察,拱请与都察院共事。贞吉虽故与拱合,而欲甘心阶。然恶拱之借考察以尽快宿憾,上疏止之,不听。而拱以是恨贞吉。拱乃悉录其尝论摘者魏时亮等黜之、陈瓒等谪之,而间及贞吉所厚,贞吉亦持拱所厚以两解,拱以是益恨贞吉。而韩楫为吏科都给事中,遂上疏论贞吉庸横,疏当罢。贞吉恚,力辩谓人臣庸则不能横,横非庸臣之所能也。往奉特旨,命臣兼掌都察院事,臣所以不敢致辞者,窃思皇上任高拱以内阁近臣而兼掌吏部,入参密勿,外主铨选,权任太重。虽无丞相之名,而有兼总之实,即古丞相亦不是过。此圣祖之所深戒,而垂之训典者。皇上委臣以纲纪弹压之司,与之并立,岂非欲以分其势而节其权耶?今且十月矣,仅以此考察一事与之相左耳。其他坏乱选法,纵肆大恶,昭

---

① 万斯同:《明史》卷三〇三《陈以勤传》。
② 万斯同:《明史》卷三〇三《陈以勤传》。

然在人耳目者,尚禁口不能一言。有负任使如此,臣真庸臣也。

　　若拱者,然后可谓横也已。夫楫乃背公私党之人,而拱之门生,其腹心羽翼也。他日助成横臣之势,以至于摩天决海而不可制,然后快其心,于此已见其端矣。……因请还拱内阁,勿再预吏部事。中贵人洪虽欲两庇之,知必不可并立,为言于上,使贞吉归。而拱亦上疏辩,其辞颇遁。上优诏慰谕之,然竟贪吏部权,不能辞也。①

　　这里需要辨析的,有以下几点。其一,传文谓高拱两"恨"贞吉是不实之词。高、赵之间的直接冲突起因于御史叶梦雄上疏反对受降、授官把汉那吉的正确决策,言"把汉那吉之降,边臣不宜遽纳,朝廷不宜授以官爵,将致结仇致祸","上览疏,怒其妄言摇乱,命降二级调外任"。② 次日,上谕高拱曰:"朝觐在迩,纠劾宜公。自朕即位四年,科道官放肆,欺乱朝纲,其有奸邪不职,卿等严加考察,详实以闻。"③此次考察关系到能否排除言官对俺答封贡的干扰,确保"隆庆和议"的顺利进行。皇上本意是敕谕吏部考察,而传文说是高拱"觇知上意",请求考察科道,借以挟私"报复"。据高拱辩疏云:"昨奉圣谕,切责科道诸臣,命臣考察。贞吉捧读圣谕,亦举手加额曰:'此圣政也,奉行者须从严核,勿事姑息,乃合上意。'其意欲臣邀与共事。"④高拱认为考察事大,已经上疏请与都察院同举,以昭公道。然而贞吉并不知晓,谓拱且独行此事。因无自己参与,遂疏止考察,曰:项因叶梦雄考察科道并及四年以前,"人心讻讻,人人自危","今一概以放肆欺乱、奸邪不职罪之","未免忠邪并斥,玉石俱焚","未闻群数百人而尽加考察,一网打尽",请求皇上"收回成命"。疏入,"上报有谕"。⑤ 曲解圣谕,指斥朝政,理当遭到拒绝。所谓贞吉"恶拱之借考察以尽快宿憾,上疏止之","而拱以是恨贞吉"云云,不过是作者的蓄意曲解。高拱辩疏又言:"及奉钦依,特允臣请贞吉当即同

---

①　王世贞:《嘉靖以来内阁首辅传》卷六《高拱传》。
②　《明穆宗实录》卷五〇,隆庆四年十月丙辰。
③　《明穆宗实录》卷五〇,隆庆四年十月丁巳。
④　高拱:《纶扉稿》卷一《恳乞天恩特赐罢免以全臣节疏》。
⑤　《明穆宗实录》卷五〇,隆庆四年十月己未。

臣入部考察,竣事亦未尝有一言之忤也。"①而传文又谓拱借考察之名斥谪魏时亮、陈瓒等是挟私"报复"。在王世贞看来,凡是弹击过高拱的科道官员只能升迁,不能降斥,如例降斥,即谓"报复"。至谓拱与贞吉在考察中各持"所厚以两解",更是无稽之谈,没有任何事实指证。高拱"益恨贞吉"云云,不过是揣度之辞。

其二,考察事竣,吏科都给事中韩楫疏论贞吉庸横,请罢之。②贞吉疏辩,谓韩楫是高拱私党,排击异己。赵疏自辩"庸横",转而攻高为"横臣",因请解高拱吏部事权。疏言已为上述传文所征引,此处不赘。赵疏呈上,"上手诏令贞吉致仕"③。此疏名为答辩韩楫,实为攻击高拱。王氏传文对赵疏的攻击赞扬有加,而将皇上"手诏"篡改为中贵人言于上,"使贞吉归"。

其三,王世贞在其纂撰的史料集《高赵之郄》中,还将高、赵二人之疏各加全文记载。④但在撰写《高拱传》时,则暴露其袒赵攻高的偏见。对赵疏几将全文引述,而对高疏则一语带过,曰"其辞颇遁"。其意谓高拱理屈词穷,只能以"遁辞"来支吾搪塞,一字不予记载。针对赵疏的攻击,高疏驳道:

夫考察科道,圣谕也,在圣心必有独见。岂皇上为此敕旨,故假臣以"报复"之地耶?又岂臣之力,敢请乞皇上为此以遂其"报复"耶?此圣心所明,与臣何预?况今考察已完久矣,曾否"报复",其事具在,不惟在朝之人知之,四海之人皆知之矣,臣无容辩也。至谓臣"坏乱选法,纵

---

① 高拱:《纶扉稿》卷一《恳乞天恩特赐罢免以全臣节疏》。
② 《明穆宗实录》卷五一,隆庆四年十一月乙酉。
③ 《明穆宗实录》卷五一,隆庆四年十一月乙酉。按,赵世明提出,赵贞吉疏文所言并不尽然。第一,高、赵不仅在考察之事和俺答封贡问题上意见相左,而且更深层的问题还在于他们的意识形态即实学与理学的冲突;第二,高拱兼掌吏部,其权重也不完全是操持吏部权力的结果,而是内阁权重的反映,是内阁制度发展的必然,称高拱专权亦言过其实;第三,高拱的改革赢得了时人和后人的肯定和褒奖,言高拱坏乱选法、纵肆大恶与事实不符,在改革问题上,赵贞吉与高拱政见有差别是必然的;第四,赵贞吉所言更大的问题还在于有离间穆宗与高拱君臣关系之嫌,谓穆宗赋予他都察院之权是为了限制高拱,是否属实,不得而知,但宣于大庭广众之下,势必影响穆宗与高拱君臣二人长期形成的良好关系。因此,穆宗手诏令其致仕是必然的,别无选择(参见赵世明:《高拱与隆庆政治》,西南交通大学出版社2014年版,第73—74页)。
④ 王世贞:《弇州史料后集》卷三三《高赵之郄》。

肆大恶",不知臣曾坏何法,纵肆何事? 如其然,国家自有宪典,安所逃罪? 如其不然,天下自有公论,安可厚诬? 臣亦无容辩也。……乃今以韩楫之奏,遂反诬臣。夫使楫之奏果是为臣,则前给事中张卤、魏华明,御史王友贤、苏士润皆曾劾贞吉者,又何为乎? 其理自明,臣亦无容辩也。

至又谓臣"当复还内阁,不得久专大权"。夫身任事权,臣之所甚惧也。求谢事权以图保全,臣之所以日夜惓惓在念者,特恐有违圣托而不敢以为言也。今贞吉乃为臣言至此,则所以得免于颠危矣。但臣本系庸劣,分当引退,不当但求解权而止,将臣赐罢免。……奉圣旨曰:"卿辅政忠勤,掌铨公正,朕所眷倚,岂可引嫌求退? 宜即出安心供职,不允所辞"。①

高拱辩疏有理有据,有过程,有分析,怎能说是"其辞颇遁"呢?

其四,隆庆四年(1570)正月十八日,高拱进京"疏辞召命",同疏亦辞"掌管吏部事",言:"吏部统驭百僚,为天子平章四海。……至如臣者,岂其人哉?"奉圣旨:"卿辅弼旧臣,德望素著,兹特起用,以副匡赞;铨务暂管,已有成命,不允所辞。"②这样,高拱就以阁臣兼管铨务上任了。赵疏言:高拱以内阁近臣兼掌吏部,"入参密勿,外主铨选,权任太重","此圣祖之所深戒,而垂之训典者"。高拱掌铨,既然违背祖制祖训,贞吉就该向皇上及时谏诤,请求撤销其兼掌吏部事权,何须等到十月之后? 但是,当时贞吉不向上建言,相反却"谋之春芳",兼掌都察院。难道阁臣兼掌都察院就不违背祖制祖训吗? 贞吉深意是联手首辅李春芳,要与高拱、张居正抗衡争权,展开两派之间的争斗。因此,赵、高之间因考察发生冲突是不可避免的,爆发冲突只是时间早晚问题。高拱辩疏,不仅求谢部权,而且恳乞罢免。而祖赵攻高的传文作者却谓高"竟贪吏部权,不能辞也"。事实并非如此。隆庆五年(1571),首辅李春芳致仕前后,从四月到七月,高拱四疏"辞免兼任",皇上又以"卿公正廉

---

① 高拱:《纶扉稿》卷一《恳乞天恩特赐罢免以全臣节疏》,又见《明穆宗实录》卷五一,隆庆四年十一月丁亥。

② 高拱:《纶扉稿》卷一《恳乞天恩辞免重任疏》。

直,掌选勿辞";"卿兼部事,秉公持正,朕心嘉悦……不准辞"。<sup></sup>① 而持有偏见
的王氏却说:春芳致仕,"拱当居首。阳上疏请解部事,三辞,上不许,而赐之
白金、文币、绣蟒服。所以褒谕甚厚,亦陈洪力也"②。高拱还阁曾六辞部权,
而皇上至死都未允准,可见违背祖制之责不在高拱。穆皇西去,高拱又有尚
未呈上的辞免兼任的二疏。③ 高拱还阁两年半内,曾八疏辞免兼任吏部事
权,怎能说是"阳上疏""贪吏部权,不能辞也"?

其五,赵贞吉归家未久,闭门追思,曾致函高拱云:

> 仆抵家闭户,追思往咎,慨然叹曰:今之世,惟高公能知我,惟公能
> 护我,惟公能恕我。往者合聚,欢若骨肉,一旦乖隔,即成参商,是仆之
> 罪过,薄德甚矣。……然仆自谢事别来,终不敢以纤芥有憾于公。④

既有今日,何必当初?今日信函全部否定了当初对高拱的种种无端指
责以及所谓"横臣"之讥。然而,赵贞吉当初的激愤之言,却为现今有些学者
所撷拾、所乐道、所袭用、所发挥,而只字不提赵贞吉追悔信函的重要内容。⑤

## (三)殷士儋去政之真相

殷士儋,字正甫,号棠川,山东济南历城人。嘉靖二十六年(1547)进士,
与李春芳、张居正同科。隆庆元年(1567)二月,升礼部右侍郎兼翰林院学
士。隆庆四年(1570)十一月,入阁办事。隆庆五年(1571)十一月,致仕。先

---

① 《明穆宗实录》卷五六,隆庆五年四月己酉;卷五七,隆庆五年五月戊子、庚寅;卷五九,隆庆五年七月己巳。
② 王世贞:《嘉靖以来内阁首辅传》卷六《高拱传》。
③ 高拱:《纶扉稿》卷二《乞恩辞免部事疏》。
④ 赵贞吉:《赵文肃公文集》卷二二《与高中玄阁老书》。
⑤ 如赵毅先生说:高新郑被称为"社稷重臣",也有人将其评论为"奸恶""横臣"。他认为,"高新郑也给我们提供了一个缺失某些相材的一代横臣形象",并指责高拱"为相的素质是有缺憾的",即缺失相材。(参见赵毅:《高新郑相材缺失论》,《哈尔滨师范大学社会科学学报》2010年第1期。)赵世明提出赵贞吉与高拱的矛盾公开化是在特察科道事件上,在对待俺答封贡上,"高拱主和议,赵贞吉主力战,二人矛盾已经升级,最终导致赵贞吉三度致仕";在意识形态上,"高拱实学思想与赵贞吉心学思想的对立,成为赵贞吉再度致仕的根本原因"。(参见赵世明:《高拱与隆庆政治》,西南交通大学出版社2014年版,第49—51页。)

是殷士儋因御史赵应龙言求去,不果。不久,御史侯居良复论殷"始进不正,求退不勇"。于是,殷求去益力,上及是始允,驰驿以归。① 关于殷致仕问题,史书记载颇多不实之辞。如王世贞云:

> (高拱)复出,居正亦与有力,复合而倾其同类且尽,仅一殷士儋亦裕邸故臣,自礼部入,累迁至少保武英殿大学士矣。士儋之入,亦中人援。以不由拱,故拱不能无忌,而居正亦厌之。士儋椎不能曲事拱,而拱素贤张四维,自谕德躐为学士,又躐为吏部左侍郎,几欲前荐之入阁。而士儋得之,故亦心怨拱与四维。会四维以鹾盐事见纠,御史郜永春虽解,而他御史复及之,疑出士儋指。于是拱之客亦有为四维而论士儋者,士儋亦疑出拱指。而韩楫复扬语胁士儋,欲其自免归。故事,给事中朔望入阁揖,士儋对众而诘楫曰:"闻科长欲有憾于我,憾则可尔,毋为人使!"既别,拱语之曰:"非故事也!"士儋忽勃然起曰:"若为张吏部道地而抑我,我不敢怨,而今者又逐我,而使张吏部据我坐。若逐陈公,再逐赵公,又再逐李公,次逐我,若能长有此坐耶?"挥拳击之不中,中几,其声砉然,拱不能卒答。居正从旁解之,亦诤而对。明日韩楫之疏上,士儋得请致仕。②

以上殷士儋与高拱之间互怨、互疑、互诤的记述是找不到任何旁证的,而孤证不能成立。历史人物之间发生的事件是在时序中发展和完成的,如果打乱或颠倒时序,将会扭曲历史真相。如以《明穆宗实录》纪事时序考察,上述记载不过是零星抽取历史片段或"碎片",主观地加以整合推想的结果。

其一,殷士儋"心怨拱与四维",是怨错了对象。初始,高拱、陈以勤、殷士儋、张居正皆为裕邸讲官。从资历和裕邸侍讲时间长短来看,殷同高、陈是不能相比的,而同张则有可比性,二人同为嘉靖二十六年(1547)进士,同选庶吉士,同一座师徐阶。作为裕邸讲官,殷比张既早且久③,但由于张是首

---

① 《明穆宗实录》卷六三,隆庆五年十一月己巳。
② 王世贞:《嘉靖以来内阁首辅传》卷六《高拱传》。
③ 参见朱鸿林:《高拱与明穆宗的经筵讲读初探》,《中国史研究》2009年第1期。

辅徐阶的得意门生,不断得到师相的提挈升迁。隆庆初,皇上以登极加恩、提调藩邸讲官诸臣,张便以礼部右侍郎兼翰林院学士升为吏部左侍郎兼东阁大学士,与资深的陈以勤同时入阁,而殷仅以翰林院侍读学士升为礼部右侍郎兼翰林院学士。① 其后四年,殷才以中人之援,以礼部尚书兼翰林院学士入阁办事。② 原来殷士儋任礼部尚书时,太监陈洪乞请父母赠官,士儋赞同并上请特旨得封,然后陈洪推荐士儋亦以特旨入阁。这是一桩官宦之间的政治交易。殷士儋抱怨其入阁首辅不援不荐,这只能怨徐阶、李春芳,而不应怨当时并非首辅的高拱。殷入阁后,御史赵应龙劾其由太监陈洪夤缘入阁,殷两疏求退不允。③ 御史侯居良复论其"始进不正,求退不勇",殷请退益力,始允,赐驰驿归。④ 殷又抱怨高"素贤张四维",不断提拔他至"吏部左侍郎,几欲前荐之入阁";"而今者又逐我,而使张吏部据我坐"。此论背离史实。在把汉那吉降明和俺答封贡中,张四维自始至终都是高拱同总督王崇古之间互相沟通计谋的信使,对"隆庆和议"作出了一定贡献。故而高拱将其由吏部右侍郎依序提升为本部左侍郎⑤,但并无荐之入阁之意。殷致仕之前,张四维已经以疾乞归回乡⑥,直至翌年高拱被二次罢官,他仍无返京复政,怎么能说是高拱逐殷,"使张吏部据我坐"呢?另外,御史郜永春弹击张四维⑦,"疑出士儋指";御史赵应龙等论劾士儋,"亦疑出拱指"。这些都是怀疑,是作者王世贞的猜想,并没有事实指证。

　　其二,所谓朔望日在内阁发生的殷与高、张互诤,纯系作者的编造,其根据是:(1)《明穆宗实录》卷六十三载,殷致仕在隆庆五年(1571)十一月己巳,即十一日,根本不在当月朔望的"明日"即初二日或十六日。(2)《明穆宗实录》卷六十二载,隆庆五年(1571)十月辛亥即二十二日,"升吏科都给事中韩楫为太常寺少卿,提督四夷馆",因此离岗的韩楫根本不可能再以给事中

① 《明穆宗实录》卷四,隆庆元年二月乙未。
② 《明穆宗实录》卷五一,隆庆四年十一月乙丑。
③ 《明穆宗实录》卷六二,隆庆五年十月甲寅。
④ 《明穆宗实录》卷六三,隆庆五年十一月己巳。
⑤ 《明穆宗实录》卷五二,隆庆四年十二月己巳。
⑥ 《明穆宗实录》卷六二,隆庆五年十月丙辰、丁巳。
⑦ 《明穆宗实录》卷五六,隆庆五年四月乙未。

身份参加十一月朔望日的内阁会揖。所谓"士儋对众而诘楫"云云,不过是作者的虚构杜撰。(3)传文谓朔望之"明日韩楫之疏上,士儋得请致仕",而《明穆宗实录》卷六十二、六十三却没有韩楫的上疏,而是由御史赵应龙于隆庆五年(1571)十月甲寅即二十五日上疏论劾,御史侯居良于十一月己巳即十一日再次上疏弹击,从而导致殷士儋致仕的。对此,明末曾任大学士的黄景昉质疑道:"按,给事中无朔望入阁礼,惟阁臣上日一至耳。岂今昔异轶?"①谈迁亦曰:"王元美为韩楫之疏上,士儋得请致仕。而《实录》载御史赵应龙、侯居良先后论之,不及楫。岂弹文出彼两人,为楫之意耶?"②此后,再无一人质疑,更无一人考证其真伪。

王氏传文虚构的所谓殷、高二人互怨、互疑、互诟的这一故事情节,以讹传讹,为清朝史馆多种殷传作者所采信。特别是殷士儋挥拳拍案那种粗野失态的不实描写,更加吸引今人的眼球,为他们戏说历史(如媒体渲染的所谓"宰相打架事件")提供了某种依据,足见其负面影响之深远。

隆庆内阁诸臣之去政的真相已如上述,史家沈德符对此有过全面的概述,他说:

> 穆宗初政,在揆地者凡六人:江陵张公为末相;次揆新郑高公,既与首揆华亭徐公失欢,南北言路,连章攻之,张故徐门生,为之调停其间,怂恿高避位;三揆安阳郭公,为公同乡厚善,亦非徐所喜,张亦佐徐逐之;未几,徐首揆被言,张又与大珰李芳谋令归里;兴化李公代徐为政,益为张所轻,乃市恩于高起之家,且兼掌吏部;而次揆南充陈公与兴化(李春芳),俱为张与高所厌,相继逐矣;其最后入阁者内江赵公、历城殷公,赵有时誉,时时凌高、张二公出其上;殷人在下中,且与高隙,张既乘间挤去;赵亦与高争权,张合策排之行。至穆宗凭几,仅高、张二公受遗。而仁和高公入不两月,悒悒不得志卒于位。盖隆庆一朝首尾六年,与江陵同事者凡八人,皆以计次第见逐。新郑公初为刎颈交,究不免严

---

① 黄景昉:《国史唯疑》卷八。
② 谈迁:《国榷》卷六七,隆庆五年十一月己巳,"谈迁曰"。

谴。此公才术，故非前后诸公所及。①

于此可见，高拱被其僚友张居正弄于股掌，沦为张居正谋求仕进的棋子而不自知。在内阁诸臣博弈和政争中，高拱其人心实而机浅，忠于盟友，拙于谋身。待他觉醒，充分认识张居正双重人格、两面作风且精于权术的本质之时，已是事后的沉痛教训了。

# 四、归咎高拱，有悖史实

关于王氏《高拱传》渲染高拱"报复"隆庆阁臣的原因，笔者曾在《王世贞与高拱的恩怨》一文中提出：在王世贞之父平反和复官问题上，王氏与高拱结有私怨；王氏撰写《高拱传》来源于对徐阶的访谈资料，而徐阶与高拱无论是在治国理念上还是在学术思想上均存在着严重分歧。故此，王、高结怨。除上述两个政治原因之外，王、高之间还存在着政治史观上的分歧和对立。这又是王氏渲染高拱"报复"隆庆阁臣问题的思想因素。

王、高在政治史观上的分歧和对立，集中表现在对嘉靖时期的评价上。其一，对嘉靖初期"大礼议"观点的对立。高拱主政时期，大礼议虽然已过去半个世纪，但他坚持认为世皇钦定的大礼议仍然是正确的。"夫大礼，先帝亲定，所以立万世君臣父子之极也。献皇尊号已正，《明伦大典》颁示天下已久矣。"②先帝钦定的大礼议是完全合理合法的，是嘉、隆两朝君臣父子施政的政治基础、纲领和路线。其中，也蕴含着对张璁、桂萼等主张"继统"而不"继嗣"大礼观的充分肯定，对杨廷和及其追随者坚持"继统"必先"继嗣"大礼观的彻底否定。与此相反，王氏则对杨廷和集团的大礼观称道不已，并对其以阁权挑战皇权颂扬备至，"廷和每召对，上必温旨谕之，而持不可者三，封还御批者四，前后执奏几三十疏"，以大礼议不合而得罪致仕③；而对张璁、桂萼所持大礼观则鞭挞、抨击不遗余力，甚至借言官之口，对其人格玷辱，肆

---

① 沈德符：《万历野获编》补遗卷二《隆庆七相之去》。
② 高拱：《掌铨题稿》卷一《正纲常定国是以仰裨圣政疏》。
③ 王世贞：《嘉靖以来内阁首辅传》卷一《杨廷和传》。

意夸张、渲染张、桂"罔上行私,专权纳贿,擅作威福,广报恩仇",并认定"桂萼外若宽迂,中实深刻,忮忍之毒发于心,如蝮蛇猛兽,犯者必死"。① 如此等等。

其二,对嘉靖朝政绩认识的对峙。高拱认定:"先帝英主,四十五年所行非尽不善也。"②把世宗视为"英主""中兴之主""雄主",而非庸主暴君;在位四十五年所行善政为多,中兴革新之功不可抹杀。这与史家的评价基本一致。据谈迁《国榷》记载:世宗有"正世及之大辨,复四郊之大礼,黜胡主庙祀,革荣国侑享,崇奉先师,除象设之陋,厘正诸儒,严迪德之选,六奇谟也。革藩镇之诸阉,废畿甸之皇庄,夺外戚之世封,抑司礼之柄用,四伟烈也。正嫔御之数,内无女宠;放鸟兽之玩,外无禽荒;不以隆眷而废刑诛,不以令甲而拘除擢,不以摄生而废化裁,五独行也。五行独至,故六谟显而四烈彰。所以驾二祖,迈百王。帝道之隆,于斯为极矣"(范守己语)。世宗"其谟猷合圣贤,动作掀天地,真中兴之主矣"(何乔远语)。"世庙起正德之衰,厘革积习,诚雄主也。"(谈迁语)③世宗钦定大礼及初年人事大改组,其本身就是一种革新,并为其后推行嘉、隆、万改革整顿奠定了政治基础,创造了历史条件。嘉靖初期革新,举其大者,如强化内阁行政职能,变革科举制度,更新监察条例,裁革冗滥官员,革除镇守中官,除去外戚世封,限革庄田,变革赋役制度和初行一条鞭法,等等。④ 与此相反,王氏则认为世宗四十五年(1566)所行乏善可陈,对其革新功绩持否定态度。通观《嘉靖以来内阁首辅传》一书,对嘉靖善政基本没什么肯定,对世宗、张璁推行嘉靖初期的革新活动讳莫如深,避而不谈;对革新举措相对较少的嘉靖中后期更是视为腐败不堪,漆黑一团。

其三,对嘉靖遗诏看法的分歧。高拱复政后提出,徐阶所撰遗诏在程序上是"假托诏旨",没有得到世宗的首肯;在内容上是"归过先帝""尽反先政"的罪己诏:"于凡先帝所去,如大礼、大狱及建言得罪诸臣,悉起用之,不

① 王世贞:《嘉靖以来内阁首辅传》卷二《张孚敬传》。
② 郭正域:《合并黄离草》卷二四《太师高文襄公墓志铭》。
③ 以上均见谈迁《国榷》卷六四,嘉靖四十五年十二月辛丑。
④ 田澍:《正德十六年——"大礼议"与嘉隆万改革》,人民出版社2013年版,第139—213页。

次超擢,立至公卿;其已死者,悉为赠官荫子。""不论有罪无罪,贤与不肖,但系先帝所去,悉褒显之,则无乃仇视先帝欤?"①高拱上疏的目的,在于把嘉靖时期的政治基础经过三年断裂之后重新理性对接起来,把嘉靖前期革新与隆庆后期改革重新链接起来,从而摆正了隆庆朝的政治走向。与高拱相反,王氏却对徐阶所草遗诏颂扬备至:颂扬遗诏彻底否定先帝钦定的大礼议,凡先朝大礼得罪诸臣悉牵复之,平反昭雪,赠官荫子;颂扬遗诏全盘否定包括革新在内的嘉靖诸政,对先朝得罪诸臣,不分是非善恶,有无罪过,不加甄别,悉为平反起用,加官进爵;颂扬徐阶所草遗诏,得到朝野众多人士的"举手相贺,至有喜极而恸者",只是遭到同僚郭朴、高拱的批评和反对。不难看出,王氏与高拱对嘉靖遗诏的立场观点是截然相反的。

先哲曾说:"道不同,不相为谋。"正是由于政治史观上存在分歧和对立,王氏对高拱作出了诸多背离史实的历史和价值评判,大肆渲染高拱"报复"隆庆阁臣问题,歪曲隆庆阁臣去政之真相。

---

① 高拱:《掌铨题稿》卷一《正纲常定国是以仰裨圣政疏》。

# 第四章 "挟私报复"问题

与隆庆阁臣去政问题密切相关的,是所谓的高拱"挟私报复"问题。或者说,阁臣去政是高拱"挟私报复"的结果。高拱"挟私报复"问题,可谓由来已久,渊源有自。明清时期即有记述,现今学术界似乎已视其为定论。倘若追根溯源,这一问题盖出自王世贞《嘉靖以来内阁首辅传》卷六《高拱传》。该传多半篇幅叙述高拱如何倾轧同僚、"报复"朝官、排斥异己、结党营私等,从而使其背负"挟私报复"的恶名,并对后世修撰的多篇《高拱传》及现今学术界产生了严重的负面影响。因此,辨析和澄清这一问题,对客观公正评价高拱的政治品行和道德操守至关重要。

## 一、报复之说,渊源流变

王世贞的《高拱传》是高拱逝世后最早出现的一篇政治性传记,当撰于万历十八年(1590)王氏去世之前的数年之内。该传虽然在一定程度上肯定高拱的才学,简略提及他促成"俺答封贡"之功,但其叙述的重点乃是高拱如何倾轧同僚、"报复"朝官、结党营私、排斥异己等。如说:高拱"婴视百辟,朝登暮削,唯意之师,亡敢有抗者"[1]。"拱衔(徐)阶甚,必欲杀之,嗾言路追论阶不已,而使其所仇诬饰其诸子罪,下抚按置狱。"[2]并给予否定性评价:"拱刚愎强愎,幸其早败;虽有小才,乌足道哉!"[3]可见,在王氏笔下,高拱"不啻"是十恶不赦的政治罪人、"报复"成性的失德小人。

---

[1]  王世贞:《嘉靖以来内阁首辅传》卷六《高拱传》。
[2]  王世贞:《嘉靖以来内阁首辅传》卷七《张居正传》。
[3]  王世贞:《嘉靖以来内阁首辅传》书末"野史氏曰"。

王氏《高拱传》自问世以来,负面影响至为深远。许多明清史家凡为高拱立传或论及与之相关之处,无不采信该传资料,大肆渲染所谓"报复"问题。如何乔远说:"拱在事敏达果敢,至其掌史部,多快恩仇,私亲旧门生。"①周世选说:"新郑秉政,是材相也,而愎且忮,报复恩怨无已。"②徐学谟说:高拱"奈何浅衷狭量,偏信门生,专修报复。以一首辅而又摄冢宰,期于必快己意"③。吴瑞登说:"胡应嘉之弹劾与欧阳一敬之申救何关于(徐)阶,然拱疑之,致成衅隙,乃使齐康劾阶,以图报复。"④张廷玉修撰的《明史》也说:高拱"性强直自遂,颇快恩怨……拱之再出,专与阶修郤,所论皆欲以中阶重其罪"⑤。"会(赵)贞吉为拱逐,拱益张,修阶故怨。"⑥等等。可见,这些传记在一定程度上因袭了王氏《高拱传》"报复"的观点,对后世影响很大。

现今史学界也深受这种负面评价的影响,对高拱的政治品格和道德操守颇有"訾议"和责难。如说:高拱"惟以恩怨快意,至不惜屈抑忠正,宽庇佞邪,以修怨于故辅(徐阶),并以先朝之过举,劫持嗣君,以中伤元老"⑦。"高对徐阶进行了报复,而张居正在这一密谋中起了重要作用。"⑧高拱"性格直爽而近于卤莽,敢作敢为而缺少审慎,喜怒于色而胸襟狭窄,睚眦必报,爱憎分明,但往往计较私怨"⑨。"高拱却是器量狭窄的睚眦必报之人。……在高拱的挟嫌报复下,短短几个月间,先后有二十多个科、道言官遭到惩罚,有的罢官,有的降职,有的调任。"⑩"高拱报复徐阶的确是深文周纳,无所不用其极了,甚至远远超过'罪不原其情,而以深入为公;过不察其实,而以多许为

① 何乔远:《名山藏》卷二五《高拱传》。
② 周世选:《卫阳先生集·大司马周卫阳先生全集序》,载《四库全书存目丛书》集部 136 册。
③ 徐学谟:《世庙识余录》卷二六。
④ 吴瑞登:《两朝宪章录》卷一九。
⑤ 张廷玉:《明史》卷二一三《高拱传》。
⑥ 张廷玉:《明史》卷一九三《李春芳传》。
⑦ 孟森:《明清史讲义》上册,中华书局 1981 年版,第 236 页。
⑧ (美)牟复礼、(英)崔瑞德编:《剑桥中国明代史》,中国社会科学出版社 1992 年版,第 562—563 页。
⑨ 韦庆远:《张居正和明代中后期政局》,广东高等教育出版社 1999 年版,第 456—457 页。
⑩ 吴仁安:《张居正与明代中后期的隆庆内阁述论(上)》,《江南大学学报(人文社会科学版)》2012 年第 6 期。

直'的刻薄之习了。"①"高拱当时并不想停止对徐阶的报复。……此却怀宿怨恃权穷治致仕失势老臣,且既兴报复以抒旧恨,又欲取信于天下不留报复之名,所为失于缙绅风度,而为后人所鄙视。"②"徐阶已经下台,已不可能构成对高拱的威胁,问题是高拱没有胆识和度量摆脱一己的私仇。……高拱要想有所作为又丢不开个人恩怨,这就失去了改革的重要前提,再也不可能迈出前进的步伐。""对于他的政敌徐阶却耿耿于怀,不仅利用职权必欲置于死地,对附和徐阶的官员也不放过,不论是非黑白,全面否定徐阶的作为"。③"在明代的首辅中,像高拱这样有仇必报,性格偏狭的人并不多见。俗话说宰相肚里能撑船,指的是度量和气量,高拱就是气度太小。"④如此等等。上述论调或以高拱"性格直爽""胸襟狭窄"而推论出他"报复"徐阶以及科道言官,或以高拱"报复恩怨"为由,不仅否定其改革事功,甚至将其视为反对徐阶所谓"隆庆新政"的反面人物。这就进一步加深了对高拱的历史偏见,使其受诬含冤达四百余年之久。

有鉴于此,本章以王世贞的《高拱传》为主要文献依据,对高拱所谓的"报复"问题加以全面辨析和考述,旨在匡正其谬,廓清历史迷雾,还原高拱的历史真相。

## 二、报复之名,兴起之因

从王世贞《高拱传》的记述来看,高拱复政前即已背负"报复"恶名。隆庆三年(1569)十二月,高拱复政之后,又有所谓"报复"群臣问题。那么,高拱为何背负"报复"恶名,复政后"报复"群臣的起因何在? 对此,实有辨析之必要。

① 尹选波:《高拱的执政思想与实践论略》,《史学月刊》2009年第4期。
② 姜德成:《徐阶与嘉隆政治》,天津古籍出版社2002年版,第371页。
③ 刘志琴:《张居正评传》,南京大学出版社2006年版,第83、89页。
④ 熊召政:《政坛一把霹雳火——记老斗士高拱》,《紫禁城》2010年第8期。

### （一）高拱复政前背负"报复"之名的起因

王氏《高拱传》写道：

> （隆庆元年正月）会吏部、都察院考察庶僚，应嘉亦参与焉。既得旨，而复论救给事中郑钦、胡维新。非故事，于法当罚惩。而（徐）阶时已示公同列：使轮直笔，而已酌之。时郭朴当执笔，曰："应嘉小臣也，上甫即位，而敢越法无人臣礼，宜削籍。"阶度朴为拱报仇，而旁睨拱，则已怒目攘臂，乃不复言，而削应嘉籍为编氓。命既下，诸给事御史合疏请留应嘉，其语有所侵挺。阶乃与春芳等具疏：谓应嘉论救考察非法，所以拟斥。给事御史谓上初即位，宜开言路，广德意，所以请留。臣等欲守前说则涉违众，而无以彰陛下恩；欲从后奏则涉徇人，而不能持陛下法。因两拟去留，以请中旨，薄应嘉罪调外。而当阶具疏时，拱故不言而目瞩郭朴，复力持之，几失色。于是言路意：应嘉谪，出拱指，群上疏攻之。[①]

这段描述疑点重重，我们要问的是：王氏是否参与了此次内阁会议，如果没有参与，怎么会推知如"度""睨""怒目""目瞩""失色"等徐阶和高拱的心理活动和面部表情？这无非是王氏的文学虚构和夸张手法。其实，王氏的真正目的是要诋诬高拱"报复"胡应嘉，以修故怨。然而，王氏也无意间透露了徐阶的违规操作。徐任首辅时规定：内阁票拟由阁臣"使轮直笔，而已酌之"。郭朴执笔拟旨斥应嘉当为民，徐认为惩处过重，为何开始一言不发、不加"酌定"呢？迄至命下，言官"合疏请留应嘉"之后，徐才具疏说他处于斥留两难境地，"以请中旨，薄应嘉罪调外"。其实，徐阶违规操作是要达到一箭双雕的目的：既把言路论救应嘉的弹劾矛头和火力集中引向高拱，使其成为众矢之的；又先使其背负"报复"胡应嘉之恶名，然后再将其逐出内阁。史

---

① 王世贞：《嘉靖以来内阁首辅传》卷六《高拱传》。

载:"华亭元宰,初不出一语,阴饵拱于丛棘之上,诚智老而猾矣。"①这即是老奸巨猾的徐阶所施展的阴谋和玩弄的权术。

徐阶一箭双雕之目的在后来事态发展中果然实现了。据《明穆宗实录》记载:

> 自胡应嘉以言事得调,欧阳一敬等数论拱。拱前后疏辩,词旨颇激,言者益众。及齐康论劾徐阶,众籍籍谓拱嗾之。于是九卿大臣及南北科道官纷纷论奏,极言丑诋,连章特疏不下数十。其持论稍平者,劝上亟赐拱归,以全大臣之体。而其他词不胜愤,辄目为大凶恶。寺丞何以尚至请上方剑诛拱,以必去拱为快。御史巡按在远方者转相仿效,即不言众共辄之,大抵随声附和而已。拱既称病乞休,疏屡上。……上知拱不可复留,乃报许。②

徐阶终于实现了排逐高拱并使其背负"报复"恶名的目的。那种认为"高拱憎恨胡应嘉亟图报复而毫无含蓄,符合高拱刚愎偏急,于恩怨一丝不苟的性格,也源出于其抑台谏以尊大臣之体的政见"③的观点,至为荒谬!

### (二)高拱复政后"报复"群臣问题

王氏《高拱传》写道:

> (都察院左都御史)王廷与刑部尚书毛恺即日归矣。胡应嘉以参议方忧居,一夕自恨死。而最右阶而攻拱者欧阳一敬、陈瓒,皆以给事中为太仆、太常少卿,皆移疾归,一敬至在道忧死。物情汹汹。拱乃使其所知,遍布腹心于言路,曰:"拱当洗心涤虑,以与诸君共此治朝,所修怨而快意者,有如此日。"言路诸臣乃稍稍自安,拱亦间进一二,以明无他。而拱既已安,则渐横。出而坐吏部,斥陟四品以下;风言路之为其门人,

---

① 谈迁:《国榷》卷六五,隆庆元年正月辛巳,"谈迁曰"。
② 《明穆宗实录》卷八,隆庆元年五月丁丑。
③ 姜德成:《徐阶与嘉隆政治》,天津古籍出版社 2002 年版,第 294 页。

若韩楫、程文、宋之韩辈,使龀龆三品以下。入而扼春芳腕,使必行。①

应该承认,高拱背负"报复"恶名被逐出内阁,如今又被召回以大学士兼掌吏部事,手握重权,言路朝官中确有人担心被"报复"。耿介之臣葛守礼曾致书高拱云:"公秉政,人有不自安者,皆观望诸所爱憎。愿皆勿存形迹,惟以扩然大公处之,无疏无密,则人始不得而议矣。"②高拱常对士大夫说:"华亭有旧恩,后小相失,不足为怨。男儿举事要正大磊落,若恩怨二字不能摆脱,尚何可云。"③王廷、毛恺即日归家,不愿与高共事,也是事实。至于胡应嘉"自恨死"、欧阳一敬"在道忧死",其死因无可考。两人其时号称敢言、"倾危之士"④,不至于胆小到闻讯丧胆而死,且高拱当时并没有对其进行"报复"。还有"斥陟四品以下""龀龆三品以下",皆无事实指证。这不过是王氏对高拱所谓"报复"恶名的大肆渲染而已。

高拱面对舆论压力,一再强调要不避嫌怨,公忠任事。他说:

> 人臣修怨者,负国;若于所怨者避嫌而不去,或曲意用之,亦负国。何者? 人臣当以至公为心。如其贤,不去可也,用之可也;如其不贤,而徒务远己之嫌,沽己之誉,而以不肖之人贻害国家,岂非不忠之甚乎?⑤

对弹劾过他的官员,既不"以怨报怨",也不"以德报怨",而是"以直报

---

① 王世贞:《嘉靖以来内阁首辅传》卷六《高拱传》。
② 葛守礼:《葛端肃公集》卷一六《与高中玄阁老》。
③ 转引自朱国祯:《皇明史概·皇明大事记》卷三八《阁臣·附录》。
④ 《明世宗实录》卷五六五,嘉靖四十五年十一月乙亥。按:"应嘉倾危之士",有事实之证。嘉靖三十九年(1560)三月,南国子监祭酒沈坤守制家居,因倭犯江北,曾督率邻里众人,护卫家乡淮安。沈氏部署防御,犯令者榜笞之,"而被其榜笞者亦遂生怨恨,中有给事中胡应嘉宗党及府县儒学生一二人。应嘉与坤有郤,又性险狠,遂与诸生撰为谣言,构之于御史林润疏劾之。应嘉复从旁力证,然皆流谤,无指实。其所谓断手胡銮者,固无恙也,他皆类此。及坤逮至(京师),竟拷死狱中。士论冤之。"(《明世宗实录》卷四八二,嘉靖三十九年三月戊寅)制造谣言,捏造伪证,冤杀沈坤,这就是胡氏的所作所为。如今胡氏又挑拨是非,承望徐阶旨意,畏惧高拱"将见柄用,故极力攻之",充当徐氏逐拱的马前卒。
⑤ 高拱:《本语》卷六。

怨"。在他看来,所谓"直",就是"出乎心之公,得乎理之正,斯为直而已矣"①。高拱是这样说的,也是这样做的。张居正曾明确指出:高拱"再入政府,众谓是且齮龁诸言者,公悉待之如初,未尝以私喜怒为用舍"②。又说:高在政府"虚怀夷气,开诚布公。有所举措,不我贤愚,一因其人;有所可否,不我是非,一准于理;有所彰瘅,不我爱憎,一裁以法;有所罢行,不我张弛,一因于时。无兢兢以贬名,无屑屑以远嫌"③。高拱掌吏部,其所察举汰黜"皆询之师言,协于公议。即贤耶,虽仇必举,亦不以其尝有德于己焉,而嫌于酬之也;即不肖耶,虽亲必斥,亦不以其尝有恶于己,而嫌于恶之也。少有差池,改不旋踵;一言当心,应若响答"④。在这里,张居正所言是符合史实的,并非溢美虚语。

# 三、报复徐阶,史实辨析

自王世贞《高拱传》问世迄至近现代,对高拱"报复"问题的记述可谓史不绝书,几乎成为史家的共识。从这些记载来看,其重点又集中在高拱复政后"报复"徐阶,以及利用海瑞、起用蔡国熙"报复"徐阶等几个方面。

## (一)高拱复政后"报复"徐阶问题

王氏《高拱传》写道:高拱复政,"时抚按诸臣犹举《遗诏》,请褒进刑部主事唐枢官,而荫杖死者都给事王汝梅子。拱特为之寝格,而上疏极论。……得旨:是其言,罢枢及汝梅不旌。复以《遗诏》王金、陶世恩等妄进药物损圣躬,而法司当之子杀父律当剐。当朝审,拱复上言。……有旨:复是其言"⑤。王氏议论道:

---

① 高拱:《问辨录》卷七《论语》。
② 张居正:《张太岳集》卷七《门生为师相中玄高公六十寿序》。
③ 张居正:《张太岳集》卷七《翰林为师相高公六十寿序》。
④ 张居正:《张太岳集》卷七《翰林为师相高公六十寿序》。
⑤ 王世贞:《嘉靖以来内阁首辅传》卷六《高拱传》。

前是时,有司所论金等杀父律,果未当。拱得以藉口其议,亦有可采者。而拱意实欲置阶死,所谓"欺谤先帝,假托诏旨",皆死法也,且因以倾春芳。赖上不甚解,不及阶。法司改减王金等至戍。刑科给事中驳谓金等坐前律固不当,而荧惑先帝事有旨,宜坐斩勿赦。拱怒,遂迁给事中于外。①

原刑部主事唐枢和已故都给事中王俊民(即汝梅),系先朝得罪诸臣;隆庆初年,唐准复职待用,王已复职恤录。至隆庆四年(1570)九月,抚臣按《遗诏》事例,题请七十六岁的唐枢加官致仕;王俊民赠官荫子,入监读书。高拱为之寝格不行,并上疏明其意。高疏在肯定先帝德业及大礼议的基础上,认为对先朝得罪诸臣要加以甄别,不能一概归罪先帝。疏言:先朝建言得罪诸臣,"岂无一人当其罪者?不论有罪无罪,贤与不肖,但系先帝所去,悉褒显之,则无乃以仇视先帝欤?则无乃以反商政待皇上欤?"②其实,平反得罪诸臣一年后,礼部即提出对得罪诸臣要甄别区处的政策。③就连王世贞本人,针对对先朝得罪诸臣滥为赠官加谥一事,也提出过尖锐批评。显然,王氏将高拱提出的停止滥为升官荫子、甄别区处的上疏归结为对徐阶的政治"报复",是毫无道理的。当然,高疏牵连到徐阶草诏,批评他"不以忠孝事君","假托诏旨"以"归过先帝,反其所为,以行己之私臆"等,但并无追论"报复"徐阶之意,只是陈述了在《遗诏》上他与徐阶的政见分歧而已。穆宗皇帝也否认高疏是对前辅徐阶的"报复",并对高疏批示道:

大礼,断自皇孝[考],可垂万世。谏者本属有罪,其他谏言被谴亦岂皆无罪者?乃今不加甄别,尽行恤录,何以仰慰在天之灵?览卿奏,

---

① 王世贞:《嘉靖以来内阁首辅传》卷六《高拱传》。
② 高拱:《掌铨题稿》卷一《正纲常定国是以仰裨圣政疏》。
③ 《明穆宗实录》卷一六,隆庆二年正月庚申。按,礼部言:"诸臣中固有进退光明、始终一致者;亦有因人成事、因事见斥;及退居之后,肆情妄作,晚节不终。其为人品难以概论,设不稍为区别,则朝廷励世之典,遂为臣下市恩之私,其何以劝天下后世?请申饬所司,从公体访,分别等第:行谊卓越、心术纯正、见重乡评者为上;谨守廉隅、人无疵议者次之;罔利营私、败名丧节者为下。各指陈实迹,毋循私情,即有滥举者,参奏如法。上是之。"

具见忠恛。诸陈乞并[尽]罢。吏部仍通行晓谕,自后有借例市恩、归过先帝者,重论不宥。①

可见,对先朝得罪诸臣一概召用恤录,必然要否定先帝功业,否定大礼议,归过先帝。徐阶草诏,即是如此。而高拱则提出对先帝功业及所定议礼必须加以肯定,如于议礼、建言得罪者"悉从褒显,归过先帝",是"自悖君臣之义,而伤皇上父子之恩,非所以为训于天下也"。② 其实,对大礼议有不同认识也属正常,即使在今天,学者们对此仍有争议:有否定者,认为嘉靖弊政均源自议礼;有肯定者,认为议礼实现了皇权的顺利过渡、为嘉靖革新提供了历史前提。田澍先生指出:"大礼议最终实现了皇权的完全转移……并成功地完成了新兴势力取代旧势力的历史性转变,形成了推行全面革新的历史条件。""大礼议一方面是武宗猝死后实现皇权转移的必然,另一方面是嘉靖革新的前奏曲。"③当时高拱肯定议礼的意见,也为其改革找到了支点。而王世贞却将此视为高拱对徐阶的"报复",这恰恰说明他是仇视先帝、反对大礼议和嘉靖革新的。从根本上说,王氏之父王忬"毕命西市,实先帝意也"④,是王氏对先帝怀有杀父之仇的原因。

《明穆宗实录》载:"方士人等,遵奉《遗诏》,查照情罪,各正刑章。"方士王金与陶世恩、陶仿、申世文、刘文彬、高守忠等六人以"妄进药物,致损圣躬。着锦衣卫拿送法司,从重究问"⑤。于是,逮王金等六人鞫问,比依子杀父律,各凌迟处死,"遂皆伏法"⑥。然而,直至隆庆四年(1570)九月,高拱主持朝审,发现王金等人并未伏法,其原因是刑部内部持有不同意见。高拱从司法审判的角度提出王金等"妄进药物,致损圣躬",缺乏指实之证;比拟子弑父律论死,亦为罪刑不当。因此,他上疏指出:嘉靖皇帝"保爱圣体,尤极详慎。即用太医院官一剂,亦必有御札与辅臣商榷。安肯不问可否,轻服方

① 《明穆宗实录》卷四九,隆庆四年九月辛未。
② 高拱:《掌铨题稿》卷一《正纲常定国是以仰裨圣政疏》。
③ 田澍:《嘉靖革新研究》,中国社会科学出版社2002年版,第6—7页。
④ 谈迁:《国榷》卷六五,隆庆元年八月丙戌,"谈迁曰"。
⑤ 《明穆宗实录》卷一,嘉靖四十五年十二月壬子。
⑥ 《明穆宗实录》卷二,隆庆元年正月己巳。

士之药?又安有既服受伤,不以为言,又复服之之理?"①王金等除两进丹药外,又"妄进汤药,内有大黄、芒硝等物,遂损圣体",但皆缺乏人证物证。至于王金等左道惑众,只宜以本等罪名诛之。遂请"敕下法司,会同多官,将王金等从公再问,务见的确"②。于是,诏下法司会审。刑部尚书葛守礼会同多官会审,一致认为王金等妄进硝黄之说,无指实之证。但以其左道惑众本罪,"应坐为从律编戍"③。其判决结果是:

> 金、仿、文彬、世恩、守忠习故陶仲文术,左道惑众。世恩称习文书,亦非正术,俱应为从论。第世恩未尝升赏,守忠入京未久,稍宜末减,发原籍为民。金、仿、世恩、文彬可编至口外,所流妻子应赦归。诏如议。④

需要指出,改判王金一案,反映了高拱与徐阶在司法审判上的重大分歧。但有些史家却提出,高拱重审此案的用意是为了"报复"徐阶。如谈迁言:"拱议虽可采,意摘徐阶也。"⑤有的不论是非曲直,提出"拱之再出,专与阶修郤,所论皆欲以中阶重其罪"⑥。更有甚者,把高拱视为动摇国是的"罪人":"新郑当国,请报罢录用赠恤诸臣,而末减方士王金等之罪,岂非修郤而故为浮言之动以摇国是哉?则谓高拱、郭朴为先帝、新主两世之罪人可也。"⑦等等。这种看法是根本站不住脚的,必须辨明两点。

其一,司法用刑必须以事实为根据。世宗之死是否为王金所害,这是判处王金死刑的前提和依据。

> 先帝临御四十五年,享年六十,寿考令终。……末年抱病经岁,从容上宾,曾无暴遽,此亦天下所共闻也。今乃曰金等又妄进汤药,内有

---

① 高拱:《掌铨题稿》卷一《辩大冤明大义以正国法疏》。
② 高拱:《掌铨题稿》卷一《辩大冤明大义以正国法疏》。
③ 张廷玉:《明史》卷二一四《葛守礼传》。
④ 《明穆宗实录》卷四九,隆庆四年九月辛卯。
⑤ 谈迁:《国榷》卷六五,隆庆四年九月辛卯。
⑥ 张廷玉:《明史》卷二一三《高拱传》。
⑦ 夏燮:《明通鉴》卷六四,隆庆元年春正月,"论曰"。

大黄、芒硝等物,遂损圣体。乃拟王金等比依子杀父律,谓先帝是王金所害。①

刑部尚书葛守礼会同多官公审后,上疏亦言:王金等各犯"原不知医,则未进药为实。窃详九重深密,在外草野之人,不经药物亦无缘得进。今既审无进药,则先帝圣躬违和,委于各犯无干。钦惟我世宗皇帝,四纪御天,既三代之鲜有;六甲终命,亦五福之兼全。即将大渐之时,曾无卒暴之患,归咎硝黄之说,何有指实之凭?事理贵真,不可妄意;法律以正,岂得轻加?"②葛守礼是基于众多朝臣通过会审所达成的共识而得出这一结论的。可见,高拱与葛守礼等朝臣的认识是一致的:世宗之死为王金所害没有真凭实据,既无人证,亦无物证。既无真凭实据,高拱对徐阶何"报复"之有?相反,却说明徐阶对王金等不加甄别,一律"比子杀父律论死"不过是"妄意""轻加",是对法律的亵渎,对人命的漠视,是没有事实根据的轻罪重判的错案。

其二,葛守礼并不以高拱的意见为转移,而是依法改判的。"初,阶定方士王金等狱,坐妄进药物,比子杀父律论死。诏下法司会讯。守礼等议金妄进药无事实,但习故陶文中术,左道惑众,应坐为从律编成。"③并以罪行轻重不同,依法分别判刑或释放。《明史》说:"守礼议王金狱,与拱合,然不附拱。"④葛守礼是当朝公认的"正色独立"的直臣,从不依附于任何人。时人评论"葛守礼始不从华亭攻新郑,中不从新郑扼华亭。……立朝本正直忠厚,其斯人欤!"⑤如果说改判王金一案,是高拱对徐阶的"报复",难道从"不附拱"的葛守礼与众多朝臣都是想实施对徐阶的"报复"吗?这里是纠正错案以正国法的问题,不存在所谓高拱同葛守礼等人对徐阶的"报复"问题。

王世贞为了渲染高拱"报复"的习性,不仅把依法改判王金一案说成是"拱意实欲置阶死",而且也无中生有地提出给事中赵奋迁于外。而实际情

---

① 高拱:《掌铨题稿》卷一《辩大冤明大义以正国法疏》。
② 葛守礼:《葛端肃公集》卷三《辩冤明义疏》。
③ 张廷玉:《明史》卷二一四《葛守礼传》。
④ 张廷玉:《明史》卷二一四《葛守礼传》。
⑤ 黄景昉:《国史唯疑》卷八。

况是:赵奋于隆庆四年(1570)九月上疏后,不仅没有迁外,反而连升二级。据《明穆宗实录》卷五十四载:隆庆五年(1571)二月壬寅"升吏科给事中赵奋为本科右给事中";卷五十六又载:五年四月辛酉"升吏科右给事中赵奋为刑科左给事中"。直至隆庆六年(1572)六月高拱被逐,赵奋也没有迁于外。在这里,王氏不顾客观事实,凭空捏造事实,指斥高拱睚眦必报、"报复"成性,是不符合历史实际的。

需要指出,至今仍有学者把高拱否定嘉靖《遗诏》视为对徐阶的"报复",说:"高拱、郭朴以遗诏'谤先帝'攻讦首辅徐阶,粉饰世宗劣迹,无视嘉隆之季复杂政局,自然不是由于政治上的糊涂,而是出于政客怀私图谋之手段。为此二臣付出他们自己也想象不到的沉重代价,在他们政治业绩中留下一个永远的污迹。"①这种论调无视高拱与徐阶治国纲领和理念之分歧,而将高拱首次下野完全归咎于高拱的所谓"报复"问题,显然这是本末倒置、颠倒黑白!这不仅不是高拱留下的污迹,而恰恰是徐阶操纵言路、玩弄权术的恶果。

**(二)高拱利用海瑞"报复"徐阶问题**

有学者提出高拱复政便利用海瑞巡抚应天之机"报复"徐阶问题。如李鸿然说:"高拱为相专权,任人唯亲,排除异己。海瑞被罢官,主要原因之一就是由于海瑞曾拥护徐阶、反对高拱,所以高拱重新入阁不久便以权术把海瑞逼出政坛。"②李锦全也说:"高拱复出时,徐阶已告老回乡,而海瑞却往巡抚江南,因此想通过海瑞整治徐家,这是可能的。……正是由于高拱既想利用海瑞,又对他有点旧嫌,所以对海瑞被弹劾后的态度前后是有所变化。"并据此认为:

> 高拱对海瑞后来态度的变化,是与他权衡官场中的利害关系为转移。高拱复位时由于怀恨徐阶,故借海瑞勒令乡官退田之机予以报复,

① 姜德成:《徐阶与嘉隆政治》,天津古籍出版社2002年版,第302页。
② 李鸿然:《海瑞年谱(续二)》,《海南大学学报(社会科学版)》1996年第1期。

实质希图借海瑞之手以泄其私怨,并非真正对海瑞有所倚重。后因事情闹大,海瑞受到地方权贵豪绅的攻击,加上张居正为徐阶说情,因此高拱权衡利弊,觉得改善与徐阶的关系,借以安抚苏松一带的豪绅权贵,这对巩固自己的政治地位更为有利。由于这一思想的改变,对海瑞就变得再无利用价值。①

所谓"前后是有所变化",是指高拱对舒化奏章的批复与对戴凤翔奏章批复的不同。然而,这一推论并不属实,因为吏部对舒化劾海瑞弹章的复奏并非高拱所作。高拱于隆庆三年(1569)十二月二十二日复被起用,距穆宗答谕舒化弹劾海瑞奏疏(隆庆四年[1570]正月十四日)仅二十余日。从高拱复职旨下至其起于乡间至京一往一返,二十余日未必能抵京到任。因此,舒化奏章并非高拱所题复,并不代表高拱对海瑞的态度。所以《高文襄公集》中只载当时高拱所题复言路弹劾海瑞的三个奏疏,而唯独没有题复舒化的奏章。

事情的原委是:先是吏科给事中戴凤翔诬劾海瑞沽名乱法,不谙吏事,滥受词讼,鱼肉缙绅,迂狂颠倒之甚,不可一日使居地方。章下吏部。"吏部复议,言:瑞志大才疏,宜改授两京他秩,故有是命。"②所谓"志大才疏"云云,不是吏部断语,而是史家的错简。隆庆四年(1570)二月十五日,高拱在戴疏最后的批语是:"看得都御史海瑞,自抚应天以来,裁省浮费,厘革宿弊,振肃吏治,矫正靡习,似有惓惓为国为民之意。但其求治过急,更张太骤,人情不无少拂。既经言官论劾前因,若令仍旧视事,恐难展布。"并提出处置意见:"将本官遇有两京相应员缺,酌量推用。"③高拱的批示,对海瑞在应天的改革政绩作了肯定性评价,对其缺点作了适当批评,对其以后工作安排提出了"酌量推用"的意见。这里根本没有"瑞志大才疏"的指责。高拱在给代为应天巡抚的朱大器的信札中,再次肯定海瑞的功绩说:

① 李锦全:《海瑞评传》,南京大学出版社1994年版,第92、94页。
② 《明穆宗实录》卷四二,隆庆四年二月癸亥。
③ 高拱:《掌铨题稿》卷二三《复给事中戴凤翔论巡抚海瑞疏》。

夫海君所行谓其尽善,非也;而遂谓其尽不善,亦非也。若于其过激不近人情处不加调停,固不可;若并其痛惩积弊为民作主处悉去之,则尤不可矣。天下之事创始甚难,承终则易。海君当极弊之余,奋不顾身创为剔刷之举,此乃事之所难。其招怨而不能安,势也。①

这里高度赞扬海瑞的改革事功,并称其具有创始之功。此函是勉励朱大器要继承海瑞的改革事业,但也应纠正其不近人情的缺点。

海瑞以右佥都御史调任总督南京粮储一个月后,南京裁革冗员十二人②。其时,南京贵州道监察御史杨邦宪上疏,奏称要将总督粮储都御史议行裁革。吏部查照正统、嘉靖事例,总督粮储仍令南京户部侍郎代管。海瑞依议被裁,另行安排。时在隆庆四年(1570)三月二十五日。由此海瑞大为光火,先在《被论自陈不职疏》中,不仅对戴凤翔谬论一一加以驳斥,而且将科道诸臣一概痛斥为"逞己邪思,点污善类,不为鹰鹯以报国,过为蝇口以行私"。又借《告养病疏》,将"举朝之士"一概骂为"妇人也",并以衰病不能供职为由,乞赐归田。这就引起众多言官的不满和愤慨,掀起倒瑞狂潮。

隆庆四年(1570)四月十三日,吏科都给事中光懋弹劾海瑞:"悻悻自好,皎皎自明。假以自陈,横泄胸臆,且反中言官,丑诋孟浪,无所执据,事属乖违,法应参究。"要求将其"降级调用,以示创惩"③。同月二十三日御史成守节等连疏再论海瑞:"为衰病不能供职,恳恩曲赐归田,以延残喘事。中间首张夸大之词,终侮举朝士人,以泄怏怏不平之气。"乞要"严加戒谕"④。高拱批示:本官"愤激不平,词涉攻击,委的有伤大体",但"一时愤激,乃其气禀学问之疵;揆之官常,原无败损";并以"钦依""钦遵"为据,坚持原来"照旧候用,遇有员缺推补""无容别议"的处置原则。他语重心长,寄希望于海瑞:只

---

① 高拱:《政府书答》卷三《答苏松朱巡抚书一》。
② 南京裁革冗官十二人:"吏部验封司主事一员,户部云南、江西二司员外郎各一员,礼部仪制司主事一员,刑部四川司主事一员,工部营缮司员外郎一员,都察院都事一员,通政使司右参议一员,光禄寺少卿一员,国子监博士、学正各一员,太仆寺寺丞一员。"(《明穆宗实录》卷四三,隆庆四年三月庚寅)
③ 转引自高拱《掌铨题稿》卷二三《复都给事中光懋论巡抚海瑞疏》。
④ 高拱:《掌铨题稿》卷二三《复御史成守节等论巡抚海瑞疏》。

要"责躬省过,平气虚心,正直而济以中和,刚方而文以礼乐。务扩包荒之度,毋狃意见之偏,则将来建立必有胜于今日者,固不止为一节之士矣"。时在四月十五日和二十五日,两次奉圣旨:"是。"①只是海瑞不听劝导,执意归家。其后史学家谓高拱"复疏有'器小易盈,晚节不竟'诸语,令其回籍候用"②,这是完全违背历史事实的。所谓"器小易盈"云云,其八字出于光懋论疏;高拱对光懋论疏的批示,从未有此八字批评性的评价之语。所谓"回籍候用"云云,高拱在复疏中一直坚持"已奉有钦依,无容别议""令本官照旧候用,遇有员缺推补",从未有"令其回籍候用"的字样。可见,海瑞回籍并非源于高拱的打击"报复"。

因此,姜德成提出"海瑞应天新政,实出自为民忧国之本心,希冀于江南一隅建立重大事功,绝非专与徐阶斗争。举朝谁人不晓海瑞的憨直狷介,徐阶于被勒退田,日受扰害之际尚能体察海瑞纯正无邪之本心,高拱也绝不会天真到利用海瑞这样的人去报复徐阶的"③,有一定的道理,但其认定"有海瑞在,以其于朝中的影响力维护徐阶'二诏'(世宗《遗诏》和隆庆《登基诏》)之功,便会给高拱带来麻烦,故高拱归政之初便以言路之劾亟去海瑞是高拱政治上之智谋"④,却有悖于历史事实。

### (三)高拱起用蔡国熙"报复"徐阶问题

王世贞《高拱传》写道:高拱"起其门人前苏州知府蔡国熙于家,复其官,旋擢为苏松兵备副使,委以阶父子。而阶之仇,复上书诬阶父子事,并下抚按,悉以委国熙。……国熙乃穷治其事,且募能言阶三子及家人事者有赏。……三子皆就系,仅阶留而不堪其咻堵其室矣"⑤。又说:

阶从困中上书拱,其辞哀。拱虽暴戾,颇心动,居正亦婉曲以解。

---

① 高拱:《掌铨题稿》卷二三《复都给事中光懋论巡抚海瑞疏》《复御史成守节等论巡抚海瑞疏》。
② 沈德符:《万历野获编》卷二二《海忠介被纠》。
③ 姜德成:《徐阶与嘉隆政治》,天津古籍出版社 2002 年版,第 351 页。
④ 姜德成:《徐阶与嘉隆政治》,天津古籍出版社 2002 年版,第 351 页。
⑤ 王世贞:《嘉靖以来内阁首辅传》卷六《高拱传》。

而蔡国熙所具狱,戍其长子璠、次子琨,氓其少子瑛,家人之坐戍者复十余人,没其田六万亩于官。御史闻之朝,拱乃为旨,谓太重,令改谳。而国熙闻而变色,曰:"公卖我,使我任怨而自为恩。"①

这段文字认定高拱直接授意,指使蔡国熙"报复"徐阶父子,但事实并非如此。这里需要辨析者有三。

其一,蔡国熙攘臂请行,有意"报复"徐阶父子及其家人。王世贞说:

> 国熙故任苏时,洁廉有惠爱,时阶方在政,而奴之贾于苏者横,国熙以法外穷治之。御史闻而数难国熙不自得,乞休家居,久不能持贫而谒齐康,挟之于拱。拱悉其事,故擢之。②

于慎行也说:国熙本是徐华亭的门下士,"至是,攘臂请行。至吴,即讽郡邑刺华亭苍头不法,文致其三子皆论戍边"③。朱国祯讲得更为具体:"蔡春台备兵苏松,性素强直,一番扰攘,自然不免。……相传蔡春台守苏时,徐公子有所请,不听,亦不加礼。又因他事杖其家人。蔡以职事走松江,谒兵道还,徐合男妇数百人,皆保形,逐其舟,大骂,蔡只得隐忍去。果有此,则蔡转臬司,而治徐非过,即谓之爱徐可也。"④蔡国熙受此羞辱,因而"治徐非过"也。

其二,高拱承认与徐阶存在政见分歧,但否认对其挟嫌"报复"。高拱复政,人谓必且"报复",他遂明告天下以不敢"报复"之意。随后曾三次致书徐阶,言及不忘解先帝疑之恩,反复表明不敢借朝廷之法进行"报复"。但是人心叵测,仍有鼓弄其间者,谓高实不忘情。他们炒得沸沸扬扬,各怀私心,以人划线。高拱辨析说:"或怨公者,则欲仆阴为报复之实;或怨仆者,则假仆不忘报复之名;或欲收功于仆,则云将甘心于公;或欲收功于公,则云有所调

---

① 王世贞:《嘉靖以来内阁首辅传》卷六《高拱传》。
② 王世贞:《嘉靖以来内阁首辅传》卷六《高拱传》。
③ 于慎行:《谷山笔麈》卷四《相鉴》。
④ 朱国祯:《涌幢小品》卷九《华亭归田》。

停于仆。然而皆非也。"①他告诉徐阶：

> 比者，地方官奏公家不法事至，仆实恻然。……其中有于法未合者，仆遂力驳其事，悉从开释，亦既行之矣。则仆不敢"报复"之意，亦既有征，可取信于天下矣。盖虽未敢废朝廷之法，以德报怨；实未敢借朝廷之法，以怨报怨也。②

高拱表示："愿与公分弃前恶，复修旧好。"③至于徐在困中致书高拱，已不可考，因其所著《世经堂集》不载此书。高拱对御史所奏，除拟旨"令改勘"外，又三次致书苏松巡按：存翁"尚在，而遂使其三子蒙辜，于心实有所不忍者，故愿特开释之。来奏已拟驳另勘，虽与原议有违，然愚心可鉴谅，必不以为罪也"。"仆素性质直，语悉由中［衷］，固非内藏怨而外为门面之辞者。"存翁三子"必望执事作一宽处，稍存体面，勿使此公垂老受辱苦辛，乃仆至愿也"。又说："丈夫心事，当如青天白日。若阳为平恕而阴致其谋，初示宽和而卒幸其败，则岂所谓丈夫哉！"④高拱其人，粗直无修饰，其言当为心声，他是不会言不由衷，说假话的。他还致书蔡国熙，指出：存老令郎事，"近闻执事发行追逮甚急。仆意乃不如此。……故愿执事特宽之。此老昔仇仆，而仆今反为之者，非矫情也。仆方为国持恒，天下之事自当以天下公理处之，岂复计其私哉！惟执事体亮焉"⑤。由此看来，高拱并未秘密授意，指使蔡国熙对徐阶父子进行"报复"。王世贞所谓"公卖我"云云，纯系揣摩之谈。当时张居正也致书蔡国熙云：

> 乃近闻之道路云：存翁相公家居，三子皆被重逮。且云：吴中上司揣知中玄相公有憾于徐，故为之甘心焉。此非义所宜出也。夫古人敌

---

① 高拱：《政府书答》卷四《与存斋徐公书》。
② 高拱：《政府书答》卷四《与存斋徐公书》。
③ 高拱：《政府书答》卷四《与存斋徐公书》。
④ 高拱：《政府书答》卷四《答苏松刘巡按书》《与苏松刘巡按书》《与苏松李巡按书》。
⑤ 高拱：《政府书答》卷四《与苏松蔡兵备书》。

惠、敌怨,不及其子。中玄公光明正大,宅心平恕,仆素所深谅;即有怨于人,可一言立解。且中玄公曾有手书奉公,乃其由中之语,必不藏怒蓄恨而过为已甚之事者也。①

此信也可证实,苏松地方官是出于"揣知"而穷治徐阶三子的,并非高拱授意"报复"。后来高拱将蔡国熙调入山西提调学校。② 时至今日,还有学者提出蔡国熙"受高拱的指使,徐阶的三个儿子全部被逮捕下狱。这些公子在乡里的确存有劣迹,但尚不至于像严世蕃那样横行霸道。下狱之后,一些人上疏施救,高拱一意孤行,将徐公子们统统充军戍边"③。这些表述没有历史事实根据!

其三,高拱不敢借朝廷威福对徐阶进行"报复",亦有客观公允的评述。《明神宗实录》载:"至摧抑故相阶,拱不为无意,然其家人狱成,而拱谓已甚者,必欲轻出之,则原非深于怨毒者。"④黄景昉亦言:"徐华亭晚家居,厄于蔡国熙辈,三子皆系狱论戍。此自群小阿奉政府,为报怨图,未必尽高新郑意。高虽粗褊,而意气颇磊落,观所予吴中当道书可见。"⑤可见,王氏大肆渲染高拱"报复"徐阶,是缺乏事实根据的。

# 四、渲染报复,历史缘由

王世贞在《高拱传》中大肆渲染高拱"报复"问题,究其原因,是他与高拱之间存有是非恩怨。这还得从其父王忬罹难和平反两件事情谈起。王忬父子与严嵩父子,严王两家原本相好而后积怨甚深。嘉靖三十八年(1559),时任蓟辽总督的王忬,因滦河之败,"嵩构之,论死系狱"。王世贞闻讯,立即解职青州兵备副使赴京,"与弟世懋日蒲伏嵩门,涕泣求贷"。嵩阳语宽慰,而

---

① 张居正:《张太岳集》三四《答松江兵宪蔡春台》。
② 参见《明穆宗实录》卷六九,隆庆六年四月甲戌。
③ 熊召政:《政坛一把霹雳火——记老斗士高拱》,《紫禁城》2010 年第 8 期。
④ 《明神宗实录》卷八四,万历七年二月乙巳。
⑤ 黄景昉:《国史唯疑》卷八。

阴持其狱。王氏兄弟"又日囚服跽道旁,遮诸贵人舆",叩头求救其父,但均"畏嵩不敢言"。次年,王忬被斩西市。①

王忬下狱后,王氏兄弟为救其父,遍求许多达官贵人,其中,即有时任裕邸讲官的高拱。高表示无能为力,于是王氏怀恨在胸。朱国祯说:

> 高中玄粗直无修饰。王思质(即王忬)总督,其辛丑同年也。王失事被逮,弇州兄弟往叩,高自知无可用力。且侍裕邸,人皆以长史目之,又与严氏父子无交。而思质贵盛时,相待甚薄。比至有事,意下殊少缱绻。弇州固已衔之矣。②

高拱与王忬虽为嘉靖辛丑同年进士,但二人一文一武,官秩悬殊:高为裕邸讲官,王府长史;而王则为蓟辽总督右都御史兼兵部左侍郎。因此二人平时无甚交往,更无深厚情谊。且高拱与严嵩父子少有交往,自知无能为力。但是高拱其人"粗直无修饰",有话直说,没有表示同情,结果获罪于人。显然,王氏衔怨高拱是没有道理的。当时他们求救于许多高官如次辅徐阶、李本等人都没有效果,而求救于一个裕邸讲官能有效果吗? 即使高拱应酬不周,缺乏同情,也不应该由此而生怨。

王氏衔怨高拱,还有其误认为高拱阻挠其父平反复官一事。朱国祯言:"比鼎革,上疏求申雪,高在阁中异议,力持其疏不下,弇州怒甚,徐文贞因收之为功。"③沈德符亦言:"后严败,弇州叩阍陈冤,时华亭当国,次揆新郑已与之水火,正欲坐华亭以暴扬先帝过,为市恩地,因昌言思质罪不可原。终赖徐主持,得复故官,而恤典毫不及沾。"④我们认为,以上两位史家的记述均不符合历史事实。

据《明穆宗实录》载:"故总督蓟辽右都御史兼兵部左侍郎王忬子,原任山东按察司副使世贞上书讼父冤,言臣父皓首边廷,六遏大虏,不幸以事忤

---

① 参见张廷玉:《明史》卷二八七《王世贞传》。
② 朱国祯:《涌幢小品》卷九《中玄定论》。
③ 朱国祯:《涌幢小品》卷九《中玄定论》。
④ 沈德符:《万历野获编》卷八《严相处王弇州》。

大学士严嵩,坐微文论死。伤尧舜知人之明,解豪杰任事之体。乞行辨雪,以伸公论。诏复忤官。"①《明史·王忬传》载:"穆宗即位,世贞与弟世懋伏阙讼冤,复故官,忤恤。"②《明史·王世贞传》又载:"隆庆元年八月,兄弟伏阙讼父冤,言为嵩所害,大学士徐阶左右之,复忤官。"③由上可推知:第一,王氏衔怨高拱是时空错位的。王忬平反是在隆庆元年(1567)八月,而高拱早在同年五月因与徐阶发生矛盾而称病归里。时间相隔三个月之久,地点相差千里之遥,高拱怎会在新郑老家阻挠京师内阁对王忬的平反呢? 第二,高拱"力持其疏不下"是不实之词。因为王忬于隆庆元年(1567)八月平反,是由其子王氏兄弟亲自"伏阙讼冤""叩阍陈冤"的,而不是预先在同年五月高拱归家之前上疏要求平反的。因此高拱不可能在阁中持有异议,"力持其疏不下"。退一步说,即使王氏上疏讼父冤在当年五月高拱归家之前,高拱也不会阻挠王忬平反。因为当时高、徐矛盾正处在激化之时,徐居于优势地位,高处于被动地位。几月之间,论高弹章不下三十余疏,高被迫申辩并请致仕。身处逆境中的高拱自身难保,无暇、无心亦无权阻止王忬平反。一贯坚持对先朝得罪诸臣不加甄别、一概恤录的首辅徐阶,也绝不会听任阁员高拱"力持其疏不下"。况且,当年正月至五月,据《明穆宗实录》统计,在先朝得罪诸臣中,生者召用复官三十七人,死者恤录八十人,高拱并没有对其中任何人的复官恤录持有异议、加以阻挠,有何理由偏偏要阻挠素无交往的同年王忬的平反呢? 因此,所谓高拱"力持其疏不下""昌言思质罪不可原"云云,皆非历史事实。第三,首辅徐阶把王忬平反收为己功,确是史实。隆庆元年(1567)八月,王氏兄弟"伏阙讼父冤",徐阶积极为王忬平反,因为可以收誉收功,名垂青史。

当华亭力救弇州时,有问公:"何必乃尔?"则云:"此君他日必操史权,能以毛锥杀人。一曳裾不足锢才士,我是以收之。"人咸服其知人。④

---

① 《明穆宗实录》卷一一,隆庆元年八月丙戌。
② 张廷玉:《明史》卷二〇四《王忬传》。
③ 张廷玉:《明史》卷二八七《王世贞传》。
④ 沈德符:《万历野获编》卷八《严相处王弇州》。

"毛锥"是一把双刃剑,可以杀人,如诋诬高拱;也可以媚人,如溢美徐阶。手握"史权"的王世贞,其政治立场和思想倾向是何等的分明! 他曾说:"晚而从故相徐公所得尽窥金匮石室之藏,窃亦欲藉薜萝之日,一从事于龙门、兰台遗响。"①王氏晚年从徐阶那里得到的藏书藏稿以至面谈中得到的朝中掌故,或许是他诬高美徐的资料来源之一。不过,以当代司马迁自称的王世贞,并没有继承"龙门、兰台遗响",特别在史德、史识方面与司马迁相距甚远。

当然,王世贞留下的诸多史料是值得肯定的,对研究明史无疑具有重要的价值,但那些与其身家利害相关的史料却不确、非真。如孙𬭼说:"足下甚推服弇州,第此公文字,虽俊劲有神,然所可议者,只是不确。不论何事,出弇州手,便令人疑其非真,此岂足当钜家!"②孙𬭼之言可谓确论。因此,今人黄云眉评论说:"当谀王风盛时,𬭼独于王多所贬损,要足备异说;其'不真''不确'之语,尤为王文之药石欤!"③朱国祯说:《首辅传》对高拱"极口丑诋。要之,高自有佳处不可及,此书非实录也"④。黄景昉也说:"《首辅传》叙高(拱)多丑词,至诬以赇贿。即如顺义款贡事,何等大功,仅一二语及之。孙月峰谓语出弇州,多不足信,信然。文士视名臣分量终别。"⑤这既是明清以来史家的定评,也说明王氏深受个人恩怨所困,不能摆脱一己之私怨,更不能秉持客观公正的治史原则,因此,王世贞大肆渲染高拱所谓"报复恩怨"问题显系偏谬。当然,受到王氏负面影响的近现代史学界诸多学者提出"挟私报复"的观点也实属偏颇。

---

① 王世贞:《弇山堂别集》小序,中华书局 1985 年版。
② 孙𬭼:《月峰集》卷九《与余君房论文书》,转引黄云眉:《明史考证》第七册,中华书局 1985 年版,第 2265 页。
③ 黄云眉:《明史考证》第七册,中华书局 1985 年版,第 2266 页。
④ 朱国祯:《涌幢小品》卷九《中玄定论》。
⑤ 黄景昉:《国史唯疑》卷八。

# 第五章　"相材缺失"问题

对高拱的诸多不同评价,不仅关涉他的为人品质和为官操守问题,而且也涉及他的才能、素质和行政能力问题,亦即"为相之材"问题。大致来说,明清史家对高拱的"相材"是充分肯定的,甚至将其视为"社稷名臣""救时良相"等。然而,现今有的学者却提出了质疑和否定,认定高拱缺失"相材",不具备为相的素质、才能和肚量。那么,高拱是否缺失"相材",是否具备为相的素质和才能? 这一问题直接关系到对于高拱"为相之功"的认识和评价,不可不辨。

## 一、为相之材,相异之评

所谓"相材缺失",就是指高拱不具备为相的素质和才能。然而,高拱真的缺失为相的素质和才能吗? 请看明清政治家和史学家的论评:高拱"锐志匡时,宏才赞理"①。"经纶伟业,社稷名臣。……洵称纬武经文,不愧帝臣王佐。"②"可谓平格之臣。"③"新郑、江陵两公,皆负不世出之才,绝人之识。"④"即古之社稷臣,何以加焉?"⑤"夫新郑公之德,允为治安良相。"⑥"新郑始

---

① 高务观:《东里高氏世恩录》卷五《原任光禄大夫柱国少师兼太子太师吏部尚书中极殿大学士高拱赠太师谥文襄》。
② 高务观:《东里高氏世恩录》卷五《原任光禄大夫柱国少师兼太子太师吏部尚书中极殿大学士高拱赠太师谥文襄追赠特进光禄大夫》。
③ 张居正:《张太岳集》卷七《翰林为师相高公六十寿序》。
④ 谈迁:《国榷》卷六八,隆庆六年六月庚午,"李腾芳曰"。
⑤ 谈迁:《国榷》卷六八,隆庆六年六月庚午,"支大纶曰"。
⑥ 陈治纪:《书张文忠公文集后》,载张舜徽主编《张居正集》附录一。

志,不失为社稷臣。"①"练达晓畅,救时贤相也。"②"拱练习政体,负经济才。"③等等。凡此均说明,高拱不仅不缺失为相的素质和才能,而且还是"帝臣王佐""社稷名臣""救时贤相"。总之,"新郑秉政,是相材也"④。

然而,如今有些学者无视明清官方和史家的评断和论定,全盘否定高拱的为相之材和为相之功。例如赵毅教授在其《高新郑相材缺失论》(以下简称"赵文")一文中提出:高拱"心胸偏狭,缺少相的气度;快意恩仇,不能和衷同事,缺少表率百官兼容并包的博大胸襟,其为相的素质是有缺憾的"。"高新郑被驱逐与其做官做人的人格弱点有某种必然的关联。高新郑的相材是缺失的。""高新郑也给我们提供了一个缺失某些相材的一代横臣形象。"⑤还有学者说:"高拱的所作所为已充分显示出他难以担当治国的重任,这是自掘陷阱给对手造就的机遇,认清这一点,才能理解历史发展深层的必然性。"⑥对这种所谓的"相材缺失"论,我们不敢苟同。本章拟从政治哲学的视角,从嘉隆万之际内阁诸臣的政见分歧、高拱被逐出阁的原因及其做官做人之道等方面进行辨析,以确证"相材缺失"论之谬。

## 二、相材缺失,缺失相材

首先,需要讨论的是赵文的论题问题。赵文抨击高拱,其立论是"相材缺失";然而这个命题与"缺失相材"是两个双向互换的同义命题。"高新郑相材缺失论"等同于"论缺失相材高新郑"。这也是赵文所承认的,因为紧接标题之下的"摘要"指出:高拱入阁,"缺少相的气度","其为相的素质是有缺憾的"。⑦ 既然高拱缺少为相的"气度"和"素质",当然就是"缺失相材"了。其次,按照逻辑推理规则,赵文得出高拱"相材缺失"的结论是缺少逻辑

---

① 谈迁:《国榷》卷六八,隆庆六年六月庚午,"谈迁曰"。
② 傅维鳞:《明书》卷一三五《高拱传》。
③ 张廷玉:《明史》卷二一三《高拱传》。
④ 周世选:《卫阳先生集·大司马周卫阳先生全集序》。
⑤ 赵毅:《高新郑相材缺失论》,《哈尔滨师范大学社会科学学报》2010年第1期。
⑥ 刘志琴:《张居正评传》,南京大学出版社2006年版,第133页。
⑦ 赵毅:《高新郑相材缺失论》,《哈尔滨师范大学社会科学学报》2010年第1期。

大前提的,这就像秤星没有星子却偏要权称物体重量一样可笑。"气度"虽是相材德行中的条件之一,但不是唯一条件;"素质"似乎是相材的全部条件,但却是一个没有具体标准和条件规定的极其笼统而模糊的概念。赵文未能给出一个全面具体的相材标准条件,却给高拱扣上一顶以"相材缺失"和"缺失相材"作为结论的政治帽子,这未免太过主观随意,太过武断草率了。再次,赵文还抓住高拱性格方面的某些弱点并将其上纲为"人格缺陷",以高拱主政时间短暂为借口,全盘否定高拱的相业功绩,断定其相材缺失。以性格弱点和主政短暂为缺失相材的逻辑前提是不能成立的,反而暴露了抨击者逻辑思想的混乱。我们认为,性格弱点人人皆有,它绝对不是缺失相材的逻辑前提。性格弱点也绝对不是人格缺陷。性格和人格不能等同,二者是两个具有本质区别的不同概念。后面详述,此处不赘。主政时间也绝不是相材是否缺失的逻辑前提。主政时间与相材、与业绩、与事功都不是正比例关系。有的相臣主政时间很长,十年、二十年,但事功不多,而干的坏事却不少,如严嵩;有的主政时间很短,只有两三年,但事功却不少,有些事功政治、军事、经济、社会的意义重大,影响深远,如高拱。古代有句名言"不以成败论英雄",笔者以为,也不能以主政时间长短论相材、事功大小。赵文这种"抓住一点,尽量夸大,不及其余"的研究历史人物的形而上学方法,是为辩证唯物史观所摒弃的。

在没有全面具体的相材条件这一逻辑前提的情况下,赵文便抨击高拱缺失相材。但是,抨击主体并不知晓被他抨击的对象高拱,早在四百多年前就提出并论证过全面而具体的相材条件了。高拱其人不仅不缺失相材,反而是相材条件的深论者。下面且看他的主张和论述。

首先,高拱提出并阐发了首相在治国中的重要地位及其应当具备的相材条件。他指出:"要得天下治,只在用人。用人只在用三个人:一个首相,一个冢宰,一个台长。首相得人,则能平章天下,事务件件停当。……然这三人中,尤以首相为要。"①在简述相材条件时说:

① 高拱:《本语》卷六。

才德兼者,上也;有根本而才气微者,次也;有才气而根本微者,又其次也。然三者皆不可弃。以才气胜者,用诸理繁治剧;以根本胜者,用诸敦雅镇浮;若夫钧衡宰制之任,必得才德兼备之人,而缺其一者,断不可以为也。①

他对相材"才德兼备"的条件又作了进一步的深化和细化,说:

宰相天下之枢,必得心术正、德行纯、识见高、力量大、学问充、经练熟者,方可为之。若不试以事,徒取文艺,不拣其才,徒俟俸资,则岂能遂为百辟之师,平章军国重事而无舛乎?②

在这里,高拱规定的相材"才德兼备"的六大条件,是相当完备而严整的体系。

其次,关于出诸翰林相材的选拔条件和培育,高拱亦有明确的主张和论述。明朝有个不成文的规定:"非翰林不入内阁。"高拱认为,并非所有翰林官员都可以入阁拜相。相材选拔,"必择夫心术之正,德行之良,资质之聪明,文理之通达者充之",反对"才庸德浅""高分低能"的翰林官员充当相材选拔的对象。对相材的培育,高拱概括为八个字:"辅德辅政,平章四海。""一在辅德,则教之以正心修身,以为感动之本;明体达用,以为开导之资。如何潜格于其先,如何维持于其后。不可流于迂腐,不可狃于曲学。""一在辅政,则教之以国家典章制度必考其详,古今治乱安危必求其故。如何为安常处顺,如何为通变达权,如何以正官邪,如何以定国是。……教之以明解经书,发挥义理,以备进讲;教之以训迪播告之辞,简重庄严之体,以备代言;教之以错综事理,审究异同,以备纂修。"讲论督课,养之既久,"试其所有之深浅,观其行履之实否","则又拔其尤者而登用之。如此,庶乎相可得人,相业必有可观者"。高拱反对"用非所养,养非所用"。他说:相材"其选也以诗

---

① 高拱:《本语》卷五。
② 高拱:《本语》卷五。

文,其教也以诗文,而他无事焉。夫用之为侍从,而以诗文犹之可也。今既用于平章,而犹以诗文,则岂非所用非所养,所养非所用乎?"对相材教之以"应制之诗文,程士之文艺,其在后焉"。然而,"今也止教诗文,更无一言及于君德治道,而又每每送行贺寿以为文,栽花种柳以为诗,群天下英才为此无谓之事,而乃以为养相材,远矣"①。

再次,高拱还主张出身翰林和行政衙门的相材参用互补。他说:"阁臣用翰林,而他衙门官不与,既未经历外事,事体固有不能周知者。而他衙门官无辅臣之望,亦复不为辅臣之学,此所以得人为难也。今宜于他衙门官选其德行之纯正,心术之光明,政事之练达,文学之优长者,在阁与翰林参用之。"②高拱反复强调,相材不论出身翰林或行政衙门,均需要"才德兼备"、以德为先,并经过实践考验。

高拱上述关于相材的主张和论述,不是空洞抽象的学术议论,而是他从政任相以来长期观察思考和实践经验的概括和总结。这一完备严整的相材主张和论述,多为后世史家学者所认同、所引证;但却为赵文所无视、所抹煞,这或许是因作者抱有历史偏见,对他所抨击对象的著作不屑一顾所致。赵文虽然未能提出自己的相材标准、相材缺失的逻辑前提,但从其全文的整体倾向和观点来看,在作者心目中还是有其相材的偶像和标杆的。他们是嘉靖初年反对大礼议的首辅杨廷和及其追随者,嘉隆之交,处世圆滑、"四面观音"③、"柔和之义胜,直方之德微"的"甘草国老"④首辅徐阶,"以青词得政,容容充位,无所短长"⑤的首辅李春芳,以及"性气过刚,少大臣之度"⑥的赵贞吉等;当然更包括"功过不掩"⑦的万历新政首辅张居正。赵毅先生之所以把他们看成相材的楷模标杆,认为他们毫无缺失,是就人论人、就事说事,以片面的而非全面的形而上学视角观察的结果。肯定一切或否定一切,都

---

① 以上均见高拱《本语》卷五。
② 高拱:《本语》卷五。
③ 黄景昉:《国史唯疑》卷六。
④ 海瑞:《乞治党邪言官疏》及《附录》,载《海瑞集》上册。
⑤ 万斯同:《明史》卷三○三《李春芳传》,"论曰"。
⑥ 万斯同:《明史》卷三○三《赵贞吉传》,"论曰"。
⑦ 夏燮:《明通鉴》卷首《与朱莲洋明经论修明通鉴书》。

是形而上学的,都会悖逆史实真相。赵毅先生对他心目中的相材楷模,不计缺失,多计功绩,全面肯定;唯独对高拱,只计缺失,不计功绩,全盘否定,未免太过偏颇。从全面观点来看,赵毅先生心目中的那些楷模亦有自己的功过得失,二者不能相掩,不能以其缺失否定其相材;同样,对高拱亦应作如是观。下面我们将从相材的全面观点出发,从政见政纲的高度,来分辨隆庆阁臣的是非去留,以及高拱为人为相的历史真相。

# 三、隆庆阁臣,政见分歧

嘉靖四十五年(1566)三月,首辅徐阶推荐高拱入阁。赵文说:"新郑一度入阁,以群辅搏首辅,有违做官之道,大失人望,是其一度入阁败北的主要原因。"①这种责难是表象之见、世俗之论,没有触及高、徐之间的政见分歧。而政见政纲的分歧则是徐阶逐高出阁的根本原因。

嘉靖四十一年(1562)五月,徐阶代严嵩为首辅,书三语悬于直庐曰:"以威福还主上,以政务还诸司,以用舍刑赏还公论。"又邀阁僚共同拟票曰:"事同众则公,公则百美基;专己则私,私则百弊生。"这个三语共票的政见政纲虽然关注的只是内阁运作,不涉及社会弊端的改革,但却使徐阶巧于收功,妙于收誉,大得人心,尤其"自是言者益发舒,无所避忌"②,于是"论者翕然推阶为名相焉"③。在此,且不论三语中前两语毫无实际意义,仅就阁臣共票来说,也没有真正地贯彻执行。如嘉靖《遗诏》这样事关两朝交替的政治文件,徐阶秘密起草,不以语同列,自食其言"同众则公",大行其专私,从而挑起内阁风潮与政争。

高拱通过对嘉靖中后期弊政的长期观察思考,在入阁前一年,形成了自己的整顿改革、修举实政的政见政纲。他在乙丑会试的程文中,阐述了通权达变、"合圆会通"的权变新论,提出"事以位异,则易事以当位;法以时迁,则

---

① 赵毅:《高新郑相材缺失论》,《哈尔滨师范大学社会科学学报》2010 年第 1 期。
② 万斯同:《明史》卷三〇二《徐阶传》。
③ 万斯同:《明史》卷三〇二《徐阶传》。

更法以趋时"①的改革命题,确立了改革变法的理论基础。在入阁前夕,高拱又撰写一道未上奏疏,阐述了当时存在的"坏法""赎货"等八种积习,提出革除"八弊"的救治方略和"修内攘外,足食足兵"的改革目标。这是其改革变法的纲领性文献。此疏最后提出,君是出令者,臣是行令者;行之善与不善,则又"在于当事之臣焉"②。由此透露出他对首辅徐阶不思改革的不满和二人的分歧。

由于政见政纲不同,高拱一入阁,便与徐阶意颇相左,因之二人之间便发生了一系列的矛盾冲突。

> 阁臣入直西苑,自世皇中年始,有事在直,无事在阁。世皇谕阁臣曰:"阁中政本可轮一人往。"徐文贞竟不往,曰:"不能离陛下也。"……公(高拱)正色问文贞曰:"公元老,常直可矣,不才与李(春芳)、郭(朴)两公愿日轮一人诣阁中习故事。"文贞拂然不乐。③

接着,给事中胡应嘉根据徐阶授旨,弹劾高拱不忠二事,以此激怒皇上,欲逐高出阁。高亦上疏申辩。因皇上病重未加处理。徐阶票拟令"拱供职如故"④。未几,世宗驾崩,围绕遗诏问题,高、徐政见冲突公开化、白热化。穆宗即位,"议登极赏军事,公(拱)曰:'祖宗无此,自正统元年始也。先帝以亲藩入继,时尚殷富,遂倍之。今第如正统事行,则四百万之中可省二百万矣。'当事者竟如嘉靖事行,而司农苦不支"⑤。当时"有言大臣某者,其人实有望,不当拟去。而首揆重违言者意,乃以揭请上裁。公曰:'此端不可开,先帝历年多通达国体,故请上裁。今上即位甫数日,安得遍知群下贤否,而使上自裁,上或难于裁,有所旁寄,天下事去矣。'乃竟请上裁"⑥。高拱其人素性耿直,有怀即吐,"性素直率,图议政体,即从旁可否,华亭积不能容",

---

① 高拱:《程士集》卷四《孔子言权》。
② 高拱:《南宫奏牍》卷一《挽颓习以崇圣治疏》。
③ 郭正域:《合并黄离草》卷二四《太师高文襄公墓志铭》。
④ 《明世宗实录》卷五六五,嘉靖四十五年十一月乙亥。
⑤ 郭正域:《合并黄离草》卷二四《太师高文襄公墓志铭》。
⑥ 郭正域:《合并黄离草》卷二四《太理高文襄公墓志铭》。

"因百计逐之"。① 时因处分胡应嘉违制一事,徐阶把科道言官及六卿之长论奏矛头引向高拱,"凡二十八疏,大略保华亭之功,劾新郑之罪,以为不可一日使处朝廷"②。穆宗无奈批准高拱归家养病。可见,政见存在分歧,是高拱被逐出阁的真正原因。

嘉隆之交,高、徐政见分歧聚焦在嘉靖《遗诏》上。"帝崩,阶草遗诏,夜召门生学士张居正谋之,不以语同列",诏下,虽然"朝野号恸感激","而同列高拱、郭朴皆不乐"③,对遗诏提出了一些不同或反对意见。而赵文却抓住高拱的所谓"扬言","徐公谤先帝,可斩也",以时人海瑞、李贽、吴瑞登的言论为论据,对高大加批判抨击。但是,非常可惜,这是移花接木、无的放矢的错位抨击。无论是万斯同的《明史》或是张廷玉的《明史》,都明确记载"徐公谤先帝,可斩也"是郭朴之言,而非高拱之语。万氏《明史》云:"而同列高拱、郭朴皆不乐。朴曰:'徐公谤先帝,可斩也。'"④张氏《明史》云:"同列高拱、郭朴以阶不与共谋,不乐。朴曰:'徐公谤先帝,可斩也。'"⑤万、张《明史》所记载郭朴此语,均源于王世贞的《高拱传》。王氏言:遗诏下,"同列皆惘惘若失,而朴尤椎,时语人'徐公谤先帝,可斩也'。拱亦与相应和"⑥。高拱与郭朴如何"相应和"? 王、万、张三人的史著均无下文,隐而不言。但是,时人郭正域有明确的记载:

(世皇)龙驭上宾,华亭公于袖巾出草诏,欲以遗命尽反先政。公(高拱)谓"语太峻",与安阳公(郭朴)入室对食相向曰:"先帝英主,四十五年所行非尽不善也。上亲子,非他人也;三十登庸,非幼小也。乃明于上前扬先帝之罪以示天下,如先帝何? 且醮事先帝几欲止矣,紫皇殿事谁为之,而皆为先帝罪乎? 土木之事,一丈一尺,皆彼父子视方略,而尽为先帝罪乎? 诡随于生前,而诋詈于身后,吾不忍也。"相视泪下。

① 于慎行:《谷山笔麈》卷四《相鉴》、卷五《臣品》。
② 于慎行:《谷山笔麈》卷五《臣品》。
③ 万斯同:《明史》卷三〇二《徐阶传》。
④ 万斯同:《明史》卷三〇二《徐阶传》。
⑤ 张廷玉:《明史》卷二一三《徐阶传》。
⑥ 王世贞:《嘉靖以来内阁首辅传》卷六《高拱传》。

语稍闻外廷,而忌者侧目矣。①

徐阶所拟遗诏,"以遗命尽反先政",高拱、郭朴反对这种对先帝全盘否定的总体评价。郭言"徐公谤先帝,可斩也","谤先帝"确是事实,"可斩也"未免有些过激之嫌。而高则只说"语太峻""吾不忍也",并非激愤之语。而且高对郭"相应和"的言论,是持之有故,言之成理的。第一,肯定"先帝英主",绝非昏君庸主,历史罪人;在位四十五年所行"非尽不善也",意即有善,有不善,善政与弊政应该区别开来。第二,皇上三十岁登极,在其前"扬先帝之罪以示天下",有伤父子之恩、改父之政、割裂嘉隆两朝的政治联系。第三,斋醮、土木之事,不全是先帝之罪,首辅徐阶也有一份责任。新朝的旧首辅是推卸不掉对前朝弊政应负的责任的。第四,特别是"诡随于生前,而诋詈于身后"的准确概括,使两朝首辅徐阶大为恼火,因为这揭露了他在世宗生前死后的两面做派。赵文既是对高新郑否定遗诏的言行进行批判的,那为什么不针对上述高拱"相应和"的言论一一加以反驳呢? 这是研究高拱否定遗诏绝不应该遗忘和回避的极为重要的一段言论。

赵文还说:"嘉靖中晚期,明世宗大失君德,朝政一团黑暗。"徐阶草诏,"纠正前朝政治违误,昭雪冤假错案"是"当行之事"。② 嘉靖朝共四十五年,既有"中晚期",必有"早期"与之相区别。"中晚期"世宗所行是黑政、恶政,请问"早期"呢? 众所周知,嘉靖早期的大礼议前后持续十八九年,它是世宗以旁支继统,建极创制,使其皇权具有合法性、正统性和至上性的政治基础。而遗诏则彻底否定早期的大礼议,明言:"自即位至今,建言得罪诸臣,存者召用,没者恤录,在系者即先释放复职。"③《明史》更是一语道破:"大礼大狱言事得罪诸臣悉牵复之。"④这就充分证明遗诏平反先朝言事得罪之臣,是包括早期大礼议得罪之臣的案子在内的。赵文一方面坚持赞同遗诏否定早期的大礼议,认为大礼议是"政治违误",大礼议得罪之臣的案子是"冤假错

---

① 郭正域:《合并黄离草》卷二四《太师高文襄公墓志铭》。
② 赵毅:《高新郑相材缺失论》,《哈尔滨师范大学社会科学学报》2010 年第 1 期。
③ 《明世宗实录》卷五六六,嘉靖四十五年十二月辛丑。
④ 张廷玉:《明史》卷二一三《徐阶传》。

案",应予"昭雪";另一方面又把嘉靖"早期"和"中晚期"加以区别和对立,判定"中晚期"是黑政、恶政,讳言"早期"朝政是何种性质。这种自相矛盾的观点是不能自圆其说的。从根本上说,赵文认为"早期"世宗钦定的大礼议亦是黑政、恶政,因此区分"中晚期"和"早期"不过是画蛇添足,没有任何实际价值和意义。高拱与徐阶政治分歧的核心,就在于前者反对遗诏对早期大礼议的根本否定,反对早期大礼得罪诸臣同其他言事得罪诸臣一样平反昭雪,从而维护世宗早期钦定的大礼议这一嘉靖朝的政治基础。高拱复出,坚决停行遗诏对大礼得罪诸臣的继续平反,加官荫子。疏言:

> 迨我先帝以圣神御极,骏烈鸿猷,昭揭宇宙。我皇上嗣登宝位,志隆继述,所谓不改父之政,实本心也。而当时议事之臣,不以忠孝事君,务行私臆,乃假托诏旨,于凡先帝所去,如大礼、大狱及建言得罪诸臣,悉起用之,不次超擢,立至公卿;其已死者,悉为赠官荫子。
>
> 夫大礼,先帝亲定,所以立万世君臣父子之极也。献皇尊号已正,《明伦大典》颁示天下已久矣。而今于议礼得罪者,悉从褒显,将使献皇在庙之灵何以为享?先帝在天之灵何以为心?皇上岁时祭献,何以对越二圣?则岂非欺误皇上之甚者乎?至于大狱及建言得罪诸臣,岂无一人当其罪者?而乃不论有罪无罪、贤与不肖,但系先帝所去,悉褒显之,则无乃以仇视先帝欤!则无乃以反商政待皇上欤!……臣独痛夫人臣归过先帝,反其所为,以行己之私臆,既多时矣,宜亦有明之者矣。①

疏上,穆宗批示:

> 大礼,断自皇孝[考],可垂万世。谏者本属有罪,其他谏言被遣亦岂皆无罪者?乃今不加甄别,尽行恤录,何以仰慰在天之灵?……自后

---

① 高拱:《掌铨题稿》卷一《正纲常定国是以仰裨圣政疏》。

有借例市恩、归过先帝者,重论不宥。①

穆宗和高拱都认为,大礼得罪者绝对不应平反,大狱及其他建言得罪诸臣亦要甄别区处。这样才能区分世宗所行的善政与弊政,才能坚持世宗一以贯之的治国路线和政治基础。田澍先生对此疏的"政治意义"和"独特作用"作了高度评价:"高拱被穆宗重用后,充分肯定了世宗钦定的大礼议,旗帜鲜明地坚持世宗朝的政治路线,使隆庆朝在震荡中得以调适,完成了与嘉靖朝的理性对接。这是高拱对隆庆政治的重要贡献,也是高拱在隆庆政治中有所建树的基点。"②这一观点是极有见地和确当的。而赵文却极力坚持遗诏认定的早期大礼议是"政治违误",对大礼得罪诸臣应该悉加恤录赠官;极力反对高拱维护世宗早期钦定的大礼议,停行遗诏对大礼得罪诸臣的继续平反昭雪。这就充分表明赵文所谓的"早期"同"中晚期"一样,世宗所行均为黑政、恶政。把"早期"排除在遗诏之外,足见其思维和逻辑的混乱!

# 四、公正廉直,为官之道

赵文说:高拱"其兴也忽,其败也速,个中原委很有探讨之必要"。探讨之结果,"发现高新郑被驱逐与其做官做人的人格弱点有某种必然的关联。高新郑的相材是缺失的"③。看来,赵文已把论者所谓高拱的"性格缺陷"提升为"人格弱点",把"性格决定命运"上纲为"人格决定被逐"的高度,来认定高拱是缺失相材的。赵文的关键词之一就是"人格"。何谓人格、性格?赵文没有界定。我们认为,人格与性格是既有联系又有严格区别的两个概念。性格是指一个人心理素质和潜意识的个性反映,表现为接人待物处事的稳定性、习惯性的言行作风和态度,带有先天生理性的特质;而人格则是指一个人的尊严、价值和道德品质的总和,常被称为品德节操,具有后天社会性的特征。赵文是如何从人格高度、道德层面来论证高拱被逐的必然性

① 《明穆宗实录》卷四九,隆庆四年九月辛未。
② 田澍:《震荡与调适:隆庆政治的走向》,《社会科学辑刊》2011年第2期。
③ 赵毅:《高新郑相材缺失论》,《哈尔滨师范大学社会科学学报》2010年第1期。

和他缺失相材的呢？

赵文"从为官之道、为相之道考察",认为"新郑似非相材也",其一是因其"刚偏太甚,缺少气度","屡与徐阶抗衡"。① 首先,高被徐荐入阁,赵文责难高对徐"始终不买账","不思图报"。② 其实,徐之荐高入阁,有其谋算:一是"欣赏其才华,有意延纳之以为臂助";二是因"高拱与载垕之间的长远渊源和深厚情谊","及时延用高拱,实亦为结好于储君"③,有利于新君即位后的邀宠固位。按照世俗观点,高入阁本应对徐感恩戴德、巴结逢迎,即如赵文为高设计的那样:"他本应隐忍自持,韬光养晦,与同列尤其是与如日中天影响巨大的首辅徐阶处理好关系,诚如是,那么作为'有才略'的政治新星,终有光辉灿烂的前程。"④但是,高拱不是那种善用韬晦之计、具有两面人格的政客。他有自己的独立政见、人格尊严,坚持政治家应有的职业道德。"既跻政府,不为折节。"⑤时人沈节甫言:"新郑不能夺也。上交不谄,下交不渎,谅哉!"⑥不媚不谄,守节如竹,这就是高拱的品德操守、独立人格。其次,赵文不厌其烦地指责高拱"全面否定""根本否定"徐阶所拟遗诏。⑦ 其实,高并未全面否定遗诏,而是否定遗诏对大礼得罪诸臣悉加平反,对方士王金等六人不据罪依法量刑而悉加论死;否定遗诏对嘉靖善政和革新的根本否定;否定徐阶对嘉靖皇帝"诡随于生前,而诋訾于身后"的两面做派。徐拟遗诏"尽反先政",而高"尽反阶所为",来个否定之否定,这是完全顺理成章、合乎逻辑的事情。再次,赵文赞颂徐阶"休休有容",是"同样为相的高新郑所不具备的"。⑧ 何谓"休休有容"? 只有那种能够团结反对过自己并且实践证明是反对错了的人一道合作共事的人,才能称其"休休有容"。以此标准衡量,高拱为相确实没能做到和与己政见不合的人一道共事,做到"休休有

① 赵毅:《高新郑相材缺失论》,《哈尔滨师范大学社会科学学报》2010年第1期。
② 赵毅:《高新郑相材缺失论》,《哈尔滨师范大学社会科学学报》2010年第1期。
③ 韦庆远:《张居正和明代中后期政局》,广东高等教育出版社1999年版,第217页。
④ 赵毅:《高新郑相材缺失论》,《哈尔滨师范大学社会科学学报》2010年第1期。
⑤ 《明神宗实录》卷八四,万历七年二月乙巳。
⑥ 黄景昉:《国史唯疑》卷七。
⑦ 赵毅:《高新郑相材缺失论》,《哈尔滨师范大学社会科学学报》2010年第1期。
⑧ 赵毅:《高新郑相材缺失论》,《哈尔滨师范大学社会科学学报》2010年第1期。

容"。不过,我们倒要质疑:"休休有容"、"有气度、有包容"、"一味甘草"、能够"折衷调剂,煮于一锅"①的首辅徐阶,为什么要把与己政见不合的高拱、郭朴都驱逐出阁呢?不唯如此,而且据赵文所说与徐"关系源远流长""仕途发展颇得徐阶提携"的赵贞吉,为什么也一度被逐出京师呢?史载:隆庆元年(1567)九月,西北俺答、东北土蛮入寇,京师震动,形势紧张。穆宗"经筵毕,而询阶以战守方略,掌詹赵贞吉条对甚详,阶不能答,乃请至阁议。及议,贞吉首言,宜用首相巡边。阶不怿,竟以漫语上覆。……不久,贞吉出而南矣"②。政见稍有不合,即把贞吉逐往南京。这就是对徐阶"休休有容"的最好注脚。

赵文提出"高新郑缺失相材",其二还因其"颇快恩仇,不能和衷"。③ 赵文没有发现李春芳、陈以勤、赵贞吉、殷仕儋"做人做官有大的失德之处",但"四人皆为新郑所不容","被逐出庙堂"。关于四人致仕或"被逐",已如上章所述是高、张二人所为。这里还需补充的是,"不能和衷"不是高拱单方面一人之事。孔子曰:"道不同,不相为谋。"④中国历史上的高官,因治国之"道不同"而不能和衷、互相排逐的事例,多不胜举。即如隆庆朝而言,历时虽短,但内阁诸臣亦存在着治国之道的不同。徐阶、李春芳、赵贞吉的治国之道是拨乱反正,恢复旧制;而高拱、张居正的治国之道则是除弊创制,整顿改革。正是因为他们的治国之道(包括学术、理念、方略、政纲)不同,所以不能和衷同事而互相排逐。徐阶、李春芳排逐高拱、郭朴出阁,是因治国之道不同;高拱、张居正排逐李春芳、赵贞吉、殷士儋出阁,亦因治国之道不同。甚至后来张居正排逐高拱出阁,也是由于二人在整顿改革治国之道上的侧重点不同:高以改革为主,伴有整顿;张以整顿为主,伴有改革。赵文把李春芳、陈以勤、赵贞吉、殷仕儋四人"被逐"说成是高拱一人所为,竭尽全力为张居正开脱,不过是旧史学"祖文忠则绌文襄"⑤"进江陵则退新郑"⑥的历史偏

---

① 赵毅:《高新郑相材缺失论》,《哈尔滨师范大学社会科学学报》2010年第1期。
② 唐鹤征:《皇明辅世编》卷五《徐文贞阶》。
③ 赵毅:《高新郑相材缺失论》,《哈尔滨师范大学社会科学学报》2010年第1期。
④ 《论语·卫灵公》。
⑤ 马之骏:《高文襄公集序》,载《高拱全集》附录二《高拱生平文献》。
⑥ 李永庚:《重修文襄高公祠堂记》,载《高拱全集》附录二《高拱生平文献》。

见而已。

明清史家几乎众口一词批评高拱"颇快恩怨",专修"报复"。这也为赵文指斥高拱有"做官做人的人格弱点"、"缺失相材"提供了资料和口实。隆庆之初,内阁处理胡应嘉违制事件,"智老而猾"的徐阶"阴饵拱于丛棘之上"①,不仅使高背上"报复"怨仇的黑锅,而且将其逐出内阁。高拱复政,人谓必然"报复"。面对舆论压力,他不避嫌怨,公忠任事,如说:

> 恩非不可结,其如害公;怨非不可远,其如亏法。苟有益于国,则嫌何足避? 苟无益于国,则名何足图?②

> 人臣修怨者,负国;若于所怨者避嫌而不去,或曲意用之,亦负国。何者? 人臣当以至公为心。如其贤,不去可也,用之可也;如其不贤,而徒务远己之嫌,沽己之誉,而以不肖之人贻害国家,岂非不忠之甚乎?③

对弹劾过他的官员,既不"以怨报怨",也不"以德报怨",而是"以直报怨"。在他看来,"直者,情理之无所曲者也",就是"出乎心之公,得乎理之正,斯为直而已矣"。④ 张居正评价高拱云:"再入政府,众谓是且齮龁诸言者,公悉待之如初,未尝以私喜怒为用舍。"⑤又云:"有所举措,不我贤愚,一因其人;有所可否,不我是非,一准于理;有所彰瘅,不我爱憎,一裁以法;有所罢行,不我张弛,一因于时。"其掌吏部所察举汰黜,"皆询之师言,协于公议。即贤耶,虽仇必举。……即不肖耶,虽亲必斥"⑥。在此,张之评语并非溢美之词,高之举仇斥亲也不乏事例。

高拱背负"颇快恩怨"的"报复"恶名,大都是时人和史家深知高、徐矛盾而揣摩臆测的结果。诚如高致徐书信所云:

---

① 谈迁:《国榷》卷六五,隆庆元年正月辛巳,"谈迁曰"。
② 高拱:《掌铨题稿序》。
③ 高拱:《本语》卷六。
④ 高拱:《问辨录》卷七《论语》。
⑤ 张居正:《张太岳集》卷七《门生为师相中玄高公六十寿序》。
⑥ 张居正:《张太岳集》卷七《翰林为师相高公六十寿序》。

暨公谢政，仆乃召还，佥谓必且报复也。而仆实无纤芥介怀，遂明告天下，以不敢报复之意。天下之人固亦有谅之者。然人情难测，各有攸存。或怨公者，则欲仆阴为报复之实；或怨仆者，则假仆不忘报复之名；或欲收功于仆，则云将甘心于公；或欲收功于公，则云有所调停于仆。然而皆非也。①

高拱又致书苏松李巡按云："暨仆再起，胥谓必且报复；而仆实无报复之意，盖不敢假朝廷威福行其私也。乃有鼓弄其间者，谓仆实未忘情，仆甚恶焉。"②高拱对徐阶以及弹劾过他的官员实无"报复"之意，而时人却揣摩鼓弄其间，谓高实无忘情"报复"。史家跟着揣摩炒作，谓高"颇快恩怨""睚眦必报"。赵文并加以发挥，谓高"缺失相材"。但是，这些酷评并不切合高拱"公忠任事"的实际，也丝毫无损于高拱为相做人的正直形象。

"公正廉直"是高拱为相做人之道。所谓公正，就是心公理正，公而忘私，国而忘家，忠勤辅政，不顾自身；所谓廉直，就是清廉方正，廉洁持己，直道事人，操履刚方，守正不阿。简言之，即正直。正直，是儒家规范从政者的基本要求。孔子曰："政者，正也。"③这是儒家对政治的经典定义。人类社会为什么需要政治？因为人事不齐：性有善恶之分，事有曲直之殊，理有是非之别，行有邪正之辨。必须有正直者出来以正治邪，以直治曲，即以正直之道管理社会，管理国家，才会使人过上有序、安定、公正、文明的政治生活。所谓行政就是要行正道，行直道。《诗经》谓："靖共尔位，好是正直。"④《左传》说："恤民为德，正直为正，正曲为直，参和为仁。"⑤高拱这种正直的人格特征，在当时弊俗成风、贿赂公行的形势下，是非常可贵的。高拱其人性格确有弱点，而其人格则无亏欠，无瑕疵。"金无足赤，人无完人。"高拱是伟人

---

① 高拱：《政府书答》卷四《与存斋徐公书一》。
② 高拱：《政府书答》卷四《与苏松李巡按书》。
③ 《论语·颜渊》。
④ 《诗经·小雅·小明》。
⑤ 《左传·襄公七年》。

而非"完人"。其性格弱点主要是:"性急寡容"①"性直而傲"②"性强直自遂"③"性刚而机浅"④等。海瑞说:"以'戾'病中玄最当。其他大抵出私见党同,不然也。"⑤"戾者,暴也",高拱这种粗暴高傲、性急机浅的性格缺点,比其为人品格、为相功业而言是第二位的,是十个指头中的一个指头而已。

高拱做官做人"公正廉直",不是下属的溢美,而是官方的论定。明世宗评其曰"慷慨立朝,公忠奉职","光明正大","直节劲气"。⑥ 明穆宗评其曰"公正廉直","秉公持正","辅政忠勤,掌铨公正"⑦,又曰"精忠贯日,贞介绝尘","鞠尽瘁以不辞,当嫌怨而弗避"⑧。明神宗为高拱平反,追赠"特进光禄大夫"的诰命亦言"锐志匡时,宏才赞理","位重多危,功高取忌","慷慨有为,公忠任事","经纶伟业,社稷名臣","虽谗人之罔极,旋公道之孔昭"。⑨ 嘉、隆、万三朝皇帝的高度评价,是对高拱做官做人之道的真实概括和充分肯定。高拱对其"公正廉直"的做官做人之道也曾作过自我明释,屡言:"惟清惟直,夙夜在公;曰慎曰勤,寅恭率属。"⑩"奋砺赤忠,坚守素节。""不敢自顾身家而有亏于守,徒务形迹而有欺于心。""国尔忘家,公尔忘私。"⑪"必其至正,乃不夺于干托之私;必其至公,乃不狃于爱憎之素。"⑫高拱对其"公正廉直"的自我明释和解读,亦为其正心、修身、齐家、治国的实践所证实。

品格具有可比性。高拱"公正廉直"为相为人的品格,比其前任首辅徐阶和后任首辅张居正,形成鲜明反差。海瑞论徐"和柔之义胜,直方之德

---

① 《明神宗实录》卷八四,万历七年二月乙巳。
② 万斯同:《明史》卷三〇二《高拱传》。
③ 张廷玉:《明史》卷二一三《高拱传》。
④ 《明神宗实录》卷三七〇,万历三十年三月丁卯。
⑤ 海瑞:《乞治党邪言官疏》及《附录》,载《海瑞集》上册。
⑥ 高务观:《东里高氏世恩录》卷二《诰命》。
⑦ 高拱:《纶扉稿》卷一《辞免兼任》诸疏。
⑧ 高务观:《东里高氏世恩录》卷二《诰命》。
⑨ 高务观:《东里高氏世恩录》卷五《诰命》。
⑩ 高拱:《献忱集》卷四《谢礼部尚书兼翰林院学士疏》。
⑪ 高拱:《献忱集》卷五《谢入阁办直》诸疏。
⑫ 高拱:《纶扉稿》卷一《恳乞天恩辞免重任疏》。

微"，"存翁为富，中玄守贫"。① 此为至理实言。万斯同也认为，"高拱制行远胜于阶"，"其为人贤于居正远矣"。② 此评深中肯綮。高拱一身正气、两袖清风、廉洁自律的高尚品格更是徐、张二人所不及的。徐氏为相十七年，放纵子弟横行乡里，聚敛钱财，家有土地多达二十四万亩。③ 张氏从政前家有土地不过几十亩，入阁拜相十六年，"在反对别人腐败的同时，自己却也在腐败"，最后拥有良田八万余亩。④ 而高拱"自辅储至参钧轴，历三十年，而田宅不增尺寸"，"中州家范之严，咸称高氏"。⑤ 嘉隆万之际，论为相功业，高不亚于徐、张；论人格品德，高比徐、张高尚。奈何赵文对徐、张为相为人赞颂有加，而偏偏对高拱却百倍苛责，言其"相材缺失"呢？这只有用历史传统的政治偏见来解释。

著名学者牟钟鉴先生曾说："做学问求是，做事情求实，做人求诚。这就是高拱的真精神。"⑥这是对高拱做官做人之道最精准的概括和总结。

① 海瑞：《乞治党邪言官疏》及《附录》，载《海瑞集》上册。
② 万斯同：《明史》卷三〇二《高拱传》，"论曰"。
③ 伍袁萃：《林居漫录》卷一，台湾伟文出版有限公司 1977 年版，第 31 页。
④ 王春瑜：《中国反贪史》序言，四川人民出版社 2000 年版，第 10—11 页。
⑤ 孙奇逢：《中州人物考》卷五《高郎中公魁》。
⑥ 牟钟鉴：《论高拱》，《中州学刊》1988 年第 5 期。

# 第六章 "改革纲领"问题

嘉靖四十五年(1566)四月,高拱职任礼部时提出而未上奏的《挽颓习以崇圣治疏》(即《除八弊疏》①),是否具有改革纲领的性质,这既关系到对其改革的不同认识,也是现今学术界作出不同评价的重要依据。从该疏内容来看,它不仅全面深刻地揭露了嘉靖中期以后形成的"八弊"积习及根源,而且还提出了破除"八弊"的改革对策和"修攘强裕"的改革目标。因此,此疏是高拱主政后用于指导隆庆大改革的纲领性文献,并非像有的学者所说此疏只停留在具体是非的论断上,缺乏高屋建瓴、统揽全局的气势,从而否认高拱的改革之功。

## 一、《除八弊疏》,定性不同

学术界对《除八弊疏》是否具有改革纲领的性质问题存在着不同认识和评价。有些学者认为,高拱和张居正"推行改革之前曾先后提出了自己的带有纲领性的政见主张,即高拱的《除八弊疏》和张居正的《陈六事疏》。……高疏则起草于嘉靖去世前夕,且因嘉靖崩逝而未奏上,在当时政治阴霾密布、前景莫测的情况下,疏文只能集中于除弊。当然,高拱条列必须扫除的八弊,也是抓住了明中叶官僚政治最主要最恶劣的方面,高在执政后,也是首先针对此八弊痛加割治,然后在此一基础上再树立新猷的"②。"他提出了著名的改革纲领——《挽颓习以崇圣治疏》(即《除八弊疏》)。在此疏之中,

---

① 由于这一疏文提出的重点在于破除嘉靖中期以后形成的"八弊"积习,故又称《除八弊疏》。
② 韦庆远:《张居正和明代中后期政局》,广东高等教育出版社 1999 年版,第 300—301 页。

高拱畅谈国家亟需整治、根除的八种弊端。……在这个政治改革纲领的指导下,结合后来张居正的《陈六事疏》,明朝高、张先后两届内阁大刀阔斧地进行了一系列挽刷颓风、振兴朝政的改革,在吏治、边政、法治、赋税、漕运等方面都卓有建树,由此揭开了长达十余年之久的'隆万大改革'的序幕。"①高拱此疏是"'先立规模',实际上将各项改革的设计基本付诸到实践,而后更多的工作是强化和推行的过程。最重要的是,隆庆政治的真正扭转是高拱完成的,或者说隆庆政治的走向、包括隆万政治的走向在高拱为政时期已经确立了"②。

与此相反,另有学者提出:"相形之下,高拱也有一本《除八弊疏》,该疏又名《挽颓习以崇圣治疏》,顾名思义,与张居正的《陈六事疏》有异曲同工之处。……对官场的揭露和鞭挞,具体生动,可谓入木三分。然而,高拱只停留在具体的是非论断上,缺少理论的提升,更缺乏张居正那样高屋建瓴,全局在胸的气势。"③还有学者以高拱改革不具有整体性和系统性而否认有其改革纲领,说:"高拱改革是以权变方法论思想作为指导的,对明朝体制只是细枝末叶的修补,或零打碎敲的完善。与张居正改革相比,高拱改革不具有整体性和系统性。"④

那么,高拱到底有没有改革纲领? 其《除八弊疏》是否具有改革纲领的性质,是否为其主持隆庆改革的纲领性文献? 要回答这些问题,必须对该疏提出的时代背景和具体内容加以辨析和探究。

## 二、条列"八弊",力主整治

高拱的《除八弊疏》,是其通过对嘉靖中后期诸多弊政的长期观察思考,深思熟虑地研求其解决方法之后提出来的。该疏在分析形势的基础上,明

① 张鑫:《试析隆庆初高拱的首次罢休》,《天中学刊》2012 年第 4 期。
② 赵世明:《高拱与隆庆政治》,西南交通大学出版社 2014 年版,第 23—24 页。
③ 刘志琴:《张居正评传》,南京大学出版社 2006 年版,第 127 页。
④ 吕延明、颜广文:《"张居正改革"、"隆万改革",还是"嘉隆万改革"——明朝中期改革运动称谓的界定》,《广东教育学院学报》2010 年第 4 期。

确提出必须破除长期形成的各种习惯势力。疏言：

> 方今时势，内则吏治之不修，外则诸边之不靖，以兵则不强，而以财则不充，此天下之患也。而臣则以为不然。夫吏治不修，非不可以饬也；诸边不靖，非不可以攘也；兵不强而财不充，非不可以振且理也。然所以为之而寡效者，乃由于积习之不善。则夫积习之不善者，是固夫天下之患也。①

在高拱看来，时势艰危的根源在于"积习之不善"。这种"积习"前后相因，彼此相仿，上下相安，习为当然，已成为整个社会的习惯势力、官场的腐败风气和沉疴痼疾。虽"辩说无以喻其意""刑禁无以挽其靡"，大有积重难返之势，但高拱坚定地认为，此种局势并非不可以改变，"难于卒变"当变，积重难返当返。"吏治不修"可饬；"诸边不靖"可攘；"兵不强"可振；"财不充"可理。这就必须大力进行整顿改革，非整顿无有出路，非改革莫能振兴。

然而，改革为何"奏功若是之迟"，成效为何"不能如圣心之期"？高拱认为，其根本原因是："八弊流习于下，非惟不可以救患，而患之所起实乃由之。是故所为而无成也。"②于是，高拱对当时各种"积习之不善"进行条分缕析，寻根探源，列为"八弊"。(1)曲解法律，任意轻重。"自通变之说兴，而转移之计得。欲有所为，则游意于法之外，而得倚法以为奸；欲有所避，则匿情于法之内，而反借法以为解。爱之者，罪虽大而强为之辞；恶之者，罪虽微而深探其意。……是曰坏法之习，其流一也。"(2)卖官鬻爵，败坏名节。"自苟且之效彰，而廉隅之道丧。义[名]之所在，则阳用其名而阴违其实，甚则名与实兼违之；利之所在，则阴用其实而阳违其名，甚则实与名兼用之。进身者以贿为礼，鬻官者以货准才。……是曰赎货之习，其流二也。"(3)刻薄寡恩，刁难民众。"曲求小节，务在深文。事有当然，故抑滞留难以为得；赋有定数，必剥民多羡以为能。罪不原其情，而以深入为公；过不察其实，而以多讦

---

① 高拱：《南宫奏牍》卷一《挽颓习以崇圣治疏》。
② 高拱：《南宫奏牍》卷一《挽颓习以崇圣治疏》。

为直。是曰刻薄之习,其流三也。"(4)争功嫁祸,彼此排挤。"各为异同,互相彼此。事出于己,虽甚不善而必要其成;事出于人,虽甚善而每幸其败。如弗败也,犹将强猎其功;苟无成也,必且曲嫁其祸。是曰争妒之习,其流四也。"(5)推诿扯皮,功罪同途。"今也一日之事,动滞数年;一人之事,动经数手。去无程限,来不责迟;苟有微嫌,遂成永避。常使薰莸同嗅,功罪并途。漏网终逃,国有不伸之法;覆盆自苦,人怀不白之冤。是曰推诿之习,其流五也。"(6)文武不协,党同伐异。"今也武则非文,文则非武。出诸科甲则群向之,甚至以罪为功;非出诸科甲则群抑之,甚至以功为罪。常使多助者昂,寡助者低。昂者志骄,每袭取而鲜实;低者气沮,多躐堕而恬污。是曰党比之习,其流六也。"(7)因循塞责,苟应故事。"以因循为心,以卤莽为计。无事则不为远虑,而聊徇故事,图侥幸于目前;有事则颠顿仓皇,而不度可否,徒撮拾以塞责。名为救时,而适增其扰;名为兴利,而益重其害。是曰苟且之习,其流七也。"(8)浮言丛杂,混淆是非。"彼之所是,此之所谓非也;甲之所否,乙之所谓可也。事方立而忽夺其成,谋未施而已泄其计。苍黄反覆,丛杂纷纭。谈者各饰其私,而听者不胜其眩。是曰浮言之习,其流八也。"①上述"八弊",既是高拱不久后主政内阁进行改革的重要对象,也是其力主改革的重要依据。

高拱所列"八弊"并非虚言,而是对嘉靖中期以后各种弊端恶政的真实反映和写照。其一,"坏法之习"是对嘉靖时期法弛刑滥、司法腐败的真实反映。法律具有严肃性,然而"自变通之说兴",曲解法律,以成其非,甚至徇私枉法,公报私仇,几成普遍现象,致使冤案频繁发生。正如嘉靖初期大理寺卿刘玉所言:"观刑之中,惟意出入。百司视勘,不究其所当究。刑每滥于无辜,不问其所当问。罪常讹于非情,苟碎烦扰,长充兴奸,俾良善无控诉之门,狙诈得横行之路,以求实理为怪异,以论旧章为狂愚,遂使祖宗良法废坏殆尽。"②这说明,高拱对"坏法之习"的揭露是有针对性的。法制是国家的重要制度。法治腐败是政治腐败的产物,而它的败坏反过来又给予政治以深

---

① 高拱:《南宫奏牍》卷一《挽颓习以崇圣治疏》。
② 王圻:《续文献通考》卷一三六《刑考·刑制下》引刘玉《论刑狱疏》。

刻影响,如不大力进行法治整顿,明王朝就有覆灭的危险。因此,高拱主政后大力进行法治整顿,以扭转嘉靖以来司法腐败、法弛刑滥的局面。

其二,"赎货之习"是高拱通过对嘉靖时期贪贿成风的全面观察而提出的。当时官场上盛行贪污受贿、卖官鬻爵之风。如严嵩父子公开卖官鬻爵,大肆贪贿,"官无大小,皆有定价"①;"凡文武官迁擢,不论可否,但衡金之多寡而畀之"②;"户部岁发边饷,本以赡军。自嵩辅政,朝出度支之门,暮入奸臣之府,输边者四,馈嵩者六"③。严氏父子败落后,江西巡按御史成守节于嘉靖四十四年(1565)八月奏报查抄严嵩在原籍的家产,计黄金3.29万两,白银202.7万两,其他金银珠宝、土田宅第不计其数。④ 直隶巡按御史孙丕扬也奏报,查抄严嵩在京城以珍宝、图书字画等为主的财产,价亦不赀。严党赵文华、罗文龙、胡宗宪等侵盗军饷,亦家财巨大。⑤ 嘉靖时期的"赎货之习"由此可见一斑。高拱深刻地认识到,如不彻底破除贪污受贿、卖官鬻爵的陋习,国将不治,朝政必衰。

其三,高拱列出的"刻薄""争妒""推诿""党比""苟且"之习,也是对嘉靖时期官场百态的真实写照。当时官场上弥漫着因循姑息、仕风颓败的风气。如高拱所言:

> 今之士风,可谓极敝。从宦者全不知有君臣之义,徒以善弥缝、善推诿、[善]移法以徇人者为贤,而视君上如弁毛,苟可欺蔽,无弗为也;亦全不知进退之节,徒以善援附、善猎取、善卖法以持禄者为能,而弃名节如土梗,由他笑骂,所甘心也。⑥

当时的各级衙门都是一些只知贪婪固宠、桀骜不驯的官棍官痞当位。他们既不畏公议,又鲜廉耻,"以言不出口为淳厚,推奸避事为老成,圆巧委曲为

---

① 于慎行:《谷山笔麈》卷五《臣品》。
② 张廷玉:《明史》卷三〇九《杨继盛传》。
③ 张廷玉:《明史》卷三〇九《杨继盛传》。
④ 《明世宗实录》卷五四九,嘉靖四十四年八月辛丑。
⑤ 田艺蘅:《留青日札》卷四《严嵩》。
⑥ 高拱:《本语》卷六。

善处,迁就苟容为行志,柔媚卑逊为谦谨,虚默高谈为清流,论及时事为沽名,忧及民隐为越分。居上位以矫亢刻削为风裁,官下位以逢迎希合为称职;趋爵位以奔竞辨谀为才能,纵货贿以侈大延纳为豪俊。世变江河,愈趋愈下"①。这种因袭姑息、士风颓败的局面,不改革怎么得了!

其四,高拱揭露的"浮言之习",也是嘉靖时期士风大坏,朝政衰败的重要表现。当时的官风,可以说是集历朝历代官僚政治腐败之大成:虚浮轻躁,急功近利;华而不实,言行悖离;哗众取宠,众议纷纭;各是其是,各非其非;甲可乙否,莫衷一是。表面看来,这些官棍官痞似乎是慷慨陈词、气势逼人,但最根本的缺失是:不切实际,于事无补;空论浮议,不问实效。高拱认为,这种"浮言之习",不但无益于国事,反而误导舆论,荼毒苍生,已成为"天下之患"。

## 三、修攘强裕,改革目标

高拱不仅将"八弊"作为改革的对象,而且还进一步分析了它的严重的社会危害性,并提出了改革的对策举措和目标。

在他看来,"八弊"作为习惯势力,是非常强大而可怕的,它已经渗透到社会生活的各个方面,严重侵蚀着封建官僚政治机体。这种习惯势力已成为兴利除弊、整顿改革的强大阻力,如果迁就姑息,任其蔓延,"修攘强裕"之策将是一句空话。他指出:"由兹八者,士风以之不振,公论以之不明。其习既成于下,则良法美意必为之淤遏于上。……若是而徒诿曰修攘强裕之无策,岂不谬乎?"②在他看来,"八弊"的危害性还在于其盘根错节、根深蒂固、由来已久,已经形成顽症,令人十分忧虑。对其造成的严重危害和恶劣影响,若不加以彻底清除,则一切劝廉惩贪、清正仕风、实政惠民、振兴朝政之策都不过是欺人之谈。为了扭转颓势,清正仕风,高拱深入剖析了"八弊"积习形成的原因。疏言:

---

① 赵贞吉:《赵文肃公文集》卷八《三畿九弊三势疏》。
② 高拱:《南宫奏牍》卷一《挽颓习以崇圣治疏》。

　　　　然尤有甚可忧者焉。夫习之不善,其弊已多;习而积之,弊将焉止?今也恬熙久而巧伪滋,巧伪久而趋向忒。始既以人移俗,既乃以俗移人。转相渐摩,沦胥而靡,以沿袭为圣法,以误诞为恒谈。父诏其子,兄勉诸弟,惟恐不能化而入也。其染无迹,其变无穷,遂使天下之病,寻之莫识其端,而言之不得其故,此则甚可忧者矣。①

　　正是由于"八弊"的严重社会危害性,因此,高拱坚决主张同这些强大的习惯势力实行彻底的决裂,必须申讨而破除之。他比喻说:对病入膏肓而形成痼疾的病人,不能坐视不救;对危害日久且深的"八弊"积习,不能漠视不管。"是以善医者有抉肠涤胃之方,而善治者有剔蠹厘奸之术。"只有对"八弊"积习痛加割治,才能使元气渐趋恢复,国家由弱转强。于是,他提出了革除"八弊"的总体对策:

　　　　夫舞文无赦,所以一法守也;贪婪无赦,所以清污俗也。于是崇忠厚,则刻薄者消;奖公直,则争妒者息;核课程,则推诿者黜;公用舍,则党比者除;审功罪,则苟且无所容;核事实,则浮言无所售。②

　　这些对策,有纲目,有主次,有轻重,有缓急。因此,革除"八弊"必须抓住纲领,抓住主要矛盾,分出轻重缓急。那么,革除"八弊"的纲领和重点是什么? 在他看来,就是"一法守"和"清污俗"。只要抓住"一法守"这个纲领,整个"八弊"就能革除净尽;只要抓住"清污俗"这个重点,其他积习就比较易于治理,从而扭转国运日衰的危机形势。高拱根治"八弊"的对策,既是其经世实学思想的深刻反映,也是其以法治国理念的集中体现。

　　其一,高拱提出的"舞文无赦,所以一法守"这一改革对策,是对法家学说的继承和发扬。所谓"舞文",就是舞文弄法,即通过曲解法律、变通政令

———————————
① 高拱:《南宫奏牍》卷一《挽颓习以崇圣治疏》。
② 高拱:《南宫奏牍》卷一《挽颓习以崇圣治疏》。

的手段,达到行奸作弊的目的,从而败坏国法纲纪。因此,在他看来,对舞文弄法者绝不能宽贷,而要严惩"无赦"。他说:"赦甚害事,有国者亦明刑而已矣,何赦为?""刑不清而特赦,则平日之戕良也多;刑清而徒以赦,则今日之纵恶也大。"①高拱这种"舞文无赦"的对策,显然贯穿着以法治国的法家精神。管仲说:"亏令者死,益令者死,不行令者死,留令者死,不从令者死。五者死而无赦,惟令是视。"②韩非也说"无赦罚","赦罚则奸臣易为非"。③高拱提出"舞文无赦",其目的在于"一法守",如此才能使各级官吏遵守法令,奉法守职。但他也深知,要破除多年来形成的根深蒂固的"坏法之习",彻底扭转舞文弄法的局面,绝非易事,若不痛加创惩,就不能达到以法治国的目的,更不能挽救明王朝的衰亡。因此,他在执政期间,一方面大力整顿司法官员,使其明晓法制,通达治理,务求公正执法;另一方面又力行刑官久任之法,使其精通刑名,练达狱情,力戒冤假错案的发生。这些举措不仅在一定程度上革除了法弛刑滥、司法腐败的弊端,而且也为他推行隆庆大改革提供了法制保障。

其二,高拱把"贪婪无赦,所以清污俗"作为革治"八弊"的重点,是由当时贪污纳贿的官风形势所决定的。嘉靖时期可以说是明代官风大坏时期。从客观上讲,当时商品经济的发展冲击了士大夫传统的价值观念,刺激着贪婪欲望的无限膨胀;从主观上说,严嵩辅国二十年,"政以贿成,官以贿授",是贪风盛行的直接诱因。"一人贪戾,天下成风"④,"盖嵩好利,天下皆尚贪"⑤,"纳贿受赂,公行无忌"⑥。贿赂彰,风俗坏。那些文臣武将、大小官吏尽出严氏之门;升官叙秩,悉出严氏之手。他们"始也因贿而得官,继也因官而得贿"⑦,贪贿之风愈演愈烈,已经形成不可遏止的恶性循环,"自古风俗之

---

① 高拱:《本语》卷六。
② 《管子·重令》。
③ 《韩非子·主道》。
④ 杨继盛:《请诛贼臣疏》,载陈子龙:《明经世文编》卷二九三。
⑤ 张廷玉:《明史》卷二〇九《杨继盛传》。
⑥ 王廷相:《浚川奏议集》卷九《天变自陈疏》。
⑦ 沈炼:《早正奸臣误国以决征虏大策疏》,载陈子龙:《明经世文编》卷二九六。

坏,未有甚于今者"①。严嵩去国,但污俗仍在。高拱决心以严刑峻法惩治贪贿,清除污俗,其"贪婪无赦"对策的主旨就在于此。因此,他执政后对原有"贪酷例止为民"的考核律条,修订为"贪酷者提问追赃""苟贪酷彰闻益严提问追赃之法"②,以明确惩贪的法典依据。同时,又惩处贪官一百六十人,上自部卿大吏,下至州县正官,甚至还有内阁同僚、边疆名将③,在一定程度上遏制了贪污腐败之风的蔓延,"以是数年之内,仕路肃清"。

其三,高拱根据当时"刻薄""争妒""推诿""党比""苟且""浮言"等积弊陋习,有针对性地提出"崇忠厚""奖公直""核课程""公用舍""审功罪""核事实"等改革对策。这些对策的基本精神,就是"综核名实""循名责实"。这里所谓"名",既不是孔子所说的"正名"④之名,也不是荀子所说的"名实"⑤之名,而是申韩法家"刑名"⑥之名,即法律。既然"名"就是"刑名","刑名"就是法律,那么高拱的"综核名实""循名责实"也就是以"法"核实,以"法"责实。用现代法学语言说,就是"以事实为根据,以法律为准绳",来判断一切言行善恶、功罪得失。为此,他特别强调"责实":"言必责实,则捷给为佞者不可饰言也;行必责实,则儇利任术者不可饰行也;功必责实,则比周为誉者不可饰功也;罪必责实,则巧文曲避者不可饰罪也。"⑦在事必责实的基础上,高拱提出必须做到执法必严,信赏必罚。只有名实相符,赏罚分明,才能革除积弊,取得"中外静谧,风俗醇美,易简之化洽,而综核之治成"⑧的效果。因此高拱执政后,力行"综核名实""循名责实"的以法治国理念和经世实学思想。例如在用人方面,提出选贤任能,破除"拘挛之说";在考察方面,提出"果有实政,则不必论名";在纠核方面,提出"明言指实",不得任意轻重;在赏罚方面,提出"果不肖者多,不妨多去;果不肖者少,不妨少

---

① 张廷玉:《明史》卷二〇九《杨继盛传》。

② 高拱:《掌铨题稿》卷一八《复科道官条陈考察事宜疏》。

③ 参见岳金西编校:《高拱全集》前言,中州古籍出版社2006年版,第56页。

④ 参见《论语·子路》。

⑤ 参见《荀子·正名》。

⑥ 参见司马迁:《史记》卷六三《老子韩非列传》。

⑦ 高拱:《程士集》卷四《策五道·设官建事》。

⑧ 高拱:《程士集》卷四《策五道·设官建事》。

去。惟求至当,不得仍袭故常";等等。①

革除"八弊"是事关全局的系统工程,使其对策全部付诸实现,谈何容易。没有皇帝的宸断戒谕,没有全国上下群臣的严格自律,是不可能实现的。因此,高拱提出必须以健全赏罚奖惩制度作保证。他说:

> 有能自立而脱去旧习者,必赏必进;其仍旧习者,必罚必退。使人皆回心向道,而不敢有梗化者奸乎其间,则八弊庶乎其可除矣。八弊既除,百事自举。以饬吏治,则德意所加,如风斯行;以攘外域,则天威所发,如雷斯奋;用兵,则四海之民孰非兵;用财,则九州之产孰非财。将惟所欲为,无不如意者矣。而奏功之迟速,又何足为言哉!②

高拱认为,只有健全赏罚奖惩制度,才能破除"八弊"。"八弊既除",自可收到"百事自举"的效果,达到"修内攘外,足食足兵"的改革目标。

高拱把"修内攘外,足食足兵"的改革目标,简括为"修攘强裕"。③ 在这里,"修内"与"足食"意在整顿吏治和发展经济,使"官修实政而民受实惠"④;"攘外"与"足兵"意在整顿军备与巩固边防,使"边方之实政日兴,中国之元气日壮"⑤。这一目标就是要通过改革振兴朝政,以崇圣治。所谓"修攘强裕",实质上就是古代法家商鞅、韩非所倡导的通过变法改革达到"富国强兵"的明代翻版。高拱以法家为宗,认为只要整顿改革,"富国强兵""修攘强裕"诚何难哉? 如果因袭旧套,苟应故事,或言而不行,行而无果,是无论如何也实现不了"修攘强裕"这一改革目标的。

## 四、除弊之疏,未上缘由

高拱提出《除八弊疏》的改革纲领,不仅有其对嘉靖弊政长期观察的时

---

① 高拱:《掌铨题稿》卷四《公考察以励众职疏》。
② 高拱:《南宫奏牍》卷一《挽颓习以崇圣治疏》。
③ 高拱:《南宫奏牍》卷一《挽颓习以崇圣治疏》。
④ 高拱:《掌铨题稿》卷一八《复给事中吴文佳条陈疏》。
⑤ 高拱:《纶扉稿》卷一《虏众内附边患稍宁乞及时大修边政以永图治安疏》。

代背景,也有其进行局部改革并获得成功的经验。嘉靖四十一年(1562),高拱任礼部侍郎,"知贡举科场诸弊,百五十年所不能正者,革之殆尽,中外肃然"①。嘉靖四十四年(1565)六月,他升任礼部尚书。礼部属官一般都由词臣充任,"不习吏事,弊孔丛杂,未可究诘",而高拱则"吏事精核,每出一语,奸吏股栗,俗弊以清"。② 针对京官礼仪烦琐、工作效率低下的弊端,他又建言"士风以简静为美,臣职以勤慎为先","大小衙门官员,务崇简静,务励勤慎,晨起即入衙门,不得辄行趋谒","至于相见之礼,尤宜当则而止,毋得仍前烦细",严禁奔兢之风。③ 上述改革三端,均在礼部职掌之内。《挽颓习以崇圣治疏》虽然也在礼部任内所撰,但它却关涉到嘉靖朝的全局问题,因此该疏是否呈上是高拱不得不慎重考虑的重大问题。

嘉靖四十五年(1566)三月二十八日,高拱入阁前后,没有呈上《挽颓习以崇圣治疏》,是由当时的政治局势所决定的:其一,嘉靖皇帝喜怒无常,"恩威不测",晚年极喜谀辞,忌听谏言。"世宗操恩威不测之柄,朝臣恐谀"④;"世宗所恶者直言,而不必其忠,所喜者杀戮,而不必其当"⑤;"威福自操,廷臣时有诛戮"⑥。俗谚:伴君如伴虎。虎威会不会发作,这是高拱不能不考虑的切身利害的大问题。其二,鉴于不久前试题触忌,高拱几遭重典的教训。嘉靖四十四年(1565),高拱主持"乙丑会试,第一题'绥之斯来'二句,下文则'其死也哀'。上已恶之矣。第三题《孟子》,又有两'夷'字。时上苦虏之忧,最厌见'夷''狄'字面。至是大怒,欲置重典。时主文为高新郑,赖徐华亭诡辞解之而止。……至乙丑之春,上年已六旬,不豫且久,宜其倦勤多疑也"⑦。这是高拱终生难忘的重大历史教训。其三,鉴于海瑞上疏的前车之鉴。嘉靖四十五年(1566)二月,海瑞上《治安疏》,对嘉靖帝修仙斋醮、大兴土木的种种过失以及误国殃民的恶政作了深刻揭露和鞭挞。嘉靖见疏震

① 郭正域:《合并黄离草》卷二四《太师高文襄公墓志铭》。
② 郭正域:《合并黄离草》卷二四《太师高文襄公墓志铭》。
③ 参见高拱:《南宫奏牍》卷一《厘士风明臣职以仰裨圣治疏》。
④ 李维桢:《大泌山房集》卷一〇《李文定集序》。
⑤ 黄景昉:《国史唯疑》卷七。
⑥ 归有光:《震川文集》卷六《上高阁老书》。
⑦ 沈德符:《万历野获编》卷二《触忌》。

怒,将海瑞逮入诏狱,寻移刑部论死,因徐阶论救,才将海瑞打入牢狱禁锢。① 海瑞上疏之日,即是高拱撰就《挽颓习以崇圣治疏》之时。高疏与海疏虽有不同,没有指斥嘉靖本人的过错,但其主旨则是对嘉靖弊政的全面揭露和抨击,恐怕亦为嘉靖所不容。如果高拱将该疏呈上,其下场可能比海瑞更惨。其四,高拱此疏恐为首辅徐阶所不容。疏言:除蠹救弊,振兴朝政,"又惟君出令者也,臣行君之令而致之民者也。行之而善则庶事罔不兴,行之而不善则庶事罔不堕。今日所以仰承德意而遂其成者,则又有在于当事之臣焉"②。言外之意,嘉靖弊政的形成与革除,"当事之臣"均负有重大责任,流露出对当朝首辅徐阶的不满。因此呈上此疏肯定为徐阶所不容。由于上述种种原因,高拱此疏没有呈上,故为当时朝野大臣所不知。

但是,《挽颓习以崇圣治疏》这篇奏章并没有自生自灭,它在高拱日后的改革中具有非常重要的地位和指导作用。高拱撰写此疏时已经五十五岁,应该说,无论是从他的从政经历来看,还是从他的从政经验来说,都已达到了至为成熟的地步。由此可以判定,此疏既是他忧国忧民意识的集中反映,是他经世实学成熟的重要标志,也是他推行隆庆改革的纲领性文献。它在高拱思想发展和从政历程中具有重要的里程碑作用。正如他在《题南宫奏牍序》中所言:"予视篆南宫未久,奏牍无多。然一二有关处分者,皆自属草,故特存之。事理所在,后或有稽云。"《南宫奏牍》收录此篇重要奏疏,并在题下加注"未上"二字,如果他不看重该篇奏章,是不会将未上的疏文收入的。

总之,这一未上的疏文深刻揭露了嘉靖中后期的"八弊"积习,提出了破除"八弊"的改革对策,指明了"修攘强裕"的改革目标,这构成了他日后主政内阁推行隆庆改革的行动纲领和指南。可以说,这篇重要历史文献标志着高拱政治改革纲领的形成,引领着隆庆政局的走向。那种否认高拱有其改革纲领,或以"高拱只停留在具体的是非论断上,缺少理论的提升"为由,提出高拱的"改进既不敢触动现存的社会关系,也不能摆脱党争的局限,只是在维持现状的基础上,对衰朽的官僚机器进行点滴修缮。他们既没有击中

---

① 参见张廷玉:《明史》卷二二六《海瑞传》。
② 高拱:《南宫奏牍》卷一《挽颓习以崇圣治疏》。

要害,更缺乏把握局势发展的能力,因此无法支撑破败的帝国大厦"①的观点,既否认了《除八弊疏》改革纲领的性质,也否认了高拱的改革功绩,不符合历史事实。

---

① 刘志琴:《张居正评传》,南京大学出版社 2006 年版,第 127 页。

# 第七章 "留下烂摊"问题

与高拱的"为相之材"和"改革纲领"密切相关的,是其"为相之功"或改革事功问题。那么,高拱主政期间,是维持现状,进行细枝末叶的修补,或是大刀阔斧地推行一系列挽刷颓风、修举实政的改革? 是给张居正留下了一个"烂摊子"、难以收拾的"残局",或是取得了"边陲晏然"的显赫功绩? 这些问题关系到对高拱的不同认识和评价,也是学术界分歧颇大的问题。故此,不可不加以辨析和探讨。

## 一、烂摊之说,于史无据

近年,史学界不断掀起明史研究热潮。在这一热潮中,央视"百家讲坛"主讲人之一郦波先生为了塑造张居正"高大全"的"伟人"形象,极力贬损乃至丑诋、厚诬高拱,并且反复强调"高拱留下来的是一个烂摊子","张居正接高拱留下来的那可是个烂摊子","一个内忧外患的烂摊子"①。其实,这种所谓的"烂摊"说渊源有自,因为之前已有学者提出高拱留下的是"难以收拾的残局",云:"继任首辅的高拱,早有雄心大志,想大干一场,但他当权后刚愎自用,一反徐阶的善政,丢失官心民心,自毁新政的前程,这说明他也不能高瞻远瞩,整合全局,只留下难以收拾的残局。"②与此相反,有的学者明确提出:"总括这一时期的边政,西北、东北、西南、南方等处的整顿、改良和巩固,都与高拱决策正确、用人得当、施行坚毅有极大关系。……高拱可以说是位

---

① 郦波:《风雨张居正》,中国民主法制出版社 2009 年版,第 141、193、156 页。
② 刘志琴:《张居正评传》,南京大学出版社 2006 年版,第 89—90 页。

人才难得的文武兼备的政治家。"①又说:"明中叶的改革实际上是从隆庆三年(1569)高拱复出,其后任内阁首辅……时期开始的。举凡整饬吏治、加强边防、整饬司法刑狱、兴修水利、推行海运、改革中央和地方军政人事制度,重点推行清丈土地和实行一条鞭法、恤商惠商等多种政策方略,都是在这个时期出台,并且立竿见影地取得过成果。"②那么,上述两种根本对立的观点,究竟哪一种有其历史根据,更符合历史事实? 这需要加以深入考察和探究。

隆庆三年(1569)十二月,高拱复政,任内阁大学士兼掌吏部事。在他主政伊始,便面临着嘉靖中期以来南倭北虏大肆侵扰的局面,边疆局势岌岌可危。为了扭转这种局势,他一方面大力推行军事整顿改革,如创建兵部官员储备和特迁制度、边将休假和内迁制度、军备人员不职误事的惩罚之制③,以提高明军的防御作战能力;另一方面又提出"南剿北抚"的靖边方略,大刀阔斧地进行边政整顿,在东北、西南、西北、南方开创了"边陲晏然"④的新局面。正如高拱自己所说:"西虏稽颡称臣,东蕃投戈授首,贵夷奢服,岭寇底宁。"⑤显然,高拱留下来的不仅不是所谓的"烂摊"或"残局",而是"边陲晏然"的隆庆中兴之势。

## 二、整顿北疆,边陲晏然

隆庆三年(1569)十二月,高拱复政,继又提任内阁首辅并兼掌吏部事后,针对当时西北俺答频繁入侵、东北女真屡次反叛的局势,大刀阔斧地推行了一系列边政改革。在此基础上,他又制定并实施了一整套正确的战略方针和靖边方略:对西北鞑靼俺答部执行积极防御的方针,以抚为主、以战为辅;对东北建州女真及土蛮诸部实施分化瓦解的计策,战守并重,攻防兼备,并取得了"西虏稽颡称臣,东番投戈授首"⑥的卓越功绩。高拱的边政整

---

① 牟钟鉴:《论高拱》,《中州学刊》1988 年第 5 期。
② 韦庆远:《张居正和明代中后期政局》绪论,广东高等教育出版社 1999 年版,第 4 页。
③ 参见高拱《边略》卷一。
④ 王鸿绪:《明史稿》列传第九二《高拱传》。
⑤ 高拱:《边略序》。
⑥ 高拱:《边略序》。

顿不仅巩固和加强了边防,为其后张居正改革提供了良好的外部条件,而且对维护国家的统一也产生过积极作用,在古代边疆史和民族关系史上也占有非常重要的地位。

### (一)在西北促成"俺答封贡"

高拱运用以抚为主、以战为辅的战略方针,力排众议,巧用谋略,最终促成"俺答封贡"的实现,成功平息以赵全为首的叛乱势力,使汉蒙民族和睦相处达三十余年。这是他在西北取得的主要边政功绩。

1. 嘉隆时期的西北边患

明中后期,西北边陲一直受到蒙古族的严重威胁。在蒙古各部中,鞑靼部的俺答汗①实力最强。早在嘉靖初年,就不断大肆侵扰明边。终嘉靖一朝,俺答内侵一直是明朝的心腹大患。

为抵御俺答,明朝在沿边先后设有"九镇",即宣府、大同、延绥、辽东、宁夏、甘肃、蓟州、山西和陕西,每镇各派总督、巡抚率领,并派巡按御史监临之,是谓"九边"。隆庆初年,由于鞑靼各部加紧内侵,北疆频频告急,明朝向前线调派大将如王崇古、方逢时、谭纶、李成梁等,以加强作战力量,另外又大量增加各镇的兵力。② 然而增兵扩军,并非就能固守边疆,御敌于外,反而使国家财政不堪重负。时任户部尚书刘体乾曾说:

> 防守士马,各镇原自有主兵,一镇之兵,足以守一镇之地。后主兵不可守,增以募兵,募兵不已,增以客兵,调集多于往时,而坐食者愈众矣。其合用屯粮,各镇原自有屯田,一军之田,足以赡一军之用。后屯

---

① 俺答汗(1508—1582),亦译称阿勒坦汗,明人记载中作俺答、谙达等。嘉靖二十七年(1548),他迫使小王子即徒具虚位的蒙古大汗授他"索多汗"的称号,故他亦被称作"汗"。他是蒙古著名的中兴之主达延汗的第三子巴尔斯博罗特的次子。从16世纪中叶至末叶,在漠南蒙古的政治、经济和文化领域发生的诸多变化,无不与之相关。

② 如蓟州镇,原额官兵78621人,增至107813人;宣府镇,原额官兵126395人,增至151452人;大同镇原额官兵54154人,增至135778人;固原镇原额官兵28830人,增至71918人;其他各镇也大多如此。(引韦庆远:《张居正和明代中后期政局》,广东高等教育出版社1999年版,第365页)

粮不足,加以民粮,民粮不足,加以盐粮,盐粮不足,加以京运。馈饷者溢于常额,而横费者滋甚矣。府库空而国计日诎,田野耗而民力不支。今日缺乏之故,供边之费,固其大者。①

如嘉靖初年边费每年计五十九万两,二十八年(1549)增至二百二十一万两,三十八年(1559)增至二百四十余万两,四十三年(1564)增至二百五十一万两,迄至隆庆四年(1570)又激增至二百八十余万两。② 边费增加的幅度使国家财政不堪重负。

但问题之严重不仅在于国家财政不堪重负,更在于明军自身存在着各种积弊,因之明军屡战屡败,陷入被动挨打的地位。如隆庆元年(1567)九月,俺答犯山西,土蛮寇蓟镇,由于明将指挥失误,明军畏惧,遂造成东西两边失利,京师戒严。初,俺答欲犯石汾,谍者告知山西总督王之诰,而王疏于严密部署,失于严加防范,导致虏骑分三路入侵,先破石州,杀知州王亮采。这时山西总兵申维岳、副将田世威、参将刘宝等俱逗留不战,继而汾州陷落。俺答攻陷石汾一月有余,深入千里,"杀掠男女数以万计,刍粮头畜无算",所过之处"萧然一空,死者相籍",而后退去。③ 同月,土蛮寇蓟镇,由界岭口罗汉洞溃墙而入,明方守军望风逃窜,七路分守诸将及都司俱不抵抗,总督刘焘、总兵李世忠、巡抚耿随卿指挥失误,拥兵观望,致使虏众深入八百里,大肆杀掠昌平诸县。兵备沈应乾闻虏入,即逃遁永平。后由辽东总兵王治道率将入关策应,杀退虏兵,才取得棒棰崖胜利。虏退,总督镇巡等官"自知失事罪重,尽割被杀平民首级以报功,至八百余级"④。东西两边失利后,边臣及总兵参游均受到惩处。

隆庆三年(1569)十二月,高拱复政后,着手改革军事人事制度,对边防将帅也作了大幅度调整,选拔任用了大批军事人才,做到"有人随兵督饷,有

---

① 余继登:《典故纪闻》卷一八。
② 余继登:《典故纪闻》卷一八。
③ 《明穆宗实录》卷一二,隆庆元年九月癸亥;卷一七,隆庆二年二月癸未。
④ 《明穆宗实录》卷一二,隆庆元年九月壬申、乙亥;卷一三,隆庆元年十月丙申、甲辰。

人防卫山陵,有人护守通粮,有人俾各镇督抚诸臣专御虏剿杀,不得牵于内顾"①,从而大大巩固和加强了北疆的防御力量。至隆庆四年(1570)夏,明朝已初步扭转了被动挨打、遇战即败的局面,有时还能主动出击。六月,"总督右都御史王之诰赴花马池,檄宁夏总兵牛秉忠由小松山出塞,延绥总兵雷龙出西红山,陕西总兵吕经出收麦湖,俱捣虏巢,斩首十百六十有奇。延绥之功为最"②。八月,"虏犯锦州,(王)治道自广宁援之,虏退。闻其屯莲花山出塞,袭斩四十级"③。这些都是在高拱主持和张居正辅佐下,通过军事改革而获得的罕有捷报。由于高拱的军事改革已初见成效,取得初捷,在拥有一定实力的基础上,再巧用谋略,精心策划,才促成了俺答封贡互市的实现,圆满解决了二百年来的西北边患问题。

2. 决策受降,促成"俺答封贡"

隆庆四年(1570)九月十九日,鞑靼统治集团爆发了重大矛盾,俺答汗与其孙把汉那吉因争夺三娘子为妻而火并。三娘子原为把汉那吉之妻,因其貌美,俺答竟夺为己妻,把汉那吉气愤之极,遂率领妻儿及奶公等八人叩关降明。宣大总督王崇古、大同巡抚方逢时认为,此是利用鞑靼内部矛盾,促使其分化的良好时机,共同上疏极力主张接受把汉之降,并根据当时敌情,对把汉来降之后可能出现的几种情况作了全面分析,并提出不同的对策。疏曰:

> 俺答横行塞外几五十年,威制诸部,侵扰边围。今神厌凶德,骨肉离叛,千里来降,宜给宅舍,授官职,丰饩廪服用,以悦其心;严禁出入,以虞其诈。若俺答临边索取,则因与为市,责令缚送板升诸逆,还被掠人口,然后以礼遣归,策之上也。若遂桀骜称兵,不可理喻,则明示欲杀,以挠其志。彼望生还,必惧我制其死命,志夺气沮,不敢大逞,然后徐行吾计,策之中也。若遂弃而不求,则当厚加资养,结以恩信。其部众继降者,处之塞下,即令把汉统领,略如汉置属国居乌桓之制。他日

---

① 高拱:《边略》卷一《防边纪事》。
② 谈迁:《国榷》卷六六,隆庆四年六月丙寅。
③ 谈迁:《国榷》卷六八,隆庆四年八月壬寅。

俺答死,子辛爱必有其众。因加把汉名号,令收集余众,自为一部。辛爱必怨争。彼两族相持,则两利俱存,若互相仇杀,则按兵称助,彼无暇侵陵,我遂得休息,又一策也。若循旧例安置海滨,使俺答日南望,侵扰不已;又或给配诸将,使之随营立功,彼素骄贵不受驱策,驾驭苟乖,必滋怨望,顿生飏去之心,终贻反噬之祸,均为无策。①

王、方提出的上中下三策,意在分化敌方营垒,扩大其内部矛盾,收纳其部分力量以为己用,这是不战而胜的高明战略。应该说,其后受降、纳叛、封贡、互市等的成功,最早的策划创自王崇古,他偕方逢时联衔上的疏文,实为高拱处理此事的张本。

王崇古长期担任军职,起初在东南沿海任兵备副使,因抗击倭寇立有军功。嘉靖四十三年(1564)又任宁夏巡抚,"修战守,纳降附,数出兵捣巢,寇屡残他镇,宁夏独完"②,显示出他的军事才能。隆庆四年(1570)正月,由于高拱的荐举,朝廷任命他担任宣大山西总督。他就任后,力除纪律涣散、贿寇求和、假冒军功的积习,加强了明军的防御作战能力。同时,他又注重"纵其素通寇者深入为间"③,能够较详细地掌握俺答部的兵力部署、战术特点及俺答本人和将领头目的心理动态、性格特征等情况。对于降虏军民,实行既往不咎、欢迎归来的开明政策,有能率众归来或自拔者,都加以优抚安置。仅隆庆四年(1570)一年内,来降者就有两千人之多。方逢时从政生涯也是以担任军职开始,就任大同巡抚后,在对待鞑靼各部的战守策略上,同王崇古具有共识,能够很好地协作和配合。"逢时才略明练。处置边事,皆协机宜。其功名与崇古相亚,称方、王云。"④上文引述他们共同上的疏文,其中提出的各种对策,可以说是二人军事实践经验的概括和体现。

王、方卓有见识的正确建策,必须得到朝廷的批准和内阁的支持,才可能真正得到贯彻推行。当时的良好机遇是,主政内阁的正是高拱。高拱头

① 张廷玉:《明史》卷二二二《王崇古传》。
② 王崇古:《为夷酋款塞酌议事宜疏》,载陈子龙:《明经世文编》卷三一六。
③ 王崇古:《为夷酋款塞酌议事宜疏》,载陈子龙:《明经世文编》卷三一六。
④ 张廷玉:《明史》卷二二二《方逢时传》。

脑清醒,具有高瞻远瞩的战略眼光。他接到王崇古和方逢时的疏文后,敏锐地看出此事非同寻常。高拱复信说:"虏酋款塞,盖数百年所无者。……然此乃中国利机,处之须要得策。"①对吏部侍郎张四维也说:"此事关系重大,须处得机宜乃可。"②高拱完全赞同王、方的建策,认为必须巧妙利用俺答部的内部矛盾,抓住战机,以此赢得军事和政治上的最大利益。

高拱在复崇古的信件中还郑重提出,切应吸取明朝过去在处理与俺答关系问题上所曾存在过的严重失误和失败教训,断不可重蹈覆辙。"若遂与之,则示弱损威不成? 中国桃松寨之事③可鉴,必不可也。若遂杀之,则绝彼系念,而徒重其恨,石天爵之事④可鉴,必不可也。"⑤前者的失策之处在于坐失良机,大损国威;而后者的失策之处则在于自毁良机,引起怨恨,致使俺答各部视明朝为软弱或不讲信义,自此犯边勒索更加猖獗。历史的沉痛教训,促使高拱更果断、更坚决地处理把汉来降问题。

高拱对把汉那吉来降问题的处置,大体上可以分为受降和遣返两个相互衔接的阶段。第一步,确定将把汉那吉视为"挠制之具"的策略。为了对把汉那吉的利用价值作出正确的评估,高拱闻讯后,立即向边防来人了解俺答的动静:

予问:"老酋动静若何? 待孙意若何?"曰:"老酋爱其孙甚,而其妻之爱之也更甚。老酋畏其妻,昨那吉之来以老酋故。其妻以柴木击之

---

① 高拱:《政府书答》卷一《与宣大王总督书一》。
② 高拱:《边略》卷四《款敌纪事》。
③ 按,"桃松寨之事"发生在嘉靖三十五年(1556),俺答之子辛爱第三妾桃松寨因与部目收令哥私通,辛爱欲杀收令哥,令哥惧,遂投顺宣大总督杨顺。杨顺自诩为奇功,使收令哥、桃松寨居于阙下。辛爱率军前来索要,没有得到,招致辛爱、黄台吉大举攻伐。杨顺畏惧,乃遣桃松寨、收令哥等以归,辛爱执而杀之。
④ 按,"石天爵之事"发生在嘉靖二十年(1541)秋,俺答派使者石天爵、肯切到大同阳和寨要求与明朝通贡互市,并保证今后"令边民垦田寨中,夷众牧马寨外,永不相犯"。但明世宗拒绝俺答通贡互市的请求,提出"虏情叵测,务选将练兵,出边追剿,数其侵犯大罪,绝彼通贡"。次年,俺答再次向明朝提出通贡互市的请求,但使者被明大同巡抚龙大有缚送北京,诈称以计擒获,结果明廷磔杀使者石天爵,并传首九边示众。至此,俺答"大举内犯,边患始棘"。
⑤ 高拱:《政府书答》卷一《与宣大王总督书一》。

曰:'即中国要汝头,吾当与之,吾只要吾孙也。'"予喜曰:"可得策矣。"①

所谓"得策",即决定将把汉那吉视为"挠制之具",视为解决当前与俺答关系问题的关键性的筹码。高拱致书王崇古,完全支持其受降之议:"只宜将把汉那吉厚其服食供用,使过所望,而歆艳吾中国之富贵,而吾又开诚信以深结其心。其奶公者,既能嗾那吉使来,则其人亦必可用。"②高拱的策略,从长远来说,是示恩于把汉那吉,授予中国名号,必要时可封之以官,使其归领其众,"为吾中国属夷,世受赏赉,而皆得以名号,强于沙漠之间。如此则彼必心悦为吾用,而那吉之心亦安"③。就当前来看,则可充分利用俺答夫妇爱孙之心,"执此以为挠制之具",迫其接受明朝提出的赎还条件,力争达成和议,如此则"吾中国乃因得以日修战备,而享数十年之安"④。

第二步,以战促和,杜绝俺答用兵来索的幻想。为保证以上战略意图的实现,高拱提出只能以实力为后盾,加强防御力量。因为能战然后能和,以战才能促和。所以,他在书信中指示王、方,俺答"果拥兵来索,则吾只严兵以待",并派人前去谕告俺答:"那吉来降,吾知为汝孙也,乃厚待之。如此汝不感德,尚敢言欤?汝若早有汝孙之见,慕义来降,则所待又岂止于汝孙乎?而今乃拥兵以来,能无愧耶?"⑤其目的在于缓解俺答的敌意,动摇他的信心,争取引导他走向和谈之路。

然而向俺答示恩,并不能消除俺答以武力索还把汉那吉的幻想,只有在战场上挫其锐气,才能使他真正走向和谈的道路。"当是时,俺答听赵全等唆诱,业拥兵驻边,为索孙计,并调伊长男黄台吉兵至。"⑥高拱指示边将要严加防范,挫败俺答用兵来索的图谋。时任兵备使刘应箕追述了当时俺答用兵未遑的情况:

---

① 高拱:《边略》卷四《款敌纪事》。
② 高拱:《政府书答》卷一《与宣大王总督书一》。
③ 高拱:《边略》卷四《款敌纪事》。
④ 高拱:《边略》卷四《款敌纪事》。
⑤ 高拱:《边略》卷四《款敌纪事》。
⑥ 高拱:《边略》卷四《款敌纪事》。

　　无何，俺答、黄台吉拥众堡下，索那吉甚急。其时，不识彼中事情，未有以应之也。俺答乃挑其精锐人马近万，由镇羌堡入捣云中，直抵宣府，欲获一将领与余易。总督移檄宣府总兵赵岢，领兵至带刀岭，与虏遇。时余以事旋自宣府，道遇岢，驰入其壁觇之：岢与大战，败其前锋，斩骁虏之首六。虏惮之，遂卷兵由故道至镇羌堡而出。自是，稍稍有乞怜意。①

只有经过在战场上的实力较量，然后才能迫使俺答真正进入谈判。谈判亦是双方斗智角力的过程。在明方主动派使前去谈判的初期，俺答连杀金国、侯金两使者，不允谈。其后，方逢时"部下鲍崇德者请往，乃遣之。鲍崇德小字官保，旧役虏中，与虏最狎，是以毅然请往，遂定其事"②。

　　鲍崇德通晓鞑靼族语言风俗，又摸透了俺答对和、战举棋不定，已知难以用武力达到释回把汉的目的，又害怕孙儿受害的心态，故有备而直入虏营。"崇德见俺答，备述朝廷不杀伊孙之仁，给赐冠服之恩，而责问伊令黄台吉入犯之罪，及告以赵全等叛逆犯法，搆乱伊父子祖孙之情，并许以执叛纳款，可得伊孙之理。开示顺逆，晓譬祸福。"③俺答惧怕形势不利，又焦灼于把汉的安危，便与崇德进行和谈。高拱曾记述道：

　　（俺答）屏去左右，语崇德曰："我本意要进贡来，都是丘富、赵全到边哄我该坐天下，教我攻掏城堡，连年用兵，两下厮杀，不得安生。今天使我孙投顺南朝，乃不杀，又加官，又赏衣服，恩厚若此。我今始知中国有道，悔我前日所为。若果肯与我孙，我愿执献赵全等赎罪。我今年老，若天朝封我一王子，掌管北边，各酋长谁敢不服？再与我些锅布等物为生，我永不敢犯边抢杀，年年进贡。将来我的位儿就是把汉那吉

① 刘应箕：《款塞始末》。
② 刘应箕：《款塞始末》。
③ 高拱：《边略》卷四《款敌纪事》。

的。他受天朝恩厚,不敢不服。"①

随后,俺答便派两使臣,与鲍崇德同入宣府,表示愿意逮解汉奸赵全等人,用以交换把汉那吉。从诛杀明使到派遣虏使,从称兵索取到愿意礼请送还,这当然是重大转变。于是,高拱便主持奏报,请求隆庆帝批准,十一月十三日即得旨谕允,完全同意高拱的谋议,授把汉那吉为指挥使,其奶公阿力哥正千户官衔,并"丰其饩廪,华其服用,以悦其心"②,一以期长远收为我用,一以强化其内附归向之心,这是在当时条件下的政治攻心战略。果然,俺答便在十九日将赵全、李自馨、猛谷王、赵龙、刘四、马西川、吕西川、吕小老等八名叛逆头目押送前来,而明朝则在二十一日遣还把汉那吉。在高拱精心安排下,把汉那吉身穿明朝三品官服,绯袍金带,褐盖朱旗,仪仗鼓吹以出关归去。并告俺答:"那吉是我天朝官人,不比寻常,着俺答好生看待,不许作贱他。"俺答一一答应。"老俺既得孙,而又见荣耀乃如此也,相持感泣,南向脱胡帽,崩角稽首无已。"③应该说,礼送把汉,逮回赵全,与俺答达成和议,是高拱充分利用俺答家族的内部矛盾和把汉那吉的身份价值,以抚为主、以战促和策略的非常成功的运用。

遣返把汉,收逮赵全,已为汉蒙民族建立和平友好关系开启端绪。但高拱认为,要持久地巩固和平友好相处的基础,还必须实现封贡和开市。他一直把遣返、收叛、封贡、开市四者作为相互衔接的组成部分。如果说礼送把汉、逮回赵全是处置俺答事件的上节,那么促成俺答封贡的实现和双方开市贸易则是其下节,"然须有下节,则上节方为完美"④。

所谓"封贡",就是明朝在政治上授予俺答一定的封号,俺答表示归附明朝,以此缔结更长远的和睦关系。所谓"开市",即是明朝在一定时期和地点开市贸易,组织物资交流,互通有无。贡市有利于双方生产发展和经济繁荣,也有利于民族间的和睦互信和边疆的和平安定。因此,高拱坚决主张贡

---

① 高拱:《边略》卷四《款敌纪事》。
② 刘绍恤:《云中降虏传》。
③ 高拱:《边略》卷四《款敌纪事》。
④ 高拱:《政府书答》卷一《与宣大王总督书二》。

市,以此改变几十年来军事对抗的局面。

然而,高拱主张受降到遣还把汉,再到主张封贡、互市的建议,在朝中引起了激烈的争论。对于遣返受降的主张,兵部尚书郭乾、侍郎谷中虚态度暧昧,犹豫不决,以至于横加阻挠,"诏下兵部议,时众论汹汹。本兵暗懦惴慄,不敢出语。又有少司马者从旁尼之,恐之以祸,俾勿从,议迄不定"①。更有甚者,御史饶仁侃、吴尚贤、叶梦熊等人先后上疏极力反对受降,皆言敌情叵测,不可轻许,以免上当。而大学士高拱则力主受降,调叶梦熊于外,以息异议。正当俺答、黄台吉拥兵驻边,以武力索要把汉之际,巡按直隶监察御史姚继可上奏,集中攻击方逢时"狃寇纵掠",诬告其通敌背叛,要求将方逢时罢斥。② 高拱针对姚继可的奏章力加驳斥,曰:

> 方逢时年力精强,才猷敏练,边方允赖,舆论共推。今指其致款曲于虏营,非有证据之实,嫁祸患于宣镇,亦无知见之人。况虏酋执叛乞降之时,正抚臣临机设策之日。夷情既不可尽泄,秘计亦难以自明,但当要其后效何如耳。果于事无成,自难逭其罪;如于国有益,自难掩其功。今事未就而预责之,何以能得其情?若谋未谐而辄易之,又孰为善其后?合候命下,行令方逢时照旧安心供职,务要协赞总督,奋励将士,期收五利,共图万全。③

最后得旨:方逢时照旧供职。直至受降、遣还、纳叛的成功,众论方息。

但一波刚平,一波又起。在讨论应否批准封贡开市的廷议上,朝中大臣更是争论不休。王崇古"上疏言封贡事,诏下兵部议。时众论汹汹愈甚。"④

① 高拱:《边略》卷四《款敌纪事》。
② 姚继可弹劾方逢时的奏章说:"隆庆四年十月初一日,虏贼二万余骑,自平楼地方入境,杀掳人畜。巡抚大同方逢时登城,见贼势逼近镇城,乃慌忙无计,谋出下策,随差旗牌龚喜、通事土忽智直入虏营,见黄台吉说称:'我太师叫这边差一人去城上答话。'黄台吉差人帖木会来见,逢时引至城楼顶上,密行译审,犒赏送回。又授谍者,指以侵犯宣府地方。黄酋果起营侵犯洪州一带。其各该镇巡将领等官,有临敌而侥幸苟免者,有畏敌而观望不进者。事迹昭然,通应并究。乞将……巡抚方逢时亟行罢斥。"(引高拱《边略》卷四《款敌纪事》)
③ 高拱:《边略》卷四《款敌纪事》。
④ 高拱:《边略》卷四《款敌纪事》。

兵部断然否决:"尚书郭乾谓马市先帝明禁,不宜许。给事中章端甫请敕崇古无邀近功,忽远虑。"①隆庆五年(1571)三月,诏下廷议,"定国公徐文壁、吏部左侍郎张四维以下二十二人以为可许,英国公张溶、尚书张守直以下十七人以为不可许。尚书朱衡等五人言封贡便、互市不便,独金都御史李棠极言当许状"②。而"兵部尚书郭乾淆于群议,不知所裁,姑条为数事,以塞崇古之请,大抵皆持两端"③。在这种议论纷纷、莫衷一是的情况下,内阁的作用就显得尤为重要。主政内阁的高拱,他的决断具有决定性作用。他不为自身利害计,毅然挺身而出,力主崇古之议,坚持贡市绝不动摇。一方面,他令中书官检出内阁所藏成祖朱棣封忠顺、忠义王的历史档案,"其间敕谕之谆详,赉锡之隆厚,纤悉皆备"④,请兵部尚书以及持有不同和反对意见的当事之臣查看,以证明贡市有其历史根据;另一方面,对那种以"宋氏讲和""先帝禁马市""虏必渝盟"为借口的奇谈怪论,一一加以批驳,指出:"今议事之臣纷纷然者,岂皆审究利害为国谋哉?徒见事体重大,故发言相左,恐后有不谐者,则以为莫道不曾说来,以是推诿而已,而岂其本心然乎?"⑤经过高拱的努力,贡市意见基本取得一致,并得到隆庆帝批准。高拱又多次致函总督王崇古、巡抚吴兑(这时方逢时已丁忧),对贡市的细节作了周密的安排部署,使贡市万无一失。

隆庆五年(1571)三月十八日,明朝正式册封俺答为"顺义王",赐金印蟒衣,外加币帛礼文,封把汉那吉为"昭勇将军",封俺答弟昆都力哈、长子黄台吉为都督同知,其余子侄和部下六十三人分别授官封赏,在政治上均给予一定的尊荣。⑥ 同时,宣布首次开市。规定:每年俺答来贡,但贡使不准入京,更不得以入贡为名骚扰地方。并规定开市地点和日期,对于交易的品种数量亦作了适当的限制。例如,可以改铸为兵器的铁锅要以铁质较软的广铁材质为主,使其难以铸成兵刃。其他如火药、硝磺等都在严禁之列。对于生

---

① 张廷玉:《明史》卷二二二《王崇古传》。
② 张廷玉:《明史》卷二二二《王崇古传》。
③ 《明穆宗实录》卷五五,隆庆五年三月甲子。
④ 高拱:《边略》卷四《款敌纪事》。
⑤ 高拱:《边略》卷四《款敌纪事》。
⑥ 高拱:《边略》卷四《款敌纪事》。

活物品,一般不限数量。每次互市以三天为限,届期即罢集撤市。

高拱的贡市决策虽然在宣大边区得到了执行,但在陕西三边仍然遭到封疆大吏的拖延乃至抗拒。隆庆五年(1571)三月,"陕西总督王之诰又复执议,俟吉能子侄二年不犯,方可听许"①。因此,高拱将王之诰调任南京兵部尚书,削夺其实权。继任者戴才也提出"故互市之议,策可行之宣大,而不可行之陕西"②,仍然拒绝全面开市。高拱两次致函戴才,给予严厉批评,言:

> 仆则以为三边、宣大似难异同。不然,则宣大之市方开,而三边之抢如故。岂无俺答之人称吉能,而抢于三边者乎?亦岂无吉能之人称俺答,而市于宣大者乎?是宣大有市之名,而固未尝不抢也;三边有抢之实,而亦未尝不市也。故兹事也,同则两利,异则两坏。③

同时,隆庆帝也给予严厉训斥:"戴才受三边重任,套虏应否互市,当有定议,顾乃支吾推诿,岂大臣谋国之忠?姑不究,其令从实速议以闻。"④至此,互市才得以全面进行。

3. 计擒赵全,平息反叛势力

赵全叛乱由来已久。嘉靖初年,丘富、赵全等人跟随白莲教头目吕老祖在山、陕之地传教,因蛊惑乡众,被官方查缉,老祖被诛,丘富和赵全便率领党徒千余人投顺俺答,寻求庇护,并誓愿担任进攻内地的急先锋。俺答也乐意用其作为入侵内地的向导和参谋,将其安置在靠近边境的古丰州地区(今内蒙古呼和浩特市附近)。丘富死后,赵全率领其众大肆入犯。

隆庆元年(1567)九月,俺答率大军攻打大同及朔州等地,赵全为俺答献上转移主攻方向,以扩大战果之计:"蓟门台垣甚固,而选兵多锐,晋中兵弱,亭障稀。石隰间多肥羚良铁,可致也。彼藉救宣、大,未易卒来。且千里人

---

① 《明穆宗实录》卷五五,隆庆五年三月庚寅。
② 《明穆宗实录》卷五八,隆庆五年六月甲辰。
③ 高拱:《政府书答》卷一《答三边戴总督书一》。
④ 《明穆宗实录》卷五八,隆庆五年六月甲辰。

马俱罢,我以全制其敝,必得所欲矣。"①这一避实就虚、集中兵力攻袭明军防守空虚腹地之策,既能掠到大量战略物资,又能尽情蹂躏当地无防御能力的边民。对于仓促来援的明军,更可乘其疲惫,聚而歼之。俺答采用赵全之策,亲率六万骑兵袭击石州,又分犯涞水、交城、平阳、介休,然后东向雁门,沿途大肆屠杀抢掠。到十月初,俺答损我人畜数十万之多。在此役中,正如赵全所料,明军诸多将领遇敌即溃,不敢扼险,不敢应战。俺答得以长驱直入,饱掠而归。这就是明史上的"汾石之祸"。赵全唆使俺答屠杀自己的同胞兄弟,负有累累血债。

早在嘉靖年间,明朝即履降明诏,能擒斩者,爵封侯,赏万金。隆庆元年(1567),重新颁诏,悬重赏缉捕赵全等叛逆,但亦无任何实效。"时边事孔棘,中外藉藉,以板升为忧。"②因此,当把汉来降,王崇古、方逢时提出必以俺答交缚赵全、李自馨等叛逆首领,作为释回把汉那吉的先决条件,这立即得到高拱的支持,并谕示必按此以为谈判的方针。

然而,要俺答交缚赵全等叛逆并非轻而易举。赵全等闻此消息,亦无束手就擒之理,况且他还握有一部分军事实力。赵全等先是大力怂恿俺答兴兵内犯,企图以武力胁迫明朝释回把汉那吉。俺答也一度听信过赵全用兵施压之计,令其子辛爱率兵二万骑侵入弘赐堡;又令其侄永邵卜进攻威远堡;本人则率大军犯平卤城。王崇古、方逢时立即看出这种试图俘虏明方一重要将领以作为交换把汉的做法,"此必赵全谋也"③。于是,命令各镇严阵以待,不许轻率出战,务求把握战机,迎头痛击,使俺答等三路来犯之敌,均无功而返,赵全用兵施压以图自保之计因而不逞。赵全见形势不利,又"尝投书逢时,言悔祸思汉,欲复归中国"④。这实际上是作出姿态,以麻痹方逢时等,使明朝放缓擒交他们的要求,以便拖延时日,再图后举。方逢时洞悉其用心,乃将赵全来信示知俺答,"俺答大惊,有执全意"⑤。在解除俺答疑虑

① 谈迁:《国榷》卷六五,隆庆元年九月乙卯。
② 《明穆宗实录》卷五二,隆庆四年十一月癸未。
③ 张廷玉:《明史》卷二二二《方逢时传》。
④ 张廷玉:《明史》卷二二二《方逢时传》。
⑤ 张廷玉:《明史》卷二二二《方逢时传》。

后,便密商议定,由俺答先擒捕赵全、李自馨、猛谷王、赵龙、刘四、马西川、吕西川、吕小老等八人,押解前来,明朝便立即礼遣把汉那吉,将其交还俺答。在收押赵全等叛逆之后,王崇古和方逢时即将其连同先获的张彦文共九人槛送北京。

赵全等叛逆被押解到北京,高拱亲自进行审问,并反复考虑,应该如何处置这些叛逆,才能为国家谋得最大利益。他本人曾详细地记录了自己的谋划,言:

> (赵全等)方送法司时,予邀同官至射所面审之。七人者皆无言,惟赵全、李自馨有言。而李自馨者,故生员也。乃数言不能明者,全一言即明之,果骁黠异常。予问全曰:"我要奏皇上,宽汝死,令汝报效,能否?"曰:"能。"予曰:"汝为俺答腹心年久,安保无他?"全曰:"小的在营用事多年,曾替他掠地攻城,使他大得志。又每以衣服、饮食、器用、珍奇之物,常常供奉。我孝顺他可谓至矣。乃今为他一个孩子,将我等绑缚而来,不如蒿草,无恩至此,我恨不得食其肉,尚可与见面乎?"予曰:"汝能用多少人马?"全曰:"兵贵精,而不贵多;将在谋,而不在勇。兵多累赘,不如用少,轻捷耳。"予曰:"汝且去。"遂送刑部狱中。
>
> 予因思曰:虏得吾人,即即用之,知吾虚实而入犯,每得利。吾得虏人,乃即杀之,反为彼灭口,非计。今诚宜奏于上,姑缓全等死,豢以美食好衣,而明告之曰:"上欲用汝报效,然无便用之理。必是汝等尽说虏情,各献破虏计,待汝言果效,乃始用之也。"于是,但有虏情,即以问之,则吾可以得虏中虚实,而即以制之,不有愈于夜不收侦探无实者乎?
>
> 因又思曰:"中朝议尚汹汹,封贡事尚未行,今刑章未正,为此出奇事,恐又惹纷乱,有防后着,不如已之。而活口幸在,乃不得一尽虏情,亦可惜也。"于是,选伶俐晓事卫经历九人,使入狱中,人守一囚,隔别不得相通。日饮之酒,而谓之曰:"高爷要上本,饶汝死,令汝立功。汝须吐实献谋。言果有验,乃可用之。不然,汝负大罪,可便用耶?"因问以虏之所长者何,所短者何,其所幸中国者何,所畏中国者何,其将领几人,是何姓名,年纪各若干,所领人马各若干,某强某弱,某与某同心,某

与某有隙,其所计欲如何,中国如何可以制伏,以及纤悉动静,皆问之。日各书一纸来。于是,九人者如令行之,囚甚悦,各尽其说。每日暮,九人者各送揭帖至,得虏情甚悉。至今封存焉。①

经过精心布置,明朝从赵全等人处获得了准确详细的信息,然后由隆庆亲临,主持受俘典礼,下谕将赵全等九名叛逆头目磔诸市,并传首九边。应该说,从把汉那吉来降之日始,高拱运筹帷幄,在他的主持下,完成了受降、遣还、封贡、开市、处决叛逆、摧毁板升内侵据点的工作,明朝一直处在主动的优势地位。高拱计擒汉奸赵全,平息板升叛乱势力,切除了一个长期为患的毒瘤,也使叛逃鞑靼诸部的汉人纷纷归顺投明。隆庆五年(1571)六月,赵全余党赵宗山等十三人,也由俺答擒获槛送。特别是高拱从赵全等人处取得的情报信息,对其后张居正柄政的万历初期,区别鞑靼各部,继续采取"东制西怀"的战略部署,具有重要的参考价值。

### (二)在东北取得"辽左大捷"

西北边患平息之后,高拱又针对东北建州女真和土蛮各部军事扩张的严峻局势,实施以剿为先、以抚为善后的靖边方略,破格起用张学颜巡抚辽东,命其与大将李成梁协力守边,共同抗敌。隆庆五年(1571),土蛮各部和女真头领汪住等多次率精兵大举入侵,均被张、李守军彻底击溃,取得了数十年来从未有过的胜利。这即是著名的辽左大捷。

1. 东北边疆的紧张局势

明代九边之中,辽东一边的战略地位最为重要,称"九边之首",其位于京师左翼,又称"辽左"。其辖域东抵鸭绿江畔与朝鲜相邻,西至山海关与京师相接,南到旅顺口与凳州、莱州隔海相望,北过开原、铁岭遥控白山黑水。东西千余里,南北一千六百里,"三面频夷,一面阻海,特山海关一线之路可以内通"②。因其疆域辽阔,军事战略地位极为重要,自古为兵家必争之地。

---

① 高拱:《边略》卷四《款敌纪事》。
② 许论:《九边图论》,载《四库禁毁书丛刊》史部第21册。

嘉靖中期以后,在东北边塞广袤的地区生活和繁衍的各少数民族,尤其是女真族和蒙古族的社会经济有了较大发展,各部落在争夺财富、土地和人口的斗争中,军事力量亦逐渐强盛。在明朝辽东屯田崩溃、边将腐败、赋税繁重以及各少数民族不断反抗的诸多因素作用下,明王朝在辽东地区的统治出现了严重危机。

明初,女真族依据分布的地域不同,分成建州、海西和东海(即野人)三大部。三部及其内部之间不断发生兼并和掠夺战争,特别是东海女真时常侵扰海西部和建州部。永乐以后,海西和建州两部被迫南迁。建州女真几经迁徙,到英宗正统时,逐渐稳定下来,定居于浑河、苏子河上游一带。[①] 永乐元年(1403),明朝在建州女真部聚居地设立建州卫,十年(1412)增设建州左卫。正统七年(1442),又从建州左卫中分置建州右卫,与建州卫、建州左卫合称"建州三卫"。建州三卫是明朝中央政府设在东北边区的地方政权机关,其长官由中央政府任命,服从明朝的制度和法令,无敢违逆。

为了加强对女真各部的控制,明朝推行分而治之的政策,即分其部众以弱之,别其种类以间之,使之人自为雄,而不使之势统于一。同时,明朝还利用女真各部之间的矛盾,使其相互牵制甚至交恶,以此达到借女真以制北虏,设海西以抗建州的目的。果然,女真各部蜂起,皆称王争长,互相残杀,陷于分裂、混战不休的状态。明朝的这种边疆政策,只能加剧东北各部女真势力的分化改组。至嘉靖末年,建州女真的势力迅速崛起。因为建州女真在女真各部中生产最发达,农业发展水平很高,并能大规模铸造铁器,而且建州部南移之后,与汉族有着密切的经济联系。隆庆时期,建州女真通过边境互市与汉人进行贸易,社会经济获得迅速发展,军事实力也日益强大,并经常借贸易之机大规模内犯,占我边地,掳掠汉人,屠戮边民。

隆庆五年(1571)三月,在高拱主持下,西北鞑靼俺答汗被册封为顺义王,以开市贸易纳贡代替百余年来的征战厮杀。但俺答并不能代表鞑靼全体,其内部各贵族势力消长不一,对明朝的态度亦不一致。其中土蛮各部崛起于辽东一带,对明朝时叛时服,叛服无常。甚至连俺答的长子黄台吉,其

---

① 《明英宗实录》卷四三,正统三年六月戊辰。

弟昆都,虽然这时俱已受封为都督同知等职,但黄酋素不附之,昆都东纠土蛮,拥众寇辽塞,至是大入。"(鞑靼)插汉部长土蛮与从父黑石炭,弟委正、大委正,从弟煖兔、拱兔,子卜言台周,从子黄台吉势方强。"①同年五月,土蛮部六百骑兵又侵犯袭扰辽东,对辽东沿边大肆劫掠。此时,作为"九边"重镇之一的辽东狼烟四起,两面受敌,局势岌岌可危。诚如高拱所言:

> 国家九边皆邻敌,在山西宣大则有俺答诸部,在陕西三边则有吉能诸部,在蓟辽则有土蛮诸部。西驰东骛,扰我疆场,迄无宁岁。辛未(隆庆五年),俺答率老把都儿、黄台吉暨吉能等,稽颡称臣纳贡,于是七镇咸宁。独土蛮猘强,犹昔建州诸彝与之声势相倚,时为边患。②

### 2. 对东北边疆的筹划与经略

为扭转辽东地区的严峻局势,隆庆三年(1569)十二月,高拱复政后,分别不同情况,采取不同战略方针:对来犯的建州女真,运用迎头痛击、彻底剿灭的方略对付之;对时叛时服、叛服无常的土蛮诸部,则加以区别对待和分化瓦解,执行以战为主、以抚为辅的方针。历史事实将证明,高拱的这一战略方针将转化为强大的战斗力量。

高拱对辽东地区的经略,大致可归纳为两个方面:一是破格任用足智多谋的张学颜巡抚辽东,使其同骁勇善战的总兵李成梁相互配合,协同守边,共同御敌;二是大力进行军事改革和边政整顿,"乘时修战守之具,训练兵马",以提高明军的防御作战能力。应该说,这是高拱取得辽左大捷的两个决定性因素。

在高拱看来,九边巡抚既为行政长官,又兼具军务之任,辽东巡抚更是如此,因此能否正确任用辽东抚臣,对东北战局关系重大。隆庆五年(1571)二月,辽东巡抚李秋被免职,高拱欲破格任用山西按察司副使张学颜巡抚辽东,史载:

---

① 张廷玉:《明史》卷二三八《李成梁传》。
② 高拱:《边略》卷二《挞伐纪事》。

会抚臣者去,予思代者,议欲用副使张学颜。或曰:"未闻时誉。"予曰:"此人卓荦倜傥,时眼不能识,置诸盘错,利器当见。"会侍郎魏确庵至,予因问曰:"辽东抚臣去,谁可代者?"确庵思良久,曰:"有张学颜者可。"予曰:"得之矣,公知人哉!"遂拟上,诏允之。①

当时,在擢升张学颜的问题上,存在着很大争议。有人以"未闻时誉"为由,怀疑张的才具,而高拱则力排众议,认为张学颜"卓荦倜傥""利器当见",是个有见识、有能力、有操守的经邦之才。他的提议得到吏部侍郎魏学曾的大力支持,"遂以其名上,进右佥都御史,巡抚辽东"②。张学颜当时仅为山西按察司副使,骤提为辽东巡抚,实属破格使用。张学颜就任后,根据当时东北边疆的实情,协同总兵李成梁,坚决贯彻高拱提出的军制改革和边政整顿方略,"张遵行惟谨",并进行了大力整顿,请振恤,实军伍,招流移,治甲仗,市战马,信赏罚,黜懦将。几个月之内,战守"经画周详,号令明肃"③,从而大大提高了明军的防御作战能力。

在东北战场上,高拱重用的另一员大将是李成梁。李成梁是朝鲜裔人,四代前即内附明朝,世授铁岭卫指挥佥事。他生于辽东,长于辽东,从军作战于辽东,对当地的地形关塞,女真土蛮各部的内情虚实,攻防对应之策,都了如指掌,且其本人"骁勇多谋,输忠为国"④,"英毅骁健,有大将才"⑤,屡建奇功。隆庆元年(1567),他先是以援救被土蛮围攻的永平府有功,继而又迎击并斩首酋目张摆失等于塞下。隆庆四年(1570),辛爱入犯,总兵王治道战死,辽东全面告急。前此十年之间,明朝战死殷尚质、杨照、王治道三员大将,当此军民恐慌之际,成梁坐镇辽阳,"大修戎备,甄拔将校,收召四方健儿,给以厚饩,用为选锋。军声始振"⑥。从此,基本上扭转了辽东前线的军

---

① 高拱:《边略》卷二《挞伐纪事》。
② 张廷玉:《明史》卷二二二《张学颜传》。
③ 高拱:《边略》卷二《挞伐纪事》。
④ 高拱:《边略》卷二《挞伐纪事》。
⑤ 张廷玉:《明史》卷二三八《李成梁传》。
⑥ 张廷玉:《明史》卷二三八《李成梁传》。

事劣势。更为重要的是,李成梁尽管军功显赫,但在张学颜就任辽抚后,两人还能够"同心协力,日为计至",配合十分默契,这就为取得辽左大捷奠定了良好的人事基础。

任用足智多谋、骁勇善战的边帅只是获胜的重要条件,而整顿边备、训练兵马、增强明军的战斗力才是获胜的关键。隆庆五年(1571)三月,西北俺答称臣纳贡。七月,高拱又上疏穆宗隆庆帝,提出俺答稽颡称臣,贡市以成,西北边陲获得暂时安宁,但这不能从根本上改变边备久弛的局面。因此,他主张要抓住这一有利时机,大修边政,争取边塞长期安定。疏言:

> 虽黠虏叛服无常,必无终不渝盟之理。然一年不犯,则有一年之成功;两年无警,则有两年之实效。但得三五年宁静,必然安顿可定,布置可周,兵食可充,根本可固,而常胜之机在我。……伏望敕下兵部,严饬各该督抚将领诸臣,务要趁此闲暇之时,将边事大破常格,着实整顿,有当改弦易辙者,明白具奏议处,毋得因循自误。①

可以看出,高拱不仅强调边政整顿之必要,而且在整顿内容上又提出建立巡边"八事"制度:积钱粮、修险隘、练兵马、整器械、开屯田、理盐法、收塞马、散叛党②。为了加强边政整饬效果,激励边区督抚将领勤于边事,为国效力,高拱还提议每年派遣才望大臣或风力科道官二三员,四出阅视,"责其成效","如是,则边方之实政日兴,中国之元气日壮,庙堂得坐胜之策,而宗社有永安之庥"。③ 这样有三五年的工夫,则边防巩固,胜机在我,盟则许之,战则胜之,"中国可享无穷之安"。需要指出的是,当时的隆庆帝也批准了高拱这一建议,敕谕各边镇督抚将领,务必及时力行修举,不得因循自误。敕曰:

> 兹特谕尔等,除职掌所系照常修举外,乘今边患稍宁,严督将领诸臣,将一应战守事宜,着实整理。……以后每年听行边大臣查核纪验,

---

① 高拱:《纶扉稿》卷一《虏众内附边患稍宁乞及时大修边政以永图治安疏》。
② 参见张廷玉《明史》卷二一二《戚继光传》。
③ 高拱:《纶扉稿》卷一《虏众内附边患稍宁乞及时大修边政以永图治安疏》。

果能事事整饬，著有实绩，比照擒斩事例，重加升赏；如重袭故套，推诿
误事，即照失机从重拟罪。①

应该说，高拱这一整顿边政的建议，对于巩固边防，提高明军的战斗力，争取
边疆的和平安宁，具有长远的战略意义。尤为可贵的是，张学颜无论是任山
西按察司副使还是辽东抚臣，都能够认真贯彻执行此一建议，特别是擢升辽
东巡抚后，经过短短几个月的整顿，辽东局面有了显著改观。对此，高拱称
赞道："先是，予因西虏臣伏，题请整饬边备，下敕各边督抚诸臣，乘时修战守
之具，训练兵马，务皆精壮；哨探敌情，务得的确；调遣应援，务中机宜。俾御
敌之策，万全无遗，云云。张遵行惟谨，经画周详，号令明肃。"②可以说，高拱
提出巡边"八事"制度，在辽东地区得到了张学颜、李成梁的贯彻执行，并取
得了显著成效。

隆庆五年(1571)五月，土蛮大举进攻辽东盘山驿，在巡抚张学颜、总兵
李成梁的指挥下，指挥苏成勋将敌击退。不久，土蛮又大军内犯。李成梁与
副将赵完先是率部夹击来犯之敌于卓山，断其首尾，直捣其巢穴，土蛮损兵
折将，大败而归。③同年十一月，建州女真首领汪住等，聚集精兵六千余人，
入侵之势更为凶猛。李成梁整兵马，设方略，身先士卒，力战应敌。汪贼见
官军多而又精锐，所向披靡，锐不可当，战不几个回合，气势大挫。官军则愈
战愈勇，士气大振。战至第四回合，汪贼前后受敌，被官军团团包围，首尾不
能相顾，遂大败。余贼丢弃车马，乘机穿山林逃回老巢。李成梁率军乘胜追
击，长驱直入，直抵其巢穴山寨，用铳炮四面围攻，汪贼伤亡甚多。至此，官
军凯旋。此一大捷，计斩敌首领把太儿、宁公提二人，斩首级五百八十八颗，
缴获战马六百余匹，明甲二百一十三副，敌器无数。而官军损伤极少，阵亡
士兵仅八人，被射死官马二十二匹。④这即是隆庆朝著名的"辽左大捷"。

辽左大捷，是数十年来罕有的军事胜利，因此朝廷大加封赏有功之臣。

① 《明穆宗实录》卷六〇，隆庆五年八月乙卯。
② 高拱：《边略》卷二《挞伐纪事》。
③ 张廷玉：《明史》卷二三八《李成梁传》。
④ 高拱：《边略》卷二《挞伐纪事》。

兵部论叙张学颜、李成梁等有功人员，便首及高拱，"谓西虏率众归降，东虏大加挫衄"，都是出于高拱的周密部署和精心筹划。[1] "升总督刘应节俸一级，成梁署都督同知，荫一子正千户世袭，巡抚张学颜右副都御史，副总兵赵完、守备曹簧各实职三级，参将郭恩、游击朱良臣、马文龙各实职二级。"[2] 特别是隆庆帝敕谕高拱"运筹制敌，功当首论"，特加勋高拱柱国，进兼中极殿大学士。[3] 隆庆一朝，举凡重大边防战役的胜利，无一不是高拱选拔"有智谋才力者"充当将帅，"善谋善断""经略得宜"的结果。可以说，高拱是当时运筹于帷幄之中，决胜于千里之外的足智多谋的军事家。

3.严加防范，巩固东北边防

高拱认为辽左大捷，国威大振，但绝不可骄傲轻敌，尤其是在鞑靼土蛮诸部"乘吾战胜解严而窥伺之"的时候，更应该戒骄戒躁，严加防范。为此，他多次致书张学颜和李成梁，言：

> 今土蛮谋犯，既云露形，则防备宜周，仍期一捷，斯国威益振。盖土蛮自谓强于东虏，故敢乘吾战胜解严而窥伺之，以为吾气且骄，吾力且疲，而因遂可以得志也。今须整肃人马，愈加奋励。彼出吾不意，而吾亦出彼不意，大加挫刃，则西北诸酋皆落胆矣。[4]

> 将军逐寇长驱，有此大捷，可谓奇伟丈夫。……今土蛮谋犯，亦既露形，须再得一大挫，则国威益振，是在将军奋力耳。然须慎重，计出万全乃可。[5]

在他看来，辽东大捷后，能否再次挫败土蛮谋犯，这不仅关系到东北边疆能否实现长期的和平安定，而且也直接关系到能否巩固刚刚促成的西北俺答封贡互市的胜利成果。因为东北战局总是与西北战局相互影响、相互关联

---

[1] 高拱：《边略》卷二《挞伐纪事》。

[2] 《明穆宗实录》卷六四，隆庆五年十二月辛亥。

[3] 高拱：《纶扉稿》卷一《恭缴圣谕辞免加恩疏》《披沥悃诚辞免恩命疏》。

[4] 高拱：《政府书答》卷一《答辽东张巡抚书二》。

[5] 高拱：《政府书答》卷一《答李总兵书》。

和相互制约的。因此,高拱在答时任蓟镇总兵戚继光的信函中说:

> 今岁蓟镇事体,较诸往时关系尤为重大。何也? 西虏新附,而东虏尚然内窥,若遂得志,则有以阴启西虏骄心,虽得贡市不足为罕也。必须大加一挫,则不惟此虏寒心,而西虏亦皆知畏,贡市乃可永焉。况西虏不动,则东虏无援。吾无西忧,则得以专力于东,以防秋之全力,专用于失援之虏。①

可以看出,在辽东战局问题上,高拱具有高瞻远瞩的战略性眼光。再次击退土蛮入犯,既可以使西北俺答闻风丧胆,知我之畏,从而甘心称臣纳贡,巩固既得的胜利成果,也可以切断土蛮与俺答的联系,使土蛮孤立无援,从而挫其锐气,以便专力剿灭。在这里,高拱从具体战役的分析,联系到对整个战局的影响;从对西北局势的判断,又联系到东北局势的发展。这说明他全局在胸,具有高超的军事指挥才能,在部署兵力、任用边将、预测战况发展等方面都有指挥若定、为相兼帅的气度。

# 三、整顿南疆,边功卓著

高拱于隆庆三年(1569)年底主政伊始,便针对当时南方倭盗频繁侵扰、西南夷族屡次反叛的局势,大刀阔斧地推行了一系列边政改革,以提高明军的防御作战能力。在此基础上,他又制定并实施了一整套正确的战略方针和靖边方略,即:据实定策,和平解决;迎头痛击,坚决镇压,取得了"贵夷詟服,岭寇底宁"②的显著功绩。高拱的边疆整顿不仅巩固和加强了边防,为其后张居正改革提供了良好的外部条件,而且对维护国家的统一也产生过积极作用,在古代边疆史和民族关系史上也占有非常重要的地位。

---

① 高拱:《政府书答》卷一《答戚总兵书》。
② 高拱:《边略序》。

**（一）在西南平息"安氏之乱"**

隆庆四年（1570）年初，贵州发生土官安国亨与安智互相仇杀的严重事件。而当地的地方官却袒护安智，照搬镇压内地反叛势力的模式，结果造成安国亨拥兵自卫的对抗局面。高拱复政后，根据西南边疆少数民族问题的特殊性，在深入调查、核准实情的基础上，提出以抚为主，不轻用兵，力争和平解决的处置方略，从而使这起骚乱仇杀事件得以圆满解决，贵州大局也趋于稳定。这是高拱处理边疆少数民族问题的光辉范例。

1. 贵州水西"安氏之乱"的起因

自古以来，贵州就是我国少数民族的聚居区。元朝在这一地区设立土司制度进行管理。明初，太祖朱元璋以数十万兵力平定西南各省后，为控制这些地区，承袭元朝的土司制度。"西南夷来归者，即用原官授之。其土官衔号曰宣慰司，曰宣抚司，曰招讨司，曰安抚司，曰长官司。以劳绩之多寡，分尊卑之等差，而府州县之名亦往往有之。"[1]明政府规定，土司的选任和承袭，"原俱属验封司掌行。洪武末年，以宣慰、宣抚、安抚长官等官皆领土兵，改隶兵部，其余守土者，仍隶验封司"[2]。但这一规定，并没有贯彻始终。至嘉靖九年（1530）始复旧制，"以府州县等官隶验封，宣慰、招讨等官隶武选。隶验封者，布政司领之；隶武选者，都指挥领之"[3]。另外，明政府在西南地区亦建立军事卫所，隶属各省都指挥使司。都司以下设都司土官，将诸土司的土兵纳入都司的管辖之下，都司和卫所的官员均由朝廷任命，土司官职大多由各族首领世袭。土兵听从朝廷和都司的调遣。

明朝推行的土司制度，对西南少数民族地区的管理起到了一定的积极作用，但其弊端也日益显露。土司的世袭制造成割据势力，土司间往往为争夺领地、承袭权而不断发生战乱、仇杀和内讧。于是，明朝在一些矛盾比较突出的地区又实行"改土归流"政策，即改土司为府州县，由中央派官员治理，或废府州县中的土官，任用可以调迁的"流官"进行统治。然而，明朝推

---

① 张廷玉：《明史》卷三一〇《土司序》。
② 申时行：《明会典》卷六《吏部五·验封清吏司》。
③ 张廷玉：《明史》卷三一〇《土司序》。

行改土归流政策并不彻底,由于受到土官的极力抵制而不断反复。至嘉靖、隆庆时期,土官的反叛、仇杀和内讧事件频繁发生。

隆庆四年(1570)年初,贵州水西发生了一起土官安氏内乱的严重事件。这是贵州宣慰使土官安国亨因为仇杀安信而与安信之兄安智战于黔西朵泥桥的宗族仇杀事件。① 当时,贵州水西宣慰使土官安国亨②,仇杀其叔祖、已故宣慰使安万铨之子安信,把安信之母疏穷及其兄安智驱逐到安顺州,遂引起安智的怀恨报复,并向原贵州巡抚赵锦诬告安国亨谋反,最终导致水西安氏内部相互仇杀。"安国亨本为群奸拨置,宣淫暴虐,遂仇杀安信,以致信母疏穷、兄安智怀恨报复,相仇杀无已。"③

基于这种情况,赵锦派遣毕节兵备使杨应东率军前往剿杀,未果。这时接任赵锦为都御史的王诤巡抚贵州,当他得知杨应东暗中收受安国亨之贿,通敌叛国,遂奏请朝廷罢斥杨应东,发兵诛杀安国亨。奏准之后,安智大喜,并为总兵官安大朝密谋筹划,献计献策,约定以数万兵粮作为内应。于是,王诤命安大朝集结汉、土兵万余人,于隆庆四年(1570)二月初七日誓师,后开至陆广河一带。然而安智却背信弃义,"兵粮无一助者"。王诤甚为惊惧,便派人安抚安国亨,又密令安大朝勿轻进兵。但此时安大朝已率军渡过陆广河,进入安国亨的领地水西。安国亨派遣其子隘目把、阿弟得费等,率三千人马向安大朝诈降,实施诱敌深入之计。安大朝却信以为真,遂率军深入虎穴,军队给养无继,断食二十九天。这时,安国亨以三千人马为内应,内外夹击,大败官军,致死亡大半。无奈,抚臣王诤上疏自劾,巡按御史蔡廷臣、

---

① 元明时期,水西君长接受中央王朝的赐封,成为全国有名的大土司。明洪武六年(1373),朱元璋升贵州宣抚司为宣慰使,诏霭翠(系水西君长)位各宣慰之上。自霭翠以后,水西君长开始采用汉姓,即"安",实行双姓名制。霭翠之后,水西彝族土司之间常有"无事则互起争端,有事则相为救援"的情况,"安氏之乱"即是明例。

② 安国亨,明洪武年间贵州宣慰使霭翠第十二代孙,安仁之子,嘉靖四十一年(1562)袭任贵州宣慰使,隆庆四年(1570)被革职,万历二十五年(1597)卒。安国亨在贵州宣慰使任上的九年,有一定的政绩。据李良品先生研究,其政绩主要是:听从朝廷调遣,铲除草莽野寇;大力发展水西地区的农业生产;注重交通,疏通道路,修建桥梁;认真学习和传播汉文化,能诗善文,精通书法。安国亨仇杀安信,引发"安氏之乱"的原因是:恃众跋扈,嫉恨安万铨,宣淫暴虐等(参见李良品:《明代贵州水西"安氏之乱"的起因、性质与处置》,《贵州社会科学》2008年第2期)。

③ 高拱:《边略》卷三《靖夷纪事》。

兵科给事中温纯等人亦上奏力劾王诤,并请求究治失事诸臣之罪。最终,安大朝革职戴罪杀贼,王诤回籍听调。①

这次官军的失败,从战略上说,是不了解边疆少数民族问题的特殊性,没有核准安氏仇杀事件的真实情况,对安智的诬告深信不疑,因而照搬镇压内地反叛势力的模式,动辄用兵,轻行征伐,而不是以抚为主,灵活处理少数民族纠纷问题;就战术上讲,是王诤、安大朝所部孤军深入,资养无继,且"大朝子荣在行率部苗兵虏掠,师无纪律"②,对安国亨诈降又信以为真,盲目轻敌。再者,安智背信弃义,没有履行事先约定的内应计划。这些都是导致官军惨败的重要原因。

### 2. 以抚为主的处置方略

官军的惨败,使高拱清醒地认识到,解决边疆少数民族的内讧问题,既不同于抵御外敌的入侵,也有别于镇压内地的叛逆势力,而应该充分照顾到边疆少数民族的特殊情况,采用据实定策、以抚为主的和平处置方略。

高拱采用据实定策、以抚为主的和平处置方略,首先是基于对安氏之乱性质的分析判断而提出来的。他认为,安氏之乱既不是地方政权对中央政权的反叛,也不是少数民族政权与汉族政权之间的争斗,而是贵州水西安氏土司内部的自相仇杀,属于夷族安氏的"家事"。隆庆四年(1570)四月,贵州抚臣王诤回籍听调,高拱便推荐"沉毅可属以事"的阮文中为都御史巡抚贵州。他通过深入调查,核准实情,行前面谕阮文中,认为"安氏之乱"只是夷族内部仇杀,而不是犯上叛逆。高拱说:

> 乃安智不能胜国亨,抚台欲为智伸意,固善,然却为智所欺,而拥兵居省,又为智所绐,而谋动干戈则多矣。国亨不服拘提,乃见抚台右智而疑畏,不敢出也。而抚台遂奏以叛逆,然乎哉? 夫叛逆者,谓敢犯朝廷、背去而为乱者也。今夷族自相残杀,果是敢犯朝廷,背去为乱乎? 纵拘提不出,亦只违拗而已,而违拗何以为叛逆乎? 乃遂轻兵掩杀,彼

---

① 《明穆宗实录》卷四四,隆庆四年四月甲寅。
② 《明穆宗实录》卷四四,隆庆四年四月甲寅。

夷民安肯束手就戮？故各有残伤。然亦未闻有国亨领兵拒战之迹，固可访而知也。而今必以叛逆论之，亦甚矣。①

在这里，高拱把"叛逆"和"仇杀"作了严格区分，提出叛逆是"敢犯朝廷、背去而为乱者也"，而仇杀只是因个人的恩怨而互相残害。由于二者性质不同，其解决方式也不应相同。对待叛逆，必须发兵剿灭，不可轻待；而对于仇杀，则应消除私人恩怨，化解矛盾，争取和平解决。就"安氏之乱"而言，其原因在于安国亨仇杀安信，引起安智的怀恨报复，而当地抚臣又袒护安智，遂造成安国亨拥兵自卫、"不服拘提"的对抗局面。高拱认为，即使安国亨"不服拘提"，充其量也只是"违拗"，即背离抚臣的意愿，而"违拗"并非犯上叛逆。因此，"安氏之乱"是一起夷族内部的自相仇杀事件，而不能将其定性为"叛逆"："安氏之乱，本是安国亨、安智同族自相仇杀，此乃彼之家事，非有犯于我者，何以谓之叛逆？"②在高拱看来，既然"安氏之乱"是夷族自相仇杀事件，并非叛逆，那么就必须运用据实定策、以抚为主的和平方式加以处置。

在准确定性的基础上，高拱提出要力争化解矛盾，不可轻用武力。他认为，处理边疆少数民族问题不能照搬内地模式，而应充分照顾其特殊性，要以抚为主，宽大为怀，不可发兵轻行征剿。他说：

> 夫天下之事，有必当明正其罪者，有罪未必真，人臣所当自为处分，而不可于君父之前过言之者。若中原之民，敢行称乱，大逆不道，此则所当上告天子，发兵征讨，灭此而后朝食者也。若土司异类，顺逆殊途，虽有衅隙，本非叛逆之实，则人臣当自为处分，而不可过言于君父之前。何者？君父，天下之主，威在必伸，一有叛逆，便当扑灭，可但已乎？而乃事非其真，钉入其罪，过以言之，则将如何处也？③

在他看来，处理边疆民族问题之所以不能照搬内地武力镇压的模式，一是由

---

① 高拱：《边略》卷三《靖夷纪事》。
② 高拱：《政府书答》卷二《答贵州阮巡抚书一》。
③ 高拱：《政府书答》卷二《答贵州阮巡抚书一》。

于民族不同,少数民族属于"非我族类";二是由于地域不同,内地反叛对朝廷威胁更大。若内地中原之民犯上叛逆,"必当明正其罪",上告天子,发兵征讨,不可轻待。但"安氏之乱"却不同。他既"非我族类",更"非叛逆之实",因此"不可过言于君父之前",以武力征剿的方法加以处置,而应该充分考虑其特殊性,以抚为主,化解矛盾,力争和平解决。否则,"事非其实,而徒勤兵于远",这于国于民都是有害无益的。"若以吾中国百姓之财,中国百姓之力,而剿一自相仇杀、无敢犯我之土夷,诚不敢以为然也。"①在这里,高拱虽然表现出大汉族主义或民族狭隘主义的局限性,但他提出的以抚为主、不轻用兵的和平解决方略则是切合实际的,这也是他吸取了此前王净、安大朝以武力镇压的沉痛教训而提出来的。

高拱强调解决安氏仇杀事件不能"以虚为实""以假为真",而要核准实情,据实定策。前任抚臣为了达到生事幸功、邀功张本的目的,遂有"以小为大,以虚为实"的"叛逆"之奏。"乃生事幸功者,又以小为大,以虚为实。始则甚言之,以为邀功张本;终则激成之,以实己之前说。"②为了改变这种处置方略,顺利平息"安氏之乱",高拱明确提出"廉得其实"、据实定策的解决方案,不可意气用事。为此,他反复叮嘱阮文中,一再要去安国亨"叛逆"之名,只追究其仇杀及"违拗"之罪。其中有谓:

> 君行矣,宜廉得其实,而虚心平气处之。若果如愚所闻,则当去其叛逆之名,而只穷究其仇杀与夫违拗之罪,则彼当必出身听理。一出身听理,而无叛逆之情自可见。于是只以其本罪罪之,当无不服。斯方为国法之正,天理之公也。③

阮文中至贵州,访得实情,果如高拱所言,安国亨并非叛逆而为仇杀。但他碍于地方官的浮言议论,不敢骤变前举,仍具疏请兵征伐。高拱又复书阮文中,指出安国亨既无叛逆之实,那么就不能"以叛逆论之",更不能以"叛逆"

---

① 高拱:《政府书答》卷二《答贵州阮巡抚书二》。
② 高拱:《边略》卷三《靖夷纪事》。
③ 高拱:《边略》卷三《靖夷纪事》。

处置。否则,就会激而成变、弄假成真,造成无法收拾的局面,重蹈前任抚臣的覆辙。他说:

> 嘻!阮子误矣。安国亨所为不出者,疑畏深也。今明旨既下,事在必行,是真以叛逆处之矣。处以叛逆,彼将叛逆自为也,将不逼而使即真乎!且彼夷酋耳,而劳师费财,即族灭之何为?况未必然乎?未必然则恶可也,其说长矣。是不惟致彼以假为真,而我亦终当以假为真也。①

又说:

> 安国亨本无叛逆之实,乃祸在不测,且图苟全。地方官更复不原其情,遂致激而成变,乃又即以为叛逆之证,可恨也。今观安国亨上本诉冤,乞哀恳切,叛逆者若是耶?而地方官仍复不为处分,仍以叛逆论之,遂使朝廷欲开释而无其由,安国亨欲投顺而无其路,亦已过矣。②

可见,高拱在处置"安氏之乱"问题上,力求从实际出发,以极为冷静的态度确定行动方案,不为危言所扰乱。"大抵天下之事,在乎为之出于实,而处之中其机,则未有不济者。"③这种核准实情、据实定策的处置方略,充分体现出高拱在靖边实践中"务实而不务名"的务实精神。

当时贵州的形势是:阮文中碍于浮议,奏请发兵征剿,而安国亨亦上疏辩诬,乞求归顺,甚为恳切。双方针锋相对,僵持不下,"欲从之,则非计;欲无从,则失威"④。于是,高拱斟酌再三,决定派遣科官去贵州进一步勘察实情,以便妥善处置。他对同僚说道:"吾意欲并行之,而差一风力给事中往勘。果无叛逆实,则只治其本罪;果有叛逆实,即发兵屠戮未晚。彼安国亨闻勘官且至,必以为吾身在勘,军门当不敢杀我,我出听理,乃可以自明。彼

---

① 高拱:《边略》卷三《靖夷纪事》。
② 高拱:《政府书答》卷二《答贵州阮巡抚书一》。
③ 高拱:《边略》卷三《靖夷纪事》。
④ 高拱:《边略》卷三《靖夷纪事》。

若出听理,则不叛逆自见,而乃治其本罪,当亦甘心,乱或可戢也。"①隆庆五年(1571)三月,高拱派"聪明练达,可济大事"的史科给事中贾三近前往贵州勘察,协助阮文中妥善处置安氏之乱问题。同时,高拱再次致书阮文中,强调指出安国亨"若服罪是实,非敢负国,则闻科官至必幸其有归顺之路,而服罪愈恳,吾乃只以其本罪处之。若负固[国]是实,而所谓服罪者只以虚言款我,则即发兵发粮屠戮之,未晚也"②。并将此措置授意兵部,望其题覆照准。应该说,这一措置既具有可行性,又具有灵活性;既照顾到了阮文中发兵征讨的奏请,以防安国亨"负国是实",又考虑到了安国亨乞求降顺的心理,为他服罪听理提供了台阶。这表明,高拱具有高明的策略眼光和深邃的洞察能力。

高拱这一举措,果然收到实效。贾三近到贵州前,阮文中已向安国亨提出了五项和解条件:(1)责令安国亨献出拨置人犯;(2)按照彝俗赔偿安信等人命;(3)允许分地安置疏穷母子;(4)削夺安国亨的宣慰使职衔,由其子安民接任;(5)从重处罚,以惩其恶。③起初,安国亨对此甚为疑虑,仍旧拥兵不出,拒不听理。然而当他得知朝廷派科官前来勘察真情时,"果喜曰:'吾生矣。夫吾岂叛逆者哉!然所以不出听理者,恐军门诱我出,杀我也。今既有旨勘,则吾系听勘人,军门必不敢杀我,吾乃可出听理,明吾非叛逆也'"④。于是便自出听理,承认仇杀本罪,并按照阮文中开具的五项和解条件,将汉、彝犯人王实、阿弟、吴琼等缚交官府处置,把疏穷、安智母子安插于卧这、织金等处,他自己也让出宣慰使职衔,由其子安民"权理公务",最后输银四万一千两以抵本罪。但是,安智却坚执不从,声言必须除掉安国亨,将地方官改土归流,才肯善罢甘休。阮文中通过调查,得知有人在背后教唆挑拨,于是对教唆人犯严加惩治,安智才伏命听从,并差遣卫官押解安智、汉聪等五百余人,出省城赴卧这、织金等处安插。⑤这样,贾三近未至贵州而"安氏之

①　高拱:《边略》卷三《靖夷纪事》。
②　高拱:《政府书答》卷二《答贵州阮巡抚书二》。
③　高拱:《边略》卷三《靖夷纪事》。
④　高拱:《边略》卷三《靖夷纪事》。
⑤　高拱:《边略》卷三《靖夷纪事》。

乱"便告平息。

于是,阮文中上疏朝廷,奏请对诸犯人进行处置。疏言:

> 将阿弟行巡按御史处决枭示,王乔、吴琼固监,会审详决。王世臣等编发烟瘴地面充军。安国亨、禄氏、恶卒、务卒、白糯等姑置不死。省令国亨退闲,待立有奇功另处。其粮马公务,责成伊男安民同禄氏代管。仍委官二员,一住大方,一住卧这,以遏二家隙端,事宁之日撤回。自今处分安插之后,如或国亨敢再怀隙残害安智,及或安智挟仇拽兵报复,俱听臣等遵照明旨,行会总兵官动调四省大兵夹剿,改土设流,以为桀骜酋长之戒。①

隆庆五年(1571)十月,隆庆帝批准了这一奏请。② 至此,在高拱的主持下,发生在贵州水西的安氏仇杀事件获得了圆满解决。

### (二)在南方遏制倭侵盗叛

嘉隆时期,两广已是内忧外患的造乱之地。在内,有司不良,贪贿成风,少数民族的反叛时有发生;在外,倭寇侵扰,海盗猖獗,沿海百姓深受其害。高拱执政后,针对这种严峻局势,在吏治上大力推行选贤任能,劝廉惩贪的整顿改革,以缓解日益尖锐的民族和阶级矛盾,在军事上实施军政配合,内外兼治的绥广方略,从而取得了剿倭除盗,平定叛逆,"岭寇底宁"的实效。

#### 1. 两广地区的外患与内忧

倭寇侵扰一直是明朝东南沿海的严重外患。自洪武年间开始,日本上自诸侯显贵,下至武士浪人,使用武装船队,大肆侵扰粤、闽、浙等省的滨海州县,烧杀抢掠,无恶不作,时称"倭寇"。倭患中国,虽自明初开启端,但杀伤人数最众,抢掠财富最多,破陷地区最广,则集中在嘉靖中期以后。隆庆初期,粤、闽沿海倭患最甚。海盗头目吴平、曾一本,同倚靠广东潮、汕、惠沿

---

① 高拱:《边略》卷三《靖夷纪事》。
② 《明穆宗实录》卷六二,隆庆五年十月辛丑。

海的倭寇互为犄角，与明将俞大猷、戚继光等拉锯激战，长达数年之久。吴平溃败后，曾一本带领其众，既降又叛，叛而又降，充分利用当地官吏的贪婪怯懦，有时以贿赂开路，有时又以兵力威逼，与另一股海盗林凤，成为东南沿海两大祸患。

这时，两广地区不仅有外患，而且还有内忧。由于少数民族不堪官吏暴虐和汉族豪强的侵凌，民族矛盾、阶级矛盾日益激化，接连爆发武装反抗事件。隆庆后期，广东东部的潮、惠地区，因山险木深，贼首蓝一清、赖元爵与其党马祖昌、黄民太等各据险结寨，连地八百里，党数万人。德庆州的罗旁山脉，绵延七百里，瑶族首领潘积善集众与官军对抗，不时进出剽掠。广西古田僮族首领黄朝选、韦银豹等率族众十万余人踞山结寨，不时袭击官军，攻打城池。当时，粤、桂的反叛势力已连成一片，大有星火燎原之势。

高拱复政后，针对两广地区内忧外患的严峻局势作了全面深刻分析，言：

> 广东旧称富饶之地，乃频年以来，盗贼充斥，师旅繁兴，民物凋残，狼狈已甚。以求其故，皆是有司不良所致。而有司之不良，其说有四：用人者以广东为瘴海之乡，劣视其地，有司由甲科者十之一二，而杂行者十之八九；铨除者十之四五，而迁谪者十之五六。彼其才既不堪，而又自知其前路之短，多甘心于自弃。此其一也。岭南绝徼，僻在一隅，声闻既不通于四方，动静尤难达于朝著。有司者苟可欺其抚按，即无复有谁何之者。此其一也。广乃财贝所出之地，而又通番者众。奇货为多，本可有渔之利，易以艳人。此其一也。贪风既成，其势转盛，间有一二自立者，抚按既荐之矣。而所劾者亦不过聊取一二，苟然塞责，固不可以胜劾也。彼其见抚按亦莫我何，则益以为得计，而无所忌惮。居者既长恶不悛，来者亦沦胥以溺，是以贪风牢不可破。此其一也。以甘于自弃之人，处僻远之地，艳可渔之利，而共囿于无可忌惮之风，此所以善政无闻，民之憔悴日甚，而皆驱之于盗贼也。若不亟处，敝将安极？①

---

① 高拱：《边略》卷五《议处远方有司以安地方并议加恩贤能府官以彰激劝疏》。

在他看来,广东地区所以"盗贼充斥,师旅繁兴,民物凋残",其原因就在于"有司不良"。朝廷将大批无德无才之人派到广东为官,使其不堪重任,升迁无望,甘心于自暴自弃。而这些官员又利用广东财货丰裕、地处偏远的特点,大肆搜刮民脂民膏,贪赃纳贿,以致官逼民反,盗贼四起。"广东财货所出,旧称丰裕,固乐土也。只缘近年以来,法度废弛,官其地者,贪虐特甚,习以成风,而抚按亦不可胜究,于是民不聊生,盗贼四起。乃贪虐既不加惩,而处置又不得当,于是良民皆化为盗。"①因此,高拱决心大破常格,对广东有司进行整顿,并采取有力措施,抵御倭寇入侵,化解更趋激化的民族矛盾和阶级矛盾,扭转日益严峻的动乱局面。

2. 整顿吏治,消除内忧

高拱认为,要扭转广东局势,达到易乱以为治的目的,必须进行彻底的整顿。"非大破格整顿,必不能易乱以为治。"②其中,高拱把吏治整顿作为突破口和切入点:"予为计处吏治,颇殚心力。"③高拱的整顿措施有以下几项:

其一,选贤任能,举人进士并用。针对以往广东有司非杂流则迁谪,大多不堪重用的情况,高拱提出州县正官必须由年力精强的进士、举人兼任,以堪当军政重任:"今后广东州县正官,必以进士、举人相兼选除,杂流、迁谪姑不必用。"④其具体措施是:广东"总计其州县共八十处,其掌印官每三处则用进士一,举人二,皆拣其年力精壮、才气通敏者以充,而监生以下不与焉"⑤。高拱提出担任广东州县正官必须具备三个条件:一是具备进士、举人的出身资历,"杂流、迁谪姑不必用"。二是"年力精壮",州县正官年轻化。以举人为例,他说:"举人就选之时,又必稽其年貌,五十以上者授以杂官,不得为州县之长。盖州县之长责任艰重,须有精力者乃可为之。彼其精力既衰,胡可以为哉?"⑥州县正官政务繁忙,责任重大,应该由年富力强、精力充

---

① 高拱:《边略》卷五《议处广东举劾以励地方官员疏》。
② 高拱:《政府书答》卷二《答两广殷总督书二》。
③ 高拱:《边略》卷五《绥广纪事》。
④ 高拱:《边略》卷五《议处远方有司以安地方并议加恩贤能府官以彰激劝疏》。
⑤ 高拱:《边略》卷五《议处广东举劾以励地方官员疏》。
⑥ 高拱:《掌铨题稿》卷五《议处科目人才以兴治道疏》。

沛的人担此重任,五十岁以上之人,无论从体力或精力上说都不宜担任州县正官。三是"才气通敏",州县正官必须具有地方治理的经验。他说:"今州县正官皆以初仕者为之,彼其民事既非素谙,而守身之节,爱民之仁,处事之略,漫无考证。乃即授以民社,待其败事,然后去之,而民已受其毒矣。后之来者,亦复如斯。是不以官试民,而以民试官也。"①这些整顿措施不仅保证了州县正官的知识化、年轻化,而且也有助于提高这些官员处理地方军政要务的能力。

其二,"以治绩为准",厉行奖惩。隆庆四年(1570)六月,高拱针对广东的情况,奏请规定:

> 果有治绩,抚按从实奏荐,行取推升;如其奉职无状,必须尽数参来处治,不得仍前聊取一二,苟且塞责;如尚苟且塞责,容臣等参奏治罪。庶人心知警,而不敢公然纵肆也。然不肖者罚,固可以示惩,若使贤者不赏,又何以示劝?②

> 有能保惠困穷,俾皆乐业者,以三年为率,比内地之官加等升迁;有能捍患御敌、特著奇绩者,以军功论,不次擢用。如其才略恢弘,可当大任,即由此为兵备、为巡抚、为总督,无不可者。惟以治效为准,不必论其出身资格。若乃用之不效,无益地方者,降三级别用。若乃观望推诿,以致误事者,轻则罢黜,重则军法治罪。③

不仅如此,高拱还厉行劝廉惩贪。如隆庆四年(1570)七月,两广总督刘焘虽然军功卓著,但因行贿兵科都给事中温纯,受到高拱的严厉惩治。他指出:"原任总督刘焘,敌忾垂二十年,苦辛王事,驰驱殆数万里,捍御边疆。今意气尚雄,年龄未迈,况在多事之日,本非可弃之人。但其馈送无名,指摘有据,通柬书于白昼,虽非苞苴之为,加卑礼于言官,乃是脂韦之行。欲拟留用,则该科既有论列,何以使之自安?欲拟左迁,则大臣乃带瑕疵,何以令其

---

① 高拱:《本语》卷六。
② 高拱:《边略》卷五《议处远方有司以安地方并议加恩贤能府官以彰激劝疏》。
③ 高拱:《掌铨题稿》卷二《议处远方有司以固疆圉疏》。

自展?"①最终,刘焘受到致仕论处。隆庆六年(1572)二月,广东潮州知府侯必登廉能有为,但因揭发推官来经济贪污受贿行为,遭到来经济的攻击。无奈,侯必登只好上疏乞休。高拱通过勘察实情,多次上疏要擢升这样的廉能之臣。他说:

> 潮州知府侯必登公廉有无,威惠并著,能使地方鲜盗,百姓得以耕稼为生。……此等贤官,他处犹少,而况于广东乎?若使人皆如此,又何有地方不靖之忧?合无将本官先加以从三品服色俸级,令其照旧官事,待政成之日,另议超升。②

高拱坚决破除贪黩成风的腐败,廉洁者必奖,贪贿者必罚,力求做到纲纪严明、奖惩并用,以此扭转广东地区贪污腐败之风。

其三,"广东举劾,另立科条"。当时广东有司科目人多,而每年举劾之数又与他省相同,使得政绩优良官员的晋升机会反不如他省政绩平平的官员,致使其意志消沉,无心政事。正如高拱所说:"今广东有司既皆科目选择之人,使抚按举荐同于他省,则官其地者必曰:'吾辈科目人多,而抚按举荐同于他省,则虽尽心效职称上等者,或且不得与他省中等伍,而又何望于进取乎?'于是隳其志以玩愒者,将有之矣。"③针对此弊,高拱提出广东应另立举劾科条,凡政绩优良者不拘多寡,尽数举荐,殃民不职者必须拿问参奏,举劾之数不得同于他省。隆庆六年(1572)二月,他奏请规定:

> 广东举劾,另立科条。令其抚按官将各有司时时体访,务在的确。果有殃民不职,应拿问者即便拿问,应参奏者即便参奏,不必待复命之时,其他只不许徇私市恩。若果有弭盗安民茂著循良之绩者,复命之时,不拘多寡,尽数荐举;本部另行体访的确,亦不拘多寡,尽数行取超升。如此则贤才虽众,然各有上进之途,自不至于相碍;而体悉既周,必

---

① 高拱:《掌铨题稿》卷二三《复都给事中温纯论总督刘焘疏》。
② 高拱:《掌铨题稿》卷二八《议处知府侯必登》。
③ 高拱:《边略》卷五《议处广东举劾以励地方官员疏》。

多有奋励之志,当不肯以自隳。庶乎善政可兴,而数年之间可有安平之望也。①

这一举措,是高拱针对广东地区的特殊情况提出来的,至于他省用人,其抚按官自当守滥举之禁,不得援广东以为例。

其四,军政归一,理顺管理体制。为了破除广东军政彼此隔阂、推诿扯皮之弊,高拱提出军政事体归一、统体相协的改革措施。在他看来,"知府与兵备职任虽殊,均有地方之责,实则同功一体者也。如功罪赏罚漠不相关,则上下之间视如秦越,何以弭盗安民,共成化理哉?"②因此,隆庆四年(1570)三月,他根据广东监察御史杨标的建议,提出知府与兵备应有功同赏,有罪并罚,不得厚此薄彼,赏罚不一。言:"其知府有功,得与兵备并荐,失事亦与并参。庶避事者,绝巧免之私;而戮立者,获同赏之劝。"③另外,高拱还特别申严对兵备官员的奖惩措施:"今后各地方兵备官员,历俸年深、贤能称职者,即奏荐到部,以凭查例超升。如历俸仅一二年者,仍不得一概奏荐,以市私恩,否者,即行参论,以凭罢斥。使人咸知赏不倖徼,罚不倖免,自当知所劝惩,尽心职务。"④为了理顺军政管理体制,避免彼此推避的情况,隆庆四年(1570)五月,高拱根据吏科都给事中光懋的建议,裁革广东巡抚,由两广总督兼理;惠、潮二府军民政务,仍复属南赣管辖。⑤ 这些措施对于加强广东地方军政官员相互协作,促其勤于政事,共同抵御倭寇侵略,提供了体制上的保障。

其五,加强沟通,破除粤地欺隐之弊。针对广东地处"岭南绝徼,僻在一隅,声闻既不通于四方,动静尤难达于朝著"的地理特点和"有司者苟可欺其抚按,即无复有谁何之者"的弊端,高拱提出要加强朝廷与广东边地官员的沟通,力求做到上情下达,下情上达,有令必行,有禁必止。隆庆四年(1570)

---

① 高拱:《边略》卷五《议处广东举劾以励地方官员疏》。
② 高拱:《边略》卷五《议处广东兵备知府等官疏》。
③ 高拱:《边略》卷五《议处广东兵备知府等官疏》。
④ 高拱:《边略》卷五《议处广东兵备知府等官疏》。
⑤ 高拱:《边略》卷五《议革广东巡抚疏》。

六月,他提出:"使远方功罪之实,为在上者所明照;而君上综核之意,为在远者所周知,则谁敢不畏,敢不修职? 万里之外,如在目前;治理之机,可运掌上。圣人所以能使中国为一人,用此道也。"①在这里,高拱尽管没有提出朝廷与粤地官员沟通的具体办法和措施,但他主张"盖天下虽大,实则如人之一身"的大一统观念,则是难能可贵的。

总之,高拱推行的一系列改革措施不仅遏制了贪贿腐败之风,而且还理顺了行政管理体制,使军政"统体相协,事体归一",加强了相互配合和协作,这就为有效抵御倭寇入侵,平息少数民族叛乱提供了体制上和军事上的保证。正因为如此,这些举措得到了隆庆帝的支持,并批准执行,如隆庆帝对《议处远方有司以安地方并议加恩贤能府官以彰激劝疏》下旨道:"近来远方有司不得其人,以致民不聊生,盗贼滋蔓。这所议甚得弭盗安民之要,都准行。"②

3. 重用将才,抵御外患

如果说高拱清整吏治、扭转颓风是安内,那么,任贤使能、穷剿倭盗则是攘外。他认为治粤方略要得到有效贯彻执行并取得实际效果,其关键在于能否识人和用人。因此,他职掌吏部继又提任首辅期间,"遍识人才","仓卒举用,皆得其人"。③ 据《掌铨题稿》不完全统计,高拱执政两年半的时间里,在广东地区荐举、提拔和重用的高官有二十余人,如两广总督李迁、殷正茂,广东监察御史杨标,广东按察司副使刘稳,潮州知府侯必登,广东布政使司右参政兼潮州兵备陈奎,韶州知府李渭等。其中,高拱着力提拔和重用的是有大争议的人物殷正茂。

殷正茂虽是进士出身,但却熟谙军机韬略,是一干才而兼勇将。隆庆三年(1569)冬,殷正茂初征古田,即获大胜。而殷正茂之所以能得授重任,取得赫赫战功,实因高拱的识拔,力排众议而重用之。而殷正茂又是瑜瑕兼备的人物:

---

① 高拱:《边略》卷五《议处远方有司以安地方并议加恩贤能府官以彰激劝疏》。
② 高拱:《边略》卷五《议处远方有司以安地方并议加恩贤能府官以彰激劝疏》。
③ 张廷玉:《明史》卷二一三《高拱传》。

正茂在广时,任法严,道将以下奉行惟谨。然性贪,岁受属吏金万计。初征古田,大学士高拱曰:"吾捐百万金予正茂,纵乾没者半,然事可立办。"时以拱为善用人。①

殷正茂素有贪名,高拱当然是了然于胸的。但事有轻重缓急,韦银豹等以及"粤中群盗"之乱,所关系者重。韦氏割据已逾七十年,而"群盗"已经兵连惠州、潮州及琼州,广东已失其半,此所谓心膂之患,不能不急采对策。因此,在这种特殊紧急情况下,不能不视殷正茂个人节操相对为轻,当时又确无任何人可代替之而操胜券者。可见,高拱在使用殷正茂问题上表现出大魄力,能用大手笔果断处理大问题,因而受到时论的一致肯定和赞誉。

殷正茂也确实不负众望,屡建奇功。他由广西巡抚转任提督两广军务后,首先是穷剿倭寇海盗。此前,海盗曾一本已被生擒磔死,剩下的巨寇就是蓝一清等人。隆庆五年(1571)六月,殷正茂又同总兵张元勋穷剿潮、惠贼寇蓝一清、赖元爵、林道乾等部。当时,征兵四万,数路并进,贼寇大败,乃凭险自守。官军遍搜深箐邃谷之间,元勋率军穷追不舍,先后俘获大贼首六十一人,次贼首六百余人,破贼巢七百余所,擒斩一万二有奇。其后,复讨余贼一千三百有奇。② 同年,倭寇与"粤中群盗"攻入广东电白县神电卫,旋即被明军击退,歼其首恶。另一盗帮巨枭林凤因屡受追击,亦遁逃远洋,不敢再登岸索战。六年(1572)三月,提督两广侍郎殷正茂奏,抚民许瑞出兵攻剿倭寇,生擒七十八人,斩首二十五级,请授把总职衔,以示优异。③ 这些战役的胜利,极大地打击了倭寇和海盗的嚣张气焰,一时海寇息警,粤、闽、浙沿线基本上恢复了宁谧。隆庆后期是遏制倭寇入侵、穷剿海盗取得重要战果的关键时期。

其次是镇压夷族反抗活动。殷正茂取得的另一重要战果,是率军平定广西古田僮族首领韦银豹、黄朝猛的反抗活动。韦氏家族的反抗由来已久。其父朝威与其伯朝猛自弘治中期即称兵对抗明朝的统治,杀副总兵马俊、参

① 张廷玉:《明史》卷二二二《殷正茂传》。
② 张廷玉:《明史》卷二一二《张元勋传》。
③ 《明穆宗实录》卷六八,隆庆六年三月己丑。

议马铉。正德年间,银豹随朝威攻陷洛容县,朝威诛死。嘉靖时期,银豹及朝猛劫杀参政黎民衷。其后银豹乃挟其子四出扰掠,屡败官军,攻陷城池,而又屡降屡叛。朝廷认为这是南方最棘手的问题之一。为了彻底铲除这一毒瘤,隆庆五年(1571)五月,殷正茂奏请调集土、汉兵十万,令总兵俞大猷统领,进剿广西古田、八寨的僮族反抗之人。发炮仰攻,合营围剿,激战十余日,连破牛河、三厄、东山、凤凰等僮寨数十处,共斩首七千四百六十余级,俘获一千三百余人,抚其不为寇者六百六十余所。殷正茂、俞大猷派遣古田主簿廖元,诱斩黄朝猛。① 韦银豹势单力穷,实施金蝉脱壳之计,令其党徒阴斩貌类己者以献。不料,此计被廖元识破。于是,殷正茂檄告两广提督李迁,让其悄悄传布银豹不死;同时又令佥事金柱秘密跟踪。这时,银豹兄银站害怕连累自己,遂生擒银豹以献,殷正茂奉诏磔之。② 隆庆六年(1572)春,已为两广总督的殷正茂,又与巡抚郭应聘征讨府江、怀远一带的瑶族叛逆。原先,殷正茂大征古田时,瑶贼惧而俯首听命,但不久再次反叛。于是,郭应聘调集土兵六万,破府江贼巢数十,斩首五千有奇,瑶酋杨钱甫等授首。后又率十万大军,六路进剿怀远瑶贼,先后破巢一百四十个,献首三千五百级,俘获降者无数。三月,瑶族叛逆被平息。③ 这些战役,都说明当时战况的激烈,使用兵力数量之多,杀伤人数之众,甚至超过了在辽东前线同女真和土蛮的交战。

对殷正茂取得的重要战果,高拱给予充分肯定,但他并不以此为满足,而是妥谋长治久安之策。故高拱又以十封信函对殷正茂作出具体指示。④其中有谓:

> 公有报国之忠心,有戡乱之雄略,指挥一定,叛凶遂平。此数十年不能得者,乃不劳而致,功在社稷,谁能右之? 其善后事宜,惟公处分,

① 《明穆宗实录》卷五七,隆庆五年五月壬戌。
② 张廷玉:《明史》卷二二二《殷正茂传》。
③ 张廷玉:《明史》卷二二一《郭应聘传》;卷二一二《李锡传》。
④ 高拱:《政府书答》卷二《安绥广东》。

更无掣肘,愿益展弘猷,图其永久,是所望焉。①

数十年造乱之乡,一朝靖谧,诚为可喜。然善后之计,更须深图,种种停妥,乃可望于久安。有公在镇,必获良策。凡所当行者,不妨见示,当为行之。②

所谓"善后之计",就是要对广东地区的军政进行整顿改革。因为高拱清醒地认识到吏治腐败,民生倒悬,乃是少数民族反叛的根本原因。"兹城池既复,剿倭报捷,良可喜也。然倭尚可平,而地方之贼难于卒灭。地方之贼不灭,固倭之所以来也。而地方之所以多贼者,实逼起于有司之贪残,而养成于有司之蒙蔽。"③只有破格整顿,才能易乱以为治,才是长治久安之计。因此,高拱一再强调整顿改革之重要,并表示要与殷正茂"勠力同心",誓愿作为其整顿改革的有力助臂。他说:

征剿之事尤须将领得人,乃可奏功。广东自大将偏裨而下,果孰可用当留,孰不可用当去,何人可代;孰宜于彼不宜于此,孰宜于此不宜于彼,所当更调,可即奏上,当拟行之。有将有兵有粮,则贼平有日矣。然仆所以急急于此者,尤有深意。夫广东之弊极矣,整顿而使之如旧,亦甚难矣。非公在彼,孰能经略?非仆在此,孰肯主张?故整顿此方,必当在此时也。过此以往,但少一人,事必无济,广东终无宁日矣。公有雄略,成此不难,时不再来,可不念哉!④

在这里,高拱表现出对殷正茂的高度信任,并鼓励他坚定改革信念,加大整顿力度,如此才能荡涤官场的污浊陋习,解除民生疾苦,缓解日益尖锐的阶级矛盾和民族矛盾,从而有效地遏制倭寇侵扰,平息夷族叛乱。应该说,高拱在扑灭南方倭寇海盗的问题上,采取军政配合、内外兼治的治粤方略,得

① 高拱:《政府书答》卷二《答两广殷总督书九》。
② 高拱:《政府书答》卷二《答两广殷总督书八》。
③ 高拱:《政府书答》卷二《答两广殷总督书五》。
④ 高拱:《政府书答》卷二《答两广殷总督书五》。

到了殷正茂的忠实执行,基本上收到了预期效果。

# 四、救时良相,史家论评

由上可见,高拱执政的隆庆中后期明王朝,有效地遏制了南倭北虏的入侵,初步改变了百余年来被动挨打、边患频仍的颓败局面,边疆军事形势获得了明显好转。可以说,高拱的靖边功绩,既是他一生事业中最卓著的成就,也是明代军事篇章中最辉煌的一页。明清至近现代诸多政治家和史学家都给予了高度评价。

## (一) 促成"俺答封贡"之评

高拱治理西北边疆及其取得的功绩,明清至近现代诸多政治家都给予了高度评价。张居正说:"虏从庚子以来,岁为边患,一旦震惧于天子之威灵,执我叛人,款关求贡。中外相顾骇愕,莫敢发。公(高拱)独决策,纳其贡献,许为外臣,虏遂感悦,益远徙,不敢盗边。"①魏源指出:"高拱、张居正、王崇古,张弛驾驭,因势推移,不独明塞息五十年之烽燧,且为本朝开二百年之太平。仁人利溥,民到今受其赐。"②近人邓之诚也说:"高拱以招致俺答一事为最成功,虽成于王崇古,而主持者则拱也。隆、万以后,鞑靼扰边之患遂减。"③当然,作为次辅的张居正也有辅佐、襄助之功,这是不能抹杀的,但起决定性作用的则是首辅高拱。

高拱对西北边疆的经略及其取得的功绩不仅得到了高度评价,而且也具有非常重要的历史意义。首先,加强了汉蒙民族经济的联系,促进了边疆经济的发展和繁荣。自隆庆五年(1571)始,明朝陆续在宣、大、延、宁、甘等地开设马市十余处,除官方的马市外,民间私市遍布长城内外。明政府鼓励商人就市,同时派遣官员组织互市,调剂余缺,使汉蒙人民之间经济联系更加密切,效果也十分显著:"九边生齿日繁,守备日固,田野日辟,商贾日通,

① 张居正:《张太岳集》卷七《门生为师相中玄高公六十寿序》。
② 魏源:《圣武记》卷一二《武事余记》。
③ 邓之诚:《中华二千年史》第五卷(上),中华书局1983年版,第139页。

边民始知有生之乐。"①其次,封贡开市结束了自明初以来蒙古各部与明王朝之间近二百年兵戈相加的战争局面。俺答受封后向明廷宣誓永不内犯,明朝也申令今后禁止捣巢、烧荒,停止招徕逃民,使汉族居民就地安心生产,西北边境出现了和平安定的局面:"俺答率众款塞,稽颡称臣,奉贡阙下,数月之间,三陲晏然,曾无一尘之扰,边氓释戈而荷锄,关城熄烽而安枕。"②"自是边境休息,东起延、永,西抵嘉峪七镇,数千里军民乐业,不用兵革,岁省费什七。"③"隆万间,中土安平,不见兵革。"④这种相对稳定的升平之世,大约保持了三十年之久。最后,封贡从政治上确立了蒙古各部政权与明朝中央政权的隶属关系,从长远来看,巩固了我国统一的多民族国家,维护了国家的统一。

### (二)取得"辽左大捷"之评

高拱对辽东地区的经略及其取得的辽左大捷,明清时期政治家和史学家均给予了肯定性评价:其一,高度评价高拱的边功和靖边才能。隆庆六年(1572)正月,明穆宗在加勋高拱柱国、进兼中极殿大学士的诰命中言:"且值国家多事之时,先为社稷万年之计。乃通海运,乃饬边防,乃定滇南,乃平岭表。制降西房,坐令稽颡以称藩;威挞东夷,屡致投戈而授首。盖有不世之略,乃可建不世之勋;然必非常之人,斯可济非常之事。"⑤高拱病逝后不久,即万历七年(1579)二月,礼部提出:"广寇鸱张,辽东数与房角一时,督抚剿除,拱主持力为多。"⑥万历三十年(1602)四月,明神宗颁布两道诰命,在追赠高拱为特进光禄大夫的诰命中言:"高拱博大精详,渊宏邃密,经纶伟业,社稷名臣。……岭表滇南,氛净长蛇封豕;东夷西房,烟消埃鹭庭乌。洵称纬

---

① 方逢时:《论谙达(俺答)贡市疏》,载[清]乾隆《御选明臣奏议》卷二九。
② 高拱:《纶扉稿》卷一《房众内附边患稍宁乞及时大修边政以永图治安疏》。
③ 张廷玉:《明史》卷二二二《王崇古传》。
④ 查继佐:《罪惟录》列传卷之一一下《梁梦龙传》。
⑤ 高务观:《东里高氏世恩录》卷二《少师兼太子太师吏部尚书加勋柱国进兼中极殿大学士兼掌吏部事高拱并妻》。
⑥ 《明神宗实录》卷八四,万历七年二月乙巳。

武经文,不愧帝臣王佐。"①可以说,这是官方对高拱边功的盖棺定论。其二,充分肯定高拱知人善任,重用人才。如史家王世贞对高拱颇多微词,但在论及高拱取得辽东边功时则持肯定态度,言:"辽东数与虏角,拱善其抚臣张学颜以及总帅李成梁,抚而用之,遂屡胜,成功名。"②开封府洧川人范守己指出:"东虏汪住等恃其强众,时侵辽东,臣夫(即高拱)举张学颜为抚臣,遵奉庙谋,戮力致胜。……胡虏大挫,不敢复来者数年。"③史家黄景昉说:"辽东土蛮援俺答例要贡,抚臣张学颜不许,曰:'虏款而得请,是羁之也,重在内;蛮逼而与和,是媚之也,重在外。外将不可久。'遂发兵拒走之。俺答闻,益推附焉。张此举有虚有实,得声东击西之势。高文襄果不谬知人。"④清初思想家孙奇逢说:"公于诸边情形,无不熟谙而洞悉之,故边人有事来请,公辄为指示方略。政府不谙边务,而边人能立功于外者,难矣。"⑤高拱的军事才能和靖边功绩,也得到了近现代史学家的充分肯定。史家孟森说:"隆、万间军事颇振作,高拱、张居正皆善驭将。"⑥嵇文甫也说:"拱有干济才,勇于任事。既为首辅,更慨然以天下为己任。其筹边、课吏、用人、行政,不数年间,成效卓然。"⑦

## (三)平息贵州"安氏之乱"之评

高拱采取的据实定策、以抚为主的靖彝方略,不仅减少了武力战争,和平解决了边疆少数民族的内乱问题,而且也有利于民族团结,对西南边陲的政治稳定及生产发展和经济繁荣产生了重要影响。正如高拱自己所言:"且释一门之隙,而可以免数省兵粮调度之劳;宥一酋之死,而因以免众姓玉石俱焚之烈。不惟桀骜恬势者为之逡巡,而旁观徼利者悉以敛戢。生灵宁谧,

---

① 高务观:《东里高氏世恩录》卷五《原任光禄大夫柱国少师兼太子太师吏部尚书中极殿大学士高拱赠太师谥文襄追赠特进光禄大夫》。

② 王世贞:《嘉靖以来内阁首辅传》卷六《高拱传》。

③ 范守己:《代高少师张夫人昭雪抑枉疏》,载《高拱全集》附录二《高拱生平文献》。

④ 黄景昉:《国史唯疑》卷八。

⑤ 孙奇逢:《中州人物考》卷二《高文襄公拱》。

⑥ 孟森:《明清史讲义》上册,中华书局1981年版,第249页。

⑦ 嵇文甫:《论高拱的学术思想》,载《嵇文甫文集》下册,河南人民出版社1990年版,第450页。

边圉奠安。"①"自是境土谧宁,生民安业,兵无征戍之苦,官免奔命之劳,上下恬熙与中华埒矣。"②这确实反映出当时在西南边防沿线出现了百年未见的相对安定的局面。

对高拱这一功绩,明清至近现代的政治家和史学家给予了高度评价。《明神宗实录》说他"实有忧国家之心,兼负济天下之具。即如处安国亨之罪,不烦兵革而夷方自服,国体常尊,所省兵饷何止数十万?"③明范守己言:"贵州土官安国亨与族类仇杀,抗我王师,守土者仓皇无措。臣夫选择抚臣,授以成算,料敌遥中其机宜,故勘,遂致其投顺,使一隅既摇之人心,复就安辑。"④万历四十二年(1614)五月,户部主事马之骏说:"至于处叛逆,处安氏,纶扉幕府之悬绝,呼吸关通,而以竿尺代樽俎,靡不缊缊凿凿,中情实妙权衡,恐又非李、寇之所敢望也。"⑤高拱取得的卓著功勋,即使是唐朝李德裕和宋朝寇准也是望尘莫及的。明文学家冯梦龙亦谓:

> 国家于土司以戎索羁縻之耳,原于内地不同。彼世享福贵,无故思叛,理必不然。皆当事者或浚削,或慢残,或处置失当,激而成之。反尚可原,况未必反乎?如安国亨一事,若非高中玄力为主持,势必用兵。即彼幸而获捷,而竭数省之兵粮,以胜一自相仇杀之夷人,甚无谓也。呜呼!前事不忘,后事之师,吾今日安得不思中玄乎?⑥

清史家万斯同也指出:"自是三十余年,边陲晏然,拱之力为多。"⑦今人李良品评价说:"高拱对'安氏之乱'的处置采取了三种策略:一是针对仇杀事件,准确定性;二是反复叮嘱,力争和平解决;三是派人勘察实情,妥善处置,最终达到'科臣未至,而事已平矣'的结果。和平解决'安氏之乱'既减少了非

---

① 高拱:《边略》卷三《靖夷纪事》。
② 高拱:《边略》卷三《靖夷纪事》。
③ 《明神宗实录》卷三七〇,万历三十年三月丁卯。
④ 范守己:《代高少师张夫人昭雪抑枉疏》,载《高拱全集》附录二《高拱生平文献》。
⑤ 马之骏:《高文襄公集序》,载《高拱全集》附录二《高拱生平文献》。
⑥ 冯梦龙:《智囊全集》卷三"冯之评语"。
⑦ 万斯同:《明史》卷三〇二《高拱传》,又见王鸿绪《明史稿·高拱传》。

正义战争,又有利于民族之间的团结。"①毛佩琦也评价说:"高拱等人处理安国亨事件的经过极其精彩。我们可以看出:他们悉心领会祖训所规定的明朝对土司的基本政策,在多变的情况下头脑清醒,坚守祖训而又灵活有度。高拱邃密的洞察力和高超的领导能力令人印象深刻。……这些都反映出高拱善于统筹全局、机宜权变的能力,也说明他敢于担当的缜密和果断。高拱不愧治世能臣,岂兢兢小吏可同日而语耶。"②可以说,上述评价是符合史实的,也是确当的。

从高拱处置"安氏之乱"的方略及对其评价中,可以得出以下几点认识:其一,处理边疆少数民族问题要据实定策,反复调查,核准实情,以极冷静的态度确定行动方案,不为危言所扰乱;其二,在核准实情的基础上,以抚为主,不轻用兵,尽量争取和平解决,避免少数民族势力与汉族政权的公开对抗;其三,处理边疆少数民族问题不能照搬内地以武力镇压反叛的模式,而要充分照顾其特殊性,以宽大为怀,灵活处理;其四,要把开明的民族政策和求真务实的精神结合起来,如此才能解决边疆少数民族的内乱事件。应该说,这些经验至今对我们解决少数民族问题仍然具有一定的借鉴意义。

### (四)遏制南疆倭侵盗叛之评

高拱的治粤方略及其功绩,明清政治家和史学家均给予了肯定性评价。隆庆六年(1572)正月,穆宗在加勋高拱柱国、中极殿大学士的诰命中认为,高拱"乃平岭表"是其"不世之勋"。③ 时任吏部侍郎张四维言:"粤东西及滇、贵诸蛮夷不靖者,咸革心内向,惴惴无有越志,海波遂平。"④万历三十年(1602)四月,神宗在追赠高拱为特进光禄大夫的诰命中,因高拱平定"岭表滇南"等边功,将其誉为"经纶伟业"的"社稷名臣"。⑤ 范守己言:"广东徭寇韦银豹倡乱,蔓延日滋,岭表骚动。臣夫(高拱)拣拔督抚重臣,授以方略,不

---

① 李良品:《明代贵州水西"安氏之乱"的起因、性质与处置》,《贵州社会科学》2008 年第 2 期。
② 毛佩琦:《祖训:理念与实践——以隆庆年间高拱办理贵州土司安国亨案为例》,《贵州文史丛刊》2020 年第 3 期。
③ 高务观:《东里高氏世恩录》,载《高拱全集》附录一。
④ 张四维:《寿高端公六十序》,载《张四维集》中册。
⑤ 高务观:《东里高氏世恩录》,载《高拱全集》附录一。

旬月而剿平。"①万历时期礼部侍郎郭正域言:"广东昔称乐土,后为盗区。上官计无可施,每以抚为得策。公请以殷正茂为总督,促其剿除,勿致养寇。而广东郡邑多除制科,宽其荐额,勿拘成数。遂使广东造乱之邦,乐业而向化矣。"②沈德符言:"穆庙末年,殷石汀正茂以司马督两广,专征伐,为首揆高新郑相知,以故得度外行事如此。……初岭外不靖,连年用兵不得要领。时新郑相方兼领铨政,遂用殷为帅。……后果奏功如所策。"③傅维鳞亦言:"高拱以藩邸腹心,得君行政,慨然以综核名实为己任。其所条奏,铨政边才,凿凿可施之当今。练达晓畅,救时贤相也。"④可以说,上述评价是确当的。

从上述高拱对两广地区的整顿及对其的评价中,可以得出以下几点认识和经验:其一,把吏治整顿作为重点。对于广东地区出现的民族反抗活动,高拱认为是吏治腐败和任官不当的结果。因此他在职期间大力进行吏治整顿,试图从制度上缓和阶级和民族矛盾。所采取的措施也切中时弊,提高了内地官僚到广东任职的积极性,这对改善广东地区官僚队伍结构起了积极作用。其二,把理顺管理体制作为保障。为了革除两广军政彼此隔阂、推诿扯皮之弊,高拱提出军政"事体归一、统体相协"的改革措施。这一措施既加强了军政之间的相互配合和协作,也为有效抵御倭寇入侵、平息少数民族反抗提供了体制上的保证。其三,把内外兼治作为重要措施。高拱根据广东地区内有民族反抗、外有倭盗侵扰的局势,提出既要安内即整顿吏治,平息民族反叛,又要攘外即抗击倭寇和海盗侵扰。这种内外兼治的措施鲜明地体现出高拱的大局观念。

总之,在高拱一生事业中,其边政功绩最为辉煌。在西北促成"俺答封贡",在东北取得"辽左大捷",在西南平息"安氏之乱",在南方遏制倭侵盗叛和镇压少数民族反抗。正如郭正域所说:"嘉、隆之际,相臣身任天下之重,行谊刚方,事业光显者,无如新郑高公。"⑤这不仅扭转了嘉靖以来南倭北

---

① 范守己:《代高少师张夫人昭雪抑枉疏》,载《高拱全集》附录二《高拱生平文献》。
② 郭正域:《合并黄离草》卷二四《太师高文襄公墓志铭》。
③ 沈德符:《万历野获编》卷一八《岭南论囚》。
④ 傅维鳞:《明书》卷一三五《高拱传》,载《高拱全集》附录二《高拱生平文献》。
⑤ 郭正域:《合并黄离草》卷二四《太师高文襄公墓志铭》。

房大肆侵扰的局面,开创出隆庆后期"边陲晏然""中土安平"的新局面,而且也为其后张居正推行"万历新政"创造了良好的外部条件。实际上,张居正的边政功业乃至整个改革事业是对高拱的继承和发展,如果没有高拱奠定初步基础,张居正很难取得更大成效。诚如郭正域所说:"江陵负豪杰之才,其整齐操纵,大略用高公之学。"①嵇文甫先生言:"高拱是一位很有干略的宰相,在许多方面开张居正之先。"②韦庆远先生言:"由张居正总揽大权以主持的万历十年改革,基本上是隆庆时期推行改革方案的合理延续和发展。"③牟钟鉴先生言:"总括这一时期的边政,西北、东北、西南和南方等处的整顿、改良和巩固,都与高拱决策正确、用人得当、施行坚毅有极大的关系。他是一位人才难得的文武兼备的政治家。"④赵世明先生亦言:高拱"对明代军队和边防进行了有力又有效的改革治理,使明中后期的军事能力有了很大提升,边防日益巩固,自此以后,明代再没有出现像'土木之变'、'庚午之变'和'汾石之祸'等类似的事件和震动,边防状况大为改观。一直到明朝灭亡,边防仍然比较牢靠。……从这个意义上说,高拱改革的成效是不容置疑的"⑤。

由上述评价可见,高拱既是"社稷名臣""救时良相",也是"勘定之才""驭将之才"。可以说,他是一位亦相亦帅、为相兼帅的著名军事家。他在军事上的卓越建树,不仅取得了"边陲晏然"之效,维护了国家统一,而且也推动了当时社会经济的发展和政治进步。隆庆后期,"九边生齿日繁,守备日固,田野日辟,商贾日通,边民始知有生之乐"⑥。这种中兴之势大约保持了三十年之久。

总之,在高拱一生事业中,其靖边功绩最为辉煌。他的一系列举措不仅扭转了嘉靖以来南倭北房大肆侵扰的局面,开创了隆庆后期"边陲晏然"⑦

① 郭正域:《合并黄离草》卷二四《太师高文襄公墓志铭》。
② 嵇文甫:《论高拱的学术思想》,载《嵇文甫文集》下册,河南人民出版社 1990 年版,第 451 页。
③ 韦庆远:《张居正和明代中后期政局》,广东高等教育出版社 1999 年版,第 5 页。
④ 牟钟鉴:《论高拱》,《中州学刊》1988 年第 5 期。
⑤ 赵世明:《高拱与隆庆政治》,西南交通大学出版社 2014 年版,第 65 页。
⑥ 方逢时:《论谙达(俺答)贡市疏》,载[清]乾隆帝《御选明臣奏议》卷二九。
⑦ 王鸿绪:《明史稿》列传第九二《高拱传》。

"中土安平"①的新局面,而且也为张居正推行"万历新政"创造了良好的外部条件。可以说,张居正的边政功业乃至整个改革事业是对高拱的继承和发展,如果没有高拱奠定初步基础,"万历新政"就很难取得更大成效,二者具有明显的传承和衔接关系。

如今,有些学者仍然把高、张对立起来,固守"褒张贬高"的历史偏见,不顾客观历史事实以及明清以来诸多政治家、史学家的论定,提出"高拱留下来的是一个烂摊子","一个内忧外患的烂摊子","只留下难以收拾的残局"等观点,完全抹杀高拱的靖边功业或为相之功。显然,这种所谓的"烂摊"说或"残局"说,是对历史的误读,也是对读者的误导!

---

① 查继佐:《罪惟录》列传卷——下《梁梦龙传》。

# 第八章 "俺答封贡"问题

　　隆庆四年(1570)九月,西北边疆发生的"俺答封贡",是中国古代边疆史和民族关系史上的重大历史事件,也是二百年来明、蒙之间由战转和的标志性事件。虽然学术界对其研究颇多,但在解决该事件的主持者或决策者问题上却存在重大分歧,有张居正决策说、高拱决策说和明穆宗"宸断"说。如果从解决该事件的决策者所处的政治地位、在封贡过程中所起的决定性推进作用,以及明清历史文献的记载等方面来考察,其主持者和决策者当属高拱,而非张居正。高拱主导了该事件的全过程,是该事件的真正决策者。

## 一、何人决策,众说纷纭

　　目前,学术界就"俺答封贡"发生的背景、条件、进程、结果及其意义等问题研究颇多,但在主持者或决策者问题上分歧颇大,尚无定论。主要有三种观点:

　　一是张居正决策说。如说:"在封贡互市的争论中,居正占据主要的地位。这次决策的大功,当然由高拱、王崇古和张居正平分,但是居正却尽了最大的努力。"①俺答封贡"是隆庆年间新政的最大成就,其中,张居正起了重要的策划、推动作用"②。"从史料来看,方案的提出、步骤的细化、问题的解决思路,无一不出自张居正的手笔。高拱正是出于对张居正的友情和信任,才在这件事上大力支持张居正的。……也就是说,张居正是策划者,高拱是

①　朱东润:《张居正大传》,湖北人民出版社1981年版,第115页。
②　刘志琴:《张居正评传》,南京大学出版社2006年版,第105页。

支持者。"①"在'隆庆和议'的过程中,张居正悉心指授王崇古和方逢时等以'把汉那吉事件'为契机,通过书牍来往和奏疏沟通朝廷与边镇的关系,密切注视和分析蒙古右翼各部的动向,周密策划与部署,最终实现了'俺答封贡'。在'隆庆和议'的过程中,张居正是主要策划人,是起主要和决定性作用的。"②另外,其其格《张居正与"俺答封贡"》③等也表达了相同观点。

二是高拱决策说。如说:"高拱以招致俺答一事为最成功,虽成于王崇古,而主持者则拱也。隆、万以后,辄辄扰边之患遂减。"④"在这一政策大调整中,张居正辅助高拱,并在穆宗的支持下,在隆庆后期与俺答汗实现了和解,有效缓解了蒙古对北京的直接威胁。"⑤"高拱主导了俺答封贡事件的全过程,他是解决该事件的真正决策人。但由于张居正主持修撰的《明穆宗实录》刻意隐瞒高拱这一功绩,以至于学术界对高拱决策之功的研究有所忽略。"⑥"涉及'俺答封贡'事件中诸人的著述和事迹,就数量而言,以王崇古、方逢时为最多,张居正次之,高拱又次之。……在内阁,似乎是张居正做的事情多,高拱的作用似不及居正。……张居正可能是内阁中直接分管此事的,故而次多,作为内阁首辅的高拱是处于决策地位,参与此事的具体操作少也是很正常的。因此,不宜单从当事者见于史料的多少来评判其作用的大小轻重,而应看其所预事情的分量。"⑦

三是明穆宗"宸断"说。胡凡《论明穆宗时期实现俺答封贡的历史条件》一文主要探讨俺答封贡的历史条件,其论点就是明朝政治形势的重大变化是决定性条件,而明穆宗较少民族偏见,因而在出现机遇时"才能做出正确的决策"。该文指出,穆宗用行政手段将反对者清除出朝廷,表明了封贡的

---

① 郦波:《风雨张居正》,中国民主法制出版社 2009 年版,第 102 页。
② 唐玉萍:《张居正、高拱在"隆庆和议"中的作用对比》,《赤峰学院学报(哲学社会科学版)》2010 年第 5 期。
③ 其其格:《张居正与"俺答封贡"》,《内蒙古师大学报(哲学社会科学版)》1996 年第 2 期。
④ 邓之诚:《中华二千年史》卷五(上),中华书局 1983 年版,第 139 页。
⑤ 田澍:《张居正的蒙古观及其实践》,《中国边疆史地研究》2014 年第 2 期。
⑥ 颜广文:《高拱与"俺答封贡"》,《广东教育学院学报》2004 年第 1 期。
⑦ 王雄:《高拱与明隆庆朝的北边防御》,《广播电视大学学报(哲学社会科学版)》2009 年第 4 期。

坚定性。① 王天有《试论穆宗大阅与俺答封贡》一文论述了明穆宗利用大阅来振兴明代军事,从而为封贡创造了条件。该文指出穆宗较少民族偏见,并两次引用"宸断"说。②

比较而言,穆宗"宸断"说影响不大,分歧和争议主要集中在前两种观点。就高拱决策说与张居正决策说比较来看,前说更符合历史事实,后说则主次颠倒、喧宾夺主,显系偏颇。我们拟从该事件的决策者所处的政治地位、在封贡过程中所起的决定性推进作用以及明清历史文献的记载等方面,来论证决策者当属高拱,而非张居正。

## 二、手握重权,遇事能断

嘉、隆时期,高拱的政治地位始终居于张居正之上。高拱不仅深得穆宗的信赖和眷宠,手握重权,而且才干超强,遇事能断。这为其主持"俺答封贡"提供了决定性条件。

高拱于嘉靖二十年(1541)登进士第,选庶吉士,授编修,由此从政 30 余年。隆庆后期,官至内阁首辅兼掌吏部事。他在执政期间,力行改革,功绩卓著,如被列入"万历三大贤"的郭正域说:"嘉、隆之际,相臣身任天下之重,行谊刚方,事业光显者,无如新郑高公。"③其中,促成"俺答封贡"就是高拱一生事业中最光显的功绩之一。

隆庆三年(1569)十二月,高拱复政,以大学士兼掌吏部事,手握重权,这是与隆庆帝的长期信任和眷宠密不可分的。嘉靖三十一年(1552),裕王出阁讲学,高拱出任讲官,先后凡九年,成为裕王所信赖和倚重的要员。"穆宗居裕邸,出阁讲读,拱与检讨陈以勤并为侍讲。世宗讳言立太子,而景王未之国,中外危疑。拱侍裕邸九年,启王益敦孝谨,敷陈剀切。王甚重之,手书

---

① 胡凡:《论明穆宗时期实现俺答封贡的历史条件》,《中国边疆史地研究》2001 年第 1 期。
② 王天有:《试论穆宗大阅与俺答封贡》,《北京大学学报(哲学社会科学版)》1987 年第 1 期。
③ 郭正域:《合并黄离草》卷二四《太师高文襄公墓志铭》。

'怀贤''忠贞'字赐焉。"①不久,又书"启发弘多"四字赐之。② 嘉靖三十九年(1560),高拱拜太常卿管国子监祭酒事,离开裕邸,"王赐金缯甚厚,哽咽不能别。公虽去讲帷,府中事无大小,必令中使往问"③。高拱侍裕邸期间,在与穆宗共患难中建立起深厚之谊。④ 嘉靖四十一年(1562),高拱擢礼部左侍郎,旋改吏部左侍郎兼学士,掌詹事府事。嘉靖四十四年(1565)六月,升礼部尚书兼翰林院学士,召入直庐。嘉靖四十五年(1566)三月,高拱以礼部尚书兼文渊阁大学士,入阁参与机务。同年十二月,世宗崩,隆庆登基改元,曾向内阁四大臣征询年号,"隆庆"之号正是高拱所拟,当时,"人谓上意在公"⑤。隆庆元年(1567)年初,高拱与首辅徐阶因政见不合而发生激烈冲突,徐阶发动言官弹劾高拱,五月,高拱称病归里。隆庆二年(1568)七月,徐阶因靖边不力,被迫致仕,李春芳任首辅。隆庆三年(1569)十二月,穆宗召高拱还阁,兼掌吏部事。他"晨理阁事,午视部事"⑥,权力甚至超过当时的内阁首辅。明末史学家谈迁说:"故事,阁臣不理部事,理部事不复预阁务。拱系衔掌吏部,不言兼,若部臣然,不遣行人赍勅而仅部咨。"⑦这时,李春芳虽为首辅,但其人庸碌无为,用人行政皆出自高拱。当高入阁后,"直凌春芳出其上,春芳不能与争,谨自饬而已"⑧。隆庆五年(1571)五月,高拱取代李春芳为首辅,仍兼吏部事。由此,高拱集大权于一身,这在明史上是绝无仅有的。正如沈德符所说:

> 内阁辅臣主看详、票拟而已。若兼领铨选,则为真宰相,犯高皇帝厉禁矣。……驯至穆宗之三年,高新郑以故官起掌吏部,初犹谓其止得

---

① 张廷玉:《明史》卷二一三《高拱传》。
② 郭正域:《合并黄离草》卷二四《太师高文襄公墓志铭》。
③ 郭正域:《合并黄离草》卷二四《太师高文襄公墓志铭》。
④ 有关高拱与穆宗共患难的情况,郭正域在《合并黄离草》卷二四《太师高文襄公墓志铭》中说:"穆宗为裕王,出阁讲学,居外府。公为讲官,反复开导,王目属而心仪之。时人心汹汹,王日怀叵测。两府杂居,谗言肆出。公周旋邸中,竭心尽力,王深倚重之。"
⑤ 郭正域:《合并黄离草》卷二四《太师高文襄公墓志铭》。
⑥ 谈迁:《国榷》卷六六,隆庆三年十二月庚申。
⑦ 谈迁:《国榷》卷六六,隆庆三年十二月庚申。
⑧ 张廷玉:《明史》卷一九三《李春芳传》。

铨柄耳。及抵任,则自以意胁首揆李兴化。条旨云:"不妨部务,入阁办事。"比进首揆,犹长天曹,首尾共三年,则明兴所仅见也。①

于此可见,由于隆庆帝的信赖和眷宠,高拱成为当时独断朝纲的权臣。

　　高拱具有敢于有为、遇事能断的才干和魄力。《明神宗实录》评高拱"才气英迈,遇事能断"②。朱国祯言:"高出理部事,入参阁务,兴化为首揆,受成而已,遇大事立决,高下在心,应机合节,人服其才,比于排山倒海未有过也。"③支大纶说他"任气使才,敢于有为"④。李振裕说:"拱为人有材气,英锐勃发。"⑤万斯同说:"拱练习政体,称经济才,其所虑衷建白者,皆卓然可行。"⑥《明史》本传也说:"拱练习政体,负经济才,所建白皆可行。"⑦凡此,都说明高拱具有超强的才干和魄力,再加之他深得穆宗的信任和支持,独揽朝纲,大权在握,这为其主持和决策"俺答封贡"提供了决定性条件。

　　嘉隆时期,张居正的政治地位始终居于高拱之下。嘉靖三十九年(1560),张居正回京复职,任右春坊右中允,兼国子监司业,祭酒由太常卿高拱兼任。嘉靖四十二年(1563),张居正任裕王侍读学士。此时,裕王尽管还没有被册封为太子,但处境已好转,高拱侍裕邸九年,裕王身处逆境之中,居正侍裕邸两年,裕王已度过了最艰难的岁月。这说明张居正与裕王不曾有过共患难的经历。隆庆元年(1567),张居正入阁后,虽然有其从阁员到次辅的升迁,但终隆庆一朝,其政治地位始终处在高拱之下。

　　因此,面对明朝边疆如此重大的"俺答封贡"事件,其主持者和决策者肯定是高拱,而不是张居正。有些学者提出张居正在隆庆时期主管兵部工作和边防事务,由此推断他是"俺答封贡"的实际主持者,起了重要的策划作用,这是主观臆断,没有史料根据。

---

①　沈德符:《万历野获编》卷七《辅臣掌吏部》。
②　《明神宗实录》卷八四,万历七年二月乙巳。
③　朱国祯:《皇明史概·皇明大事记》卷三八《阁臣》。
④　支大纶:《皇明昭陵编年信史》卷二,隆庆五年六月二十五日。
⑤　李振裕:《白石山房文稿》卷一二《史传二·高拱传》。
⑥　万斯同:《明史》卷三〇二《高拱传》。
⑦　张廷玉:《明史》卷二一三《高拱传》。

# 三、力排众议,主持封贡

高拱是"俺答封贡"的主持者和决策者,不仅在于他才干超强,执掌重权,更在于他力排众议,克服重重困难和阻力,在"俺答封贡"的三个阶段即受降纳叛、封贡互市、全面开市中,都起到了决定性的推进作用。不仅如此,高拱还为巩固"俺答封贡"的成果,维持西北边疆的稳定做了大量善后工作。

## (一)受降纳叛

隆庆四年(1570)九月十九日,俺答与其孙把汉那吉为争夺三娘子为妻而火并,把汉遂愤而叩关降明,巡抚方逢时受之,以告宣大总督王崇古。王、方认为此是利用俺答家族矛盾,促使其分化的良好时机,共同上疏极力主张接受把汉之降,并根据当时虏情,对把汉来降之后可能出现的几种情况作了全面分析,并提出应对之策。疏曰:

> 俺答横行塞外几五十年,威制诸部,侵扰边围。今神厌凶德,骨肉离叛,千里来降,宜给宅舍,授官职,丰饩廪服用,以悦其心;严禁出入,以虞其诈。若俺答临边索取,则因与为市,责令缚送板升诸逆,还被掠人口,然后以礼遣归,策之上也。若遂桀骜称兵,不可理谕,则明示欲杀,以挠其志。彼望生还,必惧我制其死命,志夺气沮,不敢大逞,然后徐行吾计,策之中也。若遂弃而不求,则当厚加资养,结以恩信。其部众继降者,处之塞下,即令把汉统领,略如汉置属国居乌桓之制。他日俺答死,子辛爱必有其众。因加把汉名号,令收集余众,自为一部。辛爱必怨争,彼两族相持,则两利俱存,若互相仇杀,则按兵称助,彼无暇侵陵,我遂得休息,又一策也。若循旧例安置海滨,使俺答日南望,侵扰不已;又或给配诸将,使之随营立功,彼素骄贵不受驱策,驾驭苟乖,必滋怨望,顿生飏去之心,终贻反噬之祸,均为无策。①

---

① 王鸿绪:《明史稿》列传第一○○《王崇古传》。

在这里,王、方提出的对策,意在分化敌方营垒,扩大其内部矛盾,收纳其部分力量以为己用,是不战而胜的高明策略。

王、方在经正式途径上疏的同时,又派私人特使持揭帖飞报高拱。① 高拱在回函中,一方面要求王崇古切应汲取嘉靖时期与俺答交往的沉痛教训,断不可重蹈覆辙:"若遂与之,则示弱损威不成?中国桃松寨之事可鉴,必不可也。若遂杀之,则绝彼系念,而徒重其恨,石天爵之事可鉴,必不可也。"② 前者的失策之处在于坐失良机,大损国威,后者的失策之处在于自毁良机,引起怨恨,致使俺答各部视明朝为软弱或不讲信义,犯边勒索更加猖獗。历史的沉痛教训,促使高拱更果断、更坚决地处理把汉来降问题。另一方面,高拱又为王崇古、方逢时等边将出谋划策,极力促成"俺答封贡"的实现。其后,高、王通信达十六封之多③,传递信件的主要是王的外甥吏部右侍郎张四维,"每计事不及书者,必托诸凤磐"④。在这些信函中,高拱一再提出"此事关系重大,须处得机宜乃可"⑤,"此乃中国利机,处之须要得策"⑥。高拱的策略是"只宜将把汉那吉厚其服食供用,使过所望,而歆艳吾中国之富贵,而吾又开诚信以深结其心"⑦。从长远来说,是示恩于把汉,授予中国名号,必要时"可封之以官,使归领其众","为吾中国属夷,世受赏赉,而皆得以名号,强于沙漠之间。如此则彼必心悦为吾用,而那吉之心亦安"⑧;就当前来说,则可充分利用俺答"爱其孙甚,而其妻之爱之也更甚"的心理,"执此以为挠制之具"⑨,迫使其接受明朝提出的赎还赵全等叛逆的条件,力争达成隆庆和议。

然而,高拱这一受降纳叛之策在朝议中却引起了激烈纷争,"诏下兵部

① 参见高拱《边略》卷四《款敌纪事》。
② 高拱:《边略》卷四《款敌纪事》。
③ 高拱:《政府书答》卷一《款处北边》。
④ 高拱:《边略》卷四《款敌纪事》。
⑤ 高拱:《边略》卷四《款敌纪事》。
⑥ 高拱:《政府书答》卷一《与宣大王总督书一》。
⑦ 高拱:《边略》卷四《款敌纪事》。
⑧ 高拱:《边略》卷四《款敌纪事》。
⑨ 高拱:《政府书答》卷一《与宣大王总督书一》。

议,时众论汹汹"①。御史饶仁侃、吴尚贤、叶梦熊等皆言敌情叵测,不可轻许,以免上当。兵部尚书郭乾、侍郎谷中虚犹豫不决,甚至横加阻挠,"恐之以祸,俾勿从议,迄不定"②。在此关键时刻,高拱不为自身名利计,挺身而出,力排众议,坚决实施受降纳叛之策。为了保证这一策略的实现,高拱提出只能以实力为后盾,加强边疆防御力量。因此,他又指示王、方,俺答"果拥兵来索,则吾只严兵以待"③,以此杜绝俺答以武力索还爱孙的意图,并派人前去谕告俺答,只有"慕义来降",才可得伊孙之理,其目的在于争取引导俺答走向和谈之路。然而向俺答示恩,并不能消除其以武力索还把汉的幻想,只有在战场上再挫其锐气,才能促使他走向和谈。不出所料,"俺答听赵全等唆诱,拥兵驻边,为索孙计,并调伊长男黄台吉兵至"④。俺答大兵压境,人心惶惶,讹言四起。隆庆四年(1570)十一月,宣大巡按御史姚继可上疏弹劾王、方致兵祸,欲将"巡抚方逢时亟行罢斥"。兵部也准备"按治参将以下"。封贡和议之事面临崩溃。为挽救封贡和议,高拱上疏力斥姚继可,保护方逢时,提出"逢时素有物望,且当虏酋执叛乞降之时,正抚臣临机设策之日,夷情既不可泄,秘计难以自明,要视其后效何如耳,不宜先事辄易,堕垂成之功"。结果,"上然之,令逢时供职如故"⑤。

这时,高拱还两次致函前线将领赵岢,要他"安心为国报效"⑥,激发明军斗志。果然,"总兵赵岢领兵至带刀岭,与虏遇。时余以事旋自宣府,道遇岢,驰入其壁觇之。岢与大战,败其前锋,斩骁虏之首六。虏惮之,遂卷兵由故道至镇羌堡而出。自是,稍稍有乞怜意"⑦。据此,王、方遵照高拱指示,派遣通晓鞑靼语的部下鲍崇德前去俺答军营谈判,最终达成和议。隆庆四年(1570)十二月十九日,俺答"执我叛人赵全、李自馨、王廷辅、赵龙、张彦文、

① 高拱:《边略》卷四《款敌纪事》。
② 高拱:《边略》卷四《款敌纪事》。
③ 高拱:《边略》卷四《款敌纪事》。
④ 高拱:《边略》卷四《款敌纪事》。
⑤ 《明穆宗实录》卷五一,隆庆四年十一月丁亥。
⑥ 高拱:《政府书答》卷一《答赵总兵书一》。
⑦ 刘应箕:《款塞始末》。

刘天麟、马西川、吕西川、吕小老等来献"①。至十二月二十一日,明朝礼遣把汉。俺答"既得孙,而又见荣耀乃如此也,相持感泣,南向脱胡帽,崩角稽首无已"②。至此,在高拱决策和主导下,第一阶段的遣返和纳叛取得了成功。

### (二)封贡互市

高拱认为遣返、纳叛的实现已为汉蒙民族和睦相处开启端绪,但要巩固其基础,还必须实现封贡和互市。因此,高拱立即致函王崇古,授意王崇古正式提出封贡和互市。他说:

> 仆初意欲以封贡遣还,一时而举,似于国体尤为光大。既见大疏云云,又反复思之,人心不同,恐旷日迟久,内生他变,翻为不美。则尊见良是,故特拟从。今果闻赵全等皆获,则上一节已完,可喜也。而兄丈为国之赤忠,谋事之苦心,可想见已。然须有下节,则上节方为完美。不然,圣旨既曰"请封进贡,详议来说",是已许之矣。如不克终,则圣旨无着,甚不可矣。③

为了更好地主导"俺答封贡"的进程,掌握俺答部的详细情报和第一手资料,高拱亲自审问赵全等叛逆,并反复考虑应该如何处置这些叛逆,才能为国家谋得最大利益。他本人曾详细地记录了自己的考虑、审判的过程和结果,其审问档案"至今封存焉"④,即保存在内阁大库内。经过高拱的精心布置,然后隆庆帝亲临,主持受俘典礼,下谕将赵全等叛逆头目磔诸市,并传首九边。可见,高拱在决策前总是力求做到知己知彼,说他是"俺答封贡"的主持者和决策者是符合历史实际的。

秉承高拱旨意,王崇古于隆庆四年(1570)十二月上疏,正式提出"封贡互市",主要包括"相戒不犯边,专通贡,开市以息边民",并承诺明军"不烧

---

① 《明穆宗实录》卷五二,隆庆四年十二月丁酉。
② 高拱:《边略》卷四《款敌纪事》。
③ 高拱:《政府书答》卷一《与宣大王总督书二》。
④ 高拱:《边略》卷四《款敌纪事》。

荒,不捣巢"①。所谓"封贡",就是明朝在政治上授予俺答一定的封号,俺答表示愿意归附明朝,以此缔结更长远的和睦友好关系;所谓"开市",即是明朝在一定时期和地点开市贸易,组织物资交流,互通有无。"封贡互市"不仅有利于促进明、蒙双方生产发展和经济繁荣,而且也有利于民族间的和睦互信和边疆的和平安定。

然而,王崇古呈上奏疏后,兵部却断然否决。"虏方求款,即要我不烧荒,不捣巢,若要我以不缮塞,不设备,是以酉腊毒我也,不如却之。"②"尚书郭乾谓马市先帝明禁,不宜许。给事中章端甫请敕崇古无邀近功,忽远虑。"③在这种情况下,隆庆五年(1571)三月,穆宗诏下廷议,结果再次哗然,"时众论汹汹愈甚"④。"定国公徐文壁、吏部左侍郎张四维等二十二人,皆以为可许。英国公张溶、户部尚书张守直等十七人,以为不可许。工部尚书朱衡等五人,以为封贡便,互市不便。独都察院佥都御史李棠极言宜许状。"而"兵部尚书郭乾淆于群议,不知所裁,姑条为数事,以塞崇古之请,大抵皆持两端"⑤。贡市之议再次陷入僵局。

在这种廷议汹汹、莫衷一是的混乱情况下,内阁的作用就显得尤为重要。主政内阁的高拱,他的决断具有决定性作用。他毅然挺身而出,排除众议,同张居正一道力主崇古之议,坚持封贡开市绝不动摇。一方面,他令中书官检出内阁所藏明成祖封忠顺、忠义王的档案,请兵部尚书及持有反对意见的大臣查看,以证明贡市有其历史根据,"其间敕谕之谆详,赍锡之隆厚,纤悉皆备"⑥。另一方面,他又对那种以"宋氏讲和""先帝禁马市""虏必渝盟"为借口,反对贡市的论调痛加驳斥:其一,"今所为纷纷者,动以宋氏讲和为辞,不知宋弱虏强,宋求于虏,故为讲和。今虏纳贡称臣,南向稽首,而吾直受之,是臣伏之也,何谓和?"其二,"又动以先帝禁马市为辞,不知先帝所禁者官与之市,而仇鸾为奸者也。然辽东不互市乎,今正如辽东例,与民互

① 《明穆宗实录》卷五二,隆庆四年十二月甲寅。
② 《明穆宗实录》卷五二,隆庆四年十二月甲午。
③ 张廷玉:《明史》卷二二二《王崇古传》。
④ 高拱:《边略》卷四《款敌纪事》。
⑤ 《明穆宗实录》卷五五,隆庆五年三月甲子。
⑥ 高拱:《边略》卷四《款敌纪事》。

市耳,何谓马市之禁?"其三,"又动以虏必渝盟为辞。虏往累岁内犯,直至近郊,残毒为甚,岂皆封贡致之哉?纵使渝盟,不过如往岁之入犯而已矣,而又能加乎?"①今之所以议论汹汹,皆为自身利害计。高拱说:"今议事之臣纷纷然者,岂皆审究利害为国谋哉?徒见事体重大,故发言相左,恐后有不谐者,则以为莫道不曾说来,以是推诿而已,而岂其本心然乎?"②与此同时,高拱还陈明封贡开市对明朝军事和经济方面的好处:如果封贡成功,"且得宁息,乘暇修吾战守之备。备既修,则伸缩在我,任其叛服,吾皆有以制之,即叛固无妨也";还"可以息境土之蹂践,可以免生灵之荼毒,可以省内帑之供亿,可以停士马之调遣,而中外皆得以安"。③可见,在"俺答封贡"的第二阶段,高拱仍然起到了关键性的决定作用。

隆庆五年(1571)三月,贡市之议在内阁取得一致,并得到隆庆帝批准。④高拱又给总督王崇古、巡抚吴兑(这时方逢时已丁忧)去信,对贡市的具体细节做了极为周密的安排部署,使得贡市万无一失。高拱做出贡市决策,主要是基于他对隆庆后期明、蒙双方形势变化的正确预测,立足于双方经济贸易的现实需要,也是根据长远利益的策略考虑。自嘉靖初期以来,蒙方苦于长年征战,颇欲休息,甚至想通过正常的边贸以获取各种物资,为马匹牲畜谋得稳定的销售通道,以取得大肆抢掠所不能得到的利益。况且,明朝当时边防力量大大加强,朝内有高拱的正确决策和张居正的支持,临边又有王崇古、方逢时、吴兑、赵岢的全面戒备,举兵突袭难以得逞。尤其是在把汉事件后,气氛趋向缓和。因此,不论是从主观或客观条件来看,接受贡市的时机已经基本成熟。高拱做出贡市决策,其原因正在于此。

隆庆五年(1571)三月十八日,明朝册封俺答为"顺义王",把汉那吉为"昭勇将军",昆都力哈、黄台吉为都督同知,其子侄、部下六十三人分别授官封赏。⑤同时宣布首次开市,规定,每年俺答来贡,但贡使不准入京,更不得

① 高拱:《边略》卷四《款敌纪事》。
② 高拱:《边略》卷四《款敌纪事》。
③ 高拱:《纶扉稿》卷一《虏众内附边患稍宁乞及时大修边政以永图治安疏》。
④ 《明穆宗实录》卷五五,隆庆五年三月乙丑。
⑤ 参见高拱《边略》卷四《款敌纪事》。

以入贡为名骚扰地方。还规定开市地点和日期,对于交易的品种数量亦作了适当的限制。例如,可以改铸为兵器的铁锅要以铁质较软的广铁材质为主,使其难以铸成兵刃。① 其他如火药、硝磺等都在严禁之列。对于蒙方群众所需要的生活物品,一般不限数量。每次互市以三天为限,届期即罢集撤市。封贡互市的成功不仅巩固了西北边疆的和平局面,促进了经济发展和繁荣,而且也奠定了明清数百年中央政府对蒙古地区的管治模式,意义深远。

### (三)全面开市

高拱的贡市决策虽然得到了隆庆帝的批准,在宣大边区得到执行,但在陕西三边仍然遭到封疆大吏的拖延乃至抗拒。隆庆五年(1571)三月,"陕西总督王之诰又复执议,俟吉能子侄二年不犯,方可听许"②。因此,高拱将王之诰调任南京兵部尚书,削夺其实权。六月,继任者戴才也提出,"互市之议,策可行之宣大,而不可行之陕西"③,仍然拒绝全面开市。因此,高拱两次致函戴才,给予严厉批评,其中有谓:

> 仆则以为三边、宣大似难异同。不然,则宣大之市方开,而三边之抢如故。岂无俺答之人称吉能,而抢于三边者乎? 亦岂无吉能之人称俺答,而市于宣大者乎? 是宣大有市之名,而固未尝不抢也;三边有抢之实,而亦未尝不市也。故兹事也,同则两利,异则两坏。④

同时,隆庆帝也给予严厉训斥,言:"戴才受三边重任,套虏应否互市,当有定议,顾乃支吾推诿,岂大臣谋国之忠? 姑不究,其令从实速议以闻。"⑤至此,边贸互市得以全面开放。

---

① 参见高拱《政府书答》卷一《与宣大王总督书三》《与宣府吴巡抚书六》。
② 《明穆宗实录》卷五五,隆庆五年三月庚寅。
③ 《明穆宗实录》卷五八,隆庆五年六月甲辰。
④ 高拱:《政府书答》卷一《答三边戴总督书一》。
⑤ 《明穆宗实录》卷五八,隆庆五年六月甲辰。

　　高拱不仅力排众议,在"俺答封贡"的过程中起到了决定性的推进作用,而且还为确保"俺答封贡"的成果,维持西北边疆的长期安宁做了大量善后工作。

　　其一,调整兵部人事。鉴于兵部在"俺答封贡"过程中屡屡起着阻挠甚至破坏作用,高拱对兵部人事作了大调整。隆庆五年(1571)三月,"起少傅杨博为兵部尚书,高拱荐之"①。另外,凡是赞成封贡互市的边将,如王崇古、方逢时、谭纶、吴兑、郑洛、张学颜等都受到了提拔和重用。这样就确保了封贡互市的有效推行。

　　其二,实施边政整顿。隆庆五年(1571)七月,高拱上疏穆宗,力主大修边政,要"趁此闲暇之时,积我钱粮,修我险隘,练我兵马,整我器械,开我屯田,理我盐法"②,这样有三五年的工夫,则边防巩固,胜机在我,盟则许之,战则胜之,"中国可享无穷之安"。他还建议皇帝下诏,严令兵部及边区督抚将领,"将边事大破常格,着实整顿",每年派遣才望大臣或科道官二三员,四出阅视:

　　　　要见钱粮比上年积下若干,险隘比上年增修若干,兵马比上年添补若干,器械比上年整造若干,其他屯田、盐法以及诸事俱比上年拓广若干,明白开报。若果著有成绩,当与擒斩同功;若果仍袭故常,当与失机同罪,而必不可赦。③

高拱这一建议得到穆宗批准,然后兵部尚书杨博呈上《复大学士等建议责成宣大等七镇边臣及时整顿边备疏》④,予以贯彻落实。

　　其三,力行军事改革。在"俺答封贡"前后,高拱针对嘉靖初以来南倭北

---

① 《明穆宗实录》卷五五,隆庆五年三月己酉。
② 高拱:《纶扉稿》卷一《虏众内附边患稍宁乞及时大修边政以永图治安疏》。
③ 高拱:《纶扉稿》卷一《虏众内附边患稍宁乞及时大修边政以永图治安疏》。
④ 载陈子龙:《明经世文编》卷二七七。

虏的严峻局势,先后呈上六道有关军事制度改革方面的疏文。① 其中提出,建立兵部"一尚四侍"的领导体制,建立军事人才储备制度和边官特迁、休假与内迁制度,重视边防军备人才的选用,强化不职乱纪的惩处之制,等等。这些改革建议都得到了穆宗谕准,例如,穆宗对《议处本兵及边方督抚兵备之臣以裨安攘大计疏》批示道:"兵事至重,人才难得,必博求预蓄,乃可济用。览卿奏,处画周悉,具见为国忠猷,都依议行。"②这就大大加强了明军的防御作战能力。隆庆四年(1570),把汉那吉降明,俺答始终不敢大动干戈,其根本原因就是,俺答"侦是处有兵,是处有粮,人有斗志,不敢入耳"③。正是在拥有一定实力的基础上,高拱主持的"俺答封贡"才能够实现。

高拱促成"俺答封贡"的实现,解除了有明以来二百多年的西北边患,使汉蒙民族和睦相处长达三十余年,具有深远的历史意义。对此,明清政治家和史学家给予了高度评价。如方逢时说:"九边生齿日繁,守备日固,田野日辟,商贾日通,边民始知有生之乐。"④王鸿绪说:"自是三十余年,边陲晏然。"⑤"自是,边境休息,东起延、永,西抵嘉峪七镇,数千里军民乐业,不用兵戈。"⑥查继佐也说:"隆、万间,中土安平,不见兵革。"⑦

总之,从"俺答封贡"的进程中可以看出,每一阶段都遇到了强大阻力,可谓困难重重。但高拱并未退缩,而是排除困难,克服阻力,在隆庆帝和张居正的积极支持下,最终使"俺答封贡"得以实现,取得大功。诚如高拱所云:"是举也,非鉴川弘才赤胆,孰能为? 非予愚直朴忠,孰肯主?"⑧这话虽有自炫之意,但其所说确是历史事实。

---

① 这六道疏文是:《议处本兵及边方督抚兵备之臣以裨安攘大计疏》《议处本兵司属以裨边务疏》《敌情紧急议处当事大臣疏》《推补兵部右侍郎并分布事宜疏》《议处边方有司以固疆圉疏》和《议处边方久缺正官疏》。六道疏文均收入《边略》卷一《防边纪事》,又载入高拱另一著作《掌铨题稿》卷二、七,其中一、四、五三道疏文被选入《明经世文编》卷三〇一。
② 转引高拱:《边略》卷一《议处本兵及边方督抚兵备之臣以裨安攘大计疏》。
③ 高拱:《边略》卷四《款敌纪事》。
④ 方逢时:《论谙达(俺答)贡市疏》,载[清]乾隆《御选明臣奏议》卷二九。
⑤ 王鸿绪:《明史稿》列传第九二《高拱传》。
⑥ 王鸿绪:《明史稿》列传第一〇〇《王崇古传》。
⑦ 查继佐:《罪惟录》列传卷之一一下《梁梦龙传》。
⑧ 高拱:《边略》卷四《款敌纪事》。

# 四、高拱决策，史家定论

高拱主导了"俺答封贡"的全过程，他是该事件的主持者和决策者。这是历史事实，许多明清史料也有明确记载。例如，高拱逝世一年后的万历七年（1579）二月，《明神宗实录》在评价他取得的这一功绩时说："俺答孙降于塞，拱请归之，遂入贡，因求互市，朝议纷纷。拱奋身主其事，与居正区画当而贡事成，三边宁戢。……拱主持力为多。"①万历三十年（1602）三月，神宗在为高拱平反的诏书中也说：高拱"授那吉之降，薄示羁縻而大虏称臣，边氓安枕，所全生灵何止数百万？此皆力为区画，卓有主持"②。显然，高拱是"俺答封贡"的主持者和决策者，是官方的盖棺定论。

除了官方论定，许多明清史学家对此也有明确记述。例如，王世贞说："前是俺答之孙把汉那吉来降，请归之，当入贡，因与互市。边臣王崇古、方逢时为言于朝，朝议嗫嗫不能一。拱奋身主其事，张居正亦和之，所以区画颇当，亡何而贡成。"③吴伯与说："虏囚俺答款贡，公实力主之。"④刘仲达说："新郑力主总督策，遂得旨，'依拟行'。"⑤沈德符说："北虏俺答失其孙把汉那吉，时高中玄在阁，王鉴川在边，议还之以易叛人，初其哗，而后卒得成功。"⑥王鸿绪也说："拱独力主之，春芳与居正亦如拱指，遂排众议，请于上，而封贡以成。"⑦这些史料所说的"拱奋身主其事""公实力主之""拱独力主之"，足以说明高拱是"俺答封贡"的主持者和决策人；而"张居正亦和之""居正亦如拱指"及下引史料"居正亦赞之"，则表明张居正只是起了附和或赞襄作用。

当然，在"俺答封贡"中，张居正也是呕心沥血的，他所起的襄助作用也

① 《明神宗实录》卷八四，万历七年二月乙巳。
② 《明神宗实录》卷三七〇，万历三十年三月丁卯。
③ 王世贞：《嘉靖以来内阁首辅传》卷六《高拱传》。
④ 吴伯与：《国朝内阁名臣事略》卷九《高文襄公状略》。
⑤ 刘仲达：《刘氏鸿书》卷五四《将略·服戎纪事》。
⑥ 沈德符：《万历野获编》卷一七《款议有所本》。
⑦ 王鸿绪：《明史稿》列传第九二《高拱传》。

是不能抹杀的,翻检张舜徽主编《张居正集》第二册,从张居正给王崇古、方逢时、吴兑等人的十多封信函就可见一斑。① 不过,许多明清史料的记载,总是首列高拱,次言张居正,在次序上从未发生过错乱和颠倒。例如,李振裕说:"拱实主之,而居正辅成之也。"②万斯同说:"拱独力主之,春芳与居正亦如拱指,遂排众议,请于上,而封贡竟成。"③张廷玉《明史》说:"朝议多以为不可,拱与居正力主之。遂排众议,请于上,而封贡以成。"④"拱主封俺答,居正亦赞之,授王崇古等以方略。"⑤又说:在授把汉那吉官职问题上,遇到强大阻力,是"大学士高拱、张居正力主崇古议。诏授把汉指挥使,赐绯衣一袭,而黜(叶)梦熊于外,以息异议"⑥。魏源在其《圣武记》中认定:"高拱、张居正、王崇古,张弛驾驭,因势推移,不独明塞息五十年之烽燧,且为本朝开二百年之太平。仁人利溥,民到今受其赐。"⑦上述诸多史料"先高后张"的记载顺序,也足以确证促成"俺答封贡"的首功当属高拱,而不是张居正。⑧

　　总之,从隆庆后期高拱所处的政治地位、他在封贡过程中所起的决定性推进作用和明清历史文献的记载等方面,完全可以确证高拱是"俺答封贡"的主持者和决策者,张居正只是辅佐者和襄助者,促成"俺答封贡"的首功当属高拱,而不是张居正。然而,如今许多学者在论及"俺答封贡"这一重大边疆民族事件时,近乎一致地认定张居正是主持者和策划者,而高拱则是支持者,这就完全颠倒了高、张的主次关系,喧宾夺主,"高冠张戴",把"俺答封贡"的首功挂在张居正名下。更有甚者,一些热播的学术讲座、电视连续剧等为了塑造张居正"高大全"的"伟人"形象,把高拱贬为改革的反对派、置于

----

① 参见张舜徽主编《张居正集》第二册,卷一五"书牍二"。

② 李振裕:《白石山房文稿》卷一二《高拱传》。

③ 万斯同:《明史》卷三〇二《高拱传》。

④ 张廷玉:《明史》卷二一三《高拱传》。

⑤ 张廷玉:《明史》卷二一三《张居正传》。

⑥ 张廷玉:《明史》卷二二二《王崇古传》。

⑦ 魏源:《圣武记》卷一二《武事余记》。

⑧ 对此,赵世明提出探讨谁是决策者意义不大。他说:"在封建体制下,最终的决策权自然是皇帝,高拱也无法完全左右皇权,当然,这样的讨论意义不大。所以,笔者以为,探讨个人贡献的大小比探讨谁是决策者似乎更具可行性,也更有意义和价值。"(赵世明:《高拱与隆庆政治》,西南交通大学出版社2014年版,第96页)

张的对立面。显然,这种"高冠张戴""褒张贬高"的现象不符合历史事实,也有悖于历史主义原则。

# 第九章 "颇以贿闻"问题

  高拱是贪官或是廉吏,是贪贿者或是惩贪者? 这关涉他的人品和操守,是明清以来尚无定论的问题。从历史文献记载来看,高拱为政清廉,家境寒素,对家人、仆人和族众约束甚严。不仅如此,他主政期间,还大力惩治贪贿,遏制贪腐之风的盛行和蔓延,一时"仕路肃清"。高拱惩贪的举措是奖廉与惩贪、却贿与惩贪、惩贪与罚酷、惩贪与查勘相结合,这也是其惩贪的重要经验。当然,高拱也为此付出了沉痛的政治代价,即对大要案的处理与次辅张居正产生重大分歧,并揭露张居正的贪贿问题,最终导致张居正"附保逐拱",高拱再次落败。

## 一、是廉是贪,不同论评

  高拱主政期间,大力惩治贪贿,并取得了显著效果。高拱惩贪的底气,不仅在于他手握重权,获得穆宗的大力支持,更在于他自身的清正廉洁,严于律己,严于治家。对此,明清时期即有肯定性论评。清官海瑞说"存翁(徐阶)为富,中玄(高拱)守贫","中玄是个安贫守清介宰相"。[①] 徐学谟说:高拱"在事之日,亦能远杜苞苴"[②]。范守己说:"高拱辅翼先帝,忠勤正直,赞政数年,清介如一,门无苞苴之入,家无阡陌之富。"[③]支大纶说:"拱精洁峭直,

---

① 海瑞:《海瑞集》上编《论劾党邪言官疏》及《附录》。
② 徐学谟:《世庙识余录》卷二六,《续修四库全书》史部第 433 册。
③ 范守己:《险邪大臣阴结奸党渎乱朝政贼害忠直乞加追戮以正法纪疏》,载《高拱全集》附录二《高拱生平文献》。

家如寒士。"①清初思想家孙奇逢对高氏家族的清廉家风也有定评:"自辅储至参钧轴,历三十年,而田宅不增尺寸","中州家范之严,咸称高氏"。②

与此相反,另有史学家却提出高拱贪污纳贿问题。王世贞云:"拱初起,强自励,人亦畏之,不敢轻赇纳。而其弟为督府都事者,依拱后第而居。于是韩楫等乃数携壶榼,往为小宴。……而拱醉后时时语客曰:'月用不给,奈何?'其语闻诸抚镇以下,赇纳且麕集矣。"③万斯同云:"拱颇持清操,后渐以贿闻,则其门生亲串为之。"④王鸿绪云:"拱初持清操,后渐以贿闻。盖其门生亲串为之,而拱以此致物议。"⑤张廷玉《明史》亦云:"拱初持清操,后其门生、亲串颇以贿闻,致物议。"⑥据此,现今有学者也提出:"高拱本人是否贪贿,亦有待考证。"⑦"高拱迹涉索贿的问题。……不可否认的是,高拱晚节不保。"⑧

那么,高拱到底是惩治贪贿有功,或是纵容门生且本人涉嫌受贿有罪?是惩贪者或是受贿者?是廉吏或是贪官?对此,实有辨析和澄清之必要。

## 二、高拱惩贪,有其纲领

高拱不仅不是贪贿者,反而是惩贪者。其惩贪又是有其纲领作为指导的,这是他推行隆庆改革的一个重要方面。他在入阁前夕,在礼部尚书任上,撰就了《挽颓习以崇圣治疏》(即《除八弊疏》),形成了他的政治改革纲领。这一奏疏虽然由于种种原因没有呈上,因而在朝野之间没有形成什么影响,但却是他在隆庆后期主持改革实践的指导思想和行动纲领。

高拱的《除八弊疏》是他对嘉靖后期逐渐形成的弊政亲身观察、深思熟

---

① 引谈迁《国榷》卷六五,隆庆元年五月丁丑。
② 孙奇逢:《中州人物考》卷五《高郎中公魁》。
③ 王世贞:《嘉靖以来内阁首辅传》卷六《高拱传》。
④ 万斯同:《明史》卷三〇二《高拱传》。
⑤ 王鸿绪:《明史稿》列传第九二《高拱传》。
⑥ 张廷玉:《明史》卷二一三《高拱传》。
⑦ 南炳文:《修订中华点校本〈明史〉高拱、徐阶二传随笔》,《史学集刊》2008 年第 4 期。
⑧ 尹选波:《高拱的执政思想与实践论略》,《史学月刊》2009 年第 4 期。

虑后提出来的。此疏在分析形势后指出,时局艰危的根源在于"积习之不善"。对这种"积习"条分缕析,列为"八弊":一曰"坏法",即曲解法律,任意轻重;二曰"赎货",即卖官鬻爵,贪赃纳贿;三曰"刻薄",即冷酷苛薄,刁难民众;四曰"争妒",即争功嫁祸,彼此排挤;五曰"推诿",即推责诿过,功罪不分;六曰"党比",即拉帮结派,党同伐异;七曰"苟且",即因循塞责,苟应故事;八曰"浮言",即议论丛杂,混淆是非。① 这八种积弊,前后相因,上下相安,已成为社会的习惯势力、官场的腐败风气、国家的沉疴痼疾。我们且看此疏对"赎货"一弊的深刻分析:

> 名节者,士君子所以自立,而不可一日坏者也。自苞苴之效彰,而廉隅之道丧。义[名]之所在,则阳用其名而阴违其实,甚则名与实兼违之;利之所在,则阴用其实而阳违其名,甚则实与名兼用之。进身者以贿为礼,鬻官者以货准才。徒假卓茂顺情之辞,殊乖杨震畏知之旨。是曰赎货之习,其流二也。②

上述"赎货"之弊,实际上是高拱针对嘉靖中期以来"政以贿成,官以赂授"的揭露和批判。当时的官场名节败坏,廉耻尽丧,而盛行的则是唯名是求、唯利是图的歪风邪气。为了追求名利和官运亨通,不惜采取一切卑鄙龌龊手段。"进身者以贿为礼,鬻官者以货准才",正是当时买官卖官者奉行的信条。严嵩执政,遂使官风大坏,"奔竞成俗,赇赂公行"③。他们公开卖官鬻爵,"官无大小,皆有定价"④,"凡文武迁擢,不论可否,但衡金之多寡而畀之"⑤。各级官员,因贿而得官,因官而得贿,"去百而求千,去千而求万"⑥。"户部岁发边饷,本以赡军。自嵩辅政,朝出度支之门,暮入奸臣之府,输边

---

① 高拱:《南宫奏牍》卷一《挽颓习以崇圣治疏》。
② 高拱:《南宫奏牍》卷一《挽颓习以崇圣治疏》。
③ 张廷玉:《明史》卷二〇九《杨爵传》。
④ 于慎行:《谷山笔麈》卷五《臣品》。
⑤ 张廷玉:《明史》卷二〇九《杨继盛传》。
⑥ 张廷玉:《明史》卷二一〇《王宗茂传》。

者四,馈嵩者六。""私藏充溢,半属军储。"①"嵩家私藏,富于公帑。"②严氏父子败落后,江西巡按御史成守节奏报查抄严氏原籍家产,计黄金三点二九万两,白银二百零二点七万两③,其他还有大量的金银器皿、珠宝古玩、图书字画、田土宅第等财产。嘉靖中期以后的"赎货之习"由此可见一斑。在高拱看来,如不彻底破除贪污纳贿、卖官鬻爵的弊政,国将不治,朝政必衰。

高拱认为,"赎货"之弊是"八弊"的重点,并把"赎货"与"坏法"紧密联系起来,所谓贪赃枉法是也。贪赃是目的,枉法是手段。贪赃必然枉法,枉法为了贪赃。因此他提出破除贪赃枉法之弊的对策是:"舞文无赦,所以一法守也;贪婪无赦,所以清污俗也。"④他决心以严刑峻法惩治贪贿,清除污俗。所以他执政后,将原来"贪酷者,例止为民"的条例,修订、细化为"贪赎者仍提问追赃"、"苟贪赎彰闻,益严提问追赃之法"。⑤ 高拱以雷厉风行、大刀阔斧的大无畏精神,依法严惩贪贿,上自部卿大臣,下至州县正官,甚至案涉内阁同僚、封疆大吏也一查到底,绝不心慈手软。据统计,从隆庆四年(1570)年初到隆庆六年(1572)六月的两年半内,高拱处理贪贿案件多达六十四起。其中涉嫌知县以上的文职贪官一百三十一人,涉嫌指挥同知以上武职贪官三十八人,共计一百六十九人。高拱执政期间,平均每月办理贪贿案件二点一三起,平均每案惩贪贿官员二点六四人,自始至终坚定不移地把惩治贪贿置于工作日程之上。⑥ 惩贪不是一阵风,过后不疼不痒。正因为如此,才使得惩贪效果比较显著,"是以数年之内,仕路肃清"⑦,在一定程度上遏制了官场上奔竞钻刺、贪贿腐败之风的蔓延。高拱惩贪效果比较显著,还由于他制定推行的对策举措是确当的,以及他自己的一贯清正廉洁、严于自律。这也是他惩贪的成功经验。

---

① 张廷玉:《明史》卷二一〇《张翀传》。
② 张廷玉:《明史》卷二一〇《董传策传》。
③ 《明世宗实录》卷五四九,嘉靖四十四年八月辛丑。
④ 高拱:《南宫奏牍》卷一《挽颓习以崇圣治疏》。
⑤ 高拱:《掌铨题稿》卷一八《复科道官条陈考察事宜疏》。
⑥ 参见岳金西:《高拱的惩贪方略及其代价》,《古代文明》2011 年第 1 期。
⑦ 高拱:《掌铨题稿》卷一八《复科道官条陈考察事宜淑》。

# 三、惩治贪贿,对策举措

高拱惩处贪贿腐败取得了显著政绩,初步扭转了官场"赎货之习",重要原因是他在惩贪实践中自始至终坚定不移地贯彻执行他所制定的惩处贪贿的对策举措。这些具有方针政策性的对策举措主要是:

其一,奖廉与惩贪相结合。高拱不是历史上的酷吏,也不是惩办主义者,他把奖廉与依法惩贪密切结合起来。他指出,对恪守官箴、廉能称职者,要奖赏推升,以示激劝;对贪酷害民、昏庸废事者,要依例惩处,以示斥罚。举与劾、劝与惩两者不可偏废。他说:"不肖者罚,固可以示惩;若使贤者不赏,又何以示劝?"①他主政期间,在起用和奖赏大批廉能官员的同时,也惩处了一些贪酷官吏。两者有主有次,奖惩分明。

嘉隆时期,广东有司贪贿特甚,腐败成风。而潮州知府侯必登却廉能有为,深受百姓爱戴。由于侯必登揭发推官来经济贪污受贿行为,遭到来经济等人的攻击,乞要罢黜。为了勘察实情,弄清真相,高拱遂向广东巡按杨标了解情况。杨标认为:"知府侯必登有守有为,任劳任怨,民赖以安。但不肯屈事上司。所以问之百姓,人人爱戴;问之上司,人人不喜。"②虽然侯必登不善于处理与上司和同僚的关系,但却是一个廉洁正直、政绩卓著的知府。高拱访得侯必登是一位有守有为的廉能之臣,特提请加恩晋级。他上疏曰:"潮州府知府侯必登公廉有为,威惠并著,能使地方鲜盗,百姓得以耕稼为生。此等贤官,他处犹少,而况于广东乎? 若使人皆如此,又何有地方不靖之忧? 合无将本官先加以从三品服色俸级,令其照旧管事,待政成之日,另议超升。"③《明史》也载:"以广东有司多贪赎,特请旌廉能知府侯必登,以厉其余。"④隆庆四年(1570)二月至九月,除对知府侯必登加从三品服俸外,还有知府李渭,知州郑国臣,知县李猷、甘阊、范惟恭、刘正亨、刘顺之、张斾、胡

---

① 高拱:《掌铨题稿》卷三《议处远方有司以安地方并议加恩贤能府官以彰激劝疏》。
② 转引高拱:《掌铨题稿》卷二八《议处知府侯必登疏》。
③ 高拱:《掌铨题稿》卷三《议处远方有司以安地方并议加恩贤能府官以彰激劝疏》。
④ 张廷玉:《明史》卷二一三《高拱传》。

文光、韩诗、郑梦赉、刘光奕、唐执中等官员,分别为知府加从三品服俸,知州加正五品服俸,知县加从五品服俸。① 隆庆五年(1571)二月和五月,对廉能勤政的省府州县官员,如张蕙、廖逢节、吴一本、杨寀、劳堪、江一麟、徐学古、高文荐、章时鸾、许希孟、林会春、萧大亨、丁应璧等,均超升品秩服俸。② 高拱说:"州县官加以职衔,则名分尊崇;仍管原务,则礼节卑屈,上下之间易生乖梗,若止加服俸,亦足示优。"③对廉能贤官仍管原务,特加品级服俸,是高拱奖廉的一大创举。他又说:所加服俸官员,"以后如果不替初心,政成之日,各照所加从五品资格升用"④。由此看来,高拱是将所加服俸官员作为提升官员的预备梯队来考验使用的。他还荐举才望旧臣杨博、高仪,准予起用。⑤ 在《起用贤才疏》中,高拱一次推荐起用二十二人,其中有尚书、侍郎如霍冀、陆树声、刘焘等,有参政、参议、副使如蔡结、冯皋谟、温如璋等,还有主事和御史如鲁邦彦、刘存义、柴祥等。⑥ 至于他根据廉能和政绩提拔重用的官员,更是不计其数。诚如同僚张居正所言:高拱"身为国相,兼总铨务,二年于兹。其所察举汰黜,不啻数百千人矣。然皆询之师言,协于公议。即贤耶,虽仇必举;……即不肖耶,虽亲必斥……"⑦高拱就是这样一位爱才如命、疾恶如仇、奖惩分明、以励仕风的政治家。

其二,却贿与惩贪相结合。嘉隆时期,仕风腐败的重要表现就是贿赂公行,对行贿者不加严责,对受贿者不加责罚,而对却贿者则深求苛责。对此,高拱指出:"乃近年以来,是非不明,议论颠倒。行贿者既不加严,受贿者亦不加察,顾独于却贿之人深求苛责。"这样,"遂使受贿者泯于无迹,而却贿者反为有痕;受贿者恬然以为得计,而却贿者皇然无以自容;而行贿之人则公然为之"⑧。

---

① 参见高拱《掌铨题稿》卷一三。
② 参见高拱《掌铨题稿》卷七。
③ 高拱:《掌铨题稿》卷一三《议处福建州县官疏》。
④ 高拱:《掌铨题稿》卷一三《议处福建州县官疏》。
⑤ 高拱:《掌铨题稿》卷七《荐举才望旧臣乞赐召用以裨治理疏》。
⑥ 高拱:《掌铨题稿》卷一二《起用贤才疏》。
⑦ 张居正:《张太岳集》卷七《翰林为师相高公六十寿序》。
⑧ 高拱:《掌铨题稿》卷一六《议纪录却贿三臣疏》。

例如:巡视南城监察御史周于德因派柴炭于商人,富户于彪向周行贿,遣家人曹雄投帖开具白米一百石,欲求幸免。周随即追问情由,将曹雄捉拿归案,发兵马司问罪。又如:巡按山东监察御史张士佩因升任,例该举劾,齐河知县陈天策便以假递公文为名,向张行贿银一百五十两,送至原籍,以求保荐。张将贿银束帖发按察司,严加追究。再如:盐商杨栋、李禄开具礼贴银一千两,向两淮巡盐监察御史李学诗行贿,送至李家时,当即被家人拿获,连赃送府问罪。周于德、张士佩、李学诗的却贿行为,本应得到表彰,然而当时之人却对他们深求苛责、说三道四,制造各种流言蜚语。有的说,他们素有贿名,不然贿赂何易而至;有的说,他们却贿是为了掩饰更大的受贿;有的说,他们受贿已为人所知见,迫不得已而却贿;其至有人上章无端指摘却贿者……

针对上述"是非不明,议论颠倒"的种种谬论,高拱批驳道:

> 夫君子惟知自信,而小人则安能信君子之心? 古有却贿而名至今存者,使非贿至,又安得有却贿之名? 则所谓"物奚宜至"者,非也。彼素有贪声者,一旦却之,是诚掩也。若素非贪,而今又却之,则诚廉矣。奈何不嘉其有据之廉,而深探其无形之贪乎? 则所谓受贿而"假此以掩"者,非也。至于"有人知见"而却之者,是亦却也,非受也;使无人知见,安知其必受乎? 乃弃其廉于所可见,而逆其贪于所不可知,岂人情哉? 则所谓"不得已而却之"者,亦非也。而世俗之论顾如彼,则非惟不足以训廉,而常使人畏首畏尾,不能自主。固有本欲为廉,而恐事露,人议其后,遂化为贪者矣。所以纲维世道者,岂宜如是哉?①

于是高拱上疏,一方面提出要对却贿三臣予以辩诬正名,把他们的退贿美行记录在案,大加表彰,以为廉谨提升的依据。"今御史周于德、张士佩、李学诗,乃能于行贿之事明言而不自隐藏,行贿之人直指而不少假借。可见其守法之正而不可干以私,持身之清而不可浼以利,见理之明而不可惑以俗

---

① 高拱:《掌铨题稿》卷一六《议纪录却贿三臣疏》。

说。本部即当登记簿籍,以俟优处,为廉谨之劝。"①另一方面又请求移咨都察院,转行内外大小衙门官员,"不止当知守廉之为美,凡遇有行贿之人,即当执拿在官,明正其罪",对行贿者必须绳之以法。同时另行南京吏部,并两京都察院科道官及各处抚按衙门知会:"以后凡遇有却贿之官,便当记之善簿,而不得反用为瘢痕;列之荐剡,而不得反指为瑕类。庶乎清浊有归而激扬之理不忒,是非有定而趋避之路不乖。君子有所恃以为善,小人有所畏而不敢为恶,亦兴治道之一机也。"②应该说,高拱提出的表彰却贿,治罪行贿,是他惩处贪贿的一个重大举措。这对于当时匡正仕风,革除"赎货"恶习,具有非常重要的意义。

其三,惩贪与罚酷相结合。按照明朝政治体制,负责基层政权运作的州县之长,既有征收赋税钱粮之责,又有问理刑名之任。他们贪污纳贿的重要渠道或手段之一就是问理刑名。为了索贿纳贿,在理刑中不惜采用酷刑甚至致死人命。因此,贪官往往就是酷官,酷官很少不是贪官,贪酷一体,一身二罪。高拱在惩贪的实践中深刻认识到,贪酷相连,"以酷济贪"③;贪是目的,酷是手段。"以酷济贪"实质上就是以权济贪、因权纳贿。因此,他在惩贪中特别关注罚酷,在罚酷中也极为关注惩贪,把惩贪与罚酷结合起来。如他惩处的文官贪酷者,有知县吕宗儒、李校、陈廷式、周思大、陈敦质、叶世行、丘凌霄、邢继芳等,有知州刘光奕等,有通判、同知陈廷观、吕希望、毕校钦、萧端贲等,有知府罗大玘、何维、徐必进等,甚至还有通政使司右参议宋训等。他们中有"既贪且酷""贪而且酷"者,有"贪酷异常""贪酷显著"者,也有"贪饕酷暴""贪婪险酷,播恶已深"者。这些贪酷官员几占一百三十一名贪贿文官的三分之一。

对于罚酷,高拱也绝不心慈手软。隆庆四年(1570)三月,河南祥符县知县谢万寿"性资刚暴,气量轻浮,偏信张弘道、李贵等妄言,任用张崇仁等行杖加力,擅用非刑,打死无辜苏仲仁等一十二命"④。但河南巡抚李邦珍、巡

① 高拱:《掌铨题稿》卷一六《议纪录却贿三臣疏》。
② 高拱:《掌铨题稿》卷一六《议纪录却贿三臣疏》。
③ 高拱:《掌铨题稿》卷二九《复福建巡按御史参官疏》。
④ 高拱:《掌铨题稿》卷二九《复河南抚按参官疏》。

按蒋机却题称:谢万寿"论法本当拟斥,但初入仕途,在任日浅,乞要姑从改调闲散,以全器使"。高拱驳斥道:"为照酷刑者为民,国有成例。今知县谢万寿淫刑以逞,打死人命数多,其酷甚矣。以酷而留其官,是废朝廷之法;以酷而调其官,是残他处之民。若谓在任日浅,情有可惜,则人命、国法顾不可惜欤?"故此,"将谢万寿照依酷例革职为民,移咨都察院,转行彼处抚按衙门遵照施行。庶不乖于纪律,亦有警于凶残"①。

其四,惩贪与查勘相结合。高拱在惩贪实践中,坚守一条底线,这就是"罪必责实"。"实,则一为而一成;不实,则百为而百不成。"②贪污纳贿的赃迹必须一一指实,才能依法处置。如无指实,则要当事人先行革职或回籍听勘,务要巡按御史查实勘实,然后具奏定夺,最后处理;如查勘不实,则为当事人申理辩诬。所以指实与查勘是高拱处理贪贿案的重要环节,几成法定程序。这就保证了惩贪案件的办案质量,不出现错案和冤案。例如,隆庆四年(1570)七月,巡按福建监察御史蒙诏论劾,要将延平府大田县知县李校罢斥提问,将建宁府浦城县知县潘玉润、漳州府长泰县知县唐珊罢斥。高拱认为,"知县李校以酷济贪,固当提问。潘玉润、唐珊赃罪差薄,亦犯贪例,似难止议罢斥"。因此,他提出议拟,将知县李、潘、唐三人"俱先行革职,移咨都察院,转行巡按衙门,通提到官,查果贪酷,情罪是实,即将赃银照数追贮,仍依新例分别究遣,不得徇情姑息。若中有事出风闻不的者,亦与辩理,以服其心,毋拘成案,致有亏枉"。最后奉圣旨:"李校等革了职,着巡按御史提问具奏。"③高拱查处贪案大都是将之先行革职或回籍听勘后,再由巡按御史查实而处理结案。

高拱特别强调查勘务要秉公,不可随俗。隆庆五年(1571)三月,贵州巡抚赵锦论劾兵备副使林烶章通贿,吏部令其回籍听勘。巡按蔡廷臣经过实地"再三体访,委出于诬",于是不避嫌怨,乞将林照旧推用。高拱接圣旨后,议论道:"为照方今风俗浇漓,名分倒置。抚按之举劾,凭诸下僚藩臬之是非,定于属吏,以致臧否不分,用舍无据。其被论者虽蒙不白之冤,而勘事者

---

① 高拱:《掌铨题稿》卷二九《复河南抚按参官疏》。
② 高拱:《程士集》卷四《策五道》。
③ 高拱:《掌铨题稿》卷二九《复福建巡按御史参官疏》。

多徇刻薄之习。方其未白，务求深入以为快；及其既白，故示抑滞以为公。此国法所为不彰，人心所为解体也。今御史蔡廷臣于副使林烃章被劾事情，乃能深辩其诬，咸有证据，代为具奏，不避嫌疑，则其公明正直，超乎时俗可知。"据此，他相应拟处："将林烃章照旧推用。仍通行在外抚按衙门，以后凡遇听勘官员，务要秉公，作速查勘。固不可使漏网之得逃，亦不可使覆盆之徒苦，则法令平而人心服，治道其可兴也。"①高拱查勘秉公，罪必责实，辩理诬枉，这一实事求是的做法，鲜明地体现出他的实政精神，是非常正确和难能可贵的。

高拱查勘贪贿"毋拘成案"，"务要秉公"的思想尤其值得珍视。所谓"毋拘成案"，就是不能先入为主，带着框框成见去查勘。如查有实据，对听勘者即应依法惩治；如查无实据，对听勘者即应申理辩诬。"固不可使漏网之得逃，亦不可使覆盆之徒苦。"所谓"务要秉公"，就是查勘者要出于公心，以实查勘，不能随俗，宁左勿右。当时查勘官员中即存在着极左思潮，明知"被论者虽蒙不白之冤，而勘事者多徇刻薄之习。方其未白，务求深入以为快；及其既白，故示抑滞以为公"。从这种极左思潮出发，不可能做到秉公查勘，依法惩贪，更不会为受冤枉者辩诬平反。实事求是的查勘，保证了当时惩贪工作的顺利推进，对当今反腐倡廉、专案调查工作亦有十分重要的借鉴价值和意义。

高拱惩治贪贿，除靠上述政策举措外，还靠他自身的清廉自律。谚曰"打铁先得自身硬"，"己不正焉能正人"。如果自己贪贿，因权纳贿，权力寻租，是不可能主持好惩贪工作的。高拱主政时期之所以能够勇于和敢于把惩贪进行到底，是与其清廉家风的影响和本人一身正气、两袖清风，一贯清正廉洁、严于律己的品德分不开的。高拱出身于官宦世家，其祖高魁为官"刻廉励节"（王廷相语）；其父高尚贤为官"持廉秉公"（郭朴语）；长兄高捷居官时"惠穷摧强"，居家时"出谷济贫"（《高捷传》）。显然，高拱继承和发扬了高家这一清廉家风或传统。隆庆四年（1570）年初，他再次入阁，对老家族人和看门仆人严加教诲：不得嘱事放债，不得违法犯纪、惹是生非。他还

---

① 高拱：《掌铨题稿》卷二八《辩理副使林烃章疏》。

写信给新郑知县,要求当局严加监督管教。信云:

> 仆虽世宦,然家素寒约,惟闭门自守,曾无一字入于公门,亦曾无一钱放于乡里。今仆在朝,止留一价在家看守门户,亦每严禁不得指称嘱事,假借放债。然犹恐其欺仆不知而肆也,故特有托于君:倘其违禁,乞即重加惩究。至于族人虽众,仆皆教之以礼,不得生事为非。今脱有生事为非者,亦乞即绳以法,使皆有所畏惮,罔敢放纵。然此有三善焉:一则使仆得以寡过;一则见君持法之正,罔畏于势而有所屈挠;一则小惩大戒,使家族之人知守礼法而罔陷于恶,岂不善欤! 古云:"君子爱人以德,不以姑息。"仆之此言,实由肝膈,愿君之留念也。①

这封出自肺腑的信件,表明高拱不以权势压人,要求族人、仆人不得享有法外特权,支持家乡政府依法行政,并说这样做有三大好处,充分印证了高拱廉洁自律的可贵品质。高拱执政的两年半内,新郑老家的族人、仆人确无嘱事放债、惹是生非、违法犯纪的。这同前任首辅徐阶放纵子弟横行乡里,聚敛钱财,家有田地多达二十四万亩,形成了鲜明对比;与后任首辅张居正"在反对别人腐败的同时,自己却也在腐败",最后拥有良田八万余亩②,也形成了鲜明反差。故此,当时与高拱同朝为官的著名清官海瑞评价说:"存翁为富,中玄守贫","中玄是个安贫守清介宰相,是个用血气不能为委曲循人之人"。③ 万历初期礼部尚书徐学谟也评论高拱"在事之日,亦能远杜苞苴"④。史学家范守己系河南洧川人,与新郑近在咫尺,评价高拱及其家产说:"原任少师大学士高拱辅翼先帝,忠勤正直,赞政数年,清介如一,门无苞

---

① 高拱:《政府书答》卷三《与新郑县尹书》。
② 王春瑜:《中国反贪史》序言,四川人民出版社2000年版,第10—11页。
③ 海瑞:《海瑞集》上编《论劾党邪言官疏》及《附录》。田澍先生说:在"清官海瑞眼中,包括严嵩、徐阶和张居正在内的嘉隆万时期的重要阁臣恰恰是自身不正、腐败成性的代表人物。"(田澍:《明代内阁政治研究》,人民出版社2017年版,第180页)此论甚确。
④ 徐学谟:《世庙识余录》卷二六,《续修四库全书》史部第433册。

苴之人,家无阡陌之富。"①史家谈迁征引曾撰世、穆两朝编年史的支大纶评价:"拱精洁峭直,家如寒士。而言者过为掊击,则言者过也。"②晚年在河南百泉书院教书授徒的学者孙奇逢对高拱及其清廉家风评价说:"自辅储至参钧轴,历三十年,而田宅不增尺寸","中州家范之严,咸称高氏"。③ 正是高拱具有清正廉洁的品格,才使他敢于在主政期间大刀阔斧地把肃贪进行到底。那种所谓高拱主政时期"颇以贿闻"的指责,纯属不实之词。

## 四、倡廉惩贪,反被诬陷

高拱惩处贪污纳贿虽然取得了很大成绩,但在对某些大案要案的认识和处理上,他同次辅张居正存在着严重分歧,甚至涉及张的受贿问题,致使高拱付出了沉重代价。高与张交恶,分道扬镳,直至最后被逐出内阁,罢官归里,终结了自己的政治生命,张居正取而代之,升任首辅。

高、张原本是香火盟友,志向相同,政见一致。在翰林院任职时,"商榷治道,至忘形骸"。其后,高为司成,张为司业;高总校《永乐大典》,张为分校;高在政府,张亦继入,"盖久而益加厚焉"。高被排归里两年有半,"亦各相望不忘"④。张居正《翰林为师相高公六十寿序》亦言:"今少师高公,起家词林,已隐然有公辅之望,公亦以平治天下为己责。尝与余言:……余深味其言,书之座右,用以自镜。其后与公同典胄监,校书天禄,及相继登政府,则见公虚怀夷气,开诚布公。"⑤隆庆三年(1569)年底,高拱复政上任,与张居正携手共政,配合默契。但到五年(1571)秋,高、张关系疏离,乃至交恶。王世贞言:

> 拱之客构于拱,谓居正纳阶子三万金贿,不足信也。拱无子,而居

---

① 范守己:《险邪大臣阴结奸党凌乱朝政贼害忠直乞加追戮以正法纪疏》,载《高拱全集》附录二《高拱生平文献》。
② 谈迁:《国榷》卷六五,隆庆元年五月丁丑。
③ 孙奇逢:《中州人物考》卷五《高郎中公魁》。
④ 高拱:《病榻遗言》卷二《矛盾原由上》。
⑤ 张居正:《张太岳集》卷七《翰林为师相高公六十寿序》。

正多子。一日戏谓居正曰："造物者胡不均，而公独多子也！"居正曰："多子多费，甚为衣食忧。"拱忽正色曰："公有徐氏三万金，何忧衣食也！"居正色变，指天而誓，辞甚苦。拱徐曰："外人言之，我何知？"以故两自疑。①

《明史》作者将此写入《张居正传》中，言："拱客构居正纳阶子三万金，拱以诮居正。居正色变，指天誓，辞甚苦。拱谢不审，两人交遂离。"②后世史家多以王氏之言为信史，来说高、张交恶。然而，在笔者看来，王氏提供的史料是靠不住的。其理由是：其一，张居正纳贿三万金是不实之词，"三万金"在当时是骇人听闻的天大数字。其二，这则绘声绘色的史料，是惯用文学手法写作的作者推想描述的形象资料，是毫无佐验、不可凭信的孤证。其三，高拱惩贪的态度严肃认真，一贯要求言必责实、罪必责实，不实者要查实勘实，绝不会道听途说，风闻言事，毫无根据地对同僚好友说出这样大的政治戏言。

张居正受贿确是事实，但其数额不是三万金，而是三千银。高拱言："辛未（隆庆五年，1571）秋，徐（阶）因一通判送银三千、玉带、宝玩等物于渠（居正），渠受之。有松江人顾绍者知其事，揭告于予，证据明白。渠惶甚，莫适为居。予为解慰，以为小人告讦不信，而执绍付法司解回。渠始稍宁，而称我曰：'毕竟是公光明也。'然虽眼底支吾，而本情既露，相对甚难为颜面。于是遂造言讪谤，发意谋去我矣。"③高拱从大局出发，为了维持高、张携手共政的友谊，对顾绍的告讦不予受理，而付法司解回。但"本情既露"，两人之交遂离。高拱所言大体是真实的、可信的，况顾绍揭告，亦有巡城御史王元宾题称的史料作证。④

高、张交恶当然不止上述一件事情，还有对文臣武将贪污纳贿这种大案要案的认识和处理上的严重分歧。这里且以福建巡按御史杜化中论劾兵部左侍郎谷中虚一事为例加以说明。隆庆二年（1568）五月，原福建巡按御史

---

①　王世贞：《嘉靖以来内阁首辅传》卷七《张居正传》。
②　张廷玉：《明史》卷二一三《张居正传》。
③　高拱：《病榻遗言》卷二《矛盾原由上》。
④　高拱：《掌铨题稿》卷二六《复巡城御史王元宾缉获钻刺犯人孙五等疏》。

王宗载参论福建参将王如龙,揭发他侵克兵粮,受贿银三千余两,又受广寇曾一本珠甲一领、云锁幅四匹、女子二人,以及奸淫良妇、暴横齐民等罪行。隆庆四年(1570)十二月,原福建巡按御史蒙诏参论福建游击将军金科,克减钦赏功银及兵粮,诈骗商人,把总银七千余两,妻乡宦之义女,娶都宪之美妾;又参论都司金书朱珏侵削军饷,索把总贿银五千余两,又任性刑毙无辜,恣意宣淫无度等。金科、朱珏被论,遂遣人携二千金潜入京师,托总兵戚继光贿于兵部左侍郎谷中虚之门,以求解救。于是兵部覆奏行福建巡抚衙门问理。金、朱二犯又遗一千七百金贿于巡抚何宽,宽令按察司转委运史李廷观、推官李一中问理。而金、朱又送廷观五百金、一中二百金,二李证佐未提,遂各从轻拟。尔后金科、朱珏谋于王如龙,各捐千金,送总兵戚继光接受,遂代奏行取,赴京听用。于是三犯速赴浙江,分投统领往边。① 高拱根据巡按御史杜化中的论劾,提出处理意见:总兵官戚继光等由兵部查覆;谷中虚、何宽俱系大臣,受贿纵奸未经勘实,令回籍听勘;按察使莫如善年老昏庸致仕;运使李廷观照不谨例冠带闲住;推官李一中照不及例降用。并得到圣旨批准。② 时隔不久,给事中涂梦桂又论谷中虚原任陕西、浙江巡抚时,皆有贪声,赃私狼藉,遂令其冠带闲住。③

据高拱揭露,对上述文臣武将贪贿的大案,张居正亦曾参与其事。"金科、朱珏富甚,久以贿投戚继光门下。前被论时,即纳贿求解。而继光遂引入荆人(即居正)家,各馈千金。荆人特令兵部覆行巡抚勘问,而又作书何宽,令其出脱。而继光仍复取用,实皆荆人展转为之。"④因此案涉及吏、兵二部处理,张居正见杜化中奏疏,坐卧不宁,隐去受贿一事,而对高拱吐露一点真情:"今乃敢以情告,二将(金科、朱珏)皆可用,吾故扶持之,欲得用也。前兵部覆巡抚勘,乃吾意,吾亦曾有书与何宽。今若如化中言,吾何颜面?愿公曲处。"高拱对曰:"今只令听勘(指谷中虚、何宽),勘来便好了也。"居正"虽幸了此事,而踪迹已露,心愈不安"。便令其密党散布流言于两京,谋去

① 高拱:《掌铨题稿》卷二四《复福建巡按御史杜化中论侍郎谷中虚等疏》。
② 高拱:《掌铨题稿》卷二四《复福建巡按御史杜化中论侍郎谷中虚等疏》。
③ 高拱:《掌铨题稿》卷二四《复给事中涂梦桂论侍郎谷中虚疏》。
④ 高拱:《病榻遗言》卷二《矛盾原由上》。

高拱愈甚。① 于是曹大埜论拱大不忠十事之疏起矣。

对此贪贿大案,张居正却扭曲事实,颠倒是非,一步一步地为其翻案。其一,杜化中奏章要求兵部对戚继光进行"戒谕",高拱批复只说戚继光等由"兵部径自查覆",而张居正则大造舆论说是"时宰"要杀戚继光。他写给好友时任湖广巡抚汪道昆的信中说:"谭(纶)、戚二君,数年间大忤时宰意,几欲杀之。仆委曲保全,今始脱诸水火。"②所谓"时宰",即指高拱。除了戚继光,又无故添上总督谭纶,言高拱"几欲杀之"。这不是歪曲事实、凭空捏造吗?其二,独操史权的张居正在他"删润"裁定的万历二年(1580)七月成书的《明穆宗实录》中,对此大案简述后,加了一个"按"语,"按"曰:"(王)如龙等在福建有战功,所犯赃事,罪止罢斥。继光惜其才,欲置之部下为用。会有调取南兵事,遂咨白兵部,求早结其狱,令部署南兵赴镇。中虚覆奏及宽等所拟,亦未为纵第。化中、梦桂欲因此陷继光、中虚,以阿当路意。而上不知也。"③在这里,张居正把自己摆脱得一干二净;戚继光没有纳贿,只是惜才用将;谷中虚、何宽亦未纳贿,亦未纵奸,也没有违反法定程序的错误(如谷中虚将巡按所劾令巡抚衙门勘问,巡抚何宽不属按察司而属运使问刑,都是违反明朝法定制度的)。在张看来,戚继光、谷中虚、何宽没有违法和贪贿错误,主要是巡按杜化中、给事中涂梦桂的有意陷害,"以阿当路意"。"当路"者谁? 高拱是也。高拱成了陷害戚、谷、何的罪魁祸首。惩贪者突忽之间变成了陷害者。这真是颠倒是非、混淆黑白。其三,《明穆宗实录》在穆宗临死的前三天又载:"法司奏上,将官金科、朱珏、王如龙等狱,言其用贿营求,事无左(佐)验,贪恣侵剥,罪不容诛。请下福建巡按御史再讯,从重拟罪以闻。戚继光私庇恽夫,任情引荐,亦宜戒谕。报可。"④至此,戚继光、谷中虚、何宽等受贿一案彻底翻案了,受贿者反而变成了受害者。万历初年,王如龙、金科、朱珏的罪责彻底消除,被戚继光任用为将,所谓王如龙等"所犯赃事,罪止罢斥""罪不容诛""从重拟罪"云云,皆是一具空文。对戚继光"亦宜戒

① 参见高拱《病榻遗言》卷二《矛盾原由上》。
② 张居正:《张太岳集》卷二三《与楚抚院汪南溟》。
③ 《明穆宗实录》卷六五,隆庆六年正月癸未。
④ 《明穆宗实录》卷七〇,隆庆六年五月丙午。

谕"云云,如前所述,变成了"时宰"高拱"几欲杀之"。不过,上述这一切,高拱并不知情,也不可能知情,因为这是张居正在私人信件和事后裁定的实录中为这一贪贿大案翻案的。这里的翻案不能简单地理解为为贪赃纳贿者平反,而是要颠倒是非,反指参论者和惩贪者为贪贿者和陷害者,这才是张居正翻案的深层本意。

高拱惩贪付出的最大代价即是被逐出政坛,终结了自己的政治生命。其直接动因就是在惩处大案要案中涉及张居正的贪贿问题,从而导致二人交离,最后的结果是张居正深结大宦冯保将高拱逐出内阁,由张取而代之,升任首辅。张居正为了反指惩贪者为贪贿者,曾嗾使户科给事中曹大埜疏劾高拱"十大不忠","举朝悉知,出居正意"①,其中指责高拱纳贿即有四事:"今拱乃亲开贿赂之门。如副使董文寀馈以六百金,即升为河南参政;吏部侍郎张四维馈以八百金,即取为东宫侍班官;其他暮夜千金之馈,难以尽数。故拱家新郑屡被盗劫,不下数十万金,赃迹大露,人所共知。""原任经历沈链论劾严嵩,谪发保安。杨顺、路楷乃阿嵩意,诬链勾虏虚情,竟杀之,人人切齿痛恨。陛下即位,大奋乾断,论顺、楷死,天下无不称快。拱乃受楷千金之贿,强辩脱楷死,善类皆忿怒不平。""疏入,上责大埜妄言,命调外任。"②对此,高拱上疏申辩驳斥:

> 臣拙愚自守,颇能介洁,自来门无私谒,片纸不入,此举朝缙绅与天下之人所共明知。副使董文寀资望已深,是臣推为参政。官僚必慎择年深老成之人,而侍郎吕调阳皆是皇上日讲官,不敢动,侍郎张四维资望相应,是臣与张居正推为侍班官。乃谓文寀馈金六百,四维馈金八百。果何所见,又何所闻,而不明言其指证乎?隆庆四年,臣曾审录,见路楷狱词与律不合,拟在有词。其后一年,法司拟作"可矜",与臣无与。臣家素贫薄,至今犹如布衣,时人皆见之,曾未被劫。则所谓劫去数十万金者,诚何所据?此皆下关名节者,臣谨述其实如此。③

---

① 《明神宗实录》卷一四六,万历十二年二月辛酉。
② 《明穆宗实录》卷六八,隆庆六年三月己酉。
③ 《明穆宗实录》卷六八,隆庆六年三月辛亥。

不久,"张四维以曹大埜疏连污及己,上章自辩,因乞解职。上谓事已别白,令四维遵旨赴任"①。高拱申辩所言,他"拙愚自守,颇能介洁","门无私谒,片纸不入","家素贫薄,至今犹如布衣",应是实情,并非虚语,这与前述他在隆庆四年(1570)年初写给新郑县知县信函的内容是完全一致的。查遍明末清初新郑县志与其相关文献,均无高拱老家"屡被盗劫,不下数十万金"的记载。曹大埜所谓高拱贪贿数事,完全是无中生有,杜撰捏造。其结果不仅没有达到目的,反而落了一个"妄言""调外"的下场。两个月之后,曹大埜、高拱被逐,张居正升任首辅。曹大埜因劾拱有功而被居正召回,加以提拔重用:"未几而大埜果转楚佥宪矣,寻转尚宝太仆矣,未几而开府江西矣。"如此狎邪佞臣,却官运亨通,一路飙升。但好景不长,及至居正死后,曹大埜则被御史王孔仪参论而"冠带闲住"②,落了个可悲的下场。

　　对曹大埜劾拱"十大不忠"的疏文以及高拱申辩批驳的疏文,明史界有着不同认识。一种意见是把劾疏和辩疏加以全面对比研究,从而得出劾疏是"诬陷之词"的结论。如韦庆远先生认为:"曹大埜的疏文虽然冗长慷慨,但基本上是诬陷之词。疏中毛举旧事细故,过分上纲,却缺乏有理有据的确凿事实支持。"而"高拱的辩疏,是于事有据而且比较在理的"③。另一种意见是把辩疏抛在一旁,单看劾疏的一面之词,片面得出"并非不实之词"的观点。如樊树志先生认为:"应该说,这'大不忠十事'并非不实之词,但这一奏疏上得不是时候。"④不知劾疏何时呈上才是时候,才能达到立逐高拱的目的。刘志琴先生也认为:"曹大埜弹劾高拱的种种不端,并非不实之词,却立遭高拱报复,被降调外任。"⑤《明穆宗实录》说得明白,是"上责大埜妄言,命调外任"。高拱还为其说情:"大埜年少轻锐,亦系言官,未足深咎,请……复大埜职。""上不许曰:此曹朋谋诬陷,情罪可恶,宜重治如法。以卿奏姑从

①　《明穆宗实录》卷七〇,隆庆六年五月己丑。
②　《明神宗实录》卷一四六,万历十二年二月辛酉。
③　韦庆远:《张居正和明代中后期政局》,广东高等教育出版社1999年版,第414、415页。
④　樊树志:《万历传》,人民出版社1993年版,第21页。
⑤　刘志琴:《张居正评传》,南京大学出版社2006年版,第137页。

宽。大埜如前旨","于是调大埜陕西乾州判官"。① 穆宗两次批示大埜"调外",怎会变成"立遭高拱报复"呢? 大埜调外并未降级,怎会变成"被降调外任"呢? 论者既然认为劾疏"并非不实之词",其中当然包括所谓高拱纳贿四事,由此他们把高拱看成是一个巨贪国蠹。然而这并非历史事实。

无独有偶。张居正处心积虑地嗾使曹大埜上疏,要把高拱打成巨贪的企图没有得逞,但是穿越时空至四百多年后,在与张居正心灵相通的熊召政笔下终于实现了。他在历史小说《张居正》中,把惩处百余名贪官的高拱写成是上百名贪官的保护伞;把从政三十余年"田宅不增尺寸"的高拱写成是受贿五千亩良田的元辅大贪②;把反贪巡按杜化中写成是受贿三万两银子的贪官③;把《明史》肯定的"不妄取一钱"、谥号"恭介"的两广总督李迁(小说改为李延)写成是"高拱门生",吃两万军卒空额军饷,一年贪污七十多万两银子,达两三年之久,成为隆庆朝的巨贪④;如此等等。在熊先生笔下,历史简直就像一团泥,可以任意地捏造,对高拱丑化、诋诬,把惩贪写成护贪,把反贪者写成贪官,把廉吏写成巨贪,把正面人物塑造成反面角色,并美其名曰"让历史复活",这只能误导读者。历史事实是客观的存在,是任何人篡改不了的!

① 《明穆宗实录》卷六九,隆庆六年四月丁巳。
② 参见熊召政:《张居正》(一),长江文艺出版社 2003 年版,第 71、78、139、255、309、464—465 页。
③ 参见熊召政:《张居正》(一),长江文艺出版社 2003 年版,第 144 页。
④ 参见熊召政:《张居正》(一),长江文艺出版社 2003 年版,第 75 页。

# 第十章　"为官操守"问题

对于高拱的"为官操守"问题,历来众说纷纭。他在主政期间是否与阁僚互讦、贪污纳贿、"迎立周王",罢官之后是否"失贿致死"等问题,关系到他的品行和操守,也关系到他的做人之道。明代文学家和史学家王世贞运用虚构夸张的文学手法,对高拱的为官操守和政治品行提出了颇多"訾议"和责难。倘若考之历史事实,揆诸历史文献,就不难看到王氏的"訾议"和责难皆为臆测之言、不实之论,历史偏见甚为明显。究其原因,这是由于王氏与高拱结有私怨。

## 一、操守问题,渊源有自

为历史人物作传,应该严格按照史实史料进行,有一份史料说一份话,不能掺杂使假,更不能虚言夸张、杜撰伪造,否则就会丧失历史人物传记的真实性、客观性。这是历史人物研究必须固守的根本原则,也是古今史家的通识和共识。然而,王世贞的《高拱传》,恰恰背离了这种史学原则和史家共识。

王世贞兼有文学家与史学家的双重身份。作为文学家,他善于夸张、想象、编造和虚构,留下了大量文学作品,与李攀龙等被誉为"后七子"。李攀龙死后,王氏独主文坛二十年,声名显赫。作为史学家,他留下了包括《嘉靖以来内阁首辅传》在内的大量史料和史著。不过,其父和本人从政后遭遇的种种挫折和不幸,对其政治史观和历史书写产生了严重的负面影响。他对严嵩恨之入骨,对徐阶德之入骨,对高拱怨之入骨,对张居正德怨参半。严嵩主政,作恶多端,对他恨入骨髓,理所宜然。但对徐、高、张三相则持论不公,偏见甚深,可谓"褒徐贬高""袒张绌高"。故此,对高拱作出了否定性评价:"拱刚愎强忮,幸其早败。虽有小才,乌足道哉!"[①]这就决定了该传是记事不记功,即只记传主为政处事之缺失,不记传主的才干和事功;且记事不惜曲解史实,甚至从事虚构和伪造,以达到丑诋传主之目的。

由此之故,清张廷玉判定王氏"其所去取,颇以好恶为高下"[②]。近代学者梁启超也指出:

> 资料和自己脾胃合的,便采用;不合的,便删除;甚至因为资料不足,从事伪造;晚明人犯此毛病最多。如王弇州(王世贞)、杨升庵(杨慎)等皆是。[③]

所谓"伪造",就是虚构或杜撰。在《高拱传》中,这种伪造、虚构之处甚多,如所谓"报复"阁臣、贪污纳贿、迎立周王、失贿而死等。因此,本章以高拱的为官操守问题为重点,对王氏《高拱传》的虚构、伪造之处进行辩驳,以确证梁先生所言不虚。

## 二、信命互诟,于史无据

王氏《高拱传》虚构之一,就是诬陷高拱刺杀座主,迷信命运,与同僚戏言互诟。先说刺杀座主,迷信命运问题。王氏写道:

> 会(徐)阶之乡人陈懿德者,素不悦于阶,自翰林谪,而拱其座主,擢为尚宝司丞。懿德乃与同门韩楫、程文、宋之韩及兵部郎中周美等,日为拱恫喝,言阶以数万金谋于中贵人,且起用矣。至曰:"阶使刺客刺公

---

① 王世贞:《嘉靖以来内阁首辅传》书末"野史氏曰"。

② 张廷玉:《明史》卷二八七《王世贞传》。

③ 梁启超:《中国历史研究法补编》,载刘梦溪主编:《中国现代学术经典·梁启超卷》,河北教育出版社 1996 年版,第 374 页。

矣!"时时推算阶星命,以媚拱曰:"阶于法当僇死,其数亦尽。"①

　　这段对话纯系王氏的杜撰,没有任何明清史料有相同或相似的记载。王氏提出高拱几个门生日侍座主于左右,专门进行虚张声势、威胁恐吓活动,说什么徐阶贿宦起用,并派刺客刺杀座主。我们不禁要问,作为政治家的高拱,难道会愚蠢到不加怀疑而相信这种虚张声势的"恫喝"吗?门生弟子们又以术数推算星命,虚构首辅徐阶星命已尽,高拱难道会信命定论吗?在笔者看来,高拱绝不是那种毫无主见而被门生玩弄于股掌中的政治木偶,也不是听从门生指使的政治傀儡。显然,这是一段情节离奇、凭空虚构的文学传奇,没有任何史实依据。这也恰恰说明王氏对高拱的学术思想毫无所知,根本不了解他是一位坚定的气本论者和无神论者。高拱曾言:

　　　　盖天地之间,惟一气而已矣。气之行也,有时而顺,有时而舛;而其复也,有时而速,有时而迟。时乎舛也,虽尧、汤不能御其来;犹之时乎顺也,则庄(楚庄王)、宣(鲁宣公)可以安享者也。②

　　在高拱看来,气的运行变化有时顺畅,有时阻滞,而其复归凝聚,有时快捷,有时迟缓。气的这种时顺时舛、时速时迟的运行规律,不依尧、汤、庄、宣、戊、景等圣帝庸王的意志而改变。他又说:"圣人有为己之实学,而祸福毁誉不与焉;圣人有为国之实政,而灾祥不与焉。"③这种不计祸福毁誉的实学,不论灾害祥瑞的实政,显然是一种无神论思想。从高拱主政期间所撰《掌铨题稿》二百五十疏来看,没有一疏是因天象灾祥而呈上的。实际上,高拱不仅批判儒家宣扬的"天人感应"说、"灾异谴告"说、"五德终始"说等神学目的论和历史循环论,而且还主张"在天有实理,在人有实事""天定胜人,人定亦胜天"④的实理实事的无神论。不仅如此,高拱在天人观上还把"实理

---

① 王世贞:《嘉靖以来内阁首辅传》卷六《高拱传》。
② 高拱:《程士集》卷四《天人之际》。
③ 高拱:《本语》卷三。
④ 高拱:《程士集》卷四《天人之际》。

实事"的无神论与"天人感应"的有神论对立起来,而且还指出其产生的社会根源,他说:

> 吾尝有言:"天下有道,理为主;天下无道,命为主。"夫有道之世,是非明,赏罚公,为善者必昌,为恶者必殃,贲若草木,莫之或恋也。其昌其殃,虽莫非命,然而理有可据,天下之人不谓命也,曰:理固宜然也。故曰:"理为主。"理为主则命无可幸,小人者惟有窜伏而已矣。无道之世,是非晦,赏罚紊,而善类辣息以畏谗。飞廉之恶可行于比干,桓魋之凶可加于孔子。理无可据,天下之人徒相与咨嗟叹息,曰:"命实为之,谓之何哉?"虽圣人于公伯寮之愬,亦惟曰:"道之将行也与? 命也! 道之将废也与? 命也!"于匡人之围,亦惟曰"天生德于予,匡人其如予何"而已。使其处有道之世,得志行道,岂为此言乎? 虽亦莫非命也,然而命之说行,故曰:"命为主。"命为主则理且不信于人,而小人益肆矣。①

世道大治,是非分明,赏罚公平,兴好人不兴坏人,人们就会相信真理,而不会迷信命运,社会风气是"理为主"。反之,世道混乱,是非不分,赏罚不公,兴坏人不兴好人,人们就会迷信命运,而不相信真理,社会风气是"命为主"。在这里,高拱从"有道之世"与"无道之世"之间的转化来说明无神与有神的转化。"有道之世"是从"命"向"理"的转化,而"无道之世"则是从"理"向"命"的转化。这一切都是以天下的"有道"或"无道"、社会的"治"或"乱"为转移的。因此,高拱提出要"化无道之世为有道之世"②,决心根除迷信命运的社会根源。高拱对无神论和有神论社会根源的揭露,蕴涵着历史唯物论的思想萌芽,是非常宝贵的。③

不难看出,王氏为高拱立传,没有掌握甚至无视其基本思想资料,更不了解其学术思想特质。这是王氏虚构伪造、丑诋诬陷传主的重要原因之一。

再言编造戏说,中伤传主问题。王氏写道:

---

① 高拱:《问辨录》卷一〇《孟子》。
② 高拱:《问辨录》卷一〇《孟子》。
③ 参见岳天雷《论高拱的唯实无神论思想》,《中国哲学》1999 年第 5 期。

（高拱）性迫急，不能容物，又不能藏蓄需忍。有所忤，触之立碎，每张目怒视，恶声继之，即左右皆为之辟易。既渐得志，则婴视百辟，朝登暮削，唯意之师，亡敢有抗者。间遇亲知，引满谑浪，一坐为欢。在詹事日，与学士瞿景淳同修大志，尝引镜自照曰："吾殆神龙乎？"景淳老儒，然亦好戏，曰："公以为龙耶？吾直谓蚯蚓耳！"拱大怒，掷镜碎之，诟曰："出景淳！"①

高拱为政风格具有两面性：一方面是大刀阔斧、雷厉风行。如明朱国祯说："高（拱）出理部事，入参阁务。……遇大事立决，高下在心，应机合节，人服其才，比于排山倒海未有过也。"②这种为政作风对于有志于洗刷颓风、整顿改革者来说，恰恰是其施政优势或优点；不然，改革就不能推行，事功也不能建立。但另一方面，高拱其人又具有直肠直肚、性急而严的一面。如"性急寡容"③"性直而傲"④"强直自遂"⑤"负才自恣"⑥"性刚而机浅"⑦等。显然，这种果敢、直率、急躁、机浅等性格特点，在需要圆滑处世、不露锋芒的封建官场，又是其缺陷。不过，两相比较，前者是主要的，而后者是次要的，因为推动历史进步才是评价历史人物的根本标准。

然而，王氏却抓住矛盾的次要方面，加以无限的渲染和夸张，进而将高拱描述为反面人物。显然，这是喧宾夺主、本末倒置！我们又要问："触之立碎"，"怒视"继之"恶声"者谁？"朝登暮削""引满谑浪"者又是谁？何不例举一二，以确证其实？至于高自谓"神龙"，瞿戏言"蚯蚓"，高竟碎镜怒骂滚出去，更是凭空编造、子虚乌有之事！退一步来说，即使发生过这种戏言互诟之事，那么，这能够成为为高拱立传的历史依据吗？笔者翻检与高拱相关

---

① 王世贞：《嘉靖以来内阁首辅传》卷六《高拱传》。
② 朱国祯：《皇明史概·皇明大事记》卷三八《阁臣》。
③ 《明神宗实录》卷八四，万历七年二月乙巳。
④ 万斯同：《明史》卷三〇二《高拱传》。
⑤ 张廷玉：《明史》卷二一三《高拱传》。
⑥ 张廷玉：《明史》卷二一三《郭朴传》。
⑦ 《明神宗实录》卷三七〇，万历三十年三月丁卯。

的诸多历史文献，没有发现高、瞿之间有戏言互诟之事。这只能说明王氏的《高拱传》不是在伪造说谎，就是在恶意中伤！

## 三、清正廉洁，史有确证

高拱是廉洁自律的清官，这是诸多明清史家所确认、所认可的。然而王世贞却丑诋传主贪赃纳贿，将其描述为贪官形象。王氏写道：

> 拱初起，强自励，人亦畏之，不敢轻赇纳。而其弟为督府都事者，依拱后第而居。于是韩楫等乃数携壶榼，往为小宴。拱自阁或吏部归，即过其第，见而悦曰："若等乃尔欢，吾不如也。"因留酌，自是以为恒。而益以珍馐果，饮食愈畅，乃各进其所私，人欲迁某官得某地。拱时已且醉，曰："果欲之耶？"以一琴板书而识之，次日除目上矣。以是其所狎门生及客皆骤富，门如市。而楫、文、之韩辈有所恨于他给事御史，至中夜警门而入，拱出见之，则阳怒若气不属者，曰："某某乃欲论吾师，吾知而力止之，暂止耳，故不可保也。"拱恚且恐，质明即召文选郎移缺，而出其人于外，亦不更详所由。以是中外益畏恶拱，以为叵测。而拱醉后，时时语客曰："月用不给，奈何？"其语闻诸抚镇以下，赇纳且麇集矣。①

从史料考据来看，这段描述经不起任何推敲和追问，既不合情也不合理。其一，高拱恒常"留酌"于其五弟高才家中的"小宴"，并时常畅饮而醉，门生韩楫等乘机"各进其所私，人欲迁某官得某地"，而高则言听计从，不问所由，于"次日除目上矣"。我们不禁要问：王氏是否亲自参加过这种"小宴"？是其亲眼所见，抑或别人告知？各进私人姓甚名谁，迁何地得何官？何不指实一二，以证所言不虚？这种没有实证的高拱卖官鬻爵，因而使"所狎门生及客皆骤富，门如市"的论述，是不能令人信服的！其二，门生韩楫等人有恨于其他言官，便"中夜警门而入"高宅卧室，对座主进行恐吓和告密。

---

① 王世贞：《嘉靖以来内阁首辅传》卷六《高拱传》。

而高却色厉内荏,胆小如鼠,"恚且恐";且告密立即生效,次日将所恨之人调外。试问:首辅的私宅,夜半敲门闯入,这可能吗? 真实吗? 调外之人姓甚名谁,调往何地,何不指实? 这种夜半诡秘之事又是何人所见、何人所闻? 对此,王氏一概含糊其辞,只是一味抹黑、诟病传主,没有任何证据支撑,这就使人不得不质疑王氏为高拱立传的目的何在! 其三,高拱"醉后"索贿,语闻"抚镇以下",因而"赇纳且麇集矣"。请问:高拱有此醉言吗? 即使有,醉言能作为立论的根据吗? 能使天下抚镇以下的官员云集行贿吗? 为何从当时的相关史料中找不到任何记载呢? 因此,在笔者看来,高拱醉后索贿纯属子虚乌有之事,是王氏的虚构和伪造! 在王氏笔下,高拱及其门生是一个结党营私、索贿纳贿、排除异己的腐败团伙,而高拱是罪魁祸首。显然,这种缺乏事实根据的文学夸张和形象描述,不过是王氏为诬谤传主而蓄意编造的谎言而已。而谎言绝对不会成为信史,也掩盖不了传主"清介如一"①"公正廉直"②的历史真相!

"清介"和"廉直",既是高拱为官做人之道,也是高氏家族的优良家风。其祖高魁为官"刻廉励节"③,其父高尚贤为官"持廉秉公","自奉俭约"④,其兄高捷居官时"惠穷摧强",居家时"年荒出谷济之,全活者众"⑤。高拱主政时,其五弟高才亦在京任职经历,一身正气,两袖清风;致仕归家,"恂恂一老布衣然。年饥为粥于路,全活甚多。遇瘟疫大行,则施药以济病者"⑥。其六弟高拣曾以"己业膏腴田二百亩,并桩基牛只车辆农器俱全,约百金余",慨然捐献新郑学田,以济贫生。⑦ 他居官寿州,病危嘱其使曰:"吾箧中无剩物,所余六十金为我治殓具。吾家世守清白,尔告我子若孙,勿变家法也。"⑧高

① 范守己:《险邪大臣阴结奸党渎乱朝政贼害忠直乞加追戮以正法纪疏》,载《高拱全集》附录二《高拱生平文献》。
② 高拱:《纶扉稿》卷一《乞恩辞免兼任疏》。
③ 王廷相:《王氏家藏集》卷三一《明故工部都水司郎中进阶中宪大夫高公墓志铭》。
④ 郭朴:《明故光禄寺少卿高公神道碑》,载[清]乾隆《新郑县志》卷二六《艺文志》。
⑤ 高有闻:《南京右金都御史提督操江高公讳捷列传》,载《高拱全集》附录二《高拱生平文献》。
⑥ [清]乾隆《新郑县志》卷一六《高才传》。
⑦ 安九域:《创制学田记》,载[清]乾隆《新郑县志》卷二六《艺文志》。
⑧ [清]乾隆《新郑县志》卷一六《高拣传》。

拱嗣子高务观亦"世守清白","清慎廉明"①。

更为可贵的是,高拱秉承了这一清廉家风。他于隆庆三年(1569)十二月还阁复政,并兼掌吏部事,由此登上权力高峰,可谓权势显赫。即使这样,高拱仍然律己甚严,并多次致函新郑知县,要求对其族人、门人和仆人严加教诲,严加监管,不得嘱事放债,更不得违法犯纪。函曰:

> 仆虽世宦,然家素寒约,惟闭门自守,曾无一字入于公门,亦曾无一钱放于乡里。今仆在朝,止留一价在家看守门户,亦每严禁不得指称嘱事,假借放债。然犹恐其欺仆不知而肆也。故特有托于君:倘其违禁,乞即重加惩究。至于族人虽众,仆皆教之以礼,不得生事为非。今脱有生事为非者,亦乞即绳以法,使皆有所畏惮,罔敢放纵。然此有三善焉:一则使仆得以寡过;一则见君持法之正,罔畏于势而有所屈挠;一则小惩大戒,使家族之人知守礼法而罔陷于恶,岂不善欤!……仆之此言,实由肝膈,愿君之留念也。②

从这封信函中,我们可以感受到高拱一身正气、两袖清风、廉洁自律的为官做人之道和高贵品德。

高拱主政期间不仅严于律己,而且还要求吏部司属勤于政事,反腐倡廉,力破当时盛行的"赎货之习"。例如,他所任用的吏部侍郎靳学颜"内行修洁"③,魏学曾"操履端方""自处甚约"④。吏科都给事中韩楫提出"吏治修而天下无事矣",上疏奏请惩酷与惩贪并重,高拱"因著为令";韩楫为官"洁清自好,不轻取予",致仕后"家徒四壁,躬自耕牧"。⑤ 高拱主政两年半,在整顿吏治中,惩办贪贿案件六十四起,惩处知县以上和指挥同知以上贪贿官员一百六十九人;在反腐倡廉实践中,推行奖廉与惩贪、却贿与惩贪、惩贪与罚

---

① [清]乾隆《新郑县志》卷一六《高务观传》。
② 高拱:《政府书答》卷三《与新郑县尹》。
③ 张廷玉:《明史》卷二一四《靳学颜传》。
④ 郭正域:《魏确庵学曾墓志铭》,载焦竑《国朝献征录》卷五七。
⑤ 沈鲤:《亦玉堂稿》卷一〇《明中议大夫右通政使司元泽韩公墓志铭》。

酷、惩贪与查勘相结合的方略,由此仕路肃清。

高拱廉洁自律、反腐倡廉的高贵品德,与前任首辅徐阶放纵子弟横行乡里,聚敛钱财,兼并土地多达二十四万亩①,形成鲜明对比;也与后任首辅张居正"在反对别人腐败的同时,自己却也在腐败",最后拥有良田八万余亩,死后被查抄的家产折价约金银十九万余两②,形成鲜明反差。故此,清官海瑞对徐、高对比评价道:"存翁为富,中玄守贫","中玄是个安贫守清介宰相,是个用血气不能为委曲循人之人"。③ 史家徐学谟言:高拱"在事之日,亦能远杜苞苴"④。支大纶言:"拱精洁峭直,家如寒士。而言者过为掊击,则言者过也。"⑤范守己言:高拱"赞政数年,清介如一;门无苞苴之人,家无阡陌之富"⑥。清初学者孙奇逢也说:"自辅储至参钧轴,历三十年,而田宅不增尺寸","中州家范之严,咸称高氏"。⑦ 可以说,明清史家的上述评价是符合历史事实的。然而,唯独王氏《高拱传》反其众评而掊击之、丑化之,对其官德和人品提出颇多质疑和责难,这只能说明王氏之论之荒谬。

## 四、迎立周王,訾议之说

隆庆六年(1572)六月,张居正"附保逐拱"。这是高拱与内监冯保矛盾激化的结果,也是封建专制体制下高拱与张居正权力斗争的必然结局。然而,王氏的记述多有不实之词、"訾议"之说。其中,"迎立周王"便是一例。王氏写道:

① 伍袁萃:《林居漫录》,台湾伟文出版有限公司1977年版,第31页。
② 王春瑜:《中国反贪史》序言,四川人民出版社2000年版,第10、11页。而陈翊林先生却提出张居正"在志行上是个持操者,有悬辞爵禄,严拒贿赂,不计毁誉,尽瘁以死的精神"(陈翊林:《张居正评传》第14章《评论》)。这种说法显然是过誉。
③ 海瑞:《论劾党邪言官疏》及《附录》,载《海瑞集》上编。
④ 徐学谟:《世庙识余录》卷二六"按"语,载《四库存目丛书》史部第49册。
⑤ 谈迁:《国榷》卷六五,隆庆元年五月丁丑。
⑥ 范守己:《险邪大臣阴结奸党渎乱朝政贼害忠直乞加追戮以正法纪疏》,载《高拱全集》附录二《高拱生平文献》。
⑦ 孙奇逢:《中州人物考》卷五《高郎中公魁》。

（冯保）乃言于皇后、贵妃曰："拱欺太子幼冲，欲迎立其乡周王以为功，而己得国公爵矣。"又多布金于两宫之近侍，俾言之。皇后与贵妃皆错愕。保乃抑给事御史疏，不遽达，而拟旨逐拱，责其专擅无君，令即日归田里。①

太监冯保生性狡黠，善于进谗言。但"迎立周王"之说，绝非冯保向两宫所进之谗言。假如冯保所进谗言是高拱"迎立周王以为功"，那么三宫诏旨逐拱之罪名，就绝不会是"专权擅政"，而是要"迎立周王"、要谋逆、要反叛；对高拱之惩处，也绝不会是"回籍闲住，不许停留"②，而是要斩首、要灭族。可见，所谓"迎立周王"之罪与三宫诏旨对高拱之罚并不对应、并不相称，即罚不当罪。由此也可反证，"迎立周王"之说是王氏编造的谎言。这一谎言遭到史家范守己的质疑和揭露：

（高拱被逐）臣夫彼时闻命惶惧，不遑他问。归家日久，尚不知其得罪之由。久之，乃闻其谋，缘保与居正诬臣夫有迎立外藩之志也。臣夫亲受先帝顾命，感激图报，誓竭忠贞，效之陛下。旬日之间，即奉陛下临御大位，不知迎立外藩之说，果在何时乎？纵使有之，果何人闻知其谋，可作证据？何事可为左［佐］验乎？天地鬼神，昭临有赫。保与居正无故而诬人以族诛之罪，则亦何所不至哉！③

高拱被逐之缘由，确系冯保向三宫所进之谗言，但这一谗言不是"迎立周王"之说，而是"十岁儿"之说。该说有两个版本：一是张廷玉《明史》版，其云"初，穆宗崩，拱于阁中大恸曰：'十岁太子，如何治天下。'保潜于后妃曰：'拱斥太子为十岁孩子，如何作人主。'后妃大惊，太子闻之亦色变"④。一是谈迁《国榷》版，其言：高拱上新政五事疏，"保谓如此则阁权重，司礼轻，因

---

① 王世贞：《嘉靖以来内阁首辅传》卷六《高拱传》。
② 《明神宗实录》卷二，隆庆六年六月庚午。
③ 范守己：《代高少师张夫人乞补恤典疏》，载《高拱全集》附录二《高拱生平文献》。
④ 张廷玉：《明史》卷三〇五《冯保传》。

内批云:'照旧制行。'拱得旨曰:'安有十岁天子,而能自裁乎!'内臣还报,保
失色,故谬其词激上曰:'高先生云,十岁儿安能决事?'上怒,入告两宫,皆讶
之"①。高拱作为首席顾命大臣,于神宗六月十日登基之日,即上疏新政五
事,得到第一次内批是"朕知道了"。这种内批,"遵祖制,盖不纳之辞也"②。
首疏未发票、未蒙允,于是高拱补本再进,望皇上鉴察。《明神宗实录》言:
"高拱疏新政所急五事","疏入四日,报曰:'览卿等所奏,甚于新政有裨,具
见忠荩,俱依拟行'。"③这一内批与《国榷》所载基本相同。可见,谈迁《国
榷》对此事的记载要比张廷玉《明史》可靠、可信得多。

高拱得到第二次内批后,对预防宦官干政更有信心,便发动言官程文、
雒遵、陆树德、刘良弼等人论劾冯保"四逆六罪"以及矫诏司礼等罪行。冯保
见人言汹汹,将弹章压下,不使上达,同时又与张居正暗中定计,即冯保继续
以"十岁儿"之说散布流言蜚语,以坚定三宫逐拱之意;张居正据此暗中捏写
三宫旨意,付与冯保明日执行。接着,便上演了隆庆六年(1572)六月十六日
三宫诏旨逐拱回籍的一幕,史称张居正"附保逐拱"。显然,"迎立周王"之说
并非冯保所进之谗言,而是王氏借冯保之口编造的谎言,以此玷污高拱的忠
臣形象。

# 五、失贿致死,贬责之辞

万历六年(1578)七月,高拱因张居正与太监冯保合谋锻造的"王大臣
案"的沉重打击,久成痼疾而病逝。然而,王世贞却大肆贬责高拱,言其因失
贿而死。王氏《嘉靖以来内阁首辅传・张居正传》写道:

> 居正始归葬,道新郑。拱已病若痹,故为笃状,舆诣居正。抚之,乃
> 大哭,谢谓:"往者几死冯珰手,虽赖公活,而珰意尚未已,奈何?"居正笑
> 曰:"珰念不至此,且我在,无忧也。"居正归,而拱意其不即召。使使贿

---

①　谈迁:《国榷》卷六八,隆庆六年六月丁卯。
②　高拱:《病榻遗言》卷三《矛盾原由下》。
③　《明神宗实录》卷二,隆庆六年六月丁卯。

太后父武清伯谋之,武清伯纳其贿不得间。居正既入而知之,诮让良
苦。拱既失贿,而知其泄,忧懑发疾死。①

这段叙述是王氏的虚构杜撰,不真不实。其一,张居正回家归葬其父,
道经新郑,高拱因病并无"舆诣居正"。时人于慎行云:"万历戊寅,江陵归
葬,过河南,往视新郑。新郑已困卧不能起,延入卧内,相视而泣云。"②其二,
高、张晤面,谈话内容双方均无透露。高被逐归家,口不言时政,不可能对张
谈及"几死冯珰手"之事,当面揭短,因为张曾亲自密谋以诛杀高拱为目的的
王大臣案。故高、张对话内容,纯系王氏的虚构伪造。其三,如前所述,张居
正与冯保唯恐高拱东山再起,威胁到他们的既得权势,便锻造王大臣案,借
以诛拱灭族。高拱被逐归家,受到此案株连打击,身染痼疾,已无重新复政
之可能。正如于慎行所云:

> 新郑家居,有一江陵客过,乃新郑门人也。取道谒新郑,新郑语之
> 曰:"幸烦寄语太岳,一生相厚,无可仰托,只求为于荆土市一寿具,庶得
> 佳者。"盖示无他志也。③

据笔者掌握的史料,没有一条可以证实高拱向武清伯行贿,图谋再次召
起问题。所谓"居正既入而知之,诮让良苦"云云,纯系王氏的臆测之论、捏
造之说。对此,史家黄景昉质疑说:"王元美谓高拱使贿武清伯,乘江陵行,
求复入。……暧昧语何凭?肆蔑名辈,徒益张阉威权。王每轻持论类尔。"④
高拱之死,据其夫人张氏讲,是由于王大臣闯宫一案,主谋者张居正和
冯保诬陷高拱唆使行刺,致使其忧惧愁苦,"遂成痼疾,驯至不起矣"⑤。张居
正归葬其父,途经新郑,第一次相见,高已处于病危状态;张返京途中第二次

---

① 王世贞:《嘉靖以来内阁首辅传》卷八《张居正传》。
② 于慎行:《谷山笔麈》卷四《相鉴》。
③ 于慎行:《谷山笔麈》卷四《相鉴》。
④ 黄景昉:《国史唯疑》卷八。
⑤ 范守己:《代高少师张夫人乞补恤典疏》,载《高拱全集》附录二《高拱生平文献》。

相见,高已预感到将不久于人世,便拜托张主持为其立嗣和身后请求恤典二事。① 此后一月左右,高拱"牖下临终以中风,淫口不能言,第与相知者诀,持其手书一'淡'字而殁,亦任达人也"②。所谓"淡"者,淡泊也。高拱的一生是淡泊名利、任达不拘、锐意改革的一生。高拱于万历六年(1578)七月初二日,因中风而病故。可见,王氏所谓"拱既失贿,而知其泄,忧懑发疾死",显系作者凭空捏造之词。

由上可见,王世贞作为文学家,善于运用夸张、虚构甚至伪造杜撰的文学手法来为历史人物作传。这种传记虽然情节生动、故事动人,容易形成强大的影响力和传播力,但不可否认的是,这种传记必然背离论从史出的史学原则,违背追求信史的史家共识。包括《高拱传》在内的《嘉靖以来内阁首辅传》,就是这样一部背离史学原则、违背史家共识的作品。

正因如此,这部作品遭到晚明至今诸多史家的质疑和批评。比如,文史大家归有光对王世贞"力相觝排,目为妄庸巨子"③。孙𨥤指出:王世贞"非但时套,兼有偏敝:一以今事傅古语,二持论乖辟,三好谀,四纤巧,五零碎。而总之则有二:曰不正大,曰不真"。"足下甚推服弇州,第此公文字,虽俊劲有神,然所可议者,只是不确。不论何事,出弇州手,便令人疑其非真。此岂足当钜家?"④黄景昉批评说:"《首辅传》叙高(拱)多丑词,至诬以赇贿。即如顺义款贡事,何等大功,仅一二语及之。孙月峰(孙𨥤号)谓语出弇州,多不足信,信然。文士视名臣分量终别。"⑤朱国祯质疑说:"《首辅传》极口诋毁。要之,高(拱)自有佳处不可及,此书非实录也。"⑥今人黄云眉先生也评断说:"当谀王风盛时,(孙)𨥤独于王多所贬损,要足备异说。其'不真''不确'之语,尤为王文之药石欤!"⑦在笔者看来,王氏《首辅传》何止是"不真"

---

① 张居正言:"承教二事,谨俱只领。"(《张太岳集》卷三四《答高中玄相公(四)》)
② 徐学谟:《世庙识余录》卷二六"按"语。
③ 张廷玉:《明史》卷二八七《归有光传》。
④ 孙𨥤:《月峰集》卷九《与余君房论文书》,引自黄云眉:《明史考证》第七册,中华书局1985年版,第2265页。
⑤ 黄景昉:《国史唯疑》卷八。
⑥ 朱国祯:《涌幢小品》卷九《中玄定论》。
⑦ 黄云眉:《明史考证》第七册,中华书局1985年版,第2266页。

"不确",甚至是虚构、杜撰和伪造。正如梁启超先生所评断的那样,王世贞对待史料的态度是:合我则用,不合则弃;史料不足,从事伪造。这在《高拱传》中表现得尤为明显。显然,这是一种实用主义和虚无主义的历史观。

至于王氏丑诋厚诬高拱的官德和品行的原因,笔者曾在《王世贞与高拱的恩怨》①一文中提出有两个因素:一是政治因素,即在王世贞之父王忬的平反和复官问题上,王氏误认为高拱阻止了其父的平反和复官,由此与高拱结有私怨;王氏撰写《高拱传》基于对徐阶的访谈资料,而徐、高之间无论是在政治立场、治国理念上还是在学术思想上均存在着对峙和分歧,由此王、高结怨。二是思想因素,即王、高在政治史观上的分歧和对立,如对嘉靖大礼议之认识、嘉靖朝政绩之看法及《嘉靖遗诏》之定位等,均存在着分歧和对峙。完全可以断定,王氏贬损、诬谤高拱的官德和人品,是由上述两个因素所决定的。

---

① 载《博览群书》2011 年第 1 期。

# 第十一章 "学侣政敌"问题

明隆、万时期的内阁首辅高拱与张居正既是学侣又是政敌。一方面,他们的治国理念、政治纲领、学术思想的基本一致,使其能够携手共政,力行改革,开启隆万大改革的序幕,并取得显著成效;但另一方面,在封建专制制度形成的中央集权条件下,他们之间又存在着尖锐的权力之争、矛盾冲突,具体表现为用人与收恩、惩贪与纳贿、掌权与夺位的对峙,最终导致"张胜高败"的结局。探寻高、张由学侣到政敌的逆变,有助于认识隆万政局的走向、隆万改革的传承。

## 一、初为学侣,终成政敌

明代嘉靖、隆庆、万历时期,有两位杰出的政治家和改革家登上历史舞台,他们是河南新郑人高拱(1513—1578,字肃卿,号中玄)和湖广江陵(今湖北荆州)人张居正(1525—1582,字叔大,号太岳)。关于高、张的关系,著名史学家嵇文甫先生曾提出"学侣与政敌"①的论断,言:"谁都知道新郑是江陵的政敌。然而在他们还没有成为政敌以前,他们还是志同道合的好朋友。他们同服务于太学,而以相业相期许,虽然后来时移世易,终致乖离,但当初他们切磋共学的那段因缘,毕竟是不可泯灭的。"②

由于高、张力行改革、振兴朝政的治国理念,《除八弊疏》《陈六事疏》的

① 嵇文甫:《张居正的学侣与政敌——高拱的学术》,载《嵇文甫文集》中册,河南人民出版社1990年版,第420页。
② 嵇文甫:《晚明思想史论》,载《嵇文甫文集》中册,河南人民出版社1990年版,第192页。

政治纲领,崇尚实学、立足经世的学术思想的基本一致或相同①,这使得高拱于隆庆三年(1569)十二月复政后,便与张居正携手共政,实施改革,由此开启了长达十三年之久的"隆万大改革"运动的序幕,并取得了阶段性的显著功绩。诚如韦庆远先生所说:"明中叶的改革实际上是从隆庆三年(1569)高拱复出,其后任内阁首辅,张居正任重要阁员时期开始的。举凡整饬吏治、加强边防、整饬司法刑狱、兴修水利、推行海运、改革中央和地方军政人事制度,重点推行清丈土地和实行一条鞭法、恤商惠商等多种政策方略,都是在这个时期出台,并且立竿见影地取得过成果。"②

高拱与张居正可谓"钟异姿,膺殊宠,履鼎贵之位,竖震世之勋,皆大略相埒"③,但在封建专制的中央集权体制下,他们的关系并非铁板一块,而是存在着激烈的矛盾冲突和权力争斗。高拱还阁,以大学士兼掌吏部事,不久又升任内阁首辅仍兼吏部事,可谓手握重权,独断朝纲。这在明史上是仅见的:

> 内阁辅臣主看详、票拟而已。若兼领铨选,则为真宰相,犯高皇帝厉禁矣。……驯至穆宗之三年,高新郑以故官起掌吏部,初犹谓其止得铨柄耳。及抵任,则自以意胁首揆李兴化。条旨云:"不妨部务,入阁办事。"比进首揆,犹长天曹,首尾共三年,则明兴所仅见也。④

与高拱相比,张居正在隆庆一朝虽有从阁员到次辅的升迁,但其政治地位始终处于高拱之下,处于这一局势,张居正并不甘心。因此,隆庆五年(1571)秋之后,排逐高拱,谋夺首辅之位,便成为张居正最大心愿。对此,诸多明清史料均有揭示,如《明神宗实录》说:"居正次拱相,拱多面折,居正衔之。"⑤明范守己言:"张居正素妒臣夫(即高拱)轧己,欲共排挤,谋夺其位。"⑥清文

---

① 岳天雷:《由保守到改革:明代隆庆政局的走向》,《广西社会科学》2009 年第 6 期。
② 韦庆远:《张居正和明代中后期政局》绪论,广东高等教育出版社 1999 年版,第 4 页。
③ 马之骏:《高文襄公集序》,载《高拱全集》附录二《高拱生平文献》。
④ 沈德符:《万历野获编》卷七《辅臣掌吏部》。
⑤ 《明神宗实录》卷八四,万历七年二月乙巳。
⑥ 范守己:《代高少师张夫人乞补恤典疏》,载《高拱全集》附录二《高拱生平文献》。

秉亦言:"居正深中多智,耻居拱下,阴与保结为生死交,方思所以倾拱。"①凡此均说明,权力斗争是高拱与张居正的矛盾由产生到激化的根本原因。在权力斗争的驱使下,高、张之间的矛盾于隆庆五年(1571)秋以后全面爆发。

## 二、新郑用人,江陵收恩

高拱复政后,以大学士兼掌吏部事,手握用人重权。据不完全统计,高拱执政两年半,提拔、重用各级各类人才五十余人,诸如吏部尚书杨博、礼部尚书高仪、工部尚书朱衡、兵部尚书谭纶、宣大总督王崇古、大同巡抚方逢时、蓟州总兵戚继光、辽东巡抚张学颜、辽东总兵李成梁、贵州巡抚阮文中、应天巡抚海瑞、潮州知府侯必登、两广总督殷正茂、江西巡抚刘光济、山东巡抚梁梦龙、山东布政使王宗沐、漕河总督潘季驯等。这些人才或擅长行政,或擅长军事,或擅长漕运水利,都是明体通变、事功卓著的高才。可以说,正是这些人才忠实地贯彻执行了高拱的改革主张和方略,才使得隆庆后期的改革取得了阶段性的显著实效,并为张居正主持万历初元的改革奠定了基础。

在用人问题上,高拱提拔或贬谪官员,事无巨细,均与张居正商榷,意见取得一致而后实行。但时过不久,高拱却发现:

> (张居正)全以诈术驭人,言语反复无实。人有不合者,必两利而俱存之。怒甲,则使乙制甲;怒乙,则使甲制乙。欲其斗,则喋之使斗;欲其息,则愚之使息。使其柄常在我,惟其所为,而人皆圈于其中不能自觉,回互隐伏,不可方物,纵横颠倒,机变甚巧。②

当时高拱兼掌吏部,进退人才,常与张居正商讨,而张居正却借机收恩讨好。高拱回忆说:"时予摄铨务,进退人才,而渠乃专假借。凡予进一人,必曰:'此吾荐之高老者也。'既已收恩。退一人,则又曰:'吾曾劝止之,奈高老不

---

① 文秉:《定陵注略》卷一《逼逐新郑》。
② 高拱:《病榻遗言》卷二《矛盾原由上》。

听.'向而又以收恩焉。"①例如,高拱复政伊始,即遇到给事中戴凤翔弹劾海瑞"沽名乱法"的疏奏。对此,他一方面充分肯定海瑞在应天巡抚任上"裁省浮费,厘革宿弊,振肃吏治,矫正靡习"的改革措施和功绩,但另一方面也指出其"求治过急,更张太骤,人情不无少拂"的缺失,并提出"遇有两京相应员缺,酌量推用。遗下员缺,先行会官推补"②的处理意见。而海瑞出于一时激愤,坚持归家赡养其母,并致函高拱曰:

> 家乡万里,老母年八十一,能将之而去,又能将之而来耶?是以一向不敢言疾,今则万万不得已矣。恳之君父,惟明公少加赞成,人情世态,天下事亦止是如此而已矣,能有成乎?母子天性,熙熙山林,舍此不为而日与群小较量是非,万求一济,何益!何益!生去意已决,惟公成就。本内别有余说。诸事垂成中止,不得其平而言,非悻悻见颜面也。惟公勿以为讶,不宣。③

而张居正却说:"仆谬忝钧轴,得与参庙堂之末议,而不能为朝廷奖奉法之臣,摧浮淫之议,有深愧焉。"④其收恩讨好之意甚为明显。张居正既然收恩讨好清官海瑞,那么为何在其后柄政十年之间,始终不愿起用海瑞呢?又如,高拱起用争议颇大的秦鸣雷为南京礼部尚书,张居正也收为己功。他说:"惟公昔以无妄蒙议,私心尝为不平。会在位者有不悦于公,未敢昌言之也。兹幸玄翁(高拱,号中玄)掌铨,又雅敬重,故得以赞其区区。"⑤又说:"顷者浮议之起,实缘公入贺一行,然公论可终泯乎?悠悠之谈,或谓仆有不悦于公,此大误也。公之起用,仆与有力。"⑥显而易见,这是张居正在评功摆好,收买人心。

---

① 高拱:《病榻遗言》卷二《矛盾原由上》。
② 高拱:《掌铨题稿》卷二三《复给事中戴凤翔论巡抚海瑞疏》。
③ 海瑞:《再启阁部高中玄诸公》,载《高拱全集》附录二《高拱生平文献》。
④ 张居正:《答应天巡抚海刚峰》,张舜徽主编:《张居正集》(第二册)卷一五,湖北人民出版社1994年版,第133页。
⑤ 张居正:《答南宗伯秦华峰》,《张居正集》(第二册)卷一六,第214页。
⑥ 张居正:《与南宗伯秦华峰》,《张居正集》(第二册)卷一七,第329页。

据《张居正集》第二册"书牍"统计,在高、张共事的两年半中,张居正与人有一百三十九封信函,其中类似这样的书信不下十分之一。对吏部进退人才,张居正为何要私通书信、收功讨好呢?其真实用意就是要"笼络一世之人,使之归己,而因以众树党也,而就中纳贿无算。此事人所共知,予亦闻之"①。可以说,高拱进退官员,而张居正却讨好收恩,结党营私,这是导致他们相互猜疑、产生裂痕的主要因素之一。

# 三、中玄惩贪,太岳纳贿

高拱执政期间,一直把惩治贪贿、遏制贪风盛行作为重要工作来抓。据高拱《掌铨题稿》和《明穆宗实录》统计,从隆庆四年(1570)年初到六年(1572)六月的两年半内,高拱处理贪贿案件达六十四起,共计一百六十九人。其中包括知县以上的文职贪官一百三十一人,指挥同知以上武职贪官三十八人;平均每月办理贪贿案件二点一三起,平均每案惩处贪贿官员二点六四人。②"是以数年之内,仕路肃清。"③

高拱在惩治贪贿时,曾揭露过张居正的贪污纳贿问题。这使其矛盾进一步激化。具体而言,张居正贪贿主要有两起:

其一,张居正收受前任首辅徐阶之贿。史家王世贞曾说,"拱无子,而居正多子,一日戏谓居正曰:'造物者胡不均,而公独多子也!'居正曰:'多子多费,甚为衣食忧。'拱忽正色曰:'公有徐氏三万金,何忧衣食也!'居正色变,指天而誓,辞甚苦。拱徐曰:'外人言之,我何知?'以故两自疑"④。张廷玉《明史》亦言:"拱客构居正纳阶子三万金,拱以诮居正。居正色变,指天誓,辞甚苦。拱谢不审,两人交遂离。"⑤这说明张居正收受徐阶之贿确是事实,但其数额不是"三万金",而是"三千银"。对此,高拱在《病榻遗言》中有言:

① 高拱:《病榻遗言》卷二《矛盾原由上》。
② 参见岳金西《高拱的惩贪对策及其代价》,《古代文明》2011 年第 1 期。
③ 高拱:《掌铨题稿》卷一八《复科道官条陈考察事宜疏》。
④ 王世贞:《嘉靖以来内阁首辅传》卷七《张居正传》。
⑤ 张廷玉:《明史》卷二一三《张居正传》。

　　昔徐氏之去,实渠喉李芳为之。既以示德于我,既则又交通徐氏,受其重贿。……辛未(隆庆五年,1571)秋,徐因一通判送银三千、玉带、宝玩等物于渠,渠受之。有松江人顾绍者知其事,揭告于予,证据明白。渠惶甚,莫适为居。予为解慰,以为小人告讦不信,而执绍付法司解回。渠始稍宁,而称我曰:"毕竟是公光明也。"然虽眼底支吾,而本情既露,相对甚难为颜面。于是遂造言讪谤,发意谋去我矣。①

上述史料对张居正受贿数额尽管有不同的记述,但其贪污纳贿却是不争的事实。这是他们导致"两自疑""交遂离"的重要因素。

　　其二,张居正收受名将戚继光之贿。隆庆六年(1572)春,福建巡按御史杜化中参劾将官金科、朱珏贪赃枉法,向巡抚何宽行贿。何宽却违反司法程序,嘱托运史问理,二犯遂得以从轻发落。但此案尚未了结,金、朱二犯又向时任蓟镇总兵戚继光行贿,戚继光为使二犯彻底摆脱干系,又向张居正行贿。张居正通过兵部侍郎谷中虚,遂将金、朱二犯调任浙江重用。对这一"纳贿招权,支吾卖法"的要案,当高拱接到杜化中的弹章后,通过调查得知:"此事乃荆人之为也。荆人久招纳戚继光,受其四时馈献金银宝玩,不啻数万计,皆取诸军饷为之者。"②"金科、朱珏富甚,久以贿投戚继光门下。前被论时,即纳贿求解,而继光遂引入荆人家,各馈千金。荆人特令兵部覆行巡抚勘问,而又作书何宽,令其出脱。而继光仍复取用,实皆荆人展转为之。"③杜化中,系河南人,与高拱是乡曲,故而张居正怀疑高拱知其详情。因此案发生在隆庆二年(1568),此时高拱因被言官论劾,已回归故里,对此案并不知情。隆庆三年(1569)十二月,高拱复政,张居正害怕东窗事发,便嘱托兵部侍郎谷中虚为其爱将戚继光开脱。这时巡抚何宽已升任大理寺卿,此案当由吏部处置。在这种情况下,张居正不得不将实情告知兼任吏部尚书的高拱,并向其求情说:"前兵部覆巡抚勘,乃吾意,吾亦曾有书与何宽。今若

---

① 高拱:《病榻遗言》卷二《矛盾原由上》。
② 高拱:《病榻遗言》卷二《矛盾原由上》。
③ 高拱:《病榻遗言》卷二《矛盾原由上》。

如化中言,吾何颜面? 愿公曲处。"①据此,高拱作出批示:

> 除总兵等官戚继光等兵部径自查覆外,为照侍郎谷中虚、都御史何宽俱系大臣,若果受贿纵奸,则是重干法纪,岂容轻贷? 但事出风闻,靡所证据,未经勘实,何以正法而服其心? 合无行令回籍听勘,待事明之日,另行奏请处分。②

显然,高拱这一处置方案有意使张居正摆脱干系,并照顾到了张居正的颜面。

然而,到了隆庆六年(1572)六月,高拱罢官后,张居正却歪曲事实,颠倒是非,并一步步地为其翻案。其一,杜化中奏章要求兵部对戚继光进行"戒谕",高拱批复只说戚继光等由"兵部径自查覆",而张居正则大造舆论说是"时宰"要杀戚继光。"谭(纶)、戚二君,数年间大忤时宰意,几欲杀之。仆委曲保全,今始脱诸水火。"③所谓"时宰",即指高拱。除了戚继光,又无故添上总督谭纶,言高拱"几欲杀之"。这是歪曲事实,凭空捏造。其二,独操史权的张居正,在他"删润"并裁定的万历二年(1574)七月成书的《明穆宗实录》中,对此大案简述后,加"按语"言:

> (王)如龙等在福建有战功,所犯赃事,罪止罢斥。继光惜其才,欲置之部下为用。会有调取南兵事,遂咨白兵部,求早结其狱,令部署南兵赴镇。中虚覆奏及宽等所拟,亦未为纵第。化中、梦桂欲因此陷继光、中虚,以阿当路意。而上不知也。④

在这里,张居正把自己摆脱得一干二净;戚继光没有纳贿,只是惜才用将;谷

---

① 高拱:《病榻遗言》卷二《矛盾原由上》。
② 高拱:《掌铨题稿》卷二四《复福建巡按御史杜化中论侍郎谷中虚等疏》。
③ 张居正:《与楚抚院汪南明》,《张居正集》(第二册)卷一六,湖北人民出版社 1994 年版,第 208 页。
④ 《明穆宗实录》卷六五,隆庆六年正月癸未。

中虚、何宽亦未纳贿,亦未纵奸,也没有违反法定程序的错误(如谷中虚将巡按所劾令巡抚衙门勘问,巡抚何宽不属按察司而属运使问刑,都是违反明朝法定制度的)。在张居正看来,戚继光、谷中虚、何宽没有违法和贪贿错误,主要是巡按杜化中、给事中涂梦桂的有意陷害,"以阿当路意"。"当路"者谁?高拱是也。这样,高拱就成了陷害戚、谷、何的罪魁祸首。惩贪者忽然之间变成陷害者,真是颠倒是非、混淆黑白!其三,《明穆宗实录》在穆宗临死的前三天又载:"法司奏上,将官金科、朱珏、王如龙等狱,言其用贿营求,事无左[佐]验,贪恣侵剥,罪不容诛。请下福建巡按御史再讯,从重拟罪以闻。戚继光私庇恮夫,任情引荐,亦宜戒谕。报可。"①至此,张居正为戚继光、谷中虚、何宽等受贿一案彻底翻案,受贿者反而变成了受害者。万历元年(1573),王如龙、金科、朱珏的罪责彻底消除,被戚继光任用为将,所谓王如龙等"所犯赃事,罪止罢斥""罪不容诛""从重拟罪"云云,皆是一具空文。对戚继光"亦宜戒谕"云云,如前所述,变成了"时宰"高拱"几欲杀之"。不过,上述这一切,高拱并不知情,也不可能知情,因为这是张居正在私人信件和事后裁定的实录中为这一贪贿大案翻案的。这里的翻案不能简单地理解为为贪赃纳贿者平反,而是要颠倒是非、混淆黑白,反指参论者和惩贪者为贪贿者和陷害者,这才是张居正翻案的真正用意。

可以说,高拱揭露张居正两次纳贿,是导致他们相互猜疑、交离,最终促使张居正斥逐高拱的又一重要因素。

# 四、权力之争,化友为敌

高拱复政,先是以大学士兼掌吏部事,继而又以内阁首辅仍兼吏部事,可谓手握重权。而这恰恰为他建立显赫功绩,如促成西北"俺答封贡",取得东北"辽左大捷",平息贵州"安氏之乱"和广西少数民族叛乱等提供了决定性条件。当然,这些离不开隆庆帝的支持和张居正的襄助。

张居正在隆庆一朝,政治地位始终处于高拱之下。为了谋位夺权,推倒

---

① 《明穆宗实录》卷七〇,隆庆六年五月丙午。

高拱,张必然与高拱争功。因此,他在给当时许多大臣的信函中,不断发出争功信息,制造争功舆论,试图把隆庆后期取得的改革事功、靖边功绩攫为己有。如说:"虏孙(即俺答孙把汉那吉)来降之事,主上用愚计,幸而时中。"① 又说:"此三策者(指处置西北"俺答封贡"、贵州"安氏之乱"及广西"古田平叛"之策——编者注),皆大违群议,而仆独以身任其事,主上用仆之策,幸而时中矣。"② 还说:"仆数年图画边事,苦心积虑,冒险涉嫌,惟公知之。……东师奏凯,西虏款关,区区一念报国赤忠,庶几得以少见矣。"③ 张居正不顾客观事实,把当时的靖边功业完全揽到自己名下,说什么"主上用仆之策""赖主上纳用愚计"④,如此等等。在这里,张居正所言是有悖于史实的。隆庆时期,无论是促成西北"俺答封贡",取得"辽左大捷",还是平息贵州水西"安氏之乱",镇压广西古田少数民族叛乱,其创议、决策、具体实施都出自内阁首辅高拱,而不是张居正,张居正只是起了襄助、辅佐的作用。对此,韦庆远先生指出:"居正在不意中,也一再流露出某些重大政事硕果乃由己出的自炫,隐然有与高拱并肩甚至争一高下之意。……颇有将封贡互市的实现,完全居为己功之意。"⑤ 许多学者也均有确论。⑥ 张居正之所以与高拱争功,其真正目的是觊觎相位,谋夺首辅之权。为达到这一目的,他利用高拱与太监冯保的矛盾,勾结冯保,合谋排逐高拱。至此,张、高矛盾已经到了白热化程度。

隆庆六年(1572)春,张居正趁穆宗患病之机,令其密党唆使言官曹大埜、刘奋庸弹劾高拱。高拱回忆说:

---

① 张居正:《寄陈松谷相公》,《张居正集》(第二册)卷一五,湖北人民出版社1994年版,第190页。

② 张居正:《答两广殷石汀论平古田事》,《张居正集》(第二册)卷一六,第203页。

③ 张居正:《答总宪孙华山》,《张居正集》(第二册)卷一七,第251页。

④ 张居正:《答关中宪使李义河述时政》,《张居正集》(第二册)卷一六,第224页。

⑤ 韦庆远:《张居正和明代中后期政局》,广东高等教育出版社1999年版,第412—413页。

⑥ 参见颜广文:《高拱与"俺答封贡"》,《广东教育学院学报》2004年第1期;李良品:《明代贵州水西"安氏之乱"的起因、性质与处置》,《贵州社会科学》2008年第2期;王雄:《高拱与明隆庆朝的北边防御》,《广播电视大学学报(哲学社会科学版)》2009年第4期;赵世明:《高拱军备边防建设及其历史地位》,《哈尔滨学院学报》2007年第12期;等等。

　　荆人既使徒党造言，招邀南北言官论我，然迄无应者。而楚人少卿曾省吾者，荆人幕宾用事者也，为力更甚。省吾有门人曹大埜为给事中，省吾乃以荆人意嗾大埜曰："上病甚，不省人事，事皆冯太监主行。而冯太监者，即张相公也。张望君举事甚切，君诚以此时劾高老，事必济。张秉政，必大用君，可永享福贵。"又尚宝刘奋庸者，躁急，孟浪人也，俸浅而求速化甚力，屡托乡人为言，予甚薄之，以是有怨言。而省吾亦遂收与共举事。于是三人日相聚为谋。……奋庸即上疏陈事，暗论我而不明言，以引其端。大埜即日上本，劾我十大不忠，谓比秦桧、严嵩更甚。①

隆庆帝见疏大怒，下诏处治曹大埜，司礼监拟旨："曹大埜这厮排陷辅臣，着降调外任。"②冯保携此拟旨即与张居正商榷。张居正遂抹去"这厮排陷辅臣"及"降"字，改为"曹大埜妄言，调外任"，减轻对曹大埜的处罚。不仅如此，张居正还挑拨矛盾，嫁祸于赵贞吉，对高拱说"曹大埜是赵大洲（贞吉）乡人，闻此事是大洲所为"，"闻大洲布散流言于南北，今北果有矣，恐南亦有之，公不可不防"。③ 在这种情况下，高拱只好上疏求退，并对所谓"大不忠十事"④一一加以辩驳，谨述其实。隆庆帝加以慰留"卿忠清公惧，朕所深知"，不允所辞。⑤ 高拱再疏乞休，隆庆帝"仍不允辞"⑥。这时，诸多具有正义感的言官纷纷上疏弹劾曹大埜和刘奋庸"潜构奸谋，倾陷元辅"，乞加重处。而高拱却请求宽宥刘奋庸，恢复曹大埜之职，"穆宗不许，调大埜陕西乾州判

---

① 高拱：《病榻遗言》卷二《矛盾原由上》。
② 高拱：《病榻遗言》卷二《矛盾原由上》。
③ 高拱：《病榻遗言》卷二《矛盾原由上》。
④ 对曹大埜弹劾高拱"大不忠十事"，韦庆远先生评价说："曹大埜的疏文虽然冗长慷慨，但基本上是诬陷之词。疏中毛举旧事细故，过分上纲，却缺乏有理有据的确凿事实支持"，而"高拱的辩疏，是于事有据而且比较在理的"（韦庆远：《张居正和明代中后期政局》，广东高等教育出版社1999年版，第414—415页）。赵世明先生也评价说："通观曹大埜疏文十条内容，基本属于捕风捉影，无稽之谈，或者对某些事件的歪曲解读。……但曹大埜却歪曲其意，信口开河。因此，有学者也认为曹大埜真实意图无非是诬陷而已。"（赵世明：《高拱与隆庆政治》，西南交通大学出版社2014年版，第184页）上述评价是符合历史事实的。
⑤ 《明穆宗实录》卷六八，隆庆六年三月辛亥。
⑥ 《明穆宗实录》卷六八，隆庆六年三月癸丑。

官,奋庸降一级调湖广兴国知州"①。高拱事后回忆说:"大埜既为人所嗾所卖,失意怏怏甚,遂向人说:'是省吾所谋,乃致我如此。'而又自诣吾门,洗雪曰:'此事非大埜本意,有人令我为者,公当自知也。'而其事遂明,缙绅无不知矣。"②毫无疑问,言官弹劾高拱是张居正在幕后所为,"大埜亦张居正所指也"③。这一风波虽暂告平息,但张居正排逐高拱之意已决。

隆庆六年(1572)五月,穆宗崩逝,六月神宗即位。张居正便利用隆万交替良机,与宦官冯保相勾结,并取得神宗之母李太后的支持,最终斥逐高拱。这一历史事件,史称张居正"附保逐拱"。至此,高拱被罢官归里,而张居正谋位夺权成功,如愿登上内阁首辅之位。

# 五、高拱失败,不幸之幸

从高拱与张居正由学侣到政敌的逆变过程,可以看出,张居正斥逐高拱的最根本因素是权力之争。这既表现出封建专制主义体制下权力争斗的残酷性,也表现出张居正作为封建政治家的人性阴暗面乃至人性之恶。至于"附保逐拱""张胜高败",如果从性格层面来看,乃是由于张居正"深沉有城府,莫能测也"④的性格特长,而高拱"性迫急,不能容物,又不能藏蓄需忍"⑤的性格缺弱所导致的结果。正如嵇文甫先生所说:"高拱的失败,也正由于他'性稍急'。所以后来批评他的,有的说'狠躁',有的说'愎而疏',其实无非偏于'急'这一面,无非指他那忼直坦率,不像徐阶和张居正,能委曲顺应,隐忍待时而已。"⑥然而,如果从隆万改革运动发展进程来研判,高拱被张居正所逐,固然是他个人的不幸,但他开创的隆庆改革事业却被张居正所继承和发展,并将隆万大改革运动推向高潮,这又是高拱不幸中之大幸。诚如高

---

① 《明穆宗实录》卷六九,隆庆六年四月丁巳。
② 高拱:《病榻遗言》卷二《矛盾原由上》。
③ 谈迁:《国榷》卷六七,隆庆六年四月丁巳。
④ 张廷玉:《明史》卷二一三《张居正传》。
⑤ 王世贞:《嘉靖以来内阁首辅传》卷六《高拱传》。
⑥ 嵇文甫:《再论高拱的学术思想》,载《嵇文甫文集》下册,河南人民出版社1990年版,第681页。

拱自己所说:"如其得行,当毕吾志;如其不可,以付后人,倘有踵而行者,则吾志亦可毕矣。"①赵世明先生也说:"张居正的思想与高拱同出一门,政见相同,所以高拱改革的进程并没有中断,而是基本沿着原有的路径进行下去。由此而言,隆万大改革成为高拱'先立规模,见其大意,而后乃徐收其效'以及'踵其志'之万幸。"②从这种意义上说,我们完全可以判定高拱与张居正一样,也是改革的成功者,并取得了"光显"的政绩。如万历三十年(1602),礼部侍郎郭正域说:

> 嘉、隆之际,相臣身任天下之重,行谊刚方,事业光显者,无如新郑高公。而先后处两才相之间,先为云间(徐阶),后为江陵(张居正)。云间大旨善藏其用,笼天下豪杰为之羽翼,故唯唯于履尾之时,而扬扬于攀髯之际,善因时耳。彼方墨墨,此则蹇蹇,宜不合也。江陵负豪杰之才,其整齐操纵,大略用高公之学,而莫利居先。③

万历四十二年(1614),户部主事马之骏说:

> 隆、万间所称最名相二:曰高新郑公文襄,张江陵公文忠。两公钟异姿,膺殊宠,履鼎贵之位,竖震世之勋,皆大略相埒。第不幸而以相倾之材,处相轧之势。以故袒文襄,则绌文忠;袒文忠,则绌文襄。然有识者恒致叹两贤之厄,何渠不涣枘凿,而堨篪之要,皆豪杰之致也。④

总之,高拱与张居正由学侣到政敌的逆变,最根本的因素是封建专制体制下的权力之争,具体表现为用人与收恩、惩贪与纳贿、掌权与夺位的分歧和对峙。研究这一逆变的因素和演变过程,对于全面准确把握隆万朝局的政治走向,隆、万改革的传承衔接,无疑具有十分重要的意义。

---

① 高拱:《政府书答》卷四《答同年符后冈》。
② 赵世明:《高拱与隆庆政治》,西南交通大学出版社2014年版,第205页。
③ 郭正域:《合并黄离草》卷二四《太师高文襄公墓志铭》。
④ 马之骏:《高文襄公集序》,载《高拱全集》附录二《高拱生平文献》。

# 第十二章 "王大臣案"问题

　　明万历元年(1573)正月发生的"王大臣案",是诬陷高拱罢官后派人行刺万历小皇帝的冤案。有些学者为了维护张居正"伟人"而兼"完人"的形象,竭力否认其参与密谋"王大臣案"。然而,这并非历史事实。案发后,张居正不仅上疏请求追查幕后"主使勾引之人",意图追究高拱"谋逆"之罪而诛之,而且还公然违背祖制,窜改东厂揭帖,留下"历历有据"四字把柄。由于被重臣杨博、葛守礼抓住把柄,朝野舆论的强大压力,迫使张居正再次上疏请求"稍缓其狱",并匆匆处死王大臣以灭口。结案后,他又竭力辩白收功,试图掩盖当初谋杀高拱之阴谋。这是他参与密谋此案的确证,诸多明清历史文献也有明确记载。只有对张居正进行事功与道德双重评判,才能还原历史上真实的张居正。

## 一、江陵密谋,相异之论

　　"王大臣案"是张居正为专权而冯保挟旧怨,合谋锻造的以构杀前内阁首辅、顾命大臣高拱为目的的冤案。此案在明清时期已成为定案,诸多明清历史文献也有明确记载。例如,明代史学家王世贞指责张居正参与密谋并操纵了此案,云:"高拱之逐,其自出居正,而有王大臣狱,居正复与发而旋救之。"[①]据此,有学者提出:"张居正作为冯保的盟友,站在幕后,积极支持,必欲置高拱于死地而后快。这一事件,再一次把政治斗争的丑恶一面毫无掩

---

　　① 王世贞:《嘉靖以来内阁首辅传》卷七《张居正传》。

饰地暴露在光天化日之下,看到了道貌岸然的政治家力图掩盖的人性阴暗面。"①"王大臣案件大不相同,那时高拱已经下野,难以构成对冯、张的威胁,冯、张却无中生有地诬陷株连,必欲置高氏一门于死地。虽然没有成功,但已经充分暴露了冯、张的冷酷无情,实在让人们不寒而栗。"②"对于所谓王大臣事件……为了要维护张居正作为一代'伟人'而兼'完人'的形象,以为如果承认他在一些方面有过失误失律甚至失德之处,便会从根本上动摇了他辉煌的历史地位。其实这样的担心与辩解都是多余的。"③

与此相反,清初史学家查继佐否认张居正参与密谋此案并提出质疑,说:"万历元年王大臣一事,欲借以败同官高拱,出纪录,大非信笔。""度江陵勇以致君自任,何至显犯公论如此? 且与冯保内合,岂无他题目足以难新郑者,而为不了之案,遗讯万世史入细书存疑也?"④据此,有学者对张居正是否参与密谋此案提出质疑,云:"诬陷高拱的王大臣案件,更是真真假假,云笼雾罩。……张居正是否参与密谋,没有确证,要说全不知情,那也未必。""张居正有没有参与其事,参与程度有多深,已成为难解的历史之谜。"⑤甚至有学者提出张居正不仅没有密谋此案,反而保全高拱有功,如唐新先生提出张居正不但没有介入此事,而且具疏防止"诬及善类","迅速从太监手中,夺过王大臣,使厂卫无法罗织、扩大其事"⑥,这是有恩于高拱的。熊召政先生亦云:"就这样,一场非常大的危机被张居正化解了,既保全了高拱能平安度过晚年,又顾及了冯保的面子,不至于让他与内阁结仇。"⑦

那么,诬陷乃至谋杀前内阁首辅、顾命大臣高拱的"王大臣案"是不是"真真假假"? 张居正参与密谋到底有没有确证? 是否"已成为难解的历史之谜"? 对这些问题,有必要加以梳理和澄清,以还原历史真相。

---

① 樊树志:《张居正与万历皇帝》,中华书局 2008 年版,第 65 页。
② 樊树志:《张居正与冯保——历史的另一面》,《复旦学报》1999 年第 1 期;又见樊树志:《张居正与万历皇帝》,中华书局 2008 年版,第 75 页。
③ 韦庆远:《张居正和明代中后期政局》,广东高等教育出版社 1999 年版,第 25 页。
④ 查继佐:《罪惟录》列传卷一一下《张居正》,"论曰"。
⑤ 刘志琴:《张居正评传》,南京大学出版社 2006 年版,第 152—153、156 页。
⑥ 唐新:《张江陵新传》二一《所谓诬蔑亲藩与排挤高拱》。
⑦ 熊召政:《张居正冷处"行刺"危机》,《领导文粹》2008 年第 11 期。

# 二、珰阁勾结，锻造冤狱

隆庆六年（1572）六月，张居正"附保逐拱"后，担心高拱东山再起，威胁自己的权位，又与冯保勾结，假借万历元年（1573）正月发生的王大臣闯宫弑君一案锻造冤狱，上疏请求追查幕后"主使勾引之人"，企图将前首辅、大学士、顾命大臣高拱置于死地。"张居正欲以王大臣事构杀拱。"①"张居正及冯保谋杀前大学士高拱。"②这是张居正参与密谋此案，构杀高拱的铁证。

此案发生在万历元年（1573）正月十九日，其案发缘由是：

> 是日早朝，乘舆出乾清宫门，有男子伪着内使巾服，由西阶下，直趋而前，为守者所执，索其衣中，得刀剑各一具，缚两腋下。诘之，但道其姓名为王大臣，系［南］直隶常州府武进县人，余无所言。③

本来，这是一桩常见性案件，因为当时确有一些闲杂人员借宫廷守卫不严，穿内使巾服混入宫内，朝入暮出的。明中叶以后的宫禁，混乱无序的事情数不胜数，这类案件也时常发生。对其处置，无非由厂卫及五城兵马司审明，杖责充军了事。但这桩案件发生的背景不同：张居正任内阁首辅与冯保升司礼掌印太监仅有半年，地位未稳，惧怕高拱东山再起，威胁自己的权位。因为高拱于隆庆三年（1569）十二月即有东山再起的先例。在这种情况下，张、冯要利用此案，大兴冤狱，企图一举将政敌高拱置于死地，以绝后患。"江陵恐新郑复起，将借以杀新郑。"④当日，神宗有旨："王大臣拿送东厂究问，还差的当办事校尉着实缉访来说。"⑤

兼领东厂的冯保对高拱的怨恨可谓由来已久。嘉靖时期，冯保为司礼

---

① 张廷玉：《明史》卷二一四《葛守礼传》。
② 吴承权：《纲鉴易知录》第八册《明鉴易知录》卷九《明纪·神宗显皇帝》。
③ 《万历起居注》，万历元年正月十九日庚子。
④ 刘青霞：《房尧第传》，载［清］乾隆《新郑县志》卷二七《艺文志》。
⑤ 《万历起居注》，万历元年正月十九日庚子。

秉笔太监。隆庆元年（1567），冯保提督东厂兼掌御马监。这时司礼掌印监缺，按资次，冯保应递升，但因穆宗不悦，高拱便推荐御用太监陈洪，"保由是疾拱"。及陈洪被罢，高拱又推荐孟冲为司礼掌印监。于是"保疾拱弥甚，乃与张居正深相结，谋去之。会居正亦欲去拱专柄，两人交益固"①。穆宗驾崩，冯保斥孟冲而夺其位，既掌司礼又督东厂，权势熏天。这时，高拱发动言官程文、刘良弼、雒遵、陆树德等弹劾冯保，欲削夺其司礼大权，并将这一谋划告知张居正。而张居正却背信弃义，私通冯保，并取得神宗生母李太后的支持，于隆庆六年（1572）六月斥逐高拱"回籍闲住"。"迨拱去，保憾犹未释。"②

　　冯保正是怀着对高拱的怨恨，奉旨负责审讯此案的。王大臣（原名章龙）初供来自总兵戚继光处，冯保密报张居正，张居正闻之大惊，速遣人告知冯保："戚氏方握南北军，地在危疑，且禁毋妄指。此可借以除高拱也。"③"戚公方握南北军，禁无妄指，可借以除高氏。"④张居正的目的十分明确，即务使戚继光摆脱干系，要借助此案除掉高拱。于是，冯保便根据张居正这一密谋，采取刑逼和诱供的方式，唆使王大臣诬咬高拱的同乡、前司礼监陈洪为主使者，继而逼诱其供认是高拱派他入宫行刺的。为达到诬陷高拱的目的，冯保派家奴辛儒给王大臣蟒袴冠服，并附送两剑一刀，在刀剑柄首上镶嵌猫睛异宝饰物作为凭证，以确证此案系高拱所为，并将其送到东厂。同时，又命辛儒教唆王大臣编造伪供："屏语大臣曰：'第言高阁老怨望，使汝来刺。愿先首免罪，即官汝锦衣，赏千金。不然，重榜掠死矣。因使儒畀大臣金，美饮食之，即令诬拱家奴同谋。"⑤经过这样一番密谋和布置，一场以构杀高拱为目的的冤案悄然兴起。

　　张居正不仅为冯保密谋筹划，而且还于案发三天后即正月二十二日，亲自上疏请求追究"王大臣案"的"主使勾引之人"，将矛头直接指向高拱。张

---

① 张廷玉：《明史》卷三〇五《冯保传》。
② 张廷玉：《明史》卷三〇五《冯保传》。
③ 谈迁：《国榷》卷六八，万历元年正月庚子。
④ 谷应泰：《明史纪事本末》卷六一《江陵柄政》。
⑤ 谈迁：《国榷》卷六八，万历元年正月庚子。

疏在《明神宗实录》中有载:

> 臣等窃详,宫廷之内,侍卫严谨,若非平昔曾行之人,则道路生疏,岂能一径便到?观其挟刃直上,则造蓄逆谋,殆非一日。中间必有主使勾引之人。乞敕缉事问刑衙门,访究下落,永绝祸本。①

《万历起居注》也载:

> 臣等窃详,宫廷之内,侍卫严谨,若非平昔曾行之人,则道路生疏,岂能一径便到?观其挟刃直上,则其造蓄逆谋,殆非一日。中间又必有主使勾引之人;据其所供,姓名、籍贯恐亦非真。伏乞敕下缉事问刑衙门仔细究问,多方缉访,务得下落,永绝祸本。②

不难看出,张上疏的用意不仅是要将这一案件扩大化,借此广事株连,而且也是为了支持冯保在东厂锻造冤案并与之相配合、相呼应。更为严重的是,张居正特别提出要务必多方侦缉,追究幕后"主使勾引之人",以"永绝祸本"。其目的十分明确,就是要构杀高拱,把自己的政敌置于死地。这是张居正参与密谋"王大臣案"的铁证,正如史家王鸿绪所说:"拱既去,保憾未释,复构王大臣狱,居正亦从中主之。"③对张居正这一奏疏,万历小皇帝当即批示:"卿等说的是。这逆犯挟刃入内,蓄谋非小。着问刑缉事衙门,仔细研访主逆勾引之人,务究的实。"④一时间,朝政笼罩在恐怖氛围之中,大有腥风血雨来临之势。

冯保根据威逼利诱王大臣得到的伪供,逮捕陈洪,并"先使四缇骑驰诣新郑,颐指县官,备拱之逸。县官即发卒围拱第。家人悉窃其金宝鸟兽窜。拱欲自经不得,乃出见缇骑,问:'将何为?'缇骑曰:'非有逮也,恐惊公,而使

---

① 《明神宗实录》卷九,万历元年正月癸卯。
② 《万历起居注》,万历元年正月二十二日癸卯。
③ 王鸿绪:《明史稿》列传第九二《高拱传》。
④ 《明神宗实录》卷九,万历元年正月癸卯。

慰之耳。'拱乃稍稍自安"①。后将高拱家人李宝、高本、高来逮至京师,以所谓的"同案犯"来推定高拱的行刺谋逆大罪。与之相配合,"居正密为书,令拱切勿惊死;已,又为私书安之"②。张居正这两封书信,表面上是以昔日好友的身份予以安慰,但其真正用意是害怕高拱自裁,失去活口,无法定案。③

令张居正始料不及的是,以谋杀高拱为目的的冤狱兴起后,由于案情过分离奇,手段过分毒辣,使朝野舆论大哗,异议很大。尤其是那些具有正义感的科道官员纷纷上疏,要求彻查此案。例如,刑科给事中提出这是他们的职责所在,不能由东厂擅权专办,并议论说:"此事关我刑科,若无一言,遂使国家有此一事,吾辈何以见人!"④他们不愿承担枉法杀戮顾命大臣的责任,上疏要求将此案移交法司审理。而张居正不仅竭力阻止他们上疏,告知已经定案,无法更改,而且还严禁其他科道官员上疏言事。御史钟继英因上本暗指其事而被罚俸半年,景嵩、韩某、雒遵因弹劾尚书谭纶皆被降调外任,借以威众。对张居正锻造冤狱的局势,张的同乡大理寺少卿李幼滋规劝说:

> 朝廷拿得外人,而公即令追究主使之人,今厂中称主使者即是高老。万代恶名必归于公,将何自解?⑤

张居正的同年、原太常寺少卿陆光祖也劝诫说:

> 此事关于治道甚重,望翁竭力挽救。万一不能保存旧相,翁虽苦心,无以白于天下后世。不肖忧之至切,夜不能寝,念与翁道义深交,敢僭昧驰告,非为旧相也。⑥

---

① 王世贞:《嘉靖以来内阁首辅传》卷六《高拱传》。
② 《万历邸抄》,万历元年癸酉卷,春正月庚子。
③ 文秉提出,张居正致函高拱是胁令其自杀,言:"江陵诱其招构新郑,因使驰告新郑,欲胁令自杀,新郑怡然不为动。"(《定陵注略》卷一《逼逐新郑》)
④ 高拱:《病榻遗言》卷四《毒害深谋》。
⑤ 转引自高拱:《病榻遗言》卷四《毒害深谋》。
⑥ 陆光祖:《陆庄简公遗稿》卷五《与张太岳相公书》,转引韦庆远:《张居正和明代中后期政局》,广东高等教育出版社 1999 年版,第 449 页注①。

显然,案发后朝野舆论对张居正是极为不利的,甚至形成与之相对峙的局面。这说明张居正构杀高拱不得人心。当时,张居正手握重权,虽然不会惧怕这些舆论,但是也不敢轻易冒犯。

## 三、留下铁证,欲盖弥彰

张居正不仅上疏请求追查此案幕后"主使勾引之人",而且还公然违背祖制,与内府串通,窜改东厂揭帖,留下"历历有据"这一铁铸难移的手迹把柄。这是张居正参与密谋此案,意图构杀高拱的又一铁证。

对此案的关键情节及其案情的前后变化,谈迁在《国榷》中有其如实记载,言:

> ……狱具,保遣五校械拱奴,而居正前疏传中外,中外藉藉,谓且逮拱。居正乃密谋吏部尚书杨博。博曰:"事大,迫之恐起大狱。高公虽粗暴,天日在上,万不为也。"居正色不怿。会大理少卿李幼滋,以居正乡人,私语居正:"果行之,污及万世矣。"强答曰:"吾忧之甚,何谓我为。"居正禁科道不得有言,而御史钟继英疏暗指之。居正怒,拟旨诘问。左都御史葛守礼拉杨博过居正。居正曰:"东厂狱具矣,同谋人至,即疏处之。"守礼曰:"守礼敢附乱臣党耶?愿以百口保高公。"居正默不应,杨博力为解,居正仍如故。守礼因历数先时如贵溪、分宜、华亭、新郑递相倾轧,相名坐损,可鉴也。居正愤曰:"二公意我甘心高公耶!"奋入内,取一东厂揭帖示博曰:"是何与我?"而揭中居正手定四字"历历有据",而居正忘之。守礼识居正笔,笑而袖之。居正觉曰:"彼法理不谙,我为易数字耳。"守礼曰:"此事密,不即上闻,先政府耶?吾两人非谓公甘心新郑,以回天非公不能。"居正悟,揖谢曰:"苟可效,敢不任。"[①]

由此可见,张居正之所以急刹车,乃是由于其违背祖制,在东厂揭帖上留下

---

① 谈迁:《国榷》卷六八,万历元年正月庚子。

"历历有据"四字证据,并被吏部尚书杨博、都察院左都御史葛守礼抓住。这一违制之举,在当时可谓犯了故违成宪、欺君犯上的大罪。明朝的东厂、锦衣卫等是皇帝在"三法司"之外特设的缉捕机构,由皇帝直接控驭。主管厂卫的特务头子只对皇帝负责,将所办案件直接奏报,不准把案情透露给任何人。任何勋贵重臣,包括首辅大臣在内,非经特许,不准过问任何案件内情,不得调阅任何文件。而当时兼摄东厂的冯保,却将揭帖私下交给首辅张居正过目,而张居正又私阅私改。这一违制之举既是张居正故违成宪、欺君犯上的大罪,也是其参与密谋"王大臣案",意图株连高拱的铁证。①

由于被杨博、葛守礼抓住"历历有据"的手迹把柄,万历元年(1573)正月二十八日,张居正被迫再次上疏,提出王大臣"妄攀主者",要求"稍缓其狱",开始为高拱开脱。据《明神宗实录》载:

> 奸人王大臣妄攀主者,厂卫连日推求,未得情罪,宜稍缓其狱。盖人情急则闭匿愈深,久而怠弛,真情自露。若推求太急,恐诬及善类,有伤天地之和。②

《万历起居注》又载:

> 闻厂卫连日推求此事,本犯展转支吾,未得情罪。臣以为宜稍缓其狱。盖人情急则闭匿愈深,久而怠弛,真情自露,彼时明正法典,乃足以快神人之愤。若推求过急,恐诬及善类,有伤天地和气。③

---

① 对张居正宫府串通的违制之举,也有野史为其辩护。如[清]李慈铭云:"文忠(张居正)改锦衣揭帖中'历历有据'四字,葛守礼识之,笑而纳诸袖,文忠觉之,曰彼不谙体裁,我为润色之耳;则诬甚矣。文忠果改揭帖,何肯出以示人? 而葛方请救于文忠,何敢纳帖于袖,其将以为劫制耶? 文忠何如人? 而险忮如是又粗疏如是耶?"(李慈铭:《越缦堂读书记》,辽宁教育出版社2001年版,第690页)这种以张居正的精明为由,断定他不可能留下如此把柄的辩护,显得苍白无力!
② 《明神宗实录》卷九,万历元年正月己酉。
③ 《万历起居注》,万历元年正月二十八日己酉。

如果把张居正于正月二十二日和二十八日所上两道疏文加以对比,就不难发现,他对"王大臣案"的态度发生了明显转变:前疏的重点是要多方侦缉"主使勾引之人",要兴起冤狱,把矛头直接对准高拱;后疏的重点则是要求"宜稍缓其狱","若推求过急,恐诬及善类",这明显又是为高拱开脱。"盖居正初疏,意有所欲中,会廷议汹汹,故有是奏。"①那么,张居正为何在短短六天之内会发生如此大的转变呢? 究其原因,就是他违背祖制,窜改揭帖,留下"历历有据"的字证,并被杨博、葛守礼识破;后经杨、葛二人劝导,他意识到兴冤狱,诛高拱,将背上万世恶名。

张居正的主意改变后,便请教杨博如何善后,"'第后局何以结?'博曰:'公患不任耳,任何难? 任须世臣乃可共。'居正因奏上,命冯保与葛守礼、左都督朱希孝会讯"②。杨博建议委派刑部长官和世爵参与审判,主要基于两点考虑:一是葛守礼是现任都察院左都御史,代表法司,他又是坚决反对诬陷高拱指使弑君、锻造冤狱的。他参与审判,可以遏制冯保通过东厂独断案情,酿造冤案。二是世爵地位崇高,能受到朝廷尊重,且同厂卫保持一定距离。朱希孝是辅佐朱棣取得政权的功臣朱能的第五代孙,其兄朱希忠袭封成国公,本人任锦衣卫左都督,是著名勋臣,又居特种缉捕武臣之首,当然是参加审判的理想人选。据此,张居正上疏请命葛守礼、朱希孝与冯保三人共同审理王大臣一案。可以说,审判法庭的改组,葛、朱二人的参与,是挫败冯保通过东厂全权垄断、锻造冤狱企图的重要因素。

这时,朱希孝已知张、冯密谋借此案诬杀高拱,而反对派也发出强大的舆论声势,惧怕招致杀身之祸。于是,他便急忙拜见张居正,张居正又让他去请教吏部尚书杨博。杨博一方面对他妥为安慰,另一方面又指授方略:"'欲借公全朝廷宰相体耳,何忍陷公?'因示以指。"③

① 《明神宗实录》卷九,万历元年正月己酉。
② 谈迁:《国榷》卷六八,万历元年正月庚子。
③ 谈迁:《国榷》卷六八,万历元年正月庚子。

# 四、速杀嫌犯,灭口灭迹

在"王大臣案"的审讯过程中,张居正惧怕构杀高拱的阴谋败露,便先用生漆酒灌哑王大臣,后又将之匆匆处死,以达到灭口灭迹之目的。张居正这种企图掩盖事实真相的手法,证实了构杀高拱的阴谋,但也为自己日后摆脱干系留下了回旋余地。

葛守礼、朱希孝和冯保奉神宗谕旨,负责审讯王大臣。朱希孝根据杨博的指点,派校尉密询王大臣来自何处、何所,为何诬陷高拱为主使者,若说出实情或可免罪。王大臣答道:"始绐我主使者论死,自首亡恙,官且赏。岂知此当实言。"①原来,编造伪供均出自冯保家奴辛儒的教唆。朱希孝又命将从河南新郑逮来并被指为"同案犯"的李宝、高本、高来等高府家人杂于众犯之中,让王大臣辨认,大臣均无法认出。这时,有些朝臣和内监亦为自身利害计,竭力劝阻冯保锻造冤狱。如"东厂理刑白一清谓保初问官二千户曰:'……高公顾命大臣,强我辈诬之,异日能免诛夷耶?'皆曰:'冯公已具案,而张阁老手审四字。'一清曰:'东厂机密重情,安得送阁改乎?'"②有一姓殷的近侍太监,年七十余,亦跪奏曰:"万岁爷爷不要听他。那高阁老是个忠臣,他如何干这等事! 他是臣下来行刺,将何为? 必无此事,不要听他。"③又有管事太监张宏冒死对万历说:"高公不可枉。"④凡此均说明诬杀高拱不得人心,阻力很大。"保知难行,即差人报居正曰:'内边有人说话,事不谐矣。'"⑤

尽管反对诬杀高拱的声势很大,但冯保却一意孤行,"必求其遂"。其审讯过程是:

---

① 谈迁:《国榷》卷六八,万历元年正月庚子。
② 谈迁:《国榷》卷六八,万历元年正月庚子。
③ 高拱:《病榻遗言》卷四《毒害深谋》。
④ 谈迁:《国榷》卷六八,万历元年正月庚子。
⑤ 高拱:《病榻遗言》卷四《毒害深谋》。

故事,先杂治。大臣呼曰:"故许我富贵,何杂治也?"冯保即问:"谁主使者?"大臣仰视曰:"尔使我,乃问也?"保气夺,再强问:"尔言高阁老,何也?"曰:"汝教我,我则岂识高阁老?"希孝复诘其蟒袴刀剑,曰:"冯家奴辛儒所予。"保益惧。希孝曰:"尔欲污狱吏耶!"遂罢。①

按照当时的审判程序,审讯之前,先将犯人杖刑十五大板,王大臣不堪忍受,遂愤而供出实情,使冯保引火烧身,被指斥为诬杀高拱的主唆者。至此,案件无法再审理下去。第二天,即二月二十日夜,始将王大臣送三法司会审,然王大臣已被张、冯派人用生漆酒灌哑。二十一日,再次会审时,王大臣已哑不能言,张居正不问因由,便奏请以滥入宫禁罪论斩。张居正匆匆处死王大臣,了结此案,其真实意图就是要杀人灭口灭迹,惧怕谋杀高拱的阴谋败露,以免遭到时人和后世的指责。

对张居正及冯保杀人灭口,毁灭罪证,许多明清史家甚至外国使臣均有确论。例如,《万历邸抄》言:"此即冯珰所为不道而欲诛之以灭其迹者。"②万历二年(1574)八月,朝鲜国派遣到明朝的使臣许筬指出:

夫王大臣之事颇诡秘,似由内官引进,道路之言,皆指太监辈。而方其断罪也,朦胧处决,不为别白核寻之计。只杀其人以灭迹,其事匿也。今当国辅臣不得辞其责。③

黄景昉亦言:

王大臣狱,江陵为杨博、葛守礼所持,以达冯珰,业悔之。讯日,比部郎郑汝璧密令携大臣暗处,剪其舌,或云瘖之。临期无一言,趣弃市。江陵由此才汝璧,改仪部,复改考功。④

---

① 谈迁:《国榷》卷六八,万历元年正月庚子。
② 《万历邸抄》,万历元年正月庚子。
③ [朝鲜]许筬:《菏谷先生朝天记》,转引韦庆远:《张居正和明代中后期政局》,第453页注③。
④ 黄景昉:《国史唯疑》卷八。

郑汝璧使张居正构杀高拱的阴谋不被暴露,故被提拔重用。由此可见,张居正匆匆处死王大臣,灭口灭迹,其故意掩盖构杀高拱的阴谋已昭然若揭。

需要指出的是,事过十年之后,在张败死、冯败落时,神宗提出要追查王大臣一案。万历十一年(1583)二月,南京兵部郎中陈希美上疏,首论冯保"乃潜引一男子王大臣,白昼挟刃,直至乾清宫门"行刺,"王大臣既已伏诛,而保系首祸之人,乃夤缘漏网",因此"悬乞圣明,亟加诛戮"。① 本来万历十年(1582)十二月,御史李植论劾冯保十二大罪,神宗已有旨宽处。但两个月后,他又看到陈希美论劾冯保竟敢潜引犯人王大臣谋害自己,于是下令刑部查阅案宗。据《明神宗实录》记载:"上览刑部录进王大臣招由。得旨:此事如何这每就了? 查原问官与冯保质对。大学士张四维等言:事经十年,原问官厂即冯保,卫乃朱希孝。今罪犯已决,希孝又死。陈希美奏王大臣系冯保潜引,亦无的据。若复加根究,恐骇观听。上乃置不问。"②神宗这才放弃了追查此案的念头。

王大臣被匆匆处死,张居正构杀高拱的阴谋为何没有得逞? 究其原因,主要有以下几点。其一,密谋此案过于草率,以致留下"历历有据"四字把柄。如前所述,张居正由于惧怕高拱东山再起,急于达到诛灭政敌、消除后患的目的,以致在要害处留下铁铸难移的把柄,并被杨博、葛守礼抓住,不得不罢手。其二,迫于朝野舆论的强大压力。案发后,朝野舆论普遍同情高拱,几乎无人相信顾命大臣行刺之说。尽管张居正手握重权,不怕朝野舆论,但也不敢轻易冒犯,兴起冤狱,诬杀高拱。如《明神宗实录》所言:"时大狱且起,张居正迫于公议,乃从中调停,狱得无冤。"③其三,锻造冤案过于骇人听闻,令人难以置信。案发后,大部分朝臣和言官未敢轻率附和,更未有人公开支持,大多采取观望自保的态度;杨博、葛守礼、钟继英、白一清、李幼滋、陆光祖等人也都竭力劝解停释,甚至"愿以百口保高公"。另外,高拱虽然罢官归里,但从政三十多年,去职仅半年,不乏官场中的关系,如锦衣卫左

① 陈希美:《罪人既得天讨难容悬乞圣明亟加诛戮以绝乱萌以安宗社疏》,载《万历疏钞》卷二〇,《续修四库全书》史部第469册。

② 《明神宗实录》卷一三四,万历十一年闰二月乙卯。

③ 《明神宗实录》卷一〇,万历元年二月癸酉。

都督朱希孝在审讯中也有所回护。① 这也是张居正谋杀高拱的阴谋没有得逞的重要原因之一。

# 五、事后辩白，收功自居

张居正其人"深沉有城府"②，当他谋杀高拱的阴谋遇到强大阻力，无法实现时，便立即改换面目，摇身一变，大肆炫耀救解高拱的所谓"功劳"，试图掩盖当初嫁祸高拱行刺之罪的阴谋。天启初年，大学士朱国祯说："王大臣一事，高中玄谓张太岳欲借此陷害灭族，太岳又自鸣其救解之功。"③又说："张对人曰：'高老一事，我忧愁，今才救得下。'又写书南都及四方之人，皆以救高为功。"④

朱氏所言不虚。万历元年（1573）春，张居正在致许多友人的信函中故意避开不久前奏请追查"主使勾引之人"的事实，极力表白自己一贯反对诬陷株连的主张，把救解高拱收为己功。例如，他在《答张操江》中表白说：

> 顷奸人挟刃入内，诬指新郑所使。上自两宫主上，下至闾阎细民，一闻此语，咸以为信；而抵隙者，遂欲甘心焉。中外汹汹，几成大狱。仆窃心知其不然，未有以明也。乃面奏主上，斯事关系重大，窃恐滥及无辜。又委曲开导，以国法甚严，人臣不敢萌此念，请得姑缓其狱，务求真的，乃可正法。荷主上面允。而左右中贵人，亦皆雅相尊信，深谅鄙心，不敢肆其钩钜之巧。伏念六七日，至于旬时，果得真情。新郑之诬，始从辩释。……不然，此公之祸，固不待言，而株连蔓引，流毒缙绅，今不知作何状矣。嗟乎！ 如仆苦心，谁则知之？日来为此，形神俱瘁，须发

---

① 参见商传《"王大臣案"小议》，载牛建强等主编：《高拱、明代政治及其他》，河南大学出版社2011年版，第168页。

② 张廷玉：《明史》卷二一三《张居正传》。

③ 朱国祯：《涌幢小品》卷九《阁臣相构》。

④ 朱国祯：《皇明史概·皇明大事记》卷三八《阁臣》。

顿白,啮荼茹蘖,又谁与怜之？耿耿丹心,只自怜耳。①

他在《答汪司马南溟》中又辩解说：

> 比来一夫作祟,几至燎原,幸主上明圣,而左右近习,亦皆素谅仆之悃诚,得以潜折祸萌,导迎善气。二三子以言乱政,实朝廷纪纲所系,所谓芝兰当路,不得不锄者,知我罪我,其在是乎?②

另外,在《与广东按院唐公》《答大司马万两溪》《答吴尧山言弘愿济世》《答总宪张岷崃言公用舍》《答河漕王敬所言漕运》③等多封信函中,张居正大肆渲染救解高拱之功,对朝臣及士大夫的诸多猜测和非议极力辩解表白。从这些书信中可以看出,张居正真可谓费尽心机,"形神俱瘁"了。

就张居正被迫急刹车,终未酿成冤狱而言,似乎解救高拱有功："王大臣事起,时故相高新郑几不免,赖掌卫朱希忠与江陵相力恳保得解。"④但这绝不能掩盖他当初追究幕后"主使勾引之人"的事实,不能否认为构杀高拱而留下"历历有据"的四字罪证,更不能掩饰速杀王大臣灭口而不使阴谋败露的图谋。对此,明清以来诸多政治家、史学家均有定论。例如,万历时期内阁首辅申时行说：

> 是时道府以兵卫环新郑家而守之,祸且不测。然众论皆知其冤,颇尤江陵。江陵迫公议,亟从中调剂,保意解,乃独归罪大臣,论斩。⑤

---

① 张居正：《张太岳集》卷三四《答张操江》。
② 张居正：《张太岳集》卷二五《答汪司马南溟》。
③ 参见张居正《张太岳集》卷二五。
④ 沈德符：《万历野获编》卷六《东厂》。
⑤ 申时行：《赐闲堂集》卷四〇《杂记》。

谷应泰说：

> （张居正）卖交附珰，漏言市重。……而冯保以快己之怨者，即以酬次辅之恩。居正以去保之疾者，还以固纶扉之宠。鬻叔夸毗，若互市然。……始乃官府交通，更唱迭和。冯倚执政则言路无忧，张恃中涓即主恩罔替。……至于犯眸具狱，词连拱奴，谋发宰臣。……居正之包藏祸心，倾危同列，真狗彘不食其余矣。①

谈迁说：

> 江陵修怨，令新郑放逐足矣。必借王大臣之狱，果正其罪，九族为轻。噫！宰相坐废，或不无怨望，间见一二。若怀奸蹈险，犯天下之大不韪，如专聂之事，于古未闻也，而谓新郑甘之乎？江陵深机，只自见其愚耳。权保本阉人，求快一时，曾何足论。江陵号察相，不与汶汶等。械阱猝发，中不自制；殁罹谗构，阖室累系。天且以枉高氏者枉张氏也。②

今人黄云眉先生在评张居正《答张操江》一函时也说：

> （张居正）所以明其苦心调剂，灭此祸炬，实则著意远嫌，所谓欲盖而弥彰者也。③

可见，这些政治家和史学家对张居正构杀高拱的阴谋既有历史真相的明确揭露，又有道德人性的严厉评判。本来，张居正于隆庆六年（1572）六月"附保逐拱"之后，如愿以偿地荣登首辅之位，冯保亦晋升司礼掌印太监，与神宗生母李太后结成牢固的政治铁三角，高拱难以对其构成威胁。但不可原谅

---

① 谷应泰：《明史纪事本末》卷六一《江陵柄政》，"谷应泰曰"。
② 谈迁：《国榷》卷六八，万历元年正月庚子，"谈迁曰"。
③ 黄云眉：《明史考证》第六册，中华书局1985年版，第1716页。

的是,张居正完全从个人利益出发,假借王大臣一案,欲谋杀昔日好友高拱,株连高氏九族,清洗朝中所谓的"高党",其用心何其毒也,其人性何其恶也!当冯保派四缇骑驰诣新郑,高拱几欲饮鸩自杀,只是在仆人房尧第的劝阻下,才没有自裁。高拱经此沉重打击,便"惊怖成疾",不久于人世。可以说,在"王大臣案"问题上,张居正不仅越出了封建政治家的道德底线,有其严重的失德失律之处,而且也充分暴露了其人性之恶,显现出其不可掩饰的人性阴暗面。正如樊树志先生所说:"那时高拱已经下野,不再构成对冯、张的威胁,冯、张还无中生有地借王大臣案诬陷株连,无所不用其极,企图置高氏一门于灭族的境地,政治斗争之险恶,政治家手段之卑鄙,实在可憎可恶。"①

需要指出,最早刊刻于万历末年的《张太岳集》,在其大量的"奏疏"中,唯独不见张居正于正月二十二日和二十八日所上两道疏文,其原因可能是张居正在世时已经销毁,或其子、后人编纂时已经抽出;在其大量的"书牍"中,张居正给高拱本人及族人共有十七封信函(其中高拱四封)②,其中不乏为高拱辩释表白、死后请恤的信件,但亦唯独不见前引"居正密为书,令拱切勿惊死"和"又为私书安之"的两封信函。《张太岳集》中有关此案"二疏二函"的史料缺失,只能说明张居正或编纂者故意掩饰谋杀高拱的阴谋,故意抽逃罪证,以免留下把柄,致使后人"訾议"。不然,这些史料不可能缺载。

尽管《张太岳集》缺载"二疏二函",但在《明神宗实录》《万历起居注》《万历邸抄》中却保留了下来,这为澄清"王大臣案"的历史真相提供了最有力的史料佐证。高拱晚年撰著的《病榻遗言》卷之四《毒害深谋》③,对张居正假借"王大臣案"谋害自己的关键情节也有如实的记载。虽然有些明史学者对此书"訾议"颇多,但其记载内容的真实性却是毋庸置疑的④,因为诸多明清历史文献如王世贞《嘉靖以来内阁首辅传》、何乔远《名山藏》、朱国祯《涌幢小品》、于慎行《谷山笔麈》、沈德符《万历野获编》、黄景昉《国史唯疑》、张廷玉《明史》、谈迁《国榷》、谷应泰《明史纪事本末》、吴承权《纲鉴易

---

① 樊树志:《张居正与冯保——历史的另一面》,《复旦学报(社会科学版)》1999 年第 1 期。
② 均载张居正:《张太岳集》卷三四。
③ 载岳金西等编校《高拱全集》上册,中州古籍出版社 2006 年版,第 655—658 页。
④ 参见岳金西:《高拱〈病榻遗言〉考论——与赵毅教授商榷》,载《古代文明》2009 年第 3 期。

知录》等正史或野史均有大同小异、或简或详的记述,均可作为佐证。如果说高拱《病榻遗言》有关此案的记述是"不实之词",那么难道诸多明清历史文献的相关记述都是不实之词吗? 显然,这是不可能的。因此,张居正假借"王大臣案"构杀高拱的历史事实,是张居正的辩护者不能掩饰和抹杀的,也是掩饰和抹杀不了的。

近年,在明史研究热潮中,有些学者不顾客观历史事实和诸多明清历史文献的记载,提出诬陷高拱的王大臣案件"真真假假",张居正是否参与密谋"没有确证",已成为"历史之谜"。显然,这并非历史事实。从张居正上疏请求追查"主使勾引之人",到留下"历历有据"字证,到匆匆处死王大臣以灭口,再到辩白收功、抽逃罪证等一系列历史事实,完全可以确证张居正参与密谋了以谋杀高拱为主旨的"王大臣案"。因此,张居正参与密谋王大臣案件不是"真真假假",而是千真万确! 不是"没有确证",而是铁证如山! 不是"难解的历史之谜",而是历史定案! 所谓"真真假假""没有确证""历史之谜"云云,只不过是为张居正失德失律乃至人性之恶的辩解,其主要目的就是要维护张居正作为一代"伟人"而兼"完人"的形象。然而,这既非历史真相,也有悖于客观公正的治史原则。

金无足赤,人无完人。作为改革家的张居正也不例外。本章揭明张居正假借"王大臣案"构杀高拱的失德失律乃至人性之恶问题,并不是要否定其改革功绩和历史地位,即道德评判并不代替历史评判,而是为了还原历史真相。也只有对张居正进行历史和道德双重评判,才能还原历史上真实的张居正。我们不能因为张居正有其显著的改革功绩,就掩饰、否认甚至抹杀他的失德失律乃至人性之恶问题。诚如樊树志先生所说:"近人囿于对张居正的敬仰与同情,对这位'磊落奇伟之士'的另一面,三缄其口,甚至为之百般辩解,以为统统是子虚乌有之事。窃以为大可不必。"[1]如果像有的学者以历史评价与道德评价往往不一致为由,主张"对历史人物的评价,重要的是看他对历史作用的结果,对动机往往可以略而不计。……道德评价的忽略

---

① 樊树志:《张居正与冯保——历史的另一面》,《复旦学报(社会科学版)》1999 年第 1 期。

纵然使人们遗憾,但除此没有更好的视角"①,即只要历史评价而忽略道德评价,那么,这种评价肯定是片面的,不是全面客观的评价。其结果要么是完全肯定,即肯定一切,要么是完全否定,即否定一切,从而走向两个极端。而这种道德缺位的评价既不是客观公正的治史态度,也不可能把握历史真相。正如有的学者所说:"在历史人物评价中,把道德与事功对立起来不可取,而将彼此取而代之亦不可取。……不能因为历史人物在事功方面的贡献而忽略、开脱其道德的不足与问题,亦不能因为其道德的不足与问题而否定其事功方面的贡献。"②目前,有些研究张居正的论著中存在的过分褒扬和美化倾向,从某种意义上说,就是只要事功评价而忽略甚至取消道德评价所致。

① 刘志琴:《张居正评传》,南京大学出版社 2006 年版,第 156—157 页。
② 乔治忠、高希中:《历史人物评价标准的反省与重建——以"成王败寇论"为中心的考察》,《山东大学学报(哲学社会科学版)》2011 年第 4 期。

# 第十三章 "政治权谋"问题

　　学术界对高拱晚年所著《病榻遗言》一书的刊刻时间、内容真实性、政治影响力等问题有着重大分歧和争议。有的学者据此认定张居正倒台原因中包含高拱的"政治权谋"因素，将其视为导致张居正冤案的"强烈催化剂"。这不符合历史事实！据考证，《病榻遗言》刊刻问世于万历三十年至三十一年（1602—1603），而不在万历十年至十二年（1582—1584），故与张居正身后罹难无涉；该书是高拱对隆庆六年（1572）正月至万历元年（1573）二月发生的诸多政治事件的真实回忆录，并非不实之词；该书是当事人记述的回忆录，绝不是"为其身后报复政敌"的所谓"政治权谋"或"巧妙政治设计"，不可能影响到万历十年（1582）以后的明代政局，它不会也不可能有如此大的政治影响力。

## 一、权谋之说，值得商榷

　　有的学者依据《四库全书总目提要》评论高拱《病榻遗言》"以史考之，亦不尽实录"[①]的评语，认定高拱此书是导致张居正冤案的"政治权谋""强烈催化剂"。如黄仁宇先生说："现在张居正已经死后倒台，但皇帝还没有下绝情辣手，这时高拱的遗著《病榻遗言》就及时地刊刻问世。""高拱在生前就以权术闻名于朝官之间。这一《病榻遗言》是否出自他的手笔还大可研究。即使确系他的手笔或系他的口述，其中情节的真实性也难于判断。""它的出

---

[①] 《四库全书总目提要》卷一四三，子部，小说家类存目一。按，该书作者对此并无指据，没有提出一事"不尽实录"之处。

版在朝野都产生了极大的影响,成为最后处理张居正一案的强烈催化剂。"①
赵毅先生说:"一般认为,冯保、张居正是被万历皇帝打倒的。这种认识不
错,但不够全面,冯保、张居正、戚继光的倒台原因中包含着高新郑政治权谋
的因素。"《病榻遗言》"可谓高新郑为其身后报复政敌的巧妙政治设计",
"对万历十年以后的明代政局影响极深"。② 商传认为张居正"借王大臣案而
加害于新郑,实非高明之举。待其冷静下来亟于化解其事时,新郑却骨鲠在
喉,不吐不快,将对居正的满腹恶气,二人间的种种恩怨,尽书之于《病榻遗
言》之中,后人因将其举为'横议'之列"③。许敏说:《病榻遗言》"所写细节
与史实有相当出入,甚至多有不实之词。因为这完全是作者站在自己的立
场上、带有强烈恩怨的渲泄。……后来在推倒张居正过程中,成为了一股内
在的力量。这股力量,不仅助长了朝廷对张的总清算,也加速了新政的垮
台、旧政的复辟。当然,高拱在身后达到了报复目的"④。荣真说:"《病榻遗
言》乃高拱被逐还乡后在病中所为,本系零碎言语,在高拱和张居正死后由
他人整理成书,其中有多少属高拱亲笔也大可怀疑。"⑤任昉也说:"本书是高
拱在病榻上口述,家人记录并整理,未经高拱本人最终审定认可的一部著
作,其中既有高拱神志清醒时的口述内容,也有高拱昏迷半昏迷时的胡言乱
语,还有家人整理时核对增补的文字和思想。"⑥另外,韩梦丽《高拱〈病榻遗
言〉中张居正形象分析》⑦、张帅帅《〈病榻遗言〉性质考辨》⑧也表达了基本相
同的观点。

　　对上述观点,笔者难以苟同。故此,本章主要以赵毅教授的《〈病榻遗
言〉与高新郑政治权谋》(以下简称"赵文")一文为重点,拟就高拱《病榻遗

---

① 黄仁宇:《万历十五年》,中华书局 1982 年版,第 33、35 页。
② 赵毅:《〈病榻遗言〉与高新郑政治权谋》,《古代文明》2009 年第 1 期。
③ 商传:《"王大臣案"小议》,载《高拱、明代政治及其他》,河南大学出版社 2011 年版,第 178
页。
④ 许敏:《关于高拱研究的几个问题》,《中国史研究》2010 年第 4 期。
⑤ 荣真:《隆庆末张居正冯保矫诏辨正》,《杭州师范学院学报》1994 年第 5 期。
⑥ 任昉:《高拱〈病榻遗言〉性质新探——以隆庆六年六月"庚午政变"为线索》,《历史文献研
究》(总第 32 辑),华东师范大学出版社 2013 年版。
⑦ 载《齐齐哈尔大学学报(哲学社会科学版)》2016 年第 6 期。
⑧ 载《绵阳师范学院学报》2020 年第 3 期。

言》的撰刻问世时间、内容真实性以及对后世影响等问题加以详细考述和辨析,以确证"政治权谋"说之谬。

# 二、《病榻遗言》,撰刻时间

关于高拱《病榻遗言》的撰刻时间及其同张居正身后罹难的关系问题,上述观点是值得商榷的。

## (一)《病榻遗言》的撰写时间

高拱这一遗著没有题记或序言,没有点明完稿成书时间,这就给后人留下了争论空间。赵文说,《病榻遗言》是高拱被逐出政坛后"所撰写的政治回忆录,以'病榻遗言'名其书,又像是临终遗嘱"①。赵文把高拱这一遗著定性为"政治回忆录"是没有异议的,但把"病榻遗言"诠释为"临终遗嘱"则是望文生义的误读误解。"病榻遗言"不同于"临终遗嘱":前者是指病中留下的言词,后者是指临死前嘱托后人留下的言词;"病榻"上的病人不一定就要"临终","遗言"也不都是"遗嘱"。高拱将死,卧于病榻,处于半昏迷状态,绝不可能留下洋洋两万两千余言的"临终遗嘱",并在其中包含着"政治权谋",至死不忘"报复"政敌。

那么,高拱的《病榻遗言》撰写于何时呢?答案是万历元年(1573)初,在他患病稍愈后不久。是年正月,王大臣闯宫案发,张居正、冯保怨高之恨未消,恐高复起,故欲借此案杀高。于是冯保派人教唆王大臣诬陷高拱主使行刺,张居正上疏请求追查"主使勾引之人"②,并派锦衣缇校赶赴新郑高家逮人。高拱闻之大惊,持鸠步庭自杀,仆人房尧第以手击鸠落地,跪曰:"公死,则天下后世此事将归于公矣,谁为公白者?"③由此,高拱"惊怖成疾","忧惧不已,遂成痼疾,驯至不起矣"。④ 王世贞也说"拱欲自经不得",遂"以惊忧

---

① 赵毅:《〈病榻遗言〉与高新郑政治权谋》,《古代文明》2009 年第 1 期。
② 《明神宗实录》卷九,万历元年正月癸卯。
③ 刘青霞:《房尧第传》,载《高拱全集》附录二《高拱生平文献》。
④ 范守己:《代高少师张夫人乞补恤典疏》,载《高拱全集》附录二《高拱生平文献》。

成疾,后稍愈,不复振"。① 经过王大臣之狱,高拱深刻认识到,他那位自称
"香火盟"的政治密友,心狠手辣,卖友求荣,不仅要夺他首辅之位,而且还要
诛他九族,斩草除根,险邪忍狠,何其毒也。当他惊怖略定,病情稍愈之后,
便毅然执笔写下这一回忆录,故而命名为《病榻遗言》。该书共四卷:卷一
《顾命纪事》,卷二《矛盾原由上》,卷三《矛盾原由下》,卷四《毒害深谋》。最
后一卷是记述王大臣一案的,不啻是这一遗著的题记或序言。这一遗著对
隆庆六年(1572)上半年和万历元年(1573)二月所发生的一系列重大政治事
件的发生过程、人物对话、场景细节回叙得翔实清晰,充分说明作者当时头
脑清醒,对往事记忆犹新,绝非六年之后将死之时所谓"临终遗嘱"所能做
到的。

万历元年(1573)年初,高拱虽由王大臣案"惊怖成疾",但之后稍愈,并
未严重影响其著述活动。如万历元年(1573)撰成《病榻遗言》四卷,并整理
成《边略》五卷;万历二年(1574)七月撰成《春秋正旨》一卷;万历三年
(1575)五月撰成《问辨录》十卷;万历四年(1576)五月撰成《本语》六卷。万
历四年(1576)下半年到万历五年(1577)年末,他依据历史资料和亲身经历,
又撰成《谂书》和《避谂录》,后失传。万历六年(1578)伊始,高拱病情逐渐
加重,抱疴不起,至七月初二病故。这半年高拱再没有什么著述活动。

### (二)《病榻遗言》的刊刻问世

赵文提出:该书刊刻"有极大的可能在万历十年至十二年之间"②。这是
从此时段内张、冯遭难的"政治大背景下"加以论证的,但赵教授并没有举出
任何一条有价值的史料作为立论的支撑。这种建立在"可能"之上的推设是
不能令人信服的。那么,这一遗著何时刊刻问世呢?

万历三年(1575)六月至六年(1578)年初,高拱亲自主持刊刻自己的著
作,《问辨录》居首,包括十三种著作,共四十二册,册中分卷。因为不是全部
著作,未定书名,四库馆臣名之曰"初刻四十二册本"③。高拱生前编定的18

---

① 王世贞:《嘉靖以来内阁首辅传》卷六《高拱传》。

② 赵毅:《〈病榻遗言〉与高新郑政治权谋》,《古代文明》2009 年第 1 期。

③ 参见岳金西等编校《高拱全集》前言,中州古籍出版社 2006 年版,第 9—12 页。

种著作没有刊刻完,便病逝了,由此刊刻工作即告中断。高拱无儿无女,临终前夕才确定嗣继为其六弟拣之次子务观。① 这时务观不过是二十多岁的青年学子,加之刚刚过继,对高拱著作及其家务还不甚了解,他不可能也无力承担起继续刊刻高拱著作的任务。这也是刊刻工作中断的重要原因。

高拱殁后二十四年,即万历三十年(1602)四月,神宗为高拱平反,赠太师,谥文襄,荫一子尚宝司司丞。嗣子务观承荫。他赴任后,乃敢恳请江夏(武汉)人东宫讲官郭正域为其父撰写墓志铭。墓志铭中曰:

> 公素好读书,作《问辨录》十卷,《春秋正旨》一卷,《本语》六卷,《边略》五卷,《纶扉外稿》四卷,《掌铨题稿》三十四卷,《南宫奏牍》四卷,《政府书答》四卷,《纶扉集》一卷,《程士集》四卷,《外制集》二卷,《日进直讲》十卷,《献忱集》四卷。②

郭氏所列书目,与初刻四十二册本的十三种著作完全相同,都是《问辨录》居首,逆时序编订。唯一不同的是改"册"为"卷"(其中三种著作卷数有误)。这一书目不包括《病榻遗言》和《诗文杂著》,这就确证这两部著作在高拱殁后二十四年之间没有刊刻问世。

高务观承荫尚宝司司丞之后,一方面恳请郭正域为其父撰写墓铭,另一方面即着手编纂刊刻《东里高氏家传世恩录》五卷。刻印成书后,手持"兹编示刘子",恳请时任顺天府尹刘日昇撰序。序曰:"新郑高文襄捐馆舍二十五年矣,今上始追公秉揆忠劳,予一切特恩。令子符丞君辑,恭请部覆诸牍及蒙赐纶诰,汇成一编付梓。"③务观刻印此编时,又续刻了《病榻遗言》和《诗文杂著》两种,同时发现《谗书》《避谗录》《春冈年谱》等三种著作手稿已佚。

万历三十年至三十一年(1602—1603),高务观续刻《病榻遗言》和《诗文杂著》两部著作,是作为"原本"保存的,故印数很少。长洲戚伯坚获得《病榻遗言》刻本,乘高拱平反之机,又予以翻刻,畅销一时,流传坊间。此前,高务

---

① 参见张居正:《张太岳集》卷三四《答中玄高相公四》《答参军高梅庵》。
② 郭正域:《合并黄离草》卷二四《太师高文襄公墓志铭》。
③ 刘日昇:《慎修堂集》卷八《圣恩录序》。

观绝不会将其珍藏二十多年的继父手稿交给戚伯坚去首次刊刻的。万历四十二年(1614),马之骏兄弟刊刻《高文襄公集》是以高拱初刻本为底本,变四十二册为四十二卷,加上"长洲戚伯坚校"的《病榻遗言》两卷,即为现存包括十四种著作在内共四十四卷的万历本。清康熙年间,高捷曾孙高有闻刊刻其叔祖的《高文襄公文集》八十八卷包括十五种著作的笼春堂本,是以高拱初刻本十三种著作和务观续刻的两种著作作为"遵依原本",并非是以万历本为底本的。

### (三)《病榻遗言》与张、冯罹难无涉

上引史料和考证充分证明,高拱《病榻遗言》的刊刻问世是在万历三十年至三十一年(1602—1603),而张、冯遭难则是在万历十年至十二年(1582—1584),两者相距几近二十年,前者刊刻问世怎会成为后者祸发罹难的因素呢?赵文为了论证张、冯等人的"倒台原因中包含着高新郑政治权谋的因素"这一预设的政治结论,便推想设定《病榻遗言》刊刻问世"有极大的可能在万历十年至十二年之间"。但是,在此期间,该书是谁刊刻的?底本(或底稿)来自谁手?他与高拱父子有何关系?刊刻的目的何在?对这些重要问题却只字未提,只是硬性锁定在此时段内。不难看出,这只是论者的任意猜想、主观臆断。这从赵文前后矛盾、逻辑混乱的行文中也可以得到证实:"有一点可肯定,或在高新郑病逝的万历六年之后,或在张居正病故的万历十年之后,有极大的可能在万历十年至十二年之间。"[①]前文既说"有一点可肯定",后文理应肯定在一点上,而不应说"或在""或在"和"可能在";后文既说"或在""或在"和"可能在"三点上,前文就不能说"有一点可肯定";最后说"有极大的可能在",即使"可能"程度达到"极大",仍是"可能",而绝不是"肯定"。赵文如此既"肯定"又"可能"的推测设定,其原因在于拿不出一条可资证实的史料作依据,其目的在于论证主观预设的结论——张、冯等人倒台"包含着高新郑政治权谋的因素"。这种从设定的逻辑前提出发来论证主观预设的结论,是为严肃的学者所不取的。

① 赵毅:《〈病榻遗言〉与高新郑政治权谋》,《古代文明》2009 年第 1 期。

其实,《病榻遗言》刊刻于张居正身后罹祸期间并成为发难的重要因素,此说并非赵教授的发明,而是史学家黄仁宇"催化剂"说的翻版。黄先生说:"现在张居正已经死后倒台,但皇帝还没有下绝情辣手,这时高拱的遗著《病榻遗言》就及时地刊刻问世。""它的出版在朝野都产生了极大的影响,成为最后处理张居正一案的强烈催化剂。"①可见,赵教授的"因素"说其源盖出于此。不过,二说亦略有不同:前者是以张居正身后罹难、"有仇报仇,有怨报怨"的"政治大背景"立论的;后者则是直接以《病榻遗言》的内容立论的。黄先生在概述此书所载王大臣案之后说:"皇帝听到这一故事"(前已暗示看过此书——引者注),"他满腹狐疑,立即命令有关官员把审讯王大臣的档案送御前查阅。查阅并无结果。""他一度下旨派员彻底追查全案,后来由大学士申时行的劝告而中止。"②这是偷梁换柱的诡辩。历史事实是:神宗追查王大臣一案起因于南京兵部郎中陈希美上的奏疏。万历十一年(1583)二月,陈希美上疏,首论冯保于万历元年(1573)正月"乃潜引一男子王大臣,白昼挟刃,直至乾清宫门"行刺,"王大臣既已伏诛,而保系首祸之人,乃贪缘漏网",因此"恳乞圣明,亟加诛戮"。③ 本来万历十年(1582)十二月,御史李植论劾冯保十二大罪,神宗已有旨宽处。但两个月后,他又看到陈希美论劾冯保竟敢"潜引"犯人王大臣谋害自己,于是立即下令刑部查阅王大臣案宗。对此,《明神宗实录》作了如实记载:"上览刑部录进王大臣招由。得旨:此事如何这每就了? 查原问官与冯保质对。大学士张四维等言:事经十年,原问官厂即冯保,卫乃朱希孝。今罪犯已决,希孝又死。陈希美奏王大臣系冯保潜引,亦无的据。若复加根究,恐骇观听。上乃置不问。"④张四维讲得一清二楚:神宗追查王大臣案起因于陈希美上的奏疏。而黄先生硬把陈希美的奏疏说成是高拱的《病榻遗言》,硬把张四维换成申时行。如此偷换史实的硬伤,竟然出自享誉海内外的史学名家名著,实在令人震惊和遗憾!

① 黄仁宇:《万历十五年》,中华书局1982年版,第33、35页。
② 黄仁宇:《万历十五年》,中华书局1982年版,第35页。
③ 陈希美:《罪人既得天讨难容恳乞圣明亟加诛戮以绝乱萌以安宗社疏》,载《高拱全集》附录二《高拱生平文献》。
④ 《明神宗实录》卷一三四,万历十一年闰二月乙卯。

# 三、遗言内容,确凿无疑

《病榻遗言》所述重大政治事件,是当事人的第一手资料,具有极大的历史真实性,这些事件在《明穆宗实录》中均有相应的简略记述,就是最明显、最确凿的佐证。不过,两者记述的广度、深度不同,前者繁、细、深,后者简、粗、浅,而且两者所持的政治观点和态度是对立的。只是由于前者是私人著述的野史,后者是官方钦定的国史,因此某些史家便以实录为坐标、尺度,来质疑、非议甚至全盘否定前者。赵文认为,《病榻遗言》的内容是"真假混杂","多有不实之词",并列举四点"质疑"。[①] 其"质疑"符合史实吗? 今择其要者辨正之。

## (一)"执手告语即为顾命说质疑"的辨正

赵文在大段引述《病榻遗言》所载隆庆六年(1572)闰二月十二日的历史过程之后说:"这段文字很妙,高新郑用了八次'执臣手'或'执臣手不释',突出了他与穆宗君臣相得深厚情谊,而将同样出身裕邸的张居正冷落在一旁。"[②]在笔者看来,这是因为,第一,当时阁臣只有二人,高为首辅,张为次辅。按照封建官场礼仪的惯例,穆宗只能执拱手告语,而不会撇开首辅而执次辅之手。第二,高、张的确都出身于裕邸,但与穆宗情谊之深厚却不可相提并论。高侍裕邸九年,正是裕王身处逆境之时。高作为首席讲读官,周旋邸中,尽心竭力,百般调护,启王孝谨,王甚倚重之。当高升官告别时,"王赐金缯甚厚,哽咽不能别。公虽去讲幄,府中事无大小,必令中使往问"[③]。高与穆宗的深情厚谊是在共患难中建立起来的。而张侍裕邸两年有余,此时裕王虽未被册封为太子,但他所处逆境已完全解除。张与穆宗不曾有过共患难的经历。因此,无论从侍裕邸时间之长短,共患难之有无,高拱与穆宗君臣渊源之深、情谊之厚、信任之笃,张居正都不会超过高拱。据此可知,穆

---

① 赵毅:《〈病榻遗言〉与高新郑政治权谋》,《古代文明》2009 年第 1 期。
② 赵毅:《〈病榻遗言〉与高新郑政治权谋》,《古代文明》2009 年第 1 期。
③ 郭正域:《合并黄离草》卷二四《太师高文襄公墓志铭》。

宗执拱手告语是合情合礼、顺理成章的事情。穆宗亲执拱手告语,不仅是高拱自述,而且还有旁证。时人王世贞言:

> 上一日甫视朝,忽驰而下,且蹶于陛间。第云:"国有长君,社稷之福",语且不了了,居正与拱趋而掖之起,还宫,即不豫者月余矣。群臣日诣阙问安,而上方卧,蹶然兴,肩舆至内阁,居正与拱惊出俯伏,上摭之起,而持拱臂仰天,气逆结,久之始云:"祖宗法坏且尽,奈何?"亦复不了了了。而持拱袂,步且至乾清宫门,始复谓"第还阁,别有谕"。明日寂然。①

王氏所言与高拱自述稍异,但执拱手告语则是确定无疑的史实。至于穆宗是否将张"冷落在一旁"呢?那也未必。穆宗如果对张有意"冷落",就不会一起召见高、张二人。所谓"不顾""冷落"云云,那是论者不顾封建官场礼仪而为张争宠而已。

赵文为张居正大鸣不平,说:"张江陵未被执手告语,始终被穆宗冷落在一旁。"②对此,张居正并不领情,也不认同。据查,张居正在万历初期曾三次上疏回忆穆宗亲执其手告语:第一次是万历五年(1577)八月上疏"先帝不知臣不肖,临终亲握臣手,属以大事";第二次是同年十一月上疏"又昔承先帝执手顾托";第三次是万历六年(1578)四月上疏"先帝临终,亲执臣手,以皇上见托"。③可是先帝临终对张执手顾托,在张总裁主持编纂的《明穆宗实录》中何不记载一笔?正史与野史亦无一字记载。看来,这才真正是子虚乌有的不实之词。唯一的旁证是其长子张敬修为其父撰写的《行实》,言:"一日,先帝视朝,忽起走,语且啜。太师偕司礼监太监冯公扶持还宫。坐稍定,先帝召太师榻前,执太师手,属托甚至。太师饮泣不能止。既出,遂触地号

---

① 王世贞:《嘉靖以来内阁首辅传》卷七《张居正传》。
② 赵毅:《〈病榻遗言〉与高新郑政治权谋》,《古代文明》2009年第1期。
③ 张居正:《张太岳集》卷四○《纂修书成辞恩命疏》、卷四二《谢召见疏》、卷四三《乞鉴别忠邪以定国是疏》。

天,几不可生。"①这一旁证日月不清,矛盾重重,正史、野史亦无一字之证。

赵文引述《病榻遗言》"上付托之意,乃在执手告语之时,此乃顾命也"一句之后,接着说"看来,早在穆宗病逝前的三个多月,朱载垕就已选定顾命大臣高新郑,而且是唯一的一名","这是大不合情理的。况在此三个多月的时间里,穆宗完全有机会单独召见首辅,给其留下手诏,以为凭证。空说'执手告语'即为顾命,显然不能令人信服"。② 这是断章取义的曲解。引语之下,还有"恸哉!至受顾命时,已不能言,无所告语矣"一句。上下两句联系起来理解,高拱强调"顾命",是指当面告语之意。因为到五月二十五日,穆宗召见阁臣受顾命时,他已不能讲话,当面告语了。直到穆宗驾崩之后,高拱才意识到闰二月十二日执手告语也算是顾命。这是从当面告语的意义上说的。穆宗此次召见高、张二臣,当面告语对象理所当然包括高、张二人。高把此次执手告语当作顾命,并没有把张排斥在外之意。这些都是礼仪和情理中事。穆宗当时也不会意识到三个月之后他会撒手人寰。因而所谓"单独召见""留下手诏"云云,显系论者的无理想象和推论,是不能令人信服的。

### (二)"早知冯张结盟排己,不行奏罢,'恐苦先皇心,故宁受吞噬'说质疑"的辨正

隆庆六年(1572)三月二十四日,户科给事中曹大埜疏论高拱大不忠十事(赵文说是"十大奸恶")。二十七日,高拱上疏答辩求退,穆皇慰留,不允所辞;二十九日,再疏求退,上仍不允,乃出视事。③ 四月初二日,穆皇认为"此曹朋谋诬陷,情罪可恶,宜重治如法",于是调曹大埜任乾州判官。④ 在《病榻遗言》中,高拱回叙了曹大埜挑起事端的内幕以及处理的全过程。他根据当时穆皇病笃,内阁只有高、张二人的情况,为了不苦圣心,不仅求去非宜,并约请科道言官不得上疏,扩大事态。这一息事宁人的做法是完全合情合理、无可非议的。不意赵文却质疑说:"按高新郑的性格,本可堂堂之阵,

---

① 张敬修:《太师张文忠公行实》,载《张太岳集》卷四七。
② 赵毅:《〈病榻遗言〉与高新郑政治权谋》,《古代文明》2009 年第 1 期。
③ 参见《明穆宗实录》卷六八,隆庆六年三月己酉、辛亥、癸丑。
④ 参见《明穆宗实录》卷六九,隆庆六年四月丁巳。

正正之旗,摆开队伍,与张冯决一死战。而他却秉持息事宁人之做法,不予深究,原因是'上病甚','当以君父为急',这是言不由衷!"又说高为了"'不苦圣心',宁愿受害,宁愿蒙冤,而不肯拔剑一搏,更不准省台弹劾张江陵。这哪是快意恩仇的高新郑,分明是大慈大悲的观音菩萨"。①

笔者以为,历史事件大都是由客观形势、当事者的主观思想以及对策措施等因素合力决定的。当事人的性格有时会起一些作用,但不是唯一的决定性因素。高拱从维护大局出发,讲述自己的思想动机,说:"予自念曰:上病甚,我求去非宜。且屡言不止,徒苦圣怀,更非宜。吾今当以君父为急,乃何有于此辈哉?遂出视事。""上病甚,若闻荆人害我事,必盛怒。兹时也,安可以怒圣怀?且他人事有阁臣处之,荆人害我,则何人为处?必上自处也。今水浆不入口而能处乎?安可以苦圣心?人臣杀身以成其君则为之,今宁吾受人害,事不得白,何足言者,而安可以戚吾君?"②在这里,一个高层官僚忠君爱君的封建传统思想溢于言表。在封建社会里,高层官僚自述其忠君爱君思想,难道是错误的吗?而赵文却无视这一忠君爱君的传统思想,而以其"快意恩仇"的性格推论高拱"以君父为急"是"言不由衷";嘲讽他"不肯拔剑一搏""与张冯决一死战",是"大慈大悲的观音菩萨"。人们不禁要问:高拱处事都是由其性格决定的吗?"快意恩仇"是高拱的唯一性格吗?历史事件都取决于当事者的性格,不知是谁家的史学理论、何种历史哲学?

高拱对曹大埜挑起的政治风波,没有放纵科道言官扩大事态,是无怨无悔的。他归籍后回忆说:"我彼时为先皇病笃,恐苦先皇心,故宁受吞噬,而不敢以此戚先皇也。今吾顺以送先皇终,而曾未敢苦其心,则吾本心已遂,求仁而得仁,又何怨悔之有?"③赵文引过上述言论后说:从隆庆六年(1572)闰二月到六月十六日高拱被逐,"他完全可以面觐天颜,请剑尚方,置政敌于死地。可他始终以'恐苦先皇心'为理由,不做大的举动,引颈受戮,'宁受吞噬'。那么,我们便不能理解高新郑这位六旬开外的退休元辅,为何还要写

---

① 赵毅:《〈病榻遗言〉与高新郑政治权谋》,《古代文明》2009 年第 1 期。
② 高拱:《病榻遗言》卷二《矛盾原由上》。
③ 高拱:《病榻遗言》卷三《矛盾原由下》。

下这篇充满玄机、遍布陷阱,可致政敌于死命的《病榻遗言》?"①高拱作为此次政争的被逐者、失败者,虽然当时不做大的举动,引颈受戮,但是事后就不能写回忆录了吗? 难道历史只能由胜利者撰写,失败者就不能回忆吗? 这难道不是成王败寇的观念在作祟吗? 如果要写,就是"政治权谋",布满"玄机""陷阱","致政敌于死命",使张、冯遭难。但是,非常遗憾,万历十年至十二年(1582—1584)张、冯遭难期间,《病榻遗言》并未刊刻问世。不知论者对其"玄机""陷阱"作何解释?

### (三)"冯、张矫诏说献疑"的辨正

关于冯、张矫诏问题,赵文指斥《病榻遗言》所述"冯张的核心罪状是矫诏",且"不止一次,而是两回"。② 既是"两度矫诏",我们不妨分为两个方面辨正之。

1. 三阁臣"同司礼监"同受顾命的矫诏

《病榻遗言》载:"隆庆六年五月二十五日,上大渐,未申间有命召内阁。臣拱暨张居正、高仪亟趋入乾清宫,遂入寝殿东偏室,见上已昏沉不省。皇后、皇贵妃拥于榻,皇太子立榻右。拱等跪榻前。于是太监冯保以白纸揭帖授皇太子,称遗诏。又以白纸揭帖授拱,内曰:'朕嗣祖宗大统,今方六年。偶得此疾,遽不能起,有负先皇付托。东宫幼小,朕今付之卿等三臣同司礼监协心辅佐。遵守祖制,保固皇图。卿等功在社稷,万世不泯。'"③

高拱所言"付之卿等三臣同司礼监协心辅佐",同受顾命,这是千真万确的历史事实,也为其他当事人所认同。冯保于万历七年(1579)所上《为衰年有疾恳乞天恩容令休致以延残喘》疏云:"隆庆六年五月内,圣躬不豫,特召内阁辅臣同受顾命,以遗嘱二本令臣宣读毕,以一本恭奉万岁爷爷,一本投内阁三臣。"疏上,神宗有旨:"尔受皇考遗嘱,保护朕躬,永奉两宫圣母。……宜仰遵皇考付托之意,不准辞。"④冯保与高拱二人回叙,细节相同,神宗

---

① 赵毅:《〈病榻遗言〉与高新郑政治权谋》,《古代文明》2009 年第 1 期。
② 赵毅:《〈病榻遗言〉与高新郑政治权谋》,《古代文明》2009 年第 1 期。
③ 高拱:《病榻遗言》卷一《顾命纪事》。
④ 王世贞:《弇山堂别集》卷一〇〇《中官考十一》。

与冯保都认定冯是与"内阁辅臣同受顾命"的大臣。神宗生母李太后于万历六年(1578)二月在一道慈谕中也说:"司礼冯保,尔等亲受顾命。"①这是又一确证。万历十年(1582)末,御史李植论冯保十二罪,神宗有旨,说"念系皇考付托",从宽降处;御史杨四知论张居正十四罪,神宗降旨亦有"念系皇考付托"之句,从宽不究。② 两处"皇考付托"说的都是张、冯同是顾命大臣。以上确证高拱所言真实不虚。

而赵文却否认高拱所言三阁臣"同司礼监"同受顾命的真实性,认为《明穆宗实录》记载"上疾大渐"之日所宣顾命,在"三臣"之后,无"同司礼监"四字③,说"这是要害所在,无此四字,冯张矫诏说则难以成立"④。接着又举实录同条所载:"时上疾已亟,口虽不能言,而熟视诸臣,颔之,属托甚至。"⑤认为"穆宗虽在弥留,但一息尚存,意识还清醒,托孤三阁老是其本意也"⑥。是的,"托孤三阁老"是穆宗本意。但在"上疾已亟""昏沉不省"的状态下,不可能对顾命字斟句酌,即有不同意见,已是"口不能言"。顾命由张居正草诏,"卿等三臣同司礼监协心辅佐",是违背穆宗本意的矫诏。而万历二年(1574)七月成书的《明穆宗实录》,此段顾命又删掉"同司礼监"四字,也是手握史权的总裁官张居正所为。为何删掉?因为此时司礼监冯保与阁臣同受顾命早已成为共认的既定事实,且又违背祖制,不宜载于实录,故而删之。论者百般为《明穆宗实录》辩解,说它"更具权威性和可信度",它"是以档案文书、起居注、邸钞为蓝本,是众人商讨编定的",等等。"权威性"是可信的,因为是十二岁的神宗钦定的;而"可信度"则要大打折扣。隆庆六年(1572)九月嘉隆两朝实录开馆,总裁官张居正严立限程:"每月各馆纂修官务要编成一年之事,送副总裁看详。月终,副总裁务要改完一年之事,送臣等删润。"⑦又说:实录"编摩草创,虽皆出于诸臣之手,然实无一字不经臣删润,无

① 《明神宗实录》卷七二,万历六年二月壬午。
② 《明神宗实录》卷一三一,万历十年十二月壬辰、戊戌。
③ 《明穆宗实录》卷七〇,隆庆六年五月乙酉。
④ 赵毅:《〈病榻遗言〉与高新郑政治权谋》,《古代文明》2009 年第 1 期。
⑤ 《明穆宗实录》卷七〇,隆庆六年五月己酉。
⑥ 赵毅:《〈病榻遗言〉与高新郑政治权谋》,《古代文明》2009 年第 1 期。
⑦ 张居正:《张太岳集》卷三七《纂修事宜疏》。

一事不经臣讨论"①。这虽然是就《明世宗实录》而言,但对他亲历其事的《明穆宗实录》来说则更是如此。史家王世贞指出,我朝实录的纂修有许多失职之处:有的是"无所考而不得书";有的是"有所避而不敢书";更有甚者,是"当笔之士或有私好恶焉,则有所考无所避而不欲书,即书,故无当也"。②从而导致实录有许多不真不实之处。据此确知,"同司礼监"四字只有张居正有权和敢于"删润"。嘉隆两朝实录的文本最后都是由张裁定的。论者所谓"众人商讨编订"云云,不过是一种辩解的遁词。所谓"穆宗起居注"这一蓝本,论者为何不加引述?

2. 冯保掌司礼监印的矫诏

《病榻遗言》载:"至二十六日卯初刻,上崩。拱等闻报,哭于阁中。……是日巳刻,传遗旨:'着冯保掌司礼监印。'盖先帝不省人事已二三日,今又于卯时升遐矣,而巳时传旨,是谁为之?乃保矫诏而居正为之谋也。"③当事人冯保在万历七年(1579)上述乞休疏中亦有记述:"次日(即二十六日)卯时分,先帝强起,臣等俱跪御榻前,两宫亲传懿旨:'孟冲不识字,事体料理不开,冯保掌司礼监印。'蒙先帝首允,臣伏地泣辞。又蒙两宫同万岁俱云:'大事要紧,你不可辞劳,知你好,才用你。'迄今玉音宛然在耳,岂敢一日有忘?"④

赵文根据上述引文指出:"高新郑讲的冯张矫诏以冯保掌司礼监印,是在穆宗病逝后的六月(应为五月——引者注)二十六日巳时,而冯保所记则是在六月二十六日卯时,时穆宗强撑病体,与两宫共同嘱托冯保接任司礼监掌印。若冯保所言真实,则冯张矫诏令冯保掌司礼监印,则是子虚乌有的不实之词。"⑤"若"是"假如"之意。以"若"为前提,其结论可真可假。"若冯保所言真实",则矫诏为假;反之,则矫诏为真。在我看来,冯保所言是不真不实的,不仅与高拱所言相矛盾,而且与实录所载相抵牾。第一,高拱言,隆庆

① 张居正:《张太岳集》卷四〇《纂修书成辞恩命疏》。
② 王世贞:《弇山堂别集》卷二〇《史乘考误一》。
③ 高拱:《病榻遗言》卷一《顾命纪事》。
④ 王世贞:《弇山堂别集》卷一〇〇《中官考十一》。
⑤ 赵毅:《〈病榻遗言〉与高新郑政治权谋》,《古代文明》2009年第1期。

六年(1572)五月二十六日"卯初刻"(即早晨5—6点钟),上崩于乾清宫,内阁闻报,三臣哭于阁中;而冯保所言,二十六日"卯时分"(早晨5—7点钟),穆宗与两宫在乾清宫内按部就班地诏令冯保掌司礼监印。第二,高拱与《明穆宗实录》均言,二十五日阁臣受顾命时,"上疾已呕","口不能言";而冯保则说,二十六日卯时,穆宗不仅"强起",而且以"玉音"同两宫告语冯保掌司礼监印。据此,人们不禁要问:二十六日卯时,穆宗究竟是否驾崩? 如未驾崩,阁臣怎会闻报,哭于阁中? 如已驾崩,穆宗为何还能"强起",以"玉音"说话? 第三,高拱言,上崩于二十六日"卯初刻",时刻准确,他作为首辅是不敢胡言乱语上崩时刻的;而《明穆宗实录》只载二十六日"上崩于乾清宫",不明载驾崩时辰,是有意为后妃宦官矫诏预留回旋余地;而冯保则讳言穆宗驾崩于何日何时,似乎二十六日全天穆宗还活着,不曾撒手人寰。上述种种矛盾疑点说明,穆宗二十六日卯时驾崩于乾清宫后,是两宫与冯保共同矫诏令冯保掌司礼监印。这是违背祖制的后妃宦官共同矫诏的典型事件。论者所谓冯保掌司礼监印"属正常人事变动"、与张居正"不谋而合",不过是为两宫与冯、张共同矫诏辩解罢了。如谓不信,请看夏燮的考证。《明通鉴》正文载:

> 会帝不豫,居正欲引保为内助。帝疾再作,居正密处分十余事,遣小吏投保。拱知而迹之,吏已入。拱恚甚,面诘居正曰:"密封谓何? 天下事不以属我曹,而谋之内竖何也?"居正面赤,谢过而已。帝崩以卯刻,忽巳刻斥司礼监孟冲,而以保代之。盖保言于两宫,遂矫遗诏命之也。礼科给事中陆树德言:先帝甫崩,忽有此诏,果先帝意,何不传示数日前,乃在弥留后? 果陛下意,则哀痛方深,万几未御,何暇念中官? 疏入,不报。
>
> [考异]言:《明史·冯保传》言:保既掌司礼监,遂矫遗诏,命与阁臣同受顾命。其实,大渐诏中已有此语。证之《病榻遗言》,二十五日,拱等同受顾命。冯保以白纸揭帖授皇太子,称遗诏;又以白纸揭帖授拱,其揭帖中已有"付三臣同司礼监协心辅佐"之语,则是次日所传仍承前诏言之。所以然者,《遗诏》系居正所草,时但浑言司礼监,而不著其人。拱不悟其意,而以为孟冲,故不复深诘。及次日传《遗诏》,斥孟冲而以

保代,拱始悟居正之奸,因有"宦官安得受顾命"之语。史家言,居正之密为处分者以此,盖已豫为冯保地矣。今但书矫诏授冯保司礼监事,余悉略之。①

在夏氏看来,无论是张居正矫诏阁臣同司礼监同受顾命,还是冯保与两宫矫诏令冯保掌司礼监印,其主谋都是张居正。赵文所谓"两度矫诏",只不过是张居正一个大权谋的两个组成部分而已。赵文言查阅《明神宗实录》卷一三一和卷一五二,都没有查出张、冯"两次矫诏之大罪",因为神宗朝实录不载穆宗朝政治大事,当然查不出什么东西来。《明穆宗实录》经过手握史权的总裁官张居正的"删润",那就更查不出他和冯保矫诏的任何踪迹。

## 四、政治权谋,臆测之论

关于《病榻遗言》一书的性质及其对万历政局的影响问题,赵教授提出该书"可谓高新郑为其身后报复政敌的巧妙政治设计"②,并"对万历十年以后的明代政局影响极深"③。显然,这一观点也是值得商榷的。

首先,《病榻遗言》是否如赵文所说是高拱"政治权谋的产物"呢?答曰:否。该书是高拱被逐归家后,于万历元年(1573)年初因王大臣案惊怖成疾,稍愈之后带病写就的,是对隆庆六年(1572)上半年和万历元年(1573)二月所发生的一系列政治事件全面而真实的回忆叙述,披露了这些历史事件的内幕、真相,分辨了他与张居正深层的矛盾纠葛,同时也如实记录了他的失误、失策和失败。由于该书是高拱在政治上受到沉重打击、精神上受到严重刺激后写成的,难免有些言词过于尖刻,有些细节可能会有失实之处,因而遭到某些史家的非议和责难,也是不可避免的。但从总体上说,此书瑕不掩瑜,不失为一部无可替代、弥足珍贵的史籍,绝不能把它视为高拱"权术＋阴谋"的产物。高拱是人不是神,也不是算命先生。他撰写此书时绝不可能预

---

① 夏燮:《明通鉴》卷六五,隆庆六年五月二十五日,上海古籍出版社1990年影印本。
② 赵毅:《〈病榻遗言〉与高新郑政治权谋》,《古代文明》2009年第1期。
③ 赵毅:《〈病榻遗言〉与高新郑政治权谋》,《古代文明》2009年第1期。

测到万历十年(1582)张居正身后必遭大难,必由此书发难。

其次,《病榻遗言》是否如赵文所说"深深地影响了万历十年之后的政局"呢? 答曰:否。如前考证,万历十年至十二年(1582—1584),此书并未刊刻问世,何"影响极深"之有? 在追论张、冯的急先锋中,如江东之、李植、杨四知、羊可立、王国等,没有一人是根据该书而上章的,神宗朱翊钧也不是看过此书而下决心处置张、冯大案的。而赵文不仅把张、冯倒台,而且把戚继光、曾省吾、王篆的垮台,一股脑儿归因于该书。这是由果找因,找错了门儿。张、冯倒台,其内因应从他们主政时期的失误、失律中去探寻;其外因应从当时弹章中去探寻,应从神宗当时的思想言行中去探寻。戚、曾、王的垮台,其原因应从他们与张、冯的交往关系中去探寻。御史杨四知追论张居正十四罪中有两条云:"总理练兵左都督戚继光用万金托尤(游)七拜居正为义父,每年馈送不下数万。居正所进刺绣肃濂、奇巧花灯,皆继光代造。手握强兵,恩结父子,天下为之寒心。边将中即一继光而其余可知,是居正树党之罪二也。吏部左侍郎王篆用万金属尤七结居正为姻亲,不数年由文选而骤升都宪铨曹,天下货赂未登相府而先及王门。身居衡宰,势焰婚媾,天下为之侧目。文臣中即一王篆而其余可知,是居正招权之罪三也。"[1]御史王国论劾冯保疏云:"原任工部尚书曾省吾、见任吏部左侍郎王篆者,交通于保,相倚为奸。省吾送保金五千两、银三万两,谋为吏部尚书。篆送保玉带十束、银二万两,谋为都察院掌院。臣闻保皆许之矣。"[2]对如此等等罪状,神宗未加勘实,即遽行处置。这与《病榻遗言》何干? 至于张被抄家籍产,连及曾、王,其原因与该书更是风马牛不相及。受张案牵连的文臣武将,何止戚、曾、王,还有尚书殷正茂、张学颜、吴兑、梁梦龙、潘季驯等。在他们被撤职的弹章中,还连及高拱对他们的提拔和重用。甚至可以说,在追论张居正的浪潮中,高拱也是间接的受害者。由于神宗自我否定政绩,自毁改革成果,从而引起了政局大转向、形势大动荡、高官大改组、思想大混乱。凡此种种,怎

---

[1] 杨四知:《追论党恶权奸欺君误国乞正国法彰天讨疏》,《万历疏钞》卷一八,《续修四库全书》史部第468册。

[2] 王国:《逆恶中珰交通内外包藏祸心恳乞圣明重加究处以正国法疏》,《万历疏钞》卷二〇,《续修四库全书》史部第469册。

能归因于这一遗著,说它"深深地影响了万历十年之后的政局"呢?《病榻遗言》有如此大的能量、如此大的威力吗?

再次,《病榻遗言》这一当事人自述性著作,是否如赵文两次所说"不容你不信"呢? 答曰:否。不是"不容你不信",而是信不信由你。全信、全不信由你,信多信少也由你。信者自信,疑者自疑,这是史家的自由和权利。赵文认为该书"深深地影响了"当时的"明史研究工作",指斥高拱在该书中的"叙述和回忆俨然成为信史",列举朱国祯、傅维鳞、张廷玉等十五位史家在其著作中"不同程度地采纳"了该书的"观点和认识",沈节甫在其《纪录汇编》卷一九八中一字不爽地录用了该书全文,如此等等。这种指责和抱怨是完全多余的、不必要的。史家根据各自著述的不同需要、目的和认识,完全有自由、有权利不同程度地采纳或否定该书内容,或完全采纳,或完全否定,或部分采纳和否定,这都是无可厚非的。赵文认为,只有清朝夏燮是该书的质疑者。其实,夏氏在其《明通鉴》卷首书中说得清楚:"江陵当国,功过不掩;訾之固非,扬之亦非。……至于结冯保,构新郑,固不能为之词;而至援高拱自撰之《病榻遗言》,则直是死无对证语。高张二人易地为之,仍是一流人物。今但取正史可信者书之,而闰月顾命等词,一律删汰,以成信史。"①夏氏所持观点和态度是明确的,也是公正的。他是从历史考据学孤证不立原则出发,认为高拱《病榻遗言》"无对证语",即无旁证以证实其内容的真实性,来质疑或否定此书的。高拱自撰之遗言带有揭秘性质,相关人物不会对证,别人不知内情也不会有旁证。但是,夏氏对高拱并未作人格污辱,认为高、张二人"仍是一流人物",并对相关之事作了"考异"。其大作取正史立论,对闰月顾命等词"一律删汰",亦无不可。但"以成信史"则未必然,因为正史实录亦有被总裁官"删润"之处。赵文认为高拱遗言不仅深深地影响了明清史家,还深深地影响了"当代的明史研究工作"②。在他看来,这种影响当然是负面的,可惜没有举出任何例证,故无从商讨。

赵文引过两宫和幼帝驱逐高拱的旨文后,提出应将张居正"附保逐拱"

---

① 夏燮:《明通鉴》卷首《与朱莲洋明经论修明通鉴书》,上海古籍出版社 1990 年影印本。
② 赵毅:《〈病榻遗言〉与高新郑政治权谋》,《古代文明》2009 年第 1 期。

改为"联保逐拱",因为"形式上是两宫一帝驱逐高拱,深层的玄机是张居正、冯保联合驱逐高拱"①。改得好!举双手赞成。赵文终于道出了逐拱的本质真相,也改得符合历史真实。"联""附"虽然只有一字之差,但却把被颠倒了的主从关系重新改变过来,即以张为主,以冯为从。在隆万交替之际的矫诏和逐拱等政治事件中,张在幕后策划指挥,冯在前台跳梁表演。这是时人的共识。正如高拱所言:"凡荆人之谋皆保为之宣也,凡保之为皆荆人为之谋也。"②"荆谋保宣",不就是张主冯从吗?

最后,赵教授提出:"深入研究,考辨甄别,厘清《病榻遗言》中的诸多史事,仍需明史界诸公继续努力。"③正是根据这一号召,本章才提出以上几点粗浅认识和看法,敬请赵教授及方家批评指正。

---

① 赵毅:《〈病榻遗言〉与高新郑政治权谋》,《古代文明》2009年第1期。
② 高拱:《病榻遗言》卷三《矛盾原由下》。
③ 赵毅:《〈病榻遗言〉与高新郑政治权谋》,《古代文明》2009年第1期。

# 附　录

## 一、高拱的吏政改革

　　吏政改革是明中后期隆（庆）万（历）大改革的重要内容，而开启隆万吏政改革之先河的，则是同张居正改革事功"大略相埒"[①]的著名政治家和改革家高拱。

　　高拱，字肃卿，号中玄，河南新郑人。他于嘉靖二十年（1541）进士及第，选庶吉士，初授翰林院编修，由此登上政治舞台，从政三十余年。特别是他于隆庆三年（1569）十二月再次入阁，继又提任首辅并兼掌吏部事后，充分利用手握重权的有利时机，针对嘉靖中期以后形成的吏政严重败坏局面，大力进行吏政整顿。他明确表示要"扶纪纲，正风俗，用才杰，起事功，以挽刷颓靡之习"[②]，"正纪纲，明宪度，进忠直，黜欺邪，革虚浮，核真实"[③]。他通过改革整顿，使明朝多年因袭虚浮、积弊丛生的吏政大为改观，开创了"挽刷颓风，修举务实之政"[④]的新局面，为明代吏政写下了辉煌一页。下面拟就高拱吏政改革的背景、内容及其评价问题加以初步论述。

---

① 马之骏在《高文襄公集序》中指出："隆万间所称最名相二：曰高新郑公文襄，张江陵公文忠。两公钟异姿，膺殊宠，履鼎贵之位，竖震世之勋，皆大略相埒。"（《高拱全集》附录二《高拱生平文献》）
② 高拱：《政府书答》卷一《答宣大王总督》。
③ 高拱：《掌铨题稿序》。
④ 高拱：《政府书答》卷四《答同年陈豫野》。

### （一）嘉隆之际，吏政败坏

明代中后期是朱明王朝统治日趋腐朽，社会矛盾空前激化，政治危机严重的历史时期。迄至嘉隆之际，吏政之败坏已呈现积重难返之势。

其一，选官用人，只论资历。明代对官员的选拔有科举、荐举、任子、捐纳、吏员、承差、知印等多种途径，而所谓"正途"的科举占据主导地位。洪武十五年（1382），太祖朱元璋下令恢复科举考试。京师及各省三年举行一次乡试，被录取者为举人，翌年会试于北京，被录取者为进士。进士被视为当时全国士子中的精英，中试后即可任官，而且升擢最速，"明制，科目为盛，卿相皆由此出"①。举人、贡生以及没有功名而被称为"杂流"者如吏员等，又等而次之。这种人事制度虽说是三途并用②，但三途的宽狭迥异，其前途又有天壤之别。在每个级别之间都有着难以逾越的鸿沟。"永、宣以后，渐循资格，而台省尚多初授。至弘、正后，资格始拘，举、贡虽与进士并称正途，而轩轾低昂，不啻霄壤。"③明中期以后，这种厚进士薄举人，选官不问其才，升迁只论资格的选拔方式是用人制度上的突出弊端。"出诸科甲则群向之，甚至以罪为功；非出诸科甲则群抑之，甚至以功为罪。常使多助者昂，寡助者低。昂者志骄，每袭取而鲜实；低者气沮，多躐堕而恬污。"④不破除这种弊端，改革就不能奏效，实政亦无法推行。

其二，考核之制，流于形式。明朝官吏的考核分为考满（"考课"）和考察（"大计"）两种形式。所谓"考满"，即任满考绩。考满中称职者升，平常复职，不称职者降。洪武十一年（1378），始行朝觐考察。所谓"考察"，是对官员任职期间的政绩、德行、过失的全面考核。考察分为京察和外察。考察不称职的官员分为八目，即贪、酷、浮躁、才力不及、老、疾、疲软无为、素行不

---

① 张廷玉：《明史》卷六九《选举志一》。
② 所谓"三途并用"，即是"荐举一途，进士、贡举一途，吏员一途"（龙文彬《明会要》卷四八）。但史料又有不同记载：《明史·选举志》和《续文献通考》认为是进士、举贡、杂流三途，《续通典》以及明归有光认为是进士、科贡、吏员三途，明王世贞则认为是进士、举人、岁荐三途，说法各异。这里，我们将其理解为明朝多种选官途径的总称。
③ 张廷玉：《明史》卷七一《选举志三》。
④ 高拱：《南宫奏牍》卷一《挽颓习以崇圣治疏》。

谨,也称为"八法"。处分分为四科:致仕、降调、冠带闲住、为民。① 考核考察本是激励官员勤政廉政的重要手段,然而当时却流于形式,成为故套,甚至成为结党营私、排斥异己的工具。"止有升而无黜,是考绩黜幽之典废,此考察所以不能无弊也。然法不能无弊,而行之既久,其弊更不可胜言。乃遂袭为故套,无复置议者,此士风日败,而治理所以不兴也。"②高拱在《本语》中又将其归纳为六弊。(1)考核失实,徒具形式:"以六年之官而考于三二人,以六年之事而核于三二日,则岂能得其善恶之真?"(2)考察考语,自相矛盾:"夫使其不肖,固当处也,乃何故加以美辞,又数升迁? 既加美辞、数升迁,乃何又以原官黜谪之?"(3)循以定数,苟且了事:"每考察时,所去之人,前后不相上下。其数未足,则必取盈;其数已足,即不复问。天下岂有六年之间,不肖者皆有定数?"(4)惩汰凑数,严重失实:"使不肖者多,不妨尽去;无不肖者,不妨不去。而所为乃如此,徒使不肖者徼数多之幸,而贤者受辕数之苦。"(5)造谣中伤,诬陷忠良:"不肖者造作言语,鼓弄风波,倾陷善人,以图衙门有人而可以免己,其善者则畏缩而无以自藏。"(6)结党营私,排斥异己:"被黜者既不许辩,科道纠劾不公之例又复不行,遂使权奸于此行忮害之毒,以为此乃死局,禁锢终身者矣。乃以平日所憾、所忌、所异己者,推入其中,使抱没齿之恨,而不得再见天日。"③上述诸弊,是当时吏政败坏的重要表现。

其三,贪贿之风,日益盛行。高拱说:"自苟苴之效彰,而廉隅之道丧。名之所在,则阳用其名而阴违其实,甚则名与实兼违之;利之所在,则阴用其实而阳违其名,甚则实与名兼用之。进身者以贿为礼,鬻官者以货准才。"④更为严重的是,贪风一旦形成,贪者以为理所当然,而廉者"亦沦胥以溺",这是考察举劾都难以改变的。

贪风既成,其势转盛,间有一二自立者,抚按既荐之矣。而所劾者

① 参见白寿彝总主编:《中国通史》第九卷,"中古时代明时期(上)",上海人民出版社1999年版,第1052—1053页。
② 高拱:《本语》卷五。
③ 高拱:《本语》卷五。
④ 高拱:《南宫奏牍》卷一《挽颓习以崇圣治疏》。

亦不过聊取一二,苟且塞责,固不可以胜劾也。彼其见抚按亦莫我何,则益以为得计,而无所忌惮。居者既长恶不悛,来者亦沦胥以溺,是以贪风牢不可破。①

当时官场就是这样一种贪污腐败、贪风盛行的局面,不改革怎么得了?

其四,"今之士风,可谓极敝"。隆庆内阁大学士赵贞吉对此曾作过深刻揭露:

> 以言不出口为淳厚,推奸避事为老成,圆巧委曲为善处,迁就苟容为行志,柔媚卑逊为谦谨,虚默高谈为清流,论及时事为沽名,忧及民隐为越分。居上位以矫亢刻削为风裁,官下位以逢迎希合为称职;趋爵位以奔竞、辨诪为才能,纵货贿以侈大、延纳为豪俊。世变江河,愈趋愈下。②

高拱亦言:

> 今之士风,可谓极敝。从宦者全不知有君臣之义,徒以善弥缝、善推诿、[善]移法以徇人者为贤,而视君上如弁毛,苟可欺蔽,无弗为也;亦全不知进退之节,徒以善援附、善猎取、善卖法以持禄者为能,而弃名节如土梗,由他笑骂,所甘心也。有人言及君臣之义、进退之节者,则骇异而非笑之。噫!主本既亡,廉耻又丧,则宜其为公室之豺狼,私门之鹰犬也已。③

嘉隆之际吏政之败坏,于此可见其梗概。吏制是国家政治制度的根本制度。吏政之败坏是政治腐败的必然产物,而它的败坏反过来又给予政治以深刻的影响。吏政败坏的结果使明王朝陷入财政亏空、边事废弛、社会动

---

① 高拱:《掌铨题稿》卷三《议处远方有司以安地方并议加恩贤能府官以彰激劝疏》。
② 赵贞吉:《赵文肃公文集》卷八《三畿九弊三势疏》。
③ 高拱:《本语》六。

荡的困境。因此,当时一些有识之士从挽救其统治危机、振兴明王朝出发,呼吁当局调整政策,革除弊政。隆庆四年(1570)年初,宣大总督王崇古曾说:"今群臣言用人、理财者奚啻百数",而"议论日多,成功日少"。① 有的还明确提出:当时"最急莫如用贤"②。而高拱也具有明确而坚定的改革志向,他表示要"明祖宗之法,以唤醒久迷之人心;破拘挛之说,以振起久隳之士气。事务乎循名核实,而志在乎尊主庇民。率之以身,诚之以言,使天下皆知治道如此而兴,非若向者可苟然而为也"③。高拱的吏政改革正是在这样的历史背景下提出来的。

### (二)挽刷颓习,修举实政

隆庆三年(1569)十二月,高拱复入阁并兼掌吏部事,不久又提任内阁首辅,集大权于一身,可以说是得到了隆庆帝的特殊重用,为明朝二百年来所仅见。④ 他受任之后,目击内外交困的时局,耳听革除弊政的呼吁,针对当时吏治严重败坏的现状,大刀阔斧地进行了一系列吏政改革。他多次提出要破除"旧套""常套""故套""虚套""拘挛之说",认为"非大破格整顿,必不能易乱以为治"⑤。为了"修举务实之政",他在选官用人、革除旧制、创建新制等方面进行了重大改革。

其一,选贤任能,不拘资格。当时吏政败坏的重要表现就是厚进士薄举人,选官不问其才,升迁只论资格。隆庆五年(1571)六月,高拱奏请规定:

> 惟考其政绩,而不必问其出身。进士而优则先之,苟未必优,即后于举人无妨也。举人而劣则后之,苟未必劣,即先于进士无妨也。吏部

---

① 《明穆宗实录》卷四一,隆庆四年正月丁酉。
② 张廷玉:《明史》卷二一五《郑履淳传》。
③ 高拱:《政府书答》卷四《答同年符后冈》。
④ 沈德符《万历野获编》卷七《辅臣掌吏部》云:"内阁辅臣主看详、票拟而已。若兼领铨选,则为真宰相,犯高皇帝厉禁矣。……驯至穆宗之三年,高新郑以故官起掌吏部,初犹谓其止得铨柄耳。及抵任,则自以意胁首揆李兴化。条旨云:'不妨部务,入阁办事。'比进首揆,犹长天曹,首尾共三年,则明兴所仅见也。"
⑤ 高拱:《政府书答》卷二《答两广殷总督书二》。

自行体访,但系贤能,一例升取,不得复有所低昂。……但系贤能,一例保荐,亦不得复有所低昂。……夫举人与进士并用,则进士不敢独骄,而善政必多。进士不敢独骄,则举人皆益自效,而善政亦必多。①

这一改革举措,得到了隆庆帝批准:"览卿奏,具见经济宏猷,于治道、人才大有裨益。依议着实举行。"②正因如此,从高拱主政开始,选官用人以实绩实效为主,不以出身资格为依据的做法,曾经推行到地方衙门中没有科目功名的经历、县丞、主簿、典史等首领和佐贰官,以及吏员等,这是宣德以后所未见的。"隆庆四年十一月,吏部题准,府首领与州县佐贰官,有才能卓异,可备任使者,不拘出身资格,一体荐扬超擢。"③"抚按今后不拘岁贡、纳粟、吏员,但年壮才卓,堪为一方保障者,访实具奏超擢。"④

　　其二,推举官员,破除陋弊。吏部的重要职责就是推升官吏,其事重大。但过去是由文选司一主事把推升名单(官单)授给郎中,郎中呈于尚书,最后由尚书定其升迁。同司员外、同部侍郎都不得参与,其中营私舞弊的漏洞甚多。对此,高拱提出每当推升官吏时,令文选司把官单送至后堂,二侍郎与该司官员共同查对,把推升名单交给郎中,然后呈于尚书而定其升迁。其具体措施是:

　　　　每当推升时,令该司以天下官单俱送后堂,二侍郎与阖司官吏公[共]同查对,揭其当升者付郎中,以呈予而定升迁。盖光天化日之下,十目十手所共指视,非惟人不得私,即予欲有所私,亦不能也。⑤

起初,这项改革在推行过程中遇到了很大阻力,"司官以不便,故甚难之","而二侍郎亦力辞,恐致司官之怨"。⑥ 对此,高拱没有退缩避让,而是耐心说

---

①　高拱:《掌铨题稿》卷五《议处科目人才以兴治道疏》。
②　转引高拱《掌铨题稿》卷五《议处科目人才以兴治道疏》。
③　张卤:《嘉隆新例》(附万历)卷一《吏例》。
④　张卤:《嘉隆新例》(附万历)卷一《吏例》。
⑤　高拱:《本语》卷五。
⑥　高拱:《本语》卷五。

服吏部官员:人事制度的改革是吏部的职责所在,如"非其职而强为者,谓之揽权,揽权固不可;如其职属之为而不为者,谓之推诿,推诿独可乎? 且公大臣,受禄厚,岂以无所事事为称职耶?"①最终高拱克服阻力,使改革得以顺利进行。至张居正柄政之时,这一举措有所调整。

其三,创建人事档案,建立任官梯队。为了掌握全国官员的人品、才具、专长的详细信息,作为考察、任用、升降官员的重要依据,高拱职掌吏部期间,责令吏部衙门各司官认真搜集情况,要他们登记造册,建立人才档案。

> 吏部职在知人,人不易知也,幸诸公早计之。某也德,德何如;某也才,才何如,书诸册。某也不德,不德何如;某也不才,不才何如,书诸册。某也所自见,某也所自闻,某也得之何人,书诸册。皆亲识封记之,月终以复于予。……盖每岁所得,凡百八十余册,以为参验。以故贤否不淆,黜陟允当。②

《明史》本传也称"其在吏部,欲遍识人才,授诸司以籍,使署贤否,志爵里姓氏,月要而岁会之。仓卒举用,皆得其人"③。这里的"册(簿)"或"(簿)籍",就是一种人事档案。建立人事档案既能够储备人才,也能够随时为朝廷提供全国贤才的信息。这是封建吏政中一项重大的制度创新。

为了更好地任用官员,高拱还提出建立主要官员的候补梯队:"盖用人不在用之之日,必须预为之计。官之职事不同,人之才器不一。今于紧要之官,各预择其才之宜于此者每三二人,置诸相近之地,待次为备。一旦有缺,即有其人,庶乎不乏。"④这里所说的"预为之计",只是对紧要之官而言的。其措施是:每一紧要官职,预先挑选出德才之宜于此者二三人,安置在相近之地任事,待次为备。这是储备、培养人才的一项重要措施。

其四,州县正官年轻化。当时,选用州县正官还存在着按年龄论资排辈

---

① 高拱:《本语》卷五。
② 郭正域:《合并黄离草》卷二四《太师高文襄公墓志铭》。
③ 张廷玉:《明史》卷二一三《高拱传》。
④ 高拱:《本语》卷五。

的弊端。为此,高拱提出州县正官不但要从进士、举人中挑选,而且还要有年龄限制。

> 举人就选之时,又必稽其年貌,五十以上者授以杂官,不得为州、县之长。盖州、县之长责任艰重,须有精力者乃可为之。彼其精力既衰,胡可以为哉?①

州县正官因其政务繁忙,责任重大,应该由年富力强、精力充沛的人担任。因为五十岁以上的人,无论从体力或精力上说,都不宜担任州、县正官,只能授以副职或其他辅助官职。"如此,则人皆趁可为之时,以赴功名之会,而甘于沦落者或寡矣。"②

不仅如此,州县正官还要具有丰富的治理经验。高拱提出:"乃今州县正官皆以初仕者为之,彼其民事既非素谙,而守身之节,爱民之仁,处事之略,漫无考证。乃即授以民社,待其败事,然后去之,而民已受其毒矣。……是不以官治民,而以民用官也。"③为了避免"以官治民"所造成的危害,高拱提出州县正官不能由初仕者充任,而必须由具有治理地方经验,熟谙社会民情,掌握治国理政之道者担任。

其五,荫叙官员,视政绩而酌用。所谓荫叙官员,是因父辈或兄长的显赫功绩而得荫授职的官员。当时普遍存在着鄙薄荫叙官员的倾向。隆庆五年(1571)六月,高拱奏请规定:

> 果能称职,便当为知府、为藩桌,固不必远方也。知府、藩桌又称职,又递升之,固不必有限制也。其或不称,或不自修检,则考察及劣处事例有在,将亦无望于知府矣,而况其上乎?④

---

① 高拱:《掌铨题稿》卷五《议处科目人才以兴治道疏》。
② 高拱:《掌铨题稿》卷五《议处科目人才以兴治道疏》。
③ 高拱:《本语》卷五。
④ 高拱:《掌铨题稿》卷五《议处荫官及远方府守疏》。

荫叙官员只要尽心职务,政绩突出,就可依次递升任用;如不称职,不能自律,则不得浑噩官场,滥竽充数。这一改革方案,强调加强对荫叙官员的督教考核,视其实在才德和政绩而擢升任用,这就必然能够激励他们勤于政事,为国效力。

其六,调整用人政策,完善地区回避制度。明朝对官吏的任用实行回避制度,分为亲族回避、地区(籍贯)回避和职务回避三种。一般而言,所有官吏都实行亲族回避,地方官吏实行亲族和地区双重回避。其目的在于防止地方官吏与宗族势力勾结,加强朝廷对地方的控制。高拱一方面肯定了实行这一制度的必要性,言"国家用人,不得官于本省。盖为族间所在,难于行法;身家相关,易于为奸,故必隔省而后可焉"①,另一方面他也提出,这一制度只适用于"有民社之寄者",即有关治民和社稷之重任的省级政权及其所辖府、州、县机构的正官,至于"非有民社之寄"的属官,即本省各级政府中的学官、仓官、驿递官、闸坝官等不必一定隔省任用,因为这些官员"其官甚小,其家多贫,一除远地,遂有弃官而不复之任者焉,有去任而不得归家者焉,其情亦良苦矣。而欲使在官者安心,以修职亦难矣"②。因此,对于地区回避制度亦可作弹性处置,即在"于法无所碍,而于情有所苦"的情况下,应该照顾人情,将这些卑微之官安排在本省隔府地方任用,不必一定安排在异省。隆庆五年(1571)七月,高拱奏请规定:

> 今后学、仓、驿递、闸坝等官,俱得除本省隔府地方,不必定在异省。彼其道途易达,妻子易携,必重其官而安心于所职。如有败于职者,即重惩之,彼亦且甘心也。③

这一改革措施既照顾到了地区回避制度的原则性,又具有根据不同情况而处置的灵活性,实现了"法"与"情"的有机结合,这是对地区回避制度的完善和发展。这一举措在宗法关系特别严重的封建社会里,不失为爱才、用人的

① 高拱:《掌铨题稿》卷五《议处卑官地方以顺人情疏》。
② 高拱:《掌铨题稿》卷五《议处卑官地方以顺人情疏》。
③ 高拱:《掌铨题稿》卷五《议处卑官地方以顺人情疏》。

要道之一,至今仍有借鉴意义。

其七,裁革冗员,整治仕风。高拱复政之前,朝廷为节省行政经费,提高行政效率,早有精简机构编制,裁革冗员之政令,但总是裁了又设,设了又裁,很难一以贯之地推行下去,由此成为吏政一大弊端。对此,隆庆四年(1570)七月,高拱奏请规定:"查照节次,复议事理,将所裁官员务要审处。固不得专汰卑微,以塞目前;亦不得轻革紧要,以滋后议。"①高拱又针对当时因袭虚浮之风,提出两项改革措施。一是革除繁文缛节,提倡"简静""勤慎"之风:"士风以简静为美,臣职以勤慎为先。然必克自简静,而后可以致其勤慎,非二事也。"然而当时却"习尚繁文,人臣不甚专心职守,而好为趋谒,酬酢多端,往来烦数而莫可止遏"②。为改变此种风气,高拱奏请诚谕官员"务崇简静,务励勤慎。晨起即入衙门,不得辄行趋谒。虽亲识朋旧,人孰无之,酬酢往来,亦安可废? 然必公事既毕,乃可及私。其诸无谓泛交,悉当谢绝。至于相见之礼,尤宜当则而止,毋得仍前烦细。违者听职等及科道官指名参治"③。二是革除繁词虚文,提倡"简实之风"。当时大臣的奏章繁词虚文、言多意晦:"近自三二十年来,率务为枝叶铺缀连牍,日新月盛,有增无减。……且言多意晦,绪理难寻,翻可窜匿事端,支调假饰。"为破除此弊,高拱奏请规定"凡有章奏,务要直陈其事,意尽而止,不得仍前铺缀",违者治罪,以便树立"简实之风"。④

### (三)修订条规,严加考核

考核是检查官吏任职情况以激励其勤政、廉政的重要措施和手段。为了扭转嘉隆时期考核失实、赏罚无章的局面,高拱提出了"务核名实"或"综核名实"的考核原则,并在这一原则的指导下,制定和采取了许多具体的考核措施。

其一,修订考核条例,健全考核制度。其整顿措施主要有以下几项。

---

① 高拱:《掌铨题稿》卷一六《议裁革冗员等事疏》。
② 高拱:《南宫奏牍》卷一《厘士风明臣职以仰裨圣治疏》。
③ 高拱:《南宫奏牍》卷一《厘士风明臣职以仰裨圣治疏》。
④ 高拱:《纶扉稿》卷一《请禁章奏繁词以肃朝廷疏》。

　　严格考核制度,务必遵照事例。当时考核中的重要弊端就是事例不明,任意轻重,所论所拟,自相矛盾,甚至把考核作为结党营私、排斥异己的工具。为了破除这种积弊,隆庆六年(1572)正月,高拱奏请规定:

　　　　拟"为民"者,必述其"贪酷"之实;拟"闲住"者,必述其"不谨罢软"之实;拟"致仕"者,必述其"老疾"之实;拟"降调改教"者,必述其"行止未亏,才尚可用,而止不宜于繁剧有司"之实;其应"提问"者,不得止论"罢官";其已经"降调"者,不得再论"不及"。如有仍前任意轻重、议拟背驰者,听本部参奏究治。①

考核务必从实际情况出发,重事实,重证据,论拟当实,不得任意轻重,自相矛盾。这既是高拱"务核名实"原则在考核中的具体体现,也是他主持吏部工作时所推行的一项重要人事政策。

　　细化考核条规,以便具体操作。此前,考核条例中的"才力不及、浮躁浅露,降调"一条,在具体操作中存在着标准不一、无所适从的混乱情况,这就为当权官僚营私舞弊、排斥异己提供了便利。为改变此种状况,隆庆四年(1570)十二月,高拱奏请规定:

　　　　若止是才力不胜繁剧,犹堪以原职调用者,就注拟于"才力不及,调简僻地方"项下。若原非繁剧,亦不堪以原职调用者,就注拟于"才力不及,调闲散衙门"项下。其迹涉瑕疵,尚未太著者,姑注拟于"才力不及,降级"项下。或才力不及,不宜有司,文学犹堪造士者,则注拟于"才力不及,改教"项下。总此四款,皆丽"不及"之条。……各将所属"才力不及"官员,细评等第,候过堂之日,本部面加质证,照前填注,仍咨行各抚、按官,以后劾疏内有"不及"官员,悉照前款,明白开注,以凭本部议复施行,不许仍为含糊"降调"之说,以致铨补之日,犹滋迁就之弊。②

---

　　①　高拱:《掌铨题稿》卷四《明事例以定考核疏》。
　　②　高拱:《掌铨题稿》卷四《详议调用条约以便遵守疏》。

·280·

高拱对"才力不及,降调"科条的细化和具体化,不仅增强了考察标准的可操作性,而且也使考察科目更为严谨周密,从而有助于革除以权谋私的腐败。

扩大考察范围,严申考察纲纪。既往受考察官员的下限,仅到知州、知县为止,其他首领、佐贰及教职等官吏俱未列入,致使那些"贪残害民"、靡弱无能之辈得不到应有的惩处。这是人事考察制度的严重缺漏。为堵塞这一缺漏,隆庆四年(1570)三月,高拱奏请规定:

> 州县正官升授王官者常少,惟佐贰、首领、教职升授者多。缘正官官守有议,抚按例得参劾改降,惟佐贰、首领、教职等官,既无参劾之例,必俟三年大察,方行黜落,不无殃民废职,纵恶长奸。是以欲行查照前例,改升王官,盖有以处之也。然实虽摈抑,名则升迁,固是一时救弊之权,终非国家瘅恶之体,相应议处。……即将前项各官罪过显著者,遵奉前旨拿问,罪过差薄者,行令革任闲住。①

既对佐贰、首领、教职等微末官员准予荐扬超擢,则其权利与义务必应对等。且此类官员在地方亦临民治事,俨然官长,有时为非作歹,残民害政,更有过于州县正官的。将人事考察范围扩大到此一层次,正是为了发挥考察纲纪的作用,它是隆庆中后期吏治改革的重要环节。

京官内外互调,历俸月日考满。根据明朝考满制度,京官考满必须足够三十六个月(三年)为一考。然多年以来,在遇到京官内外互调时,不是以"到任支俸,乃作实历",而是"以命下之日为始,将在途月日,准作实俸,赴部考满者,事体不一"。这是考满制度的严重陋弊。高拱提出必须严格考满制度,理一日之事则支一日之俸,历俸必须计其月日,满三年才可赴考,在途、在家的虚旷之日不能计为实历。隆庆五年(1571)六月,他奏请规定:"以后或自内而外,或自外而内,或自此而彼,俱以到任支俸之日为始,总计考满,其在途、在家日月,不许一概朦胧扣算。若已升调候代者,既尚在地方理事,

---

① 高拱:《掌铨题稿》卷六《查处不职佐贰等官以示劝惩疏》。

得准实俸;离任之后,截日住支。待其给由本部查理明白,方为引奏。如有前弊,参奏究治。"①

其二,惟考政绩,务核名实。在考核内容上,高拱提出"惟考其政绩,而不必问其出身"②的考核标准。在这一标准衡定下,高拱采取的措施主要有以下几项。

考察考语,综核名实。考语失实是当时考察中的突出弊端,致使考察不仅不能起到应有效用,反而使考察成为"便己以残人,假公以威众"的工具。为力除此弊,高拱强调考察考语必须"务核名实"。他规定:

> 今诚宜于考察时,令部院官务核名实。某也贪,必列其贪之事;某也酷,必列其酷之事;某也不谨,必列其不谨之事,余皆然。明言直指,与天下共罪之。而又申饬先朝有不公者,科道指实劾奏之例,则庶乎私意中伤者不敢公然肆其所为。③

考察考语必须以被考察者本人的事实为根据,务要详慎的确,不可因袭旧套。这样做的好处,一是可以教育本人及他人,"明言直指,与天下共罪之","乃可以服其心,乃可以风示天下"④。否则,徒冒虚誉,不指其实,"不止罔者无以压服其心,即当其罪者亦无以压服其心"⑤。二是有利于克服私意中伤之风,"综核名实,使巧宦者罔售其诈,而举职者莫掩其真"⑥。

举劾必实,反对虚名。当时在考核中存在着"徒循其名,不责其实"的陋习,以致造成举劾失实、是非混乱的局面。高拱提出必须严申考核之法,根据实政,据实考察。隆庆五年(1571)八月,他奏请规定:

> 果有实政,则不必论其名。徒有虚名,则必处之以法。人将务实而

---

① 高拱:《掌铨题稿》卷四《申明京官考满事例以一法守疏》。
② 高拱:《掌铨题稿》卷五《议处科目人才以兴治道疏》。
③ 高拱:《本语》卷五。
④ 高拱:《本语》卷五。
⑤ 高拱:《本语》卷五。
⑥ 高拱:《政府书答》卷四《答同年陈豫野》。

不务名矣。……但问其政之美恶,勿论其名之有无。如有实心干理,不肯逢迎时好者,虽无赫赫之声,亦必荐举;否则,虽有赫赫之声,亦必参究。①

高拱要求考核务必重实政,黜虚名,徒有虚名而无实政者,必处以法,指实参奏,"不得偏听人言","致乖公道",如此才能达到"官修实政而民受实惠"的目的。可见,高拱关于考核的基本要求是着眼于实际政绩的。

滥举官员,举主连坐。考核失实、赏罚无章,必然导致因循私情、滥举官员的腐败。为破除此种腐败,隆庆四年(1570)十一月,高拱奏请规定:

今后荐举属官及地方人才,不拘出身资格、官职崇卑,惟其心行端平,不修虚誉,治绩卓异,不事弥文者,方许疏荐,以备卓用。如所举之人,已试不职,举主连坐。其今任称职而后任易节,及见任不称而举主废弃者,坐所举之人,不必连及举主。②

对被举官员必须考察试用,若试用不称其职,则"举主连坐";若今任称职而后易节的,或不称职而举主离职的,要坐被举之人,而不必连及举主。如隆庆四年(1570)五月,南京都察院右佥都御史吴时来因循私情,滥举官员多达五十九人。对此,高拱提出必须严厉惩治,最终吴时来受到降调外任的处罚。③ 高拱这一改革措施不仅使考察能够获得实效,而且也能够保证被举官员确系可当大任的贤才。

允许被劾者申辩,力戒冤假错案。当时考核制度的突出弊端就是把考察作为结党营私、排斥异己的工具,造谣中伤,倾陷善人,以致造成大量冤假错案。对此,高拱提出:

考察者不许辩是矣,而行私害人者亦当处,被害者亦当为之昭雪。

① 高拱:《掌铨题稿》卷一八《复给事中吴文佳条陈疏》。
② 高拱:《掌铨题稿》卷一八《复吏科给事中韩楫条陈疏》。
③ 高拱:《掌铨题稿》卷二〇《议处都御史吴时来举荐太滥疏》。

被劾者不许辩是矣,而行私诬人者亦当处,被诬者亦当为之昭雪。①

　　其有被害亏枉者,许人指言,研审得情,仍为昭雪。庶小人不得施其涸,飞语不得遂其谗,奸人不得终其毒。日日考焉,恶者不得徼六年之幸;人人自考焉,善者不至恐辁数之及。②

高拱一方面强调各级监察官员在考核官吏时,要秉公处事,务核名实,"戒其失实";另一方面又提出允许被劾者本人及他人申辩,冤枉者要昭雪,诬陷者要治罪,力戒冤假错案的发生。

### (四)治效为准,厉行奖惩

　　奖惩赏罚是激励各级官员勤政廉政的重要手段。为了清整吏治,匡正士风,改变毁誉失实、赏罚无章的混乱局面,高拱提出"惟以治效为准"③,即把治效或治绩作为奖惩的首要标准,并依据这一标准,制定出许多具体的赏罚措施和办法。

　　其一,奖勤劝廉,勤政廉政。在奖惩方面,高拱主张以实政、治效为准,有实政、有治效者擢升,无实政、无治效者降用。隆庆五年(1571)八月,他"责令诸司,利当兴即兴,害当除即除,务要真心实政,毋徒要誉沽名。如仍有沿袭旧套,不肯任事,以致贻累地方者,虽经去任,亦必尽法参究。其有任劳任怨,致招浮议者,特许代为申辩,以昭公道"④。隆庆四年(1570)六月,他奏请规定:

　　　　有能保惠困穷,俾皆乐业者,以三年为率,比内地之官加等升迁;有能捍患御敌、特著奇绩者,以军功论,不次擢用。……惟以治效为准,不必论其出身资格。若乃用之不效,无益地方者,降三级别用。若乃观望

①　高拱:《本语》卷五。
②　高拱:《本语》卷五。
③　高拱:《掌铨题稿》卷二《议处边方有司以固疆围疏》。
④　高拱:《掌铨题稿》卷一八《复给事中吴文佳条陈疏》。

推诿,以致误事者,轻则罢黜,重则军法治罪。①

对于廉吏,高拱力主奖赏:"不肖者罚,固可以示惩,若使贤者不赏,又何以示劝?"②当时广东有司贪污特甚,腐败成风,而潮州知府侯必登却廉能有为,政绩卓著,是一个有守有为的廉能之臣。但因侯必登曾揭发推官来经济贪污受贿行为,遭到来经济等贪官的攻击。无奈,侯必登只好上疏乞休。高拱通过勘察实情,了解真相,多次上疏提出要爱护和擢升这样的廉能之臣:"潮州知府侯必登公廉有为,威惠并著,能使地方鲜盗,百姓得以耕稼为生。……此等贤官,他处犹少,而况于广东乎? 若使人皆如此,又何有地方不靖之忧? 合无将本官先加以从三品服色俸级,令其照旧官事,待政成之日,另议超升。"③可见,高拱在倡廉过程中,坚决破除贪黩成风的腐败,廉洁者必奖,贪酷者必罚,力求做到纲纪严明,奖惩并用,绝不以官位之高低或政绩之有无为转移。隆庆五年(1571)二月,高拱对勤政廉政的省府州县官员,如张蕙、廖逢节、吴一本、杨绹、劳堪、江一麟、徐学古、高文荐、章时鸾、许希孟、林会春、李渭、萧大亨、丁应壁等,超升品秩服俸。④ 同年五月,高拱一次推荐起用二十二人,上自尚书霍冀、侍郎陆树声、刘焘、吴嘉会、杨巍、冀炼,下至御史刘存义、柴祥、参议常三省、佥事沈淮。因他们都勤于政事,具有实绩,高拱力请升用。⑤据《掌铨题稿》统计,高拱执政两年半内,对勤政廉政官员越级提秩者有五十余人。

其二,表彰却贿,打击行贿。当时吏政腐败的重要表现就是贿赂公行,对行贿者不加严责,对受贿者不加察罚,而对却贿者则深求苛责。例如,巡按南城监察御史周于德因派柴炭于商人,富户于彪向周行贿,遣家臣曹雄投帖开具白米一百石,欲求幸免。周随即问明情由,将曹雄捉拿归案,发兵马司问罪。又如,巡按山东监察御史张仕佩升任,齐河知县陈天策以假递公文

---

① 高拱:《掌铨题稿》卷二《议处边方有司以固疆圉疏》。
② 高拱:《掌铨题稿》卷三《议处远方有司以安地方并议加恩贤能府官以彰激劝疏》。
③ 高拱:《掌铨题稿》卷二八《议处知府侯必登疏》。
④ 高拱:《掌铨题稿》卷七《题加佥事萧大亨服俸疏》。
⑤ 高拱:《掌铨题稿》卷一二《起用贤才疏》。

为名,向张行贿银一百五十两,送至原籍。张将贿银束帖发按察司,严加追究。还有盐商杨栋、李禄开具礼帖银一千两,向两淮巡盐监察御史李学诗行贿,送至李家,当即被其家人拿获,连赃送府问罪。周于德、张仕佩、李学诗的却贿行为,本应得到表彰,然而当时之人对他们却深求苛责,制造各种流言蜚语:有的说他们素有贿名,故贿赂至;有的说他们却贿,是为了掩饰更大的受贿;还有的说他们的劣迹已为人觉察,故不得不却贿;等等。于是,隆庆六年(1572)二月,高拱上疏朝廷,一方面提出要对周于德、张仕佩、李学诗的却贿行为予以辩诬正名,把他们的美行记录在案,大加表彰,以为廉谨之劝。"今御史周于德、张仕佩、李学诗,乃能于行贿之事,明言而不自隐藏;行贿之人,直指而不少假借,可见其守法之正而不可干以私,持身之清而不可浼以利,见理之明而不可惑以俗说。本部即当登记簿籍,以俟优处,为廉谨之劝。"①另一方面,指出必须将行贿、受贿之人绳之以法,明正其罪,坚决遏止贿赂之风的盛行。疏曰:

> 以后凡遇有却贿之官,便当记之善簿,而不得反用为瘢痕;列之荐剡,而不得反指为瑕类。庶乎清浊有归而激扬之理不忒,是非有定而趋避之路不乖。君子有所恃以为善,小人有所畏而不敢为恶,亦兴治道之一机也。②

应该说,高拱提出的表彰却贿,打击行贿、受贿的奖惩措施,对于清整吏治,匡正仕风,改变赏罚混乱状况,革除贪贿腐败的恶习等,都具有非常重要的意义。

其三,惩汰官吏,不得循以定数。惩汰官吏不从实际出发,循以定数,也是当时吏治腐败的重要表现。为破除这一陈规,高拱主张"惟求至当",不应限定名额。隆庆四年(1570)八月,他奏请规定:

① 高拱:《掌铨题稿》卷一六《议纪录却贿三臣疏》。
② 高拱:《掌铨题稿》卷一六《议纪录却贿三臣疏》。

其所去者,照依考察事例,不得他日朦胧复用;其所留者,待文书到
日,方许管事。至于考察惩汰者,必是大奸大恶、真正不肖之人,一切隐
细,俱不必论。果不肖者多,不妨多去;果不肖者少,不妨少去。惟求至
当,不得仍袭故常。①

另外,高拱还严申人事纪律,不许庸碌贪婪者滥竽充数。诸如:凡领凭而不
到任之官,一律免职降用;对经查实有据的贪婪官员不许再朦胧复职;而对
于被科道弹劾之员,必须核实证据然后再作处置;对冒牌伪官,一律拿解严
惩;对历朝历代以来受钦准世袭山东曲阜知县的孔子家族后人,亦予革免世
职特权;等等。

### (五)改革效果及评价

关于高拱吏政改革的效果,郭正域评价说:"如开王亲内转之例,覆一甲
读书之规,正抚按举劾之差,核京官考满之实,分进士讲律之会,定王官升授
之条,议有司捕盗之格,遂使朝无偏党,官无烦苛,九州四海,雷动风行矣。"②
韦庆远也评价说:"高拱是有明一代最有魄力、最有识见、最敢于改革旧制,
而又能妥慎制订符合实际需要新规制的吏部尚书。他在任职的两年半中,
所谋划和推行的新法,实为明代人事制度掀开新的一页。"③这说明高拱吏政
改革力度之大,成效之显著。

其一,高拱提出了"德才兼备"的用人方略。他在选官用人问题上,主张
"但系贤能,一体升取",不必问其出身资格。要广求贤能,储备人才,建立人
事档案。要量才授职,"以所长治所事",反对才不尽用而卤莽用舍。要实行
"预为之计",建立主要官员梯队,州县正官要年富力强,蒙荫官员要视政绩
而斟酌推用,以及把政绩作为官吏考核的首要标准,以治效作为奖惩赏罚的
重要依据,等等。这一切都充分说明,高拱坚持的是"德才兼备"的用人方

---

① 高拱:《掌铨题稿》卷四《公考察以励众职疏》。
② 郭正域:《合并黄离草》卷二四《太师高文襄公墓志铭》。
③ 韦庆远:《张居正和明代中后期政局》,广东高等教育出版社1999年版,第352页。

略。因此,清傅维鳞称"其所条奏,铨政边才,凿凿可施于当今"①。这一评价是确当的。

其二,高拱的吏政改革也取得了显著成效。(1)起用了一大批有能力、有操守的人才,使得诸事废弛的局面大为改观。如吏部尚书杨博、礼部尚书高仪、工部尚书朱衡、兵部尚书谭纶、宣大总督王崇古、大同巡抚方逢时、蓟州总兵戚继光、辽东巡抚张学颜、应天巡抚海瑞、两广总督殷正茂、贵州巡抚阮文中、潮州知府侯必登、江西巡抚刘光济、山东巡抚梁梦龙、布政使王宗沐、漕河总督潘季驯等。这些人或擅长行政,或擅长军事,或擅长漕运水利,都是"明体通变,事功卓著"的高才,"这说明高拱极善于识才用才"②。事后证明,高拱推荐起用的这些官员,称职率是很高的,对隆庆改革起了重要的推动作用。(2)在一定程度上打击了以权谋私的恶习,遏制了贪污腐败之风的蔓延。嘉隆之际,仕风败坏,贪贿成风。对此,高拱提出:"惟考其政绩",不问其出身资格;"惟以治效为准",奖勤罚怠,赏功罚过;表彰却贿,打击行贿、受贿;等等。隆庆五年(1571)正月,通过考核,一方面提升了一大批政绩卓著的官吏,另一方面"下贪酷异常知府徐必进等二十五人,御史按问追赃"③。隆庆六年(1572)二月,对御史周于德、张仕佩、李学诗"能于行贿之事,明言而不自隐藏;行贿之人,直指而不少假借"④,予以记功表彰,以为廉谨之劝。这就树立了勤政廉政的正气,打击了贪污贿赂之风。对此,范守己作了高度评价:"隆庆间,臣夫掌管吏部,考察朝觐官员,悉心采访,秉公黜陟,斥罢贪污,保全善类,一时仕路顿清。"⑤郭正域也说:"往大计时,铨曹只问藩臬为黜陟。公多所参伍。或众否,独留;众可,独黜。其黜者必告以故,无不慑服称神明,谓前此未有也。"⑥可见,高拱在清整吏政、反腐倡廉方面亦初见成效。

---

① 傅维鳞:《明书》卷一三五《高拱传》。
② 牟钟鉴:《高拱的实政论及其理论基础》,载陈鼓应等主编:《明清实学思潮史》上册,齐鲁书社 1989 年版,第 263 页。
③ 《明穆宗实录》卷五三,隆庆五年正月甲戌。
④ 高拱:《掌铨题稿》卷一六《议纪录却贿三臣疏》。
⑤ 范守己:《代高少师张夫人昭雪抑枉疏》,载《高拱全集》附录:《高拱生平文献》。
⑥ 郭正域:《合并黄离草》卷二四《太师高文襄公墓志铭》。

其三，高拱开启了隆万大改革之先河，为张居正改革奠定了基础。隆庆六年（1572）六月，张居正"附保逐拱"，高拱再次罢官，尽管他的政治生涯已经结束，但他已"先立规模"，初步绘制了改革蓝图，开启了改革步伐。这种改革精神和重要成果被继起的张居正所继承①，成为万历初期整顿的起点和弥足珍贵的遗产。诚如高拱所说："如其得行，当毕吾志；如其不可，以付后人。倘有踵而行者，则吾志毕矣。"②张居正成为高拱改革的忠实执行者。因此，嵇文甫先生说："高拱是一位很有干略的宰相，在许多方面开张居正之先。""有许多事情江陵似乎还是继承他抄袭他的。他是一个在政治上和学术上都有特别表现的人物，是一个站在时代前面开风气的人物。"③可以说，如果没有隆庆时期高拱改革奠定初基，万历初期张居正的整顿就势难如此迅猛地开展。就此而言，高拱的吏政改革具有开创之功。

## 二、高拱的惠商之政

关于明中后期的改革，韦庆远先生将其定位为"隆万大改革"，分为隆庆改革与万历改革前后两个阶段。隆庆改革是始创期，万历改革是延续期，长达十三年之久。④　而主持始创期隆庆改革的，正是明代著名的政治家和改革家高拱。

高拱于隆庆三年（1569）十二月再次入阁，以大学士兼掌吏部事，不久又提任内阁首辅，他针对嘉靖中期以后形成的诸多弊端，大刀阔斧地进行了挽刷颓风、修举实政的一系列改革，在革新吏治、整饬边政、厉行法治、推广丈田均粮和一条鞭法，以及疏通漕运、恢复海运等方面都颇有建树，由此开创

---

① 如樊树志先生说："他在当时推行的考课政策，为日后张居正的考成法奠定了基础。"（《张居正与冯保——历史的另一面》，《复旦学报（社会科学版）》1999 年第 1 期）当然，高拱的有些改革措施被取消，如破除海禁、开通海运，吏部两月一次推升府同知以下官吏的合议制度，等等。

② 高拱：《政府书答》卷四《答同年符后冈》。

③ 嵇文甫：《论高拱的学术思想》，载《嵇文甫文集》下册，河南人民出版社 1990 年版，第 451、434 页。

④ 参见韦庆远《张居正和明代中后期政局》，广东高等教育出版社 1999 年版，第 4—5 页。

了"隆万大改革"之先河。有关其他方面改革将另文撰述,本文仅就其惠商之政、币制改革及其效果等问题加以初步探讨。

### (一)嘉隆时期,财政严重危机

嘉靖中期至隆庆前期,明王朝面临着空前严重的财政危机。嘉靖二十八年(1549)八月,户部曾向嘉靖帝报告财政危机的状况:京通仓粮岁入三百七十万石,嘉靖十年(1531)以前,每年军匠支米二百八十万石,粮仓中常存有八九年的积蓄;但嘉靖十年以后,"岁支加至五百三十七万石,抵今所储,仅余四年"。京通仓粮每年亏空达一百六十七万石。① 太仓银库每年的赋税收入为二百万两,"旧制以七分经费,而积存三分备兵歉,以为常"②。一年大约所出一百三十三万两,常余六十七万两。嘉靖八年(1529)以前内外库共有五百万两的储蓄,但自嘉靖二十七年(1548)以后每年透支数额高达百万两。自嘉靖二十九年(1550)"庚戌之变"至四十五年(1566),太仓库银每年亏空都在百万两以至三百万两以上。如嘉靖三十年至三十二年(1551—1553),连续亏空分别高达三百九十五万两、三百三十一万两、三百七十三万两。其后两年分别亏空二百五十五万两、二百二十九万两。其余年份亏空都在百万两以上。③ 为了弥补财政赤字,官方到处加派搜刮,但也无法扭转财政长期亏空的局面。

当时财政亏空的根本原因主要有三。其一,皇帝挥霍无度,宗室禄粮剧增。世宗崇信道教,大兴土木,"斋宫、秘殿并时而兴。工场二三十处,役匠数万人,军称之,岁费二三百万"④。世宗不断遣官采办大木,自嘉靖二十年至二十六年(1541—1547)间采木于川、湖、贵州,仅"湖广一省费至三百三十九万余两"⑤。其他如采珠采玉、织造烧造,用银数额巨大。即膳

---

① 张廷玉:《明史》卷七八《食货志二》。
② 张廷玉:《明史》卷七八《食货志二》。
③ 参见全汉昇、李龙华:《明中叶后太仓岁出银两研究》,载《中国文化研究所学报》1984 年第 1 期。
④ 张廷玉:《明史》卷七八《食货志二》。
⑤ 张廷玉:《明史》卷八二《食货志六》。

食果品一项,岁用银即达十七万两。① 嘉靖时期,宗室人口繁衍迅速,宗禄开支恶性膨胀。到隆庆初年,情况更甚。礼科都给事中张国彦等奏:"国初亲郡王、将军才四十九位,今则玉牒内见存者共二万八千九百二十四位,岁支禄粮八百七十万石有奇,郡县主君及仪宾不与焉,是较之国初殆数倍矣。天下岁供京师者止四百万石,而宗室禄粮则不啻倍之,是每年竭国课之数不足以供宗室之半也。"②这时的宗室人数之繁、岁禄之多,已成为明王朝不堪忍受的重负。

其二,军费支出猛增,将领大量侵吞军饷。嘉靖初期,边费支出每年计五十九万两,嘉靖二十八年(1549)增至二百二十一万两,嘉靖三十八年(1559)增至二百四十余万两,嘉靖四十三年(1564)增至二百五十一万两,迄至隆庆四年(1570)又激增至二百八十余万两。③ 而军费开支中,很大部分都被各级将领层层贪污了。嘉靖三十九年(1560)六月,给事中罗嘉宾、御史庞尚鹏奉旨核查侵盗军饷,仅浙直御倭诸臣就"侵盗军需无虑数十万"。其中赵文华侵吞十点四万两,总督周玩二点七万两,总督胡宗宪三点三万两,巡抚阮鹗五点八万两。④ 而贪污军费最甚者,就是当朝首辅严嵩。"朝出度支之门,暮入奸臣之府。输边者四,馈嵩者六。"⑤巨额的军费本已使明廷不堪承受,而各级将领的贪污侵盗,更使明朝已很困窘的财政雪上加霜。

其三,官僚队伍日益膨胀,耗费大量财力。嘉、隆时期,许多人通过边功升授、勋贵传请、大臣恩荫等途径获得官职,文武官员的数量"岁增月益"⑥。官吏增多,需要支出大量银米以供应其俸禄。自正德以来,支出"各项俸银约数千万"⑦。尤其是冗官冗员,于治国安民无补,却大多蠹国枉法以中饱私囊,国家每年财政收入的相当一部分流入了这些贪官污吏的腰包,加剧了这一时期国家的财政困难。

---

① 张廷玉:《明史》卷八二《食货志六》。
② 《明穆宗实录》卷五八,隆庆五年六月丁未。
③ 余继登:《典故纪闻》卷一八。
④ 《明世宗实录》卷四八五,嘉靖三十九年六月壬寅。
⑤ 张廷玉:《明史》卷二一〇《张翀传》。
⑥ 张廷玉:《明史》卷二一四《刘体乾传》。
⑦ 张萱:《西园闻见录》卷三四《积存》。

迄至隆庆初年,财政状况并没有得到根本好转。隆庆元年(1567)十二月,户部尚书马森奉旨盘查太仓粮银出入数字,发现现存太仓银约为一百三十五万两,而支出却高达五百五十三万两,"以今数抵算,仅足三月"。云:

> 今帑藏所积似此,可谓匮乏之极矣。平居无事,尚难支持,万一有不虞灾变,供费浩繁,计将安出?今日催征急矣,搜括穷矣,事例开矣,四方之民力竭矣,各处库藏空矣。时势至此,即鬼运神输,亦难为谋。①

财政危机不仅仅是一个经济问题,更是一个严重的社会政治问题。如何解决此时的财政危机,是明王朝所面临的关乎生死存亡的大问题。高拱的惠商政策和币制改革,正是在这样的历史条件下孕育而出的。

### (二)解除商困,厉行惠商之政

针对当时财政危机的局面,一些有识之士曾提出过恤商惠商的建议。如嘉靖三十三年(1554),张居正曾提出"厚农而资商""厚商而利农"的观点:"余以为欲物力不屈,则莫若省征发,以厚农而资商;欲民用不困,则莫若轻关市,以厚商而利农。"②但是,真正能站在执政地位,把恤商惠商的见解转变为全国性的实际经济政策的,则是隆庆时期的高拱。

隆庆四年(1570)四月,高拱专门上了《议处商人钱法以苏京邑民困疏》。在这篇疏文中,高拱力陈商民的困境和所遭受的敲诈盘剥,痛言:

> 臣奉召至京,两月有余,见得闾巷小民十分凋敝。有素称数万之家,而至于卖子女者;有房屋盈街,拆毁一空者;有潜身于此,旋复逃躲于彼者;有散之四方,转徙沟壑者;有丧家无归,号哭于道者;有剃发为僧者;有计无所出,自缢投井而死者。而富室不复有矣。臣惊问其故,则曰:"商人之为累也。"臣又问:"朝廷买物,俱照时估。商人不过领银

① 《明穆宗实录》卷一五,隆庆元年十二月戊戌。
② 张居正:《张太岳集》卷八《赠水部周汉浦榷竣还朝序》。

代纳,如何辄致贫累?"则曰:"非朝廷之价值亏人也。商人使用甚大。如上纳钱粮,该是百两者,使用即有六七十两,少亦不下四五十两,是已有四五六七分之赔矣。即得领银,亦既受累,乃经年累岁不得关支。小民家无余赀,所上钱粮,多是揭贷势豪之物。一年不得还,则有一年之利。积至数年,何可纪算?及至领银之时,又不能便得,但系经管衙门,一应胥役人等,必须打点周匝,才得领出。所得未及一两,而先已有十余两之费,小民如何支撑?所以派及一家,即倾一家。其未派及者,各为展转避逃之计。人心汹汹,不得以宁居也。"①

高拱通过调查反映的情况令人非常震撼,这篇疏文不啻是一篇为商人代撰的申诉书。在这里,他偏重于论述在辇毂之下京邑的残状,又着重于反映商人与官府交接中存在的弊端。其实,这也是当时大多数商人的处境。官僚政治下孕育的大大小小官员、吏胥、衙役及其爪牙们,实际上都在极力盘剥商人,摧残商业以自肥。所谓"使用",所谓"打点"等,无非都是商人的通用名式。当时的商人处于社会中无权无势的弱者阶层,官为刀俎,商为鱼肉。于是,商业"十分凋敝"的局面就必然出现。

在这一疏文中,高拱不但在于他体恤商民,关心民瘼,能具体而准确地掌握实情,而且还在于他作为现职大学士兼掌吏部事,高踞在当时国家官僚机器的最上端,却能痛揭疮疤,为那些备受欺凌,被压在社会底层的商人呼号。他继而从明王朝根本统治利益的角度出发,力倡惩贪革弊,解除商困,提出兴革方案,言:

夫至尊所居根本之地,必得百姓富庶,人心乃安,而缓急亦可有赖。祖宗取天下,富家填实京师,盖为此也。其在今日,独奈何使凋敝至此乎?先朝公用钱粮,俱是招商买办。有所上纳,即与价值,是以国用既不匮乏,而商又得利。今价照时估,曾未亏小民之一钱,比之先朝,固非节缩加少也,而民不沾惠,乃反凋敝若此。虽屡经题奏议处,宽恤目前,

---

① 高拱:《纶扉稿》卷一《议处商人钱法以苏京邑民困疏》。

然弊源所在,未行剔刷,终无救于困厄,恐凋敝日甚一日,辇毂之下,所宜深虑,必不可谓其无所处而任之也。臣愿陛下特敕各该衙门,备查先朝官民如何两便,其法安在,题请而行。其商人上纳钱粮,便当给与价值。即使银两不敷,亦须那移处给,不得迟延。更须痛厘夙弊,不得仍有使用打点之费。就中尚有隐情,亦须明言,一切惩革,不得复尔含糊,则庶乎商人无苦,而京邑之民可有宁居之望也。①

高拱不仅提出解除商困、推行重商惠商政策的建议,而且采取了许多具体的改革措施,务使恤商惠商政策能够落到实处。他提出必须严肃法纪,根除各衙门收取"使用""打点"之费的诸多陋习,以减轻对商业商民的苛扰。由于此疏切中困商病商的时弊,改革方案又具体可行,立即得到穆宗的批示,令户部"看议来说"②。

当时户部根据高拱的建议,对恤商惠商政策加以具体化,并提出了五个方面的措施:"定时估""议给价""严禁革""裁冗费""公金报"。这些措施都得到穆宗的谕准,在全国推行。③ 可以说,没有高拱的大力支持,恤商惠商政策就不可能转变为全国性的经济政策,也不可能促进当时商品经济的发展和繁荣,更不可能将其贯彻执行到万历初期"江陵柄政"的全过程。

需要指出,高拱这篇为商人、商业解困谋利的疏文,虽然比张居正在嘉靖三十三年(1554)讨论榷税问题的文章晚了十六年,但两人所持的论点则是基本一致的。其不同之处在于,张在当时仅是在野议论,而高则是立于执政的地位,对有关商业问题正式提出兴革方案,其影响和效果当然大不相同。高拱上疏后不久,即得到隆庆皇帝的批准和支持:"览卿奏,具见为国恤民之意。钱法委宜听从民便,再不必立法纷扰。商人一节,该部亟议以闻。"④于是,高拱便可借以推行重商惠商政策。

---

① 高拱:《纶扉稿》卷一《议处商人钱法以苏京邑民困疏》。
② 高拱:《纶扉稿》卷一《议处商人钱法以苏京邑民困疏》。
③ 《明穆宗实录》卷四六,隆庆四年六月甲辰。
④ 《明穆宗实录》卷四四,隆庆四年四月癸丑。

### （三）整顿钱法,推行币制改革

高拱推行恤商惠商政策的重要措施之一,就是整顿钱法,建立健全钱币制度。他认为,恤商利商必须与国家的货币政策、社会的金融状况结合起来。只有建立健全钱币制度,才能使恤商惠商政策落到实处,便利商民,繁荣商业,振兴经济,进而巩固明王朝统治和稳定社会秩序。"钱者,人君驭世之具也。"①为此,他在《议处商人钱法以苏京邑民困疏》和《铸钱议》中,又提出了一系列币制改革的举措。

其一,建立健全钱币流通体制。

高拱认为,当时京师商人之所以"铺面不敢开,买卖不得行",造成商业凋敝、京邑民困的局面,主要是因为"钱法不通"。因此,隆庆四年(1570)四月,他提出疏通钱法,建立钱币流通体制的改革措施,言:

> 至于钱法不通已久,乃是指点多端,事体不一所致。盖小民日求升合、觅数钱,以度朝夕,必是钱法有一定之说,乃可彼此通行。而乃旦更暮改,迄无定议,小民见得如此,恐今日得钱而明日不用,将必至于饿死。是以愈变更愈纷乱,愈禁约愈惊惶。铺面不敢开,买卖不得行,而嗷嗷为甚。臣惟钱法之行,当从民便。试观当年,未议钱法而钱行,近年议之而反不行;外省未议钱法而钱行,京师议之而反不行,则其理可知也。臣愿陛下特降圣谕,行钱只听从民便,不许再为多议,徒乱小民耳目。如此则人心自定。人心既定,钱法自通,而买卖可行,斯各得以为朝夕矣。②

在高拱看来,当时钱法不通,主要是因为指点多端,旦更暮改,议论纷乱,人心惊恐,害怕"今日得钱而明日不用",以致出现"铺面不敢开,买卖不得行"的萧条局面。隆庆时期议行钱法,如表1所示。

---

① 高拱:《诗文杂著》卷一《铸钱议》。
② 高拱:《纶扉稿》卷一《议处商人钱法以苏京邑民困疏》。

表1　隆庆时期议行钱法一览表

| 时间 | 议行钱法之臣 | 户部复议及御批 | 文献来源 |
|---|---|---|---|
| 隆庆元年 | 诏户部、都察院议行钱法。 | 户部奏言："伪钱及滥恶者可禁勿用；其余若洪武、永乐、宣德、弘治及嘉靖制钱并先代一切旧钱，俱宜听民间相兼行使；其税课、房号、行户等银，俱令收钱；如伪造及阻挠、低昂价值者，重罪之。"诏从其议。 | 《明穆宗实录》卷四，隆庆元年二月丁酉。 |
| 隆庆二年 | 户科都给事中魏时亮请行钱法以生财。 | "钱法屡行屡罢，辇毂之下尚多阻格，宜从民便，不可强也。"请求钱法当从民便，不宜强行变更。上俱从之。 | 《明穆宗实录》卷二二，隆庆二年七月庚申。 |
| 隆庆四年 | 光禄卿靳学颜请求自上而下推行钱法。 | "一切事例罚赎及征税、赐予、官粮、军饷之类，俱以银钱并行。"诏允行之。 | 《明穆宗实录》卷四二，隆庆四年二月丙寅。 |
| 隆庆四年 | 直隶巡按御史杨家相疏陈通钱法事宜。 | "凡钱宜以大明通宝为文，毋纪年号，则钱不杂；内自两京，外及诸省，皆得开局铸钱，则钱自多；民有罪者，俱令输铜，则工费省；凡俸禄、赋税，一切以钱为用，则经用周。"户部复议：钱法已有成议，不宜再变。诏允行之。 | 《明穆宗实录》卷四三，隆庆四年三月戊子。 |

　　由表1可知，虽然早在隆庆初就通过了新的钱法，但针对钱法的各种议论仍然此起彼伏，议论纷繁。高拱提出议论太繁不利于钱法的疏通。因此钱法之行，当从民便，禁止纷更，不许乱议。这样人心自定，钱法自通，商业可兴，民困可解。他认为，要解决钱法不通问题，建立健全稳定持久的钱币流通体制，根本还在于在思想上要认识到"去钱之害"、"兴钱之利"；在改革措施上国家要绝对控制铸钱之权，严格禁止私人滥铸，从而不断完善钱法及其流通体制。

　　其二，"欲兴钱之利，当先去钱之害"。

　　高拱认为，钱币的本性或职能就在于流通："钱也者，帝王所以通天下之货贿者也,故称'泉'焉,言其流行而不已也。"①只有疏通钱法,健全钱币流通制度,才能达到发展经济和繁荣经济的目的。然而,自嘉靖至隆庆初年,在金融制度方面历来存在着钱法不通,变更频仍的陋弊。② 高拱说:

> 大抵钱之壅阏,其弊有三:盖钱者,人君驭世之具也,而当代为尤重。今也惟前代之钱是用,而洪武、永乐已号新钱不行,至如嘉靖则皆以为玩好,而不复见之于贸易矣。此一弊也。前代之钱既专于用,而私铸之禁,有司者又不甚严,遂使奸宄之民得以私取而模范之。虽其数当一,而混淆之害实不可言。此又一弊也。天下一统,则为用不可有异。今惟江北数省用钱而已,而南方皆废滞不流,是时王之制阻行于近而不能行于远也。此又一弊也。③

这些弊端:一是前代之钱与当代之钱并用,以旧顶新;二是私铸之钱与官铸之钱并用,以假乱真;三是南方用钱与北方用钱不同,钱法不一。高拱认为,"欲兴钱之利",就必须"先去钱之害",即破除这三大积习陋弊。

为了疏通钱法,建立健全钱币流通体制,高拱有针对性地提出了整顿措施:

> 故欲兴钱之利,当先去钱之害。必也告谕天下,使当今之钱与前代并用,而有不然者,即置之法。又申严私铸之律,不惟铸者有罪,而用者皆为犯令,庶乎可免于伪矣。乃于是达之四方,使南方之用与北方等,不得以远近有所异同,则钱法之行自有周流无滞者矣。钱法既行,为用

---

① 高拱:《诗文杂著》卷一《铸钱议》。
② 据王圻《续文献通考》卷一八《钱币考》载:"嘉靖三年,令户部给榜,谕京城内外买卖人等:今后只用好钱,每银一钱七十文;低钱,每银一钱一百四十文。着缉事衙门及五城御史缉访违犯之人,发人烟号去处枷号示众。"又,嘉靖"四年令宣课分司收税,每钞一贯折银三厘;每钱七文折银一分。查照应纳课程,收送内府承运库,以备光禄寺等衙门买办应用"。"好钱""低钱",并无明确区分标准,而稍一错收错用,便要"枷号示众"。这样的轮番变动,受害最深的只能是"京城内外买卖人等"。
③ 高拱:《诗文杂著》卷一《铸钱议》。

必广;为用既广,则惟患其不足,而不患其有余。由是而自官铸焉,自上行焉,以来商旅,以鸠货财,以资国计,以助边储,岂有不得其益者哉![1]

这些措施:一是严格执行用钱之法,当代之钱与前代之钱并用,如有拒绝使用当代之钱者,必须受到法律的严惩;二是官方控制铸钱之权,严行私铸之律,禁止私人铸钱,铸者有罪,用者违法,以此遏制假币流通;三是统一全国用钱之制,南方用钱和北方用钱不得以地域的远近而有所异。高拱认为,只有采取这些整顿措施,才能疏通钱法,破除钱法紊乱之弊,从而达到"以来商旅,以鸠货财,以资国计,以助边储"的目的。

其三,控制铸钱之权,严禁私人滥铸。

在高拱看来,当时铸钱不是过多而是不足,时人之所以认为钱币过多,主要是因为旧钱泛滥、私人滥铸、南北钱币淤滞不通。因此,他提出必须统一钱法,严格控制铸钱之权,严禁私自滥铸,力求铸钱之权与用钱之法高度统一。他说:

> 是故古之人君,或铸或不铸。其铸之也,非欲其多也,因其不足也;其不铸也,非欲其少也,因其有余也。即是而观,则钱之铸与不铸,亦系乎时焉尔矣。方今钱法大行,物虽微必数钱而后易,则钱为有余,若无俟于铸也。殊不知据其迹似为有余,而求其故实为不足,不可以遽已也。何者?公私相通,此三代而上之法,后世民伪日滋,而三代之法有不可行者矣。铸钱之权既在官而不在民,则用钱之法当在上而不在下。今天下之钱果皆自官铸之乎?自上行之乎?吾恐其未必然也,则亦安可遂谓之有余而不铸也。[2]

作为商品交易的钱币,其铸与不铸,铸多与铸少,要因"时",即根据市场供求关系的变化而定。铸钱不是需要太多而是因为不足,不铸不是需要太少而

---

[1]  高拱:《诗文杂著》卷一《铸钱议》。
[2]  高拱:《诗文杂著》卷一《铸钱议》。

是因为有余。他认为，当时铸钱不是过多而是不足，"据其迹似为有余，而求其故实为不足"。之所以会有钱币"似为有余"的现象，主要是因为前代之钱泛滥，私铸之钱盛行，南北用钱混乱。

> 夫是以前代之钱若有余，而当代之钱恒不足；用之于民者若有余，而出之于上者恒不足；数省计之若有余，而通天下计之恒不足。……则所谓今日之钱之有余者，亦岂真为有余者哉？[①]

在高拱看来，要破除私铸与官铸之钱并行，以假乱真，前代与当代之钱并用，以旧顶新，南方与北方用钱不同，钱法不一等弊端，就必须以法律手段禁止使用私铸之钱和前代之钱，力倡使用官铸之钱和当代之钱，统一南北用钱之法。如此，才能消除钱法混乱，稳定金融秩序，真正解决钱币表面过多的问题。否则，"苟弊之不除而徒铸之，吾恐利不足以补害，用不足以偿费，不如不铸之愈矣。虽然，此生财之说也，然生不如节；苟有以节之，则既无以耗吾之钱矣，而又何患其不足乎？"[②]

其四，实行公平买卖，等价交换。

高拱认为，要改变钱法混乱的局面，形成稳定的金融秩序，除采取疏通钱法、统一钱法等措施外，在商品交换方面还必须保护买卖双方的利益，遵循等价交换的规则。因此，他进一步提出，钱与物的比价可以因市场供求关系的变化而有所浮动，但绝不能以一纸诏令，随心所欲地在全国规定一个僵硬的比价。他指出：

> 物有赢缩，而钱则与之上下。钱贵则物贱，钱贱则物贵。低昂之势，不可以或偏也。[③]

这里的"物"是指市场交换的商品，"钱"是商品的价值符号，即衡量商品价值

---

① 高拱：《诗文杂著》卷一《铸钱议》。
② 高拱：《诗文杂著》卷一《铸钱议》。
③ 高拱：《诗文杂著》卷一《铸钱议》。

大小的货币。商品的生产或供求有多有少,而货币的价值则随着市场供求的多少而上下波动,时涨时落。当供过于求时,商品贬值而货币增值;当供不应求时,商品增值而货币贬值。钱与物、货币与商品之间存在着一种内在的价值关系,应当保持二者的平衡,"低昂之势,不可以或偏也"。在明代中后期资本主义商品经济刚刚萌芽之时,高拱就初步认识到钱与物、货币与商品的价值关系,不能不说它蕴涵着价值规律的真理性因素。这是非常可贵的。

### (四)惠商之政及币制改革之效

高拱提出并实施的惠商政策和币制改革,在隆庆后期取得过多方面的实际效果。首先,在一定程度上减轻了商人的苛捐杂税,促进了商品经济的发展。如:

> (隆庆四年六月)工部覆大学士高拱所陈恤商事,言:"贫商困累,惟多给预支银可以拯之,乞将年例钱粮办纳之数,以难易定其多寡,以迟速定其先后。多者预支十分之四,递减至一分。半年以内全给,一年以外先给其半。"诏可。①
>
> 穆宗隆庆四年题准:通州等抽分五局,除商贩竹木板枋等项照旧抽分外,其驮运木炭柴草,俱免抽税。②
>
> 穆宗隆庆五年四月,诏免林衡署果户房号税。初,永乐时,有果户三千余,后渐逃窜,仅存七百余户,嘉靖间复征其房号。至是,果户高税等奏愬贫难,上亦悯之,故有是命。③

其次,在对外贸易方面,高拱的商业金融改革也取得了明显的成效。例如,在西北边防,高拱与俺答等部族实现了和解,开通了边市贸易。这不但推动了商品流通,繁荣了市场,而且还开辟了税源,增加了税收,使国家财政状况大为好转,基本上满足了边防军政费用的需要。

---

① 《明穆宗实录》卷四六,隆庆四年六月庚申。
② 王圻:《续文献通考》卷二九《征榷考·杂征中·课钞》。
③ 王圻:《续文献通考》卷三〇《征榷考·杂征下·杂课》。

自隆庆五年，北虏款贡以来，始立市场。每年互市，缎布买自江南，皮张易之湖广。彼时督抚以各部夷人众多，互市钱粮有限，乃为广召四方商贩，使之自相贸易，是为民市之始。间有商税，即以充在市文武将吏一切廪饩、军丁犒赏之费。①

万历时期，户部主事郭正域也概括地论述了在与俺答互市贸易中，高拱的金融改革为明王朝取得的极为显著的经济效益和政治效果。他说："虏既贪我财物，虏中妇女，亦贪我缯帛，惟恐罢市，我得伸缩而制之。诸所为贡市费者，即取诸曩日幕府出征之费，不及半耳。虏得我金钱，非尽携以归也，我之群商又因而为利。而我数十年所全百万之命，所省百万之费，可按籍而求，屈指而论也。盖汉人五饵之策，公实用之矣。"②

最后，高拱推行重商政策和金融改革，使国家的财政收入有了切实可靠的保障，隆庆后期的财政状况比隆庆初年有了明显好转，赤字大为减少。隆庆元年（1567），太仓库银收支相抵，亏空高达三百五十一点五八万两，隆庆四年（1570）年末仍亏空一百五十万两。但是到了高拱执政两年之后，即隆庆五年（1571）年末，财政状况却发生了根本性的改变。根据资料统计，隆庆元年（1567）与隆庆五年（1571）相比，太仓银库岁入银由二百零一点四二万两增长为三百一十万两，增长百分之五十三点九，主要是赋税收入增加；岁出银由五百五十三万两降减为三百二十万两，减少百分之四十二点一，主要是边费支出减少。因此，岁亏由三百五十一点五八万两锐减为十万两，减少百分之九十七点二。③ 这说明，高拱推行的惠商之政和币制改革是取得了显著效果的，当时国库充裕，国势日强，隆庆朝后期也呈现出中兴之势。

总之，高拱推行的惠商之政及币制改革，是取得过多方面实际效果的。这些成效的取得，若从明代中后期的社会背景来考察，主要是因为这一改革

① 梅国桢：《请罢榷税疏》，载陈子龙：《明经世文编》卷四五二。
② 郭正域：《合并黄离草》卷二四《太师高文襄公拱墓志铭》。
③ 参见全汉昇、李龙华：《明中叶后太仓岁出银两研究》，载《中国文化研究所学报》1984年第1期。按，百分比为作者统计。

适应了当时商品经济不断发展的必然趋势。自正、嘉以来,遍布全国各地的市镇工商业逐渐突破"重本抑末"的政策而茁壮成长,商人不断从农村购买原材料和吸收劳动力,同时也将一些生活消费商品和生产资料售卖到农村。有些地主将土地投资转向工商业,部分农民挣脱赋役制度和户籍制度的限制,弃农从商,力图在城镇工商业和交通运输业中谋取生计,这已是不可逆转的潮流。与此相适应,重商惠商思想经过较长时期的酝酿,终于在高拱主政的隆庆后期被朝廷所认可,传统的"重本抑末"政策作了大幅度调整。直到这个时期,朝廷才比较清醒地认识到,推行惠商政策使商业获得发展和繁荣,对改善民生和充实国库均有重要意义。在这种社会背景下,高拱的惠商政策及币制改革方案才能出台,得以推行,并取得显著效果。

# 三、高拱的人才思想

高拱于隆庆三年(1569)十二月以大学士兼掌吏部事,继又提任首辅后,针对嘉靖中期以后形成的诸多弊端,大刀阔斧地推行了一系列挽刷颓风、修举实政的改革,在吏政、边政、军事、法治、经济等方面都取得了显著实效。高拱主持的隆庆改革既为其后张居正改革奠定了坚实基础,也在一定程度上遏制了明王朝下滑的颓势。

高拱改革之所以能够取得显著实效,不仅在于得到了明穆宗的大力支持,更在于他坚持了正确的用人思想和用人方略,与其人才思想是密不可分的。纵观高拱的全部著作,无不涉及他的人才思想和用人的实践经验,尤其是在《本语》《问辨录》《日进直讲》《掌铨题稿》等著作中,对人才的培养、辨识、选拔和使用等问题作了全面系统的阐述,构筑起较为周延的人才思想体系。下面试图结合高拱的吏治改革和用人实践,从育才、识才、用才、爱才等方面对其人才思想加以全面分析和探讨。

## (一)"用人必先养人"的育才思想

高拱入阁之前,曾任裕王侍读侍讲九年,并任国子监祭酒多年;入阁之后,又职掌吏部,主管人事任免。他在长期的育才、用才实践中,不仅积累了丰富的育才经验,而且对育才规律也多有体察。

高拱认为,"用人必先养人"。国家治理的好坏,行政效率的高低,同执政者素质的高低密不可分。而提高执政者素质的重要手段,就是要加强培养教育,使其掌握专门知识,然后才能任用。他说:

> 朝廷用人,必先养人。苟无以养之于先,则其用之亦苟而已。今人才涣散,无有为国收拾之者。仆诚欲养于未用之先,以辨其才;乃用于既养之后,以充其任。务使人得展其蕴,而事得举其实,冀收治平之效于万一。①
>
> 人徒曰"用贤才",而不知贤才必须培养于先,俟其成而用之,乃可以济天下之务。若不待其成而用,未有不偾事者,此非才之不美也。②

在他看来,必须养之于先,才能用之于后;用人必先养人,养人正是为了用人。在这里,高拱不但论述了人才从培养到使用是一个循序渐进的过程,而且更加强调根据用人需要来培养人才的重要性、必要性:"若用非其才,固不能济;若养之不素,虽有其才,犹无济也。"③

在培养内容上,高拱主张用其所养、养以致用,反对"所用非所养,所养非所用"④的旧制。关于帝王培养,他认为,嗣君应该率先接受符合治国需要的培养教育。一是学习前代实录,了解祖宗大法,借鉴前代君王的治国经验:"帝王创业垂统,必有典则贻诸子孙,以为一代精神命脉。"⑤二是学习本朝的典章制度,掌握为君治国之道:"如何慎起居,如何戒嗜欲,如何务勤俭,如何察谗佞,如何总揽大权,如何开通言路,如何进君子、退小人,如何赏功罚罪,如何肃宫闱,如何御近习,如何董治百官,如何安抚百姓,如何镇抚八荒……"⑥储君只有学好这些东西,才能治理好国家。关于相臣培养,他认

---

① 高拱:《政府书答》卷四《答张给事书》。
② 高拱:《本语》卷五。
③ 高拱:《边略》卷一《议处本兵及边方督抚兵备之臣以裨安攘大计疏》。
④ 高拱:《本语》卷五。
⑤ 高拱:《本语》卷五。
⑥ 高拱:《本语》卷五。

为,当时相臣皆出于翰林,但"其选也以诗文,其教也以诗文",这种养用脱节的旧制不能适应相臣辅国的需要。于是,他提出翰林培养内容应有两个方面:

> 其一在辅德,则教之以正心修身,以为感动之本;明体达用,以为开导之资。如何潜格于其先,如何维持于其后,不可流于迂腐,不可狃于曲学。……其一在辅政,则教之以国家典章制度必考其详,古今治乱安危必求其故;如何为安常处顺,如何为通变达权;如何以正官邪,如何以定国是……而应制之诗文,程士之文艺,在其后焉。①

执政者必先受教育,教育内容又必须切合实用,如此才能达到经邦济世的目的。当然高拱所说的培养内容具有时代的局限性,但他提出根据治国需要来确定培养内容的原则,则是符合养以致用的育才规律的。

在培养方法上,高拱提出应根据培养对象"率教"的具体情况,采用因材施教、"宽严适宜"的培养方法。在《本语》卷三中,他借国子先生之口,精辟地阐述了育才方法论思想。国子先生把学生召来,问道:"吾之为教也,严乎?宽乎?"有的说:"宽,诸生感德而不能忘。"先生说:"不然,吾不宽也。"有的说:"严,诸生畏威而不敢犯。"先生说:"不然,吾不严也。"又有的说:"宽严得中。"先生说:"不然,吾不宽严得中也。"学生们迷惑不解,请先生解答。先生曰:"夫宽,施诸率教者也;严,施诸不率教者也,何有定用?"假使都宽,那么对不听从教导的学生不是放纵吗?假使都严,那么对听从教导的学生不是太苛刻了吗?假使半宽半严、宽严得中,那么对全当用宽者则有一半太严了,对全当用严者又有一半太宽了。所以,"诸生全率教,则全用吾宽;全不率教,则全用吾严。率教者多,则多用宽;不率教者多,则多用严。又自一人而言,始而率教,则用吾宽;继而不率,则用吾严;终而又率教,则仍用吾宽也。始不率教,则用吾严;既而能改,则用吾宽;终而又不率教,则仍用吾严也。一分率教,吾有一分之宽;一分不率教,吾有一分之严。本质在人,付

---

① 高拱:《本语》卷五。

之而已,而我何与焉?是之谓'宽严适宜'。"因此,对学生要求的宽严不可"定用",而要根据其"率教"的具体情况,因人、因时、因变提出宽严要求,做到因人、因时、因变施教,灵活采取对策,这就是"宽严适宜"。国子先生教育学生要懂得"宽严之理",统而言之宽严,或宽严得中,都是缺乏辩证分析的,最后得出"教无遗术"①的结论。高拱对宽严辩证关系纵横交错的全面深刻分析,真是鞭辟入里,入木三分。

### (二)"人有当用之才"的识才思想

养才是为了用才,而用才的前提则是识才。高拱认为,所谓贤能之士、"当用之才"是不乏其人的,但要真正将其选拔出来,并不是容易之事。因此必须广开贤路,网罗天下之才为我所用。

其一,选贤标准,"才德兼备"。高拱认为,选拔人才的标准是"才德兼备",而不是其出身资格或社会地位:"用人者但当取其才德,而不必问其世类之何如也。"②"若夫论道辅德,主持国是,进退贤否,经世庇民,则非才德兼备之君子,断乎不宜。"③根据德才兼备的标准,高拱把人才分为三类。他说:

> 才德兼者,上也;有根本而才气微者,次也;有才气而根本微者,又其次也。然皆不可弃。以才气胜者,用诸理繁治剧;以根本胜者,用诸敦雅镇浮;若夫钧衡宰制之任,必得才德兼备之人,而缺其一者,断不可以为也。④

又说:

> 才者德之用,节者德之守,二者兼备而后为德之成也。……既有其才,又有其节,信非君子不能也。是人也,自学者言,则为君子;自国家

---

① 参见高拱《本语》卷三。
② 高拱:《日进直讲》卷四《论语直讲》。
③ 高拱:《问辨录》卷七《论语》。
④ 高拱:《本语》卷五。

言,则所谓社稷之臣者也。盖有才无节则平居,虽有干济之能,而一遇有事,则背主卖国将无不至。有节无才则虽有所执持,而识见不远,经济无方,亦何益于国家之事? 所以人君用人,于有才而未必有节者,则止用之以理繁治剧;于有节而未必有才者,则止用之以遵守成法。至于揆宰钧衡之司,重大艰难之任,则必择才节兼备之君子,而不敢轻授于匪人也。①

德才兼备者是上等人才,德节好而才能较差者是中等人才,有才能而德节较差者是下等人才。使用德才兼备的上等人才固然重要,但是中等人才和下等人才也不能弃之不用。因为下等人才虽然德节较差,但有"干济之能",可用于理繁治剧。中等人才虽"识见不远,经济无方",但"有所执持",可用于遵守成法,敦雅镇浮。若担当首辅之职、宰制之任,必须使用"才德兼备"的上等人才。因为这种人才"其德已备,其才已全,故能随所用而皆善"②。可见,高拱强调在辨识和用人时应根据三种不同类型的人才,用得其所,人尽其用,尽量避免人才使用的盲目性。

其二,大才小才,"皆适于用"。高拱根据才之大小,将人才分为"可用之才"和"用才之才"。"用才之才"是大才,"可用之才"是小才。辨识人才的关键就是要发现"用才之才"即大才。他说:

> 夫世有可用之才,有能用才之才。可用之才,才之小者也;能用才之才,才之大者也。得百良马,不如得一伯乐;得百良剑,不如得一欧冶;得百可用之才,不如得一能用才之才。得一伯乐,而良马不可胜用也;得一欧冶,而良剑不可胜用也;得一能用才之才,而可用之才不可胜用也。③

辨识"用才之才"即大才对国家用才固然重要,但"可用之才"即小才也"具

---

① 高拱:《日进直讲》卷四《论语直讲》。
② 高拱:《日进直讲》卷三《论语直讲》。
③ 高拱:《程士集》卷三《策论·明君恭己而成功》。

不可弃"。因为"人才之在天下,若手指然,大小长短犂然不齐,而皆适于用,顾上之人所以用之者何如耳"①。既然大才小才"皆适于用",那么,一方面必须超前辨识人才:"用之当由于知之真,知之真由于辩之早。若不辩之于早,而知其孰为大才,孰为小才? 孰为真才,孰为伪才? 至于临事之顷,必有乏才之叹矣。"②另一方面,还要网罗天下之才为我所用。他说:"国家用人,匪徒资治,亦即以安天下之人也。故大臣小臣,分列上下,散布内外,又有士有胥吏,下至里社,亦各有长,多其等,广其途,尽网罗天下之才而用之。使天下之人,苟有一长一艺异于齐民者,随其才之大小,皆入吾之网罗。"③

其三,"取长弃短",唯才是用。关于人才的长与短,高拱主张取长弃短、唯才是用。他引子思的话说:"圣人官人,犹匠之用木,取其所长,弃其所短。故杞梓连抱而有数尺之朽,良工不弃。"④反对用违所长,试其所短。他说:"取其所长,弃其所短。然又必用当其所长,而不试其所短也。"⑤"人各有所长,用人者当随其长而用之。……譬之大匠能治木,乃使解牛;庖丁能解牛,乃使治木。又多责备其德行未纯,置之不用,而使学者为之,其将能乎? 此天下之事所以不治也。"⑥"天下之事在才,用天下之才在君。……或用违所长,而不当其才;或任之不专,而使不得以展尽,则世虽有圣贤,何以自效? 亦与无才等耳。所以人君之愿治者,必当留意于用贤之道。诚得其道,则有才皆得其用,天下未有不治者也。"⑦高拱认为,掌握"用贤之道"是治理国家的关键。若掌握了"用贤之道",不仅有才可用,而且还能够做到用当其才,人尽其用,从而使国家长治久安;若背离了"用贤之道","用违所长",甚至是"试其所短",就不能达到天下大治的目的。因此,统治者只有掌握"用贤之道",才能克服人才使用中的盲目性:"养之不俟其成,用之不尽其才,卤莽而

---

① 高拱:《掌铨题稿》卷一八《复给事中吴文佳条陈疏》。
② 高拱:《掌铨题稿》卷一八《复给事中吴文佳条陈疏》。
③ 高拱:《本语》卷五。
④ 高拱:《本语》卷六。
⑤ 高拱:《问辨录》卷七《论语》。
⑥ 高拱:《问辨录》卷七《论语》。
⑦ 高拱:《日进直讲》卷四《论语直讲》。

使之,卤莽而去之,人才亦可惜也。"①

关于人才的大节与小过,高拱主张把握大节、宽宥小过:"用人不论其才,只取无过,然非无过也,未用耳。用之,而其过出矣。"②无过之人实际上是不存在的,只要使用就会有过:"细微之过,人所皆有。"③他以历史上两个事例为论据,指出:"用人者不取其大,每以一眚弃之,故慷慨任事之臣鲜,而国事不支。不论其大,而徒以无过用之,故委托持禄之臣多,而国事日废。"④对有过之人也要用,绝不能抓住一点不及其余,像卫侯那样"以二卵而弃干城之将"。而无过之人并非无过,只要使用就会有过,甚至是大过,绝不能像梁主那样认为"凝未有过",便任用缺智寡谋的段凝为上将,结果贻误军机,导致后梁被后唐所灭,"待其有过,社稷已危矣"。⑤ 可见,人才的大节与小过都是经过使用而发现,通过实践而看清的。

高拱从把握大节、宽宥小过的用人原则出发,提出对其过失也要作具体分析,不因细微之过或一时一事之失而弃之不用。他说:

> 若无心之过,则当恕之。过小而才大,则当弃瑕而用之。有过能改,则始虽弃而终犹用之。如此庶乎世无弃才,人皆展布。苟因一事之失,而遂弃之终身,则不惟人才有所可惜,将使见用者皆务规避过失,以形迹自文而不敢任事,欲求真实之事功不可得矣。⑥

使用人才"因一事之失,而遂弃之终身",那么"不惟人才有所可惜",而且将会导致在任官吏"规避过失","不敢任事"。因此,他要求吏部"今后纠劾官员,务要详审较量。除官守大坏者照例究处外,其才胜盘错者,当略其微瑕;行已悛改者,不问其旧过,俱要曲加保全,以图共济。至于昏庸靡弱、无一可

---

① 高拱:《本语》卷五。
② 高拱:《本语》卷六。
③ 高拱:《掌铨题稿》卷四《公考察以励众职疏》。
④ 高拱:《本语》卷六。
⑤ 高拱:《本语》卷六。
⑥ 高拱:《日进直讲》卷三《论语直讲》。

表见者,虽操履鲜疵,亦必核实,照罢软事例议斥,免妨贤路"①。并且指出:"顾才有不同,惟在当事者审其轻重而驾驭之耳。若搜细故而咎往愆,使跅弛悔误之士,竟从屏弃,徒得夫庸懦自保者充位,则全才便难即遇,而事功建立属之何人? 信非国家之利也。"②

其四,人尽其用,"用才贵当"。高拱认为,人的德才不同、器识不一,在用人时要力求做到人尽其用,用当其才。他说:"有才不用,与无才同;用不当才,与不用同。今国有甚大之事,而人有当用之才。"③"彼善一事者,使治一事,不可遗也,不可求备也,不可拂所能也。……故治一事者,用一事之才,器使之说也;治天下者,用天下之才,惟其人之说也。"④

根据人尽其用、用当其才的原则,高拱任吏部尚书期间,要求抚按官对"兼才兼艺"的"抱奇者"与"一才一艺"的"偏长者"加以区别,并分别品第,斟酌推用:

> 盖人才不同,用才贵当。乞行抚按博访贤隽,分别品第,明开举荐。疏内某也负折衡之才,可司武备;某也抱经世之具,可膺文衡;孰优于刑名,孰谙于钱谷;或堪任河道,或堪司海防,各述其所善。一才一艺与兼才兼艺者,通行区别,以俟推补。……庶抱奇者固得以自见,而偏长者亦不至于独遗。⑤

所谓"兼才兼艺"的"抱奇者",是指奇杰之才;所谓"一才一艺"的"偏长者",是指偏长之才。高拱认为,使用奇杰之才固然重要,但偏长之才也不能不用,否则就会造成人才匮乏的局面。因此在使用人才时要力求做到人尽其用,用当其才:"夫官各有所事,而人各有所长。以所长治所事,则人既得展其能,事亦可底于绩。苟用违所长,未有不败者矣。"⑥高拱提出人尽其用,用

① 高拱:《掌铨题稿》卷一八《复吏科给事中韩楫条陈疏》。
② 高拱:《掌铨题稿》卷一八《复吏科给事中韩楫条陈疏》。
③ 高拱:《掌铨题稿》卷七《荐举才望旧臣乞赐召用以裨治理疏》。
④ 高拱:《问辨录》卷七《论语》。
⑤ 高拱:《掌铨题稿》卷一八《复给事中吴文佳条陈疏》。
⑥ 高拱:《本语》卷五。

当其才,就是要具体问题具体分析,具体人才具体使用,这是最精湛的人才辩证法思想。

### (三)"有才皆得其用"的用才思想

高拱认为,"官之职事不同,人之才器不一",因而在用才时既要根据人才的不同条件,委任不同的官职,还要根据具体职责的不同要求,择用不同类型的人才,力求做到扬长避短,"有才皆得其用"。① 根据这一用人思想,高拱选拔和使用了各种不同类型的人才。

一是行政人才。为了清整吏治,高拱提出必须加强行政要害部门正官的选拔和使用,如首相、吏部尚书、台长及地方守令等。他说:

> 要得天下治,只在用人。用人只在用三个人:一个首相,一个冢宰,一个台长。首相得人,则能平章天下,事务件件停当。冢宰得人,则能进贤退不肖,百官莫不称职。台长得人,则能振扬风纪,有不法者,率众台官纠治之,而政体自清。……若其他用人行政,都在三人项下,固举之矣。然这三人中,尤以首相为要。②

又说:"守令,亲民之官,最为紧要。使天下守令得人,太平即此而在。"③为了选配好这些官员,高拱还对其必须具备的条件作了说明,如宰相:"宰相天下之枢,必得心术正、德行纯、识见高、力量大、学问充、经练熟者,方可为之。若不试以事,徒取文艺;不拣其才,徒俟俸资,则岂能遂为百辟之师,平章军国重事而无舛乎?"④又如地方守令:"守令之贤否,生民之休戚系焉。其治绩上下,虽人人殊,惟在驭之之何如耳。故实政宜民者,非久任无以竟其施;职业弗充者,非改调无以当其用。此固鼓舞吏治之机也。"⑤

---

① 高拱:《日进直讲》卷四《论语直讲》。
② 高拱:《本语》卷六。
③ 高拱:《本语》卷五。
④ 高拱:《本语》卷五。
⑤ 高拱:《掌铨题稿》卷一三《议处顺天等府更置守令疏》。

二是军事人才。当时边防形势严峻,军事人才短缺,高拱用很大精力选配军事官吏。"盖人才难得,而边才尤难得",需要"通方忠谋,廉勤强干"者才能胜任,尤其"边方巡抚,其任最重,务求实心干理,经济雄才"。① 他认为:

> 兵乃专门之学,非人人皆可能者。若用非其才,固不能济,若养之不素,虽有其才,犹无济也。②

兵学乃为专学,不是什么人都具备,若平素不加以训练,则不能济救急需。因此应选用智谋才力特达者充任,且使专官于军政。他提出:"如边方兵备缺,即以兵部司属补;边方巡抚缺,即以边方兵备补;边方总督缺,即以边方巡抚补。而总督与在部侍郎,时出时入,以候尚书之缺。"③这些措施,对于巩固当时的边防起到了积极作用。高拱亲自选拔和任用了一大批边防重臣,他们都是明体通变、事功卓著的定边高才,从而使当时的边防军政大为改观。

三是经济人才。高拱为了推行经济改革,一方面大力驳斥鄙薄钱粮衙门官员的恶习:"如今户部官劳倍于人,然必俸资倍于人而后得迁,其迁又劣,曰此钱粮衙门也,外而运司更甚。夫钱粮衙门,国用民生所系,盖重任也。"④"理财无人,国用日蹙,而民生乃益困。彼号清秩者,仍复扬扬劣视之,以为货利之浊官。此何理也?"⑤另一方面,他在任职期间又起用了大批经济人才。如当时国家财政困难,"束手而无策,徒以支吾目前,为不终月之计"⑥,高拱发现靳学颜"才略恢弘,可属大计",经他荐用,学颜"应诏陈理财,凡万余言。言选兵、铸钱、积谷最切"⑦。又如,河患是当时一个严重问题,高拱极力荐用朱衡、翁大立、万恭等人治河。隆庆三年(1569)年末,河决沛州,淮水复涨,漕运受阻,高拱荐用翁大立前往治理,"大立奔走经营,至四

① 高拱:《掌铨题稿》卷一七《复都御史李棠条陈疏》。
② 高拱:《边略》卷一《议处本兵及边方督抚兵备之臣以裨安攘大计疏》。
③ 高拱:《边略》卷一《议处本兵及边方督抚兵备之臣以裨安攘大计疏》。
④ 高拱:《问辨录》卷一《大学》。
⑤ 高拱:《问辨录》卷一《大学》。
⑥ 归有光:《上高阁老书》,载《高拱全集》附录二《高拱生平文献》。
⑦ 张廷玉:《明史》卷二一四《靳学颜传》。

年六月,鸿沟、境山诸工,及淮流疏浚,次第告成"①。隆庆六年(1572)春,河决邳州,派朱衡治理,复命万恭以故官总理河道。"恭与衡筑长堤,北自磨脐沟迄邳州直河,南自离林迄宿迁小河口,各延三百七十里",六十日而成,"河遂无患"。② 针对当时全国土地兼并严重、赋税严重不均的现状,高拱重用了一批大力推行丈田均粮和一条鞭法改革的巡抚,如海瑞、王宗沐、刘光济、朱大器等。通过改革,大大减少了财政赤字,扭转了国库亏空的局面。明张一桂在《寿少师中玄高公六秩叙》中说:"自公辅政以来,百度用康"③,这是名副其实的。

### (四)"推贤让能"的爱才思想

在用人问题上,是推贤让能还是嫉贤妒能,这是两种根本对立的用人思想、用人态度,也是实政能否推行、改革能否奏效的关键。因此,高拱力破嫉贤妒能的恶习,倡导推贤让能的新风尚。

在封建社会,嫉贤妒能是压制摧残人才的一种习惯势力,危害极大:"自古国家大事,多因人臣争妒而败。"④"媚嫉之人,不止害贤害国,而亦往往自害其身。"⑤为了破除这种恶习,提倡推贤让能的新风,高拱对其形成的社会原因作了全面深刻分析,说:

> 人臣苟有为国之心,便自有推贤让能之意。如人于有才者则不能容,嫌其胜己也。超进者则不能容,嫌其先己也。刚直者则不能容,嫌其性气难相处也。遂皆任情排去,而国事无人干济,略不之顾,虽至丧人之国家所甘心焉,皆是一个己私,无为国之心故也。若有为国之心,必且让他替朝廷干事,那胜己、先己有甚大事?那自家难相处有甚大事?故为国之人,苟便于国,即不便于己,亦所必为。不为国之人,即十

---

① 张廷玉:《明史》卷二二三《翁大立传》。
② 张廷玉:《明史》卷二二三《万恭传》。
③ 张一桂:《寿少师中玄高公六秩叙》,载《高拱全集》附录二《高拱生平文献》。
④ 高拱:《本语》卷四。
⑤ 高拱:《本语》卷六。

分便于国,但有一毫不便于己者,亦所不肯。①

高拱认为,为"公"或是为"私",即有无"为国之心",是推贤让能或嫉贤妒能的根本原因。若"有为国之心",便能大公无私,即使"不便于己",也"自有推贤让能之意";反之,若"无为国之心",便是自私自利,即使"十分便于国",也要"任情排去"。因此高拱强调克服"己私",力倡推贤让能。他说:"人臣当以至公为心。如其贤,不去可也,用之可也;如其不贤,而徒务远己之嫌,沽己之誉,而以不肖之人贻害国家,岂非不忠之甚乎?"②高拱在这里没有也不可能认识到嫉贤妒能是封建制度的必然产物,但他强调"以至公为心",倡导推贤让能的新风尚,则是难能可贵的。

为了提倡推贤让能之新风,高拱任职期间,还特别注意提拔、重用、爱护有作为的人才,这从以下三个典型事例中可见其梗概。

一是破格任用张学颜为辽东巡抚。嘉、隆时期,东北边疆一直受到建州女真及土蛮诸部军事扩张的严重威胁。为改变这种局势,高拱欲破格提拔张学颜巡抚辽东。有人以"未闻时誉"为由,怀疑张的才具,而高拱则知人善任,坚决提拔重用之:

> 隆庆五年(1571)二月,辽抚李秋免,大学士高拱欲用学颜,或疑之。拱曰:"张生卓荦倜傥,人未之识也,置诸盘错,利器当见。"侍郎魏学曾后至,拱迎问曰:"辽抚谁可者?"学曾思良久,曰:"张学颜可。"拱喜曰:"得之矣。"遂以其名上,进右佥都御史,巡抚辽东。③

张学颜当时仅为蓟州兵备副使,骤提为辽抚,实属破格使用。他就任后,与总兵李成梁密切配合,坚决贯彻高拱提出的军制改革和边政整顿方略,"张(学颜)遵行惟谨,经画周详,号令明肃"④,大大加强了明军的作战实力,并取

---

① 高拱:《本语》卷六。
② 高拱:《本语》卷六。
③ 张廷玉:《明史》卷二二二《张学颜传》。
④ 高拱:《边略》卷二《挞伐纪事》。

得了辽左大捷,使东北边疆长期以来被动挨打的局面大为改观。可以说,破格任用张学颜是高拱知人善任最成功的范例之一。

二是重用原为广西巡抚,后提督两广军务的殷正茂。殷正茂为进士出身,又熟谙军机韬略,是一干才兼勇将。然正茂则是瑕瑜互见、颇有争议的人物。他能得授重任并领军建立大功,实因高拱的识拔,力排众议而倚任之:

> 正茂在广时,任法严,道将以下奉行惟谨。然性贪,岁受属吏金万计。初征古田,大学士高拱曰:"吾捐百万金予正茂,纵乾没者半,然事可立办。"时以拱为善用人。①

殷正茂虽有贪声,但却是瑕不掩瑜、瑜过于瑕的难得将才。高拱重用殷正茂,也正是本着既重实效,而又有权变的原则,不因正茂之贪而弃之不用。可见,高拱在使用殷正茂问题上,不仅体现出他的权变的灵活性,而且也说明他富有远见,能用大手笔果断处理大问题,因此在当时受到时论的一致肯定和赞誉。

三是保护清官海瑞。高拱执政之日,即遇言官论劾海瑞之时。但他深知海瑞任应天巡抚期间,力行改革,除弊坚决,故极力为海瑞辩护:"看得都御史海瑞自抚应天以来,裁省浮费,厘革宿弊,振肃吏治,矫正靡习,似有惓惓为国为民之意。但其求治过急,更张太骤,人情不无少拂。既经言官论劾前因,若令仍旧视事,恐难展布,相应议处。合候命下,将本官遇有两京相应员缺,酌量推用。"②接替海瑞为应天巡抚的是朱大器。高拱在给朱大器的信函中再次对海瑞作了肯定性评价:

> 夫海君所行,谓其尽善,非也;而遂谓其尽不善,亦非也。若于其过激不近人情处,不加调停,固不可;若并其痛惩积弊,为民作主处,悉去之,则尤不可矣。天下之事,创始甚难,承终则易。海君当极弊之余,奋不顾身,创为剔刷之举,此乃事之所难,其招怨而不能安,势也。③

---

① 张廷玉:《明史》卷二二二《殷正茂传》。
② 高拱:《掌铨题稿》卷二三《复给事中戴凤翔论巡抚海瑞疏》。
③ 高拱:《政府书答》卷三《答苏松朱巡抚书》。

此信再次充分肯定海瑞在应天的改革功绩。后来由于海瑞执意归家养母，因此没有另行安排其职务，确实辜负了高拱的一片好意。

此外，高拱还起用、选拔了一大批有能力、有操守的人才，如吏部尚书杨博、礼部尚书高仪、工部尚书朱衡、兵部尚书谭纶、宣大总督王崇古、大同巡抚方逢时、蓟州总兵戚继光、贵州巡抚阮文中、潮州知府侯必登、江西巡抚刘光济、山东巡抚梁梦龙、山东布政使王宗沐、漕河总督潘季驯等。这些人才或擅长行政，或擅长军事，或擅长漕运水利，都是明体通变、事功卓著的高才。可以说，正是这些人才贯彻执行了高拱的改革主张和方略，才使得隆庆后期的改革取得了阶段性的显著实效，并为张居正主持万历初元的改革奠定了基础。

总之，高拱具有非常丰富的人才思想和用人的实践经验，在人才的培养、辨识、选拔和使用等方面作了全面系统的论述和阐发，建构起较为周延的人才思想体系。高拱也正是以他的人才思想为基础，大刀阔斧地进行了一系列改革，并取得了显著成效。诚如韦庆远教授所说："高拱是有明一代最有魄力、最有识见、最敢于改革旧制，而又能妥慎制订符合实际需要新规制的吏部尚书。他在任职的两年半中，所谋划和推行的新法，实为明代人事制度掀开新的一页。"①如今，研究高拱的人才思想，不仅有助于正确认识、评价他的吏治改革，而且对我们今天培养、选拔和使用人才，实施人才强国战略，也具有重要的借鉴意义和现实价值。

# 四、高拱的实学精神

高拱是明代嘉、隆时期著名的政治家和改革家，也是明清实学思潮的先躯。② 所谓实学思潮，就是以实事求是为宗旨、以经世致用为价值取向的学

---

① 韦庆远：《张居正和明代中后期政局》，广东高等教育出版社 1999 年版，第 352 页。
② 如牟钟鉴说：高拱"在短暂的政治生涯中干出了一番有声有色的事业，影响了明代中后期的社会政治生活与思想文化，推动了实学思潮的形成"。（牟钟鉴：《高拱的实政论及其理论基础》，载陈鼓应等主编《明清实学思潮史》上册，齐鲁书社 1989 年版，第 257 页）

术思潮。高拱的实学是在概括和总结其实政经验的基础上,通过批判空虚寡实的宋明理学而形成的,并建构起以元气实体论、求实求是论、实理实事论和实政实惠论为主要内容的实学思想体系。① 在他的实学思想中,蕴含着许多有价值的精神品格,今天,继承与弘扬这些精神,仍然具有非常重要的现实意义。

### (一)"务实而不务名"的务实精神

"崇实黜虚",是高拱实学思想的基本特征。所谓"崇实黜虚",就是鄙弃以空虚寡实、虚谈心性为特征的程朱理学,提倡以求其实、做实事、修实政为主要内容的务实精神。高拱的务实精神在其哲学思想中具有丰富的内涵。

在认知论上,倡导"事必求其实"的求实精神。有人问蒲芦,沈括以为蒲苇,伊川以为果蠃,二说孰是? 高拱回答说:"皆非也。世称果蠃为蒲芦,考之他书,云:'蒲芦,葫芦之细腰者也。'果蠃、土蜂腰细有似于蒲芦,故人以为蒲芦。即此而言,则是果蠃之取像于蒲芦,非蒲芦之为果蠃也。"②在他看来,认识事物绝不能捕风捉影,望文生义;也不能盲人摸象,似是而非。本来,把蒲芦训为蒲苇或果蠃,都是无关义理的小事。但他考证他书,追根求源,训蒲芦为葫芦③,其主要精神就是"欲学者事必求其实耳"④。"事必求其实",就是按照事物的实情来认识事物。他认为,事物的实情即"本情"不仅是客观存在,而且可以被认识。高拱认为:"夫事有本情而人有本心,出吾本心以发事之本情,则议道而道不睽,作之于事可推四海而准,通千古而不谬。"⑤"本心"即是主体本来具有的认识能力,"本情"即为客体自身固有的实情。

---

① 参见岳天雷《高拱的实学思想及其实政价值》,《中州学刊》2000 年第 5 期。
② 高拱:《问辨录》卷二《中庸》。
③ 杨少涵提出高拱训蒲卢[芦]为葫芦,于义可兼通郑玄的"蜾蠃"说、朱熹的"蒲苇"说而接近于圆融。他说:"在儒家政治哲学中,孔子有仁礼之学,仁是内在的善良德性,礼是外在道德规范,内外兼修,方可成人。葫芦说正符合孔子这种政治哲学。所以相较于郑玄之蜾蠃说与朱熹之蒲苇说,葫芦说更为圆融。由此而言,高拱《问辨录》卷 2 说蒲芦是'葫芦之细腰者',就有进于郑、朱而接近于圆融了。"(杨少涵:《〈中庸〉"政犹蒲卢"郑、朱注之歧异与会通》,《中山大学学报(社会科学版)》2015 年第 5 期)
④ 高拱:《问辨录》卷二《中庸》。
⑤ 高拱:《本语自序》。

"出吾本心"是为了"发事之本情",即认识和把握客体的本来面目、实际状况。否则,认识就会背离本情而发生谬误。在此,他既阐明了事物本情的客观性,又高扬了主体本心的能动性,把主体的能动性思想安放到求实的基础上,从而体现出他的认识论的唯实精神。

在实践观上,提倡"修人事以胜天灾"的实事精神。何谓实事?高拱说:"夫防其未生,救其既形,备饬虑周,务以人胜,此实事也。"①这就是说,自然灾害发生之前要有所预防,发生之后要加以挽救,思虑周详,有备无患,务必做到尽人事以胜天灾。"修人事以胜之,庶乎有不为害。"②在他看来,在天灾面前,有备与无备,后果截然不同。"善论治者,不计灾与不灾,但视备与弗备。如其备,不灾犹善,灾犹可无恐也。如其弗备,不灾犹未可矣,且如有灾,何乎?"③不管灾与不灾,关键是有备与无备。只要能够"修人事",做到有备,则天也不能违背人意,就会永远立于无患的不败之地。正如他说:"天定胜人,人定亦胜天也。"④可见,高拱阐发"人定胜天"即"修人事以胜天灾"的实事精神,其目的就是要破除对天意的迷信崇拜,消除对天灾的恐惧心理,把人们的注意力从天意拉回实事,从迷信拉向实际。

在价值观上,力倡"修举务实之政"的实政精神。高拱考察官吏的指导思想是"务实而不务名"⑤;其原则是"务核名实"或"综核名实"⑥,即考察的考语要与考察对象的实际情况相符合。其一,言行必实,反对虚名。他说:"言必责实,则捷给为佞者不可饰言也;行必责实,则儌利任术者不可饰行也。"⑦"但问其政之美恶,勿论其名之有无。如有实心干理,不肯逢迎时好者,虽无赫赫之声,亦必荐举。否则,虽有赫赫之声,亦必参究。"⑧其二,举劾必实,陟黜允当。他强调荐举必实,只要"才能卓异,可备任使者,不拘出身

① 高拱:《程士集》卷四《天人之际》。
② 高拱:《程士集》卷四《天人之际》。
③ 高拱:《程士集》卷四《天人之际》。
④ 高拱:《问辨录》卷一〇《孟子》。
⑤ 高拱:《掌铨题稿》卷一八《复给事中吴文佳条陈疏》。
⑥ 高拱:《本语》卷五。
⑦ 高拱:《程士集》卷四《天人之际》。
⑧ 高拱:《掌铨题稿》卷一八《复给事中吴文佳条陈疏》。

资格,一体据实荐扬"①。又强调纠劾必实,"纠劾庶官,务要遵照事例。拟为民者,必述其贪酷之实;拟闲住者,必述其不谨罢软之实;拟致仕者,必述其老疾之实;拟降调者,必述其行止未亏,才尚可用,而止不宜于繁剧有司之实"②。其三,功罪必实,赏罚分明。他说:"功必责实,则比周为誉者不可饰功也;罪必责实,则巧文曲避者不可饰罪也。"③如对边防官吏的考核,"有能保惠穷困,俾皆乐业者,以三年为率,比内地之官加等升迁。有能捍患御敌,特著奇绩者,以军功论,不次擢用"。如果"用之不效无益地方者,降三级别用,若乃观望推诿,以致误事者,轻则罢黜,重则军法治罪"④。只有做到功实则赏、罪实则罚,才能使各级官员勤于政事,为国效力。

由上可见,高拱实学的特征是"务实而不务名",认识上"求其实",实践上做"实事",政治上"修实政",摒弃一切空洞说教、虚文旧套。这种务实精神,值得继承发扬。

### (二)"虚心以求其是"的求是精神

从务实精神出发,高拱又阐发了"虚心以求其是"⑤的求是精神。所谓求是精神,就是探索事物规律和追求客观真理的科学精神。他说:"儒家有言:'只要成就一个是而已。'夫'是'岂易成哉?……彼察理不精……安能便是?"⑥这里的"是"就是"理",指的是反映事物发展规律的客观真理。不深入事物内部精确地考察其本质联系、稳定联系和必然联系,就不能认识和把握事物的规律而获得客观真理。

在高拱看来,作为事物规律的"是",是在事物运动变化中表现出来的,因而要"求其是",就必须运用"圆而通"⑦的辩证方法。"圆而通"就是融会贯通而无偏倚、无阻碍。那种"方而不圆"的片面观点,"执一不通"的孤立观

---

① 高拱:《掌铨题稿》卷一八《复给事中吴文佳条陈疏》。
② 高拱:《掌铨题稿》卷四《明事例以定考核疏》。
③ 高拱:《程士集》卷四《设官建事》。
④ 高拱:《掌铨题稿》卷二《议处边方有司以固疆圉疏》。
⑤ 高拱:《本语》卷三。
⑥ 高拱:《本语》卷三。
⑦ 高拱:《问辨录》卷六《论语》。

点,不能正确认识事物;只有"合而圆"的全面观点,"会而通"的联系观点,才能正确认识事物。高拱认为,认识事物,处理问题,难免先从"一方""一隅"开始,但始终囿于"一方""一隅",就不能达到"圆而通"。如果东向望不见西墙,南向望不见北方,不知其"合之圆""会之通",就是"非圆非通",而非圆非通,就不可能正确认识事物之"是"。要做到"圆而通",必须"求之以问学,练之以事行,会之以深思,涵之以积养,渣滓既尽,自圆自通"。① 只有通过问学、事行、深思、积养等一系列认识和实践活动,才能以"圆而通"的正确方法②,使认识与客体达到一致,获得对事物规律和真理的认识与把握。

在实践中探求真理,又要做到"虚心"。何谓"虚心"? 高拱认为,"学者穷理,正须虚心平气,以得精微之旨"③。"虚心平气"就是要尊重客观事实,消除主观成见。既不能"有意探求",歪曲真相;更不能"无中生有",故弄玄虚。如果"强为贯通,必至牵合";如果"过为分析,不免破碎"。这样,"得其理者鲜矣"④。要做到"虚心平气""忘人忘己",还必须坚持真理,克服谬误。他说:"人苟是,便当从;如其不是,不从而已。吾苟是,便当守;如其不是,不从而已。"⑤人们只有克服认识的主观性、片面性和表面性,才能使主观不断地接近客观,接近规律,从而获得真理性认识。

纵观高拱的一生,他有着强烈的追求客观真理和探索事物规律的精神,一心只在求得真情实理,从不人云亦云,以程朱的是非为是非。这种精神在现时代仍然有着重要的借鉴价值和意义。

### (三)"贵乎知而能行"的实践精神

高拱坚持事必"求其实""求其是"的求实求是精神,必然提倡身体力行的实践,因而实践精神也是其实学思想的重要品质。

他认为,实践是认识的来源。主体的实践过程,就是主体运用感官通过

---

① 高拱:《问辨录》卷六《论语》。
② 参见岳天雷:《高拱的权变方法论及其实践价值》,《孔子研究》2001 年第 3 期。
③ 高拱:《本语》卷三。
④ 高拱:《本语》卷三。
⑤ 高拱:《本语》卷二。

"践履"认识客体的过程。何谓"践履"？他说："践者,履其实也。恭作肃,便是践貌之实;从作义,便是践口之实;明作哲,便是践目之实;聪作谋,便是践耳之实;睿作圣,便是践心之实。"①在这里,他借用《尚书·洪范》中的"五事"即貌、言、视、听、思,把"践履"诠释为"践实""履实",实质上就是现代哲学所说的"实践"之意。显然,他已经认识到主体的貌、口、目、耳、心这五种感觉器官必须通过"践履"才能获得对客体的认识。这个观点十分接近现代认识论中关于客观对象通过人的眼、耳、鼻、舌、身这五个器官反映到头脑中来的提法。在此,高拱并没有把五种感觉器官等同看待,而是特别强调"践心之实"在认识中的主导地位和作用。"性具于心,性尽则心尽,而众体从之,斯为践形而已矣。"②在他看来,主体的认识本性就在于心这个思维器官,心统率众体器官,众体器官服从于心,心能够在"践履"中通过思维而获得对事物的认识和把握。

关于知与行的关系,高拱主张行贵于知。他说："学者读书,贵乎知而能行。"③在他看来,知不等于行,二者有着差别和界限;行贵于知,只有行才能获得真知。这里蕴含着"实践决定认识"的合理因素。由此出发,他反对王阳明"知行合一"的观点,认为这种观点与孔子之意不合,也与事实不符。假如"知即是行,未有知而不行者也",那么"不行不可以为知也"。④他把这种"知即是行"的观点斥为"异说",表示"吾不敢从"。如果说王阳明"知即是行"的观点是一种先验论的良知说,那么,高拱"行贵于知"的观点则是一种唯实论的实践观。

实践既是认识的来源,又是检验认识正确与否的标准。高拱指出："金必火而后知其精与不精,刀必割而后知其利与不利。"⑤他认为,对一切认识、知识,包括圣人的经典在内,都不得轻信与盲从,而应"验之以行事,研之以深思"⑥,用实践事实来检验认识,用逻辑思考来研究知识。他认为,一切军

---

① 高拱:《问辨录》卷一〇《孟子》。
② 高拱:《问辨录》卷一〇《孟子》。
③ 高拱:《本语》卷六。
④ 高拱:《问辨录》卷二《中庸》。
⑤ 高拱:《本语》卷二。
⑥ 高拱:《问辨录序》。

政大事都应该用事实去检验、责实、察实、核实,讲求实效。如何检验? 在他看来,"参验"是判明真假是非最可靠的方法。所谓"参验",就是通过对事实的考察比较,对认识正确与否进行验证。他还特别强调"参验"时要事必躬亲,"自见""自闻"和"亲识",绝不能偏听偏信,虚言妄说。

可以说,实践经验是高拱实学思想形成的基础,实践品格是其务实精神和求是精神的体现,实践精神又是激励他进行实政改革的力量源泉。

### (四)"大儒而有驳正"的批判精神

高拱的实学思想是通过批判宋明理学而形成的,因而批判精神是其实学思想的固有本性。

在本体论上,高拱通过批判程朱"理先事后""理本气末"的理本论,阐发了"理"根源于"气"的元气实体论。他说:"儒者有言'虽无其事,实有此理',此亦大谬。夫理也者,事之理也。既无其事,理于何有?"①他肯定"理"只是"事之理",有其事必有其理,无其事亦无其理,事与理是不可分离的。与此相同,气与理也是不可分离的:"气聚则理聚,与生俱生;气散则理散,与死俱死。理气如何离得而可分言之耶?"②那么,理、气谁是本谁是末呢? 他认为:"物,气之为;则,理之具。有物必有则,是此气即此理也。"③气是构成万物的本体,即物质实体;理是万物运行的法则,即客观规律。物质实体内蕴客观规律,客观规律依赖于物质实体。他说:"盖天地之间,惟一气而已矣。"④气的运行变化生成天地万物,天地万物是由实体之气构成的。于是,高拱就把程朱精神性的"虚理"改造成为物质性的"实理",从而阐明了气与理相统一的元气实体论观点。

在天人观上,高拱通过批判理学家宣扬的"天人感应"说和"灾异谴告"说,阐发了他的实理实事论。南宋理学家蔡沈在其《书集传》中对"天人感应"这种神秘思潮大加宣扬。对此,高拱批驳道:"《书》注未善者多,而《洪

① 　高拱:《本语》卷三。
② 　高拱:《问辨录》卷八《论语》。
③ 　高拱:《问辨录》卷一〇《孟子》。
④ 　高拱:《程士集》卷四《天人之际》。

范》更甚。如五行自五行,五事自五事,乃比而属之,岂不牵合无当乎?"①他认为,蔡传把五行配五事,庶征配龟兆,纯粹是牵强附会,望文生义,于理不通。进而高拱对程颐在《河南程氏遗书》中宣扬的"《春秋》书灾异,盖非偶然"的"灾异谴告"说也进行了批驳。他说:"天道远,人道迩。灾异本不可以事应言,故《春秋》书灾异不书事应,乃其理本如此,非圣人有隐意于其间也。而后儒必以事应言之,殊失圣人虚平之旨。"②在他看来,天道与人道、灾异与人事,既不相通也不感应。程颐从灾异引出事应,或以事应附会灾异,完全是对孔子本意的曲解。由此出发,高拱阐发了他的"实理实事"论。他说"在天有实理,在人有实事,而曲说不与焉。何谓实理? 夫阴阳错行,乖和贞胜,郁而为沴,虽天不能以自主,此实理也。何谓实事? 夫防其未生,救其既形,备饬虑周,务以人胜,此实事也。至谓天以某灾应某事,是诬天也;谓人以某事致某灾,是诬人也。皆求其理而不得,曲为之说者也"③。在这里,"实理"是指阴阳二气交错运行,有时正常和顺,有时反常背扭,这样一种自然规律;"实事"是指自然灾害发生前要有所预防,发生后要加以挽救,思虑周详,有备无患。至于"天以某灾应某事""人以某事致某灾"这种天人感应和灾异谴告的说法,不过是诬天诬人的曲解之说罢了。所以,他说:"盖实理、实事、实言,非感应之说也。""圣门皆言实理,感应之说曾未之闻。"④在此,高拱断然否定神学目的论和宿命论,阐明了他的实理实事的天人观。

在人性论上,高拱反对宋儒将人性二重化为义理之性和气质之性。他批驳道:"气质之性固在形气中矣,而义理不在形气中乎? 不在形气之中,而将何所住着乎? 盖天之生人也,赋之一性,而宋儒以为二性,则吾不敢如也。"⑤在他看来,彻底的人性论应是一元的,不是二元的。一切皆从气来,则性也是气,心也是气,"且性从'生','生'非气欤? 从'心','心'非与欤?"⑥

---

① 高拱:《本语》卷三。
② 高拱:《本语》卷一。
③ 高拱:《程士集》卷四《天人之际》。
④ 高拱:《问辨录》卷二《中庸》。
⑤ 高拱:《问辨录》卷一〇《孟子》。
⑥ 高拱:《问辨录》卷八《论语》。

所以，"人只是一个性，此言气质之性，又有何者非气者之性乎？"①人既然只有一个"气质之性"，那么，何谓"气质之性"？他说："形色，气之为也，而天性即此焉，气之未始不为理也；天性，理之具也，而形色即此焉，理之未始不为气也。"②"性字从生从心，则人心所具之生理也。"③这里的"形色"是指人的形体肤色，"天性"是指人的本质属性。"气质之性"是由形气所构成的人体的生理和心理活动。这里，虽然没有说明人性的社会内涵和阶级属性，但指出心性根源于气，存在于形气、形色之中，则具有合理因素。高拱的人性一元论，其实际作用就是要把心性之学从理学家那种空疏伪善的悬浮状态中拉回到实地上来，使它与现实人生更贴近，与人的自然性情更合拍。

在价值观上，宋明理学主张"重义轻利"，侈谈心性，不言功利，造成空疏不实的学风。鉴于此，高拱从理论上批判超功利主义，重新解释义利之说。他说："聚人曰财，理财曰义，又曰义者利之和，则义固未尝不利也。义利之分，惟在公私之判。苟出乎义，则利皆义也。苟出乎利，则义亦利也。"④在他看来，"利"就是聚集人才创造财货，"义"就是为国家管理财货。"义"不是抽象概念，而是公共利益的总和。如果为公众谋利益，"利"就是"义"，"义"就是"利"。据此，他痛斥理学家是"迂腐好名者流，不识义利，不辨公私，徒以不言利为高，乃至使人不可以为国"，"是亦以名为利者耳，而岂所谓义哉？"⑤理学家"以不言利为高""以名为利"的空谈，其危害性就在于轻视事功，"误于国事"。高拱对超功利主义价值观的批判，从理论上澄清一些混乱认识，是想号召封建官吏为国家的振兴富强做些切实的工作。

总之，高拱的元气实体论、实理实事论、自然实性论和义利价值论都是通过批判宋明理学而阐发的，从而体现出他的实学思想的批判精神品格。

### （五）"挽刷颓靡之习"的改革精神

高拱的批判精神，落实到现实中，即表现为锐意的改革实践。为了挽救

---

①　高拱：《问辨录》卷八《论语》。
②　高拱：《问辨录》卷一〇《孟子》。
③　高拱：《问辨录》卷二《中庸》。
④　高拱：《问辨录》卷一《大学》。
⑤　高拱：《问辨录》卷一《大学》。

明朝中期的社会政治危机,高拱主持并实施了隆庆大改革。他多次表示,要为国家"正纪纲,明宪度,进忠直,黜欺邪,革虚浮,核真实"①,"扶纪纲,正风俗,用才杰,起事功,以挽刷颓靡之习"②。这是他进行改革的理论纲领,也是他大力推行实政的指导方针。

高拱在执政期间,全面实践了他的改革纲领,在吏治、边防、兵制、赋税、漕运等诸多领域进行了全面改革。他认为,改革能否奏效,实政能否推行,成败的关键在于吏治,因此必须把吏治改革放在最重要的地位。高拱的吏治改革内容主要有:(1)增强推升官吏的透明度,堵塞营私舞弊的漏洞。"盖光天化日之下,十目十手所共指视,非惟人不得私,即予欲有所私,亦不能也。"③(2)建立官吏档案制度,记录各级各类官吏的德才状况,以此作为考察任用的依据。"某也德,德何如;某也才,才何如,书诸册。某也不德,不德何如;某也不才,不才何如,书诸册。某也所自见,某也所自闻,某也得之何人,书诸册。皆亲识封记之。"④(3)改革重进士轻举人的旧制,提出进士、举人"初只以资格授官,授官之后则惟考政绩,而不必问其出身"⑤。(4)州县长官年轻化,"五十以上者授以杂官,不得为州、县之长。盖州、县之长责任艰重,须有精力者乃可为之。彼其精力既衰,胡可以为哉?"⑥(5)省府州县的正官不得在本省为官,而学官、驿递官、闸坝官等可官于"本省隔府地方,不必定在异省。彼其道途易达,妻子易携,必重其官而安心于所职。如有败于职者,即重惩之,彼亦且甘心也"⑦。(6)刑部及其属官通过久任而专业化,使他们精贯律例,增加阅历,审判得当,这样才能"使贤者得以修职,而可收久任之功;不肖者无以自容,而不为久任之病",达到"刑罚清而万民服"的目的。⑧(7)加强盐政、马政和钱粮官吏的选拔任用,因为盐政、马政"皆系紧官要

---

① 高拱:《掌铨题稿序》。
② 高拱:《政府书答》卷一《答宣大王崇古》。
③ 高拱:《本语》卷五。
④ 郭正域:《合并黄离草》卷二四《太师高文襄公墓志铭》。
⑤ 高拱:《掌铨题稿》卷五《议处科目人才以兴治道疏》。
⑥ 高拱:《掌铨题稿》卷五《议处科目人才以兴治道疏》。
⑦ 高拱:《掌铨题稿》卷五《议处卑官地方以顺人情疏》。
⑧ 高拱:《掌铨题稿》卷一六《议处刑部司官究律久任疏》。

职"。"必重其官,乃可责以实效。""钱粮衙门,国用民生所系,盖重任也。"①
(8)改革兵部领导体制,把"一尚二侍"(一位尚书,两位左右侍郎)的旧体制
改为"一尚四侍"的新体制,加强兵部的领导力量。加强培养兵部司属官吏,
使他们掌握兵学,熟悉边政,以补充边防兵备、巡抚、总督之缺。(9)增加边
防军事官吏的俸禄,使他们扎根边疆,安心工作。实行边关总督轮流休假制
度,"使其精神得息而不疲,智慧长裕而不竭,以勤王事,为济必多"。(10)在
蓟、辽、宣、大、延绥、宁夏、甘肃、闽、广等边疆地区选拔兵部司属官吏,因为
他们生于其地,熟悉情况,可以提供真实战况情报。② 这些改革措施对于巩
固边防起到了积极作用,达到了"官修实政而民受实惠"的目的。高拱在隆
庆朝推行的吏治改革取得了阶段性的显著实效,为万历初年张居正的改革
奠定了基础。正如韦庆远先生所说:"高拱叱咤于隆庆中期以后的政坛,进
行了重要的整顿与改革,为其后的万历朝十年大改革奠下基础。"③因此,研
究隆万时期的改革,不能把高拱和张居正割裂开来,更不能对立起来。高拱
与张居正一样,也是一位著名的改革家。

　　总之,高拱的实学思想内蕴着求实、求是、实践、批判和改革等许多有价
值的精神品格。正如牟钟鉴先生所说:"做人求诚,做学问求是,做事情求
实,这就是高拱的真精神。"④这是高拱留给我们的宝贵精神财富和文化遗
产。如今继承和弘扬高拱的"真精神",对我们坚守初心,治国理政,实现中
华民族的伟大复兴仍然具有重要意义。

---

① 高拱:《掌铨题稿》卷五《议处马政盐政官员以责实效疏》。
② 参见高拱《边略》卷一《议处本兵司属以裨边务疏》《敌情紧急议处当事大臣疏》《推补兵部
右侍郎并分布事宜疏》《议处边方有司以固疆圉疏》和《议处边方久缺正官疏》等疏文。
③ 韦庆远:《隆庆皇帝大传》,辽宁教育出版社1997年版,第204页。
④ 牟钟鉴:《高拱的实政论及其理论基础》,载陈鼓应等主编:《明清实学思潮史》上册,齐鲁书
社1989年版,第281页。

# 主要参考资料

## 一、古代文献

高拱:《高文襄公文集》,清康熙笼春堂刻本。

高拱:《高拱全集》,中州古籍出版社 2006 年版。

高拱:《高拱年谱长编》,中州古籍出版社 2017 年版。

高拱:《高拱论著四种》,中华书局 1993 年版。

《明英宗实录》,台湾"中研院"史语所 1962 年影印本。

《明世宗实录》,台湾"中研院"史语所 1962 年影印本。

《明穆宗实录》,台湾"中研院"史语所 1962 年影印本。

《明神宗实录》,台湾"中研院"史语所 1962 年影印本。

郭正域:《合并黄离草》,北京出版社 2000 年版。

孙奇逢:《孙奇逢集》,中州古籍出版社 2003 年版。

海瑞:《海瑞集》,中华书局 1962 年版。

王世贞:《嘉靖以来内阁首辅传》,中华书局《丛书集成初编》1991 年影印本。

王世贞:《弇山堂别集》,中华书局 1985 年版。

王世贞:《弇州史料后集》,《四库禁毁书丛刊》史部,北京出版社 2000 年影印本。

王世贞:《觚不觚录》,《文渊阁四库全书》台湾影印本。

周世选:《卫阳先生集》,齐鲁书社 1997 年影印本。

徐学谟:《世庙识余录》,中国书店 1991 年版。

何乔远:《名山藏》,北京出版社 1998 年影印本。

支大纶:《支华平先生集》,齐鲁书社 1997 年影印本。

支大纶:《皇明昭陵编年信史》,台湾学生书局 1970 年影印本。

朱国祯:《皇明史概·皇明大事记》,江苏广陵古籍刻印社 1992 年影印本。

谈迁:《国榷》,中华书局 1958 年版。

傅维鳞:《明书》,《丛书集成初编》,中华书局 1985 年版。

王鸿绪:《明史稿》,天津古籍出版社 1998 年版。

张廷玉:《明史》,中华书局 1974 年版。

马之骏:《高文襄公集序》,《高拱全集》附录二,中州古籍出版社 2006 年版。

李永庚:《重修文襄高公祠堂记》,[清]乾隆《新郑县志》卷二十七《艺文志》。

谷应泰:《明史纪事本末》,中华书局 1977 年版。

徐阶:《世经堂集》,北京大学图书馆藏明万历徐氏刻本。

李维桢:《大泌山房集》,上海古籍出版社 1986 年版。

沈德符:《万历野获编》,文化艺术出版社 1998 年版。

黄宗羲:《明儒学案》,《黄宗羲全集》第八、九册,浙江古籍出版社 1992 年版。

焦竑:《国朝献征录》,上海书店 1986 年影印本。

陈奇猷:《韩非子集释》,上海古籍出版社 1974 年版。

张居正:《张太岳集》,上海古籍出版社 1984 年影印本。

沈鲤:《亦玉堂稿》,《四库全书》集部别集类第 1288 册。

于慎行:《谷山笔麈》,中华书局 1984 年版。

黄景昉:《国史唯疑》,上海古籍出版社 2002 年版。

文秉:《定陵注略》,北京大学出版社 1986 年影印本。

唐鹤征:《皇明辅世编》,《续修四库全书》史部第 524 册。

沈鲤:《张太岳集序》,张舜徽主编《张居正集》附录一,湖北人民出版社 1994 年版。

万斯同:《明史》,上海古籍出版社《续修四库全书》2003 年影印本。

许国:《许文穆公集》,无锡许氏简素堂 1924 年刻本。

赵贞吉:《赵文肃公文集》,《四库全书存目丛书》集部第 100 册。

吴瑞登:《两朝宪章录》,《续修四库全书》史部编年类第 352 册。

葛守礼:《葛端肃公集》,清嘉庆七年树滋堂刻本。

朱国祯:《涌幢小品》,中华书局 1959 年版。

张居正:《张居正集》,湖北人民出版社 1994 年版。

陈治纪:《书张〈文忠公文集〉后》,张舜徽主编《张居正集》附录一,湖北人民出版社 1994 年版。

夏燮:《明通鉴》,上海古籍出版社 1990 年影印本。

杨伯峻译注:《论语译注》,中华书局 1980 年版。

杨伯峻撰:《春秋左传注》,中华书局 1990 年版。

王圻:《续文献通考》,现代出版社 1986 年影印本。

田艺蘅:《留青日札》,上海古籍出版社 1985 年版。

刘向校、戴望校正:《管子校正》,《诸子集成》(5),上海书店 1986 年影印本。

陈子龙等:《明经世文编》,中华书局 1962 年版。

王廷相:《王廷相集》,中华书局 1989 年版。

北京大学《荀子》注释组:《荀子新注》,中华书局 1979 年版。

司马迁:《史记》,中华书局 1982 年版。

归有光:《震川文集》,台湾中华书局 1981 年版。

余继登:《典故纪闻》,中华书局 1981 年版。

刘应箕:《款塞始末》,巴蜀书社《中国野史集成》1993 年版。

刘绍恤:《云中降虏传》,巴蜀书社《中国野史集成》1993 年版。

许论:《九边图论》,《四库禁毁书丛刊》史部第 21 册。

魏源:《圣武记》,中华书局 1984 年版。

[清]乾隆《御选明臣奏议》,台湾商务印书馆 1983 年影印《文渊阁四库全书》本。

查继佐:《罪惟录》,浙江古籍出版社 1986 年排印本。

冯梦龙:《智囊全集》,线装书局 2008 年版。

吴伯与:《国朝内阁名臣事略》,《北京图书馆古籍珍本丛刊》第 15 册。

[清]乾隆《新郑县志》,乾隆四十一年(1776)刻本。

吴承权:《纲鉴易知录》第八册,中华书局 1960 年版。

《万历起居注》,北京大学出版社 1988 年影印本。

申时行等修:《明会典》,中华书局 1989 年版。

《万历邸抄》,江苏广陵古籍刻印社 1991 年版。

李慈铭:《越缦堂读书记》,辽宁教育出版社 2001 年版。

《万历疏钞》,《续修四库全书》史部第 468—469 册。

申时行:《赐闲堂集》,齐鲁书社 1997 年影印本。

刘青霞:《房尧第传》,《高拱全集》附录二,中州古籍出版社 2006 年版。

范守己:《御龙子集》,《四库全书存目丛书》集部第 32 册。

刘日昇:《慎修堂集》,汉学研究中心藏明泰昌元年原刊本。

龙文彬:《明会要》,中华书局 1956 年版。

张卤辑:《嘉隆新例》(附万历),科学出版社 1994 年版。

张萱:《西园闻见录》,台北明文书局 1991 年影印本。

李振裕:《白石山房文稿》,《四库全书存目丛书》集部第 243 册。

伍袁萃:《林居漫录》,台湾伟文出版有限公司 1977 年版。

张四维:《张四维集》,上海古籍出版社 2018 年版。

## 二、现代文献

(一)专著和文集

韦庆远:《张居正和明代中后期政局》,广东高等教育出版社 1999 年版。

韦庆远:《隆庆皇帝大传》,辽宁教育出版社 1997 年版。

樊树志:《晚明史(1573—1644 年)》,复旦大学出版社 2003 年版。

唐新:《张江陵新传》,台湾中华书局 1968 年版。

陈翊林:《张居正评传》,台湾中华书局 1979 年版。

刘志琴:《张居正评传》,南京大学出版社 2006 年版。

黄仁宇:《万历十五年》,中华书局 1982 年版。

邓之诚:《中华二千年史》第五卷,中华书局 1983 年版。

朱东润:《张居正大传》,湖北人民出版社1981年版。

嵇文甫:《嵇文甫文集》,河南人民出版社1990年版。

梁启超:《中国历史研究法补编》,载《中国现代学术经典·梁启超卷》,河北教育出版社1996年版。

郦波:《风雨张居正》,中国民主法制出版社2009年版。

田澍:《嘉靖革新研究》,中国社会科学出版社2002年版。

田澍:《明代内阁政治研究》,人民出版社2017年版。

汤纲、南炳文:《明史》上册,上海人民出版社1985年版。

胡凡:《嘉靖传》,人民出版社2004年版。

吴震:《明代知识界讲学活动系年:1522—1602》,学林出版社2003年版。

姜德成:《徐阶与嘉隆政治》,天津古籍出版社2002年版。

樊树志:《万历传》,人民出版社1993年版。

樊树志:《张居正与万历皇帝》,中华书局2008年版。

张显清、林金树主编:《明代政治史》上册,广西师范大学出版社2003年版。

田澍:《正德十六年——"大礼议"与嘉隆万改革》,人民出版社2013年版。

[美]牟复礼、[英]崔瑞德编:《剑桥中国明代史》,中国社会科学出版社1992年版。

李锦全:《海瑞评传》,南京大学出版社1994年版。

黄云眉:《明史考证》,中华书局1985年版。

王春瑜:《中国反贪史》,四川人民出版社2000年版。

孟森:《明清史讲义》,中华书局1981年版。

熊召政:《张居正》,长江文艺出版社2003年版。

白寿彝总主编:《中国通史》第九卷,上海人民出版社1999年版。

陈鼓应等主编:《明清实学思潮史》上册,齐鲁书社1989年版。

陈时龙:《明代中晚期讲学运动(1522—1626)》,复旦大学出版社2007年版。

牛建强、高林华主编:《高拱、明代政治及其他》,河南大学出版社 2011年版。

赵世明:《高拱与隆庆政治》,西南交通大学出版社 2014 年版。

(二)期刊论文

乔治忠、高希中:《历史人物评价标准的反省与重建——以"成王败寇论"为中心的考察》,《山东大学学报(哲学社会科学版)》2011 年第 4 期。

南炳文:《修订中华点校本〈明史〉高拱、徐阶二传随笔》,《史学集刊》2008 年第 4 期。

吴仁安:《张居正与明代中后期的隆庆内阁述论(上)》,《江南大学学报(人文社会科学版)》2012 年第 6 期。

吴仁安:《张居正与明代中后期的隆庆内阁述论(下)》,《江南大学学报(人文社会科学版)》2013 年第 1 期。

赵毅:《高新郑相材缺失论》,《哈尔滨师范大学社会科学学报》2010 年第 1 期。

韦庆远:《有关张居正研究的若干问题——〈张居正和明代中后期政局〉一书的序言》,《史学集刊》1998 年第 3 期。

张鑫:《试析隆庆初高拱的首次罢休》,《天中学刊》2012 年第 4 期。

吕延明、颜广文:《"张居正改革"、"隆万改革",还是"嘉隆万改革"——明朝中期改革运动称谓的界定》,《广东教育学院学报》2010 年第 4 期。

战继发:《万历初政格局探析》,《学习与探索》1999 年第 6 期。

尹选波:《高拱的执政思想与实践论略》,《史学月刊》2009 年第 4 期。

熊召政:《政坛一把霹雳火——记老斗士高拱》,《紫禁城》2010 年第 8 期。

赵毅:《〈病榻遗言〉与高新郑政治权谋》,《古代文明》2009 年第 1 期。

许敏:《关于高拱研究的几个问题》,《中国史研究》2010 年第 4 期。

任昉:《高拱〈病榻遗言〉性质新探——以隆庆六年六月"庚午政变"为线索》,《历史文献研究》(总第 32 辑),华东师范大学出版社 2013 年版。

李勤奎:《促成"俺答封贡"的首功当属高拱》,《驻马店师专学报(社会科学版)》1992 年第 1 期。

颜广文:《高拱与"俺答封贡"》,《广东教育学院学报》2004 年第 1 期。

王雄:《高拱与明隆庆朝的北边防御》,《广播电视大学学报(哲学社会科学版)》2009 年第 4 期。

田澍:《张居正的蒙古观及其实践》,《中国边疆史地研究》2014 年第 2 期。

唐玉萍:《张居正、高拱在"隆庆和议"中的作用对比》,《赤峰学院学报(汉文哲学社会科学版)》2010 年第 5 期。

其其格:《张居正与"俺答封贡"》,《内蒙古师大学报(哲学社会科学版)》1996 年第 2 期。

王天有:《试论穆宗大阅与俺答封贡》,《北京大学学报(哲学社会科学版)》1987 年第 1 期。

胡凡:《论明穆宗时期实现俺答封贡的历史条件》,《中国边疆史地研究》2001 年第 1 期。

岳金西:《高拱的惩贪方略及其代价》,《古代文明》2011 年第 1 期。

岳金西:《高拱缺失相材吗? ——与赵毅教授商榷之二》,《哈尔滨师范大学社会科学学报》2012 年第 2 期。

商传:《"王大臣案"小议》,载《高拱、明代政治及其他》,河南大学出版社 2011 年版。

樊树志:《张居正与冯保——历史的另一面》,《复旦学报(社会科学版)》1999 年第 1 期。

毛佩琦:《张居正改革,一个神话——为张居正正名》,《晋阳学刊》2010 年第 4 期。

毛佩琦:《祖训:理念与实践——以隆庆年间高拱办理贵州土司安国亨案为例》,《贵州文史丛刊》2020 年第 3 期。

田澍:《震荡与调适:隆庆政治的走向》,《社会科学辑刊》2011 年第 2 期。

梁希哲:《论徐阶》,《吉林大学社会科学学报》1987 年第 6 期。

姜海军:《明后期政治变局下心学、理学的消长》,《社会科学辑刊》2016 年第 5 期。

赵世明:《高拱"尽反阶政"浅析》,《殷都学刊》2008 年第 1 期。

朱鸿林:《高拱与明穆宗的经筵讲读初探》,《中国史研究》2009 年第 1 期。

李鸿然:《海瑞年谱(续二)》,《海南大学学报(社会科学版)》1996 年第 1 期。

牟钟鉴:《论高拱》,《中州学刊》1988 年第 5 期。

李良品:《明代贵州水西"安氏之乱"的起因、性质与处置》,《贵州社会科学》2008 年第 2 期。

岳金西:《高拱〈病榻遗言〉考论——与赵毅教授商榷》,《古代文明》2009 年第 3 期。

嵇文甫:《张居正的学侣与政敌——高拱的学术》,《嵇文甫文集》中册,河南人民出版社 1990 年版。

杨少涵:《〈中庸〉"政犹蒲卢"郑、朱注之歧异与会通》,《中山大学学报(社会科学版)》2015 年第 5 期。

荣真:《隆庆末张居正冯保矫诏辨正》,《杭州师范学院学报》1994 年第 5 期。

全汉昇、李龙华:《明中叶后太仓岁出银两研究》,香港中文大学《中国文化研究所学报》1984 第 1 期。

岳天雷:《高拱研究的回顾与展望》,《河南大学学报(社会科学版)》2010 年第 1 期。

韩梦丽:《高拱〈病榻遗言〉中张居正形象分析》,《齐齐哈尔大学学报(哲学社会科学版)》2016 年第 12 期。

张帅帅:《〈病榻遗言〉性质考辨》,《绵阳师范学院学报》2020 年第 3 期。

# 后　记

当初,我们撰写这部书稿时可谓犹豫不决,顾虑颇多。这不仅是因为本书为高拱辨明是非,必然涉及有些学术名家的观点,无疑这是得罪人的事情,甚至会引发群起而攻之;而且也是因为本书为消解关于高拱的成见,这又会有偏爱、袒护高拱之嫌,进而引发对本书的客观性、公正性的质疑。因此,每当念及于此,内心总是惴惴不安,担心出力不讨好,乃至被贴上为高拱"翻案"的标签。

尽管如此,我们仍然秉持"不破不立"的学术信念。记得孟子曾说过:"予岂好辩哉? 予不得已也!"并非我们好辩,偏爱争论,而是要辨明是非,消解成见。唯有如此,才能祛除强加在高拱头上的种种不实之词,廓清附加在高拱身上的种种虚构之说,穿透笼罩在高拱身上的重重历史迷障,也才能还高拱一个清白和公道,真正地为其立论。不过,我们也深知,要达此目的,并非易事。这需要有深厚的功底、广阔的视野、深邃的识见。在这些方面,虽然我们功力不逮,学识有限,但还是做了最大努力。当然,本书能否取得"拨云见日"之效,这要由方家和读者来评判。

需要说明,本书有些章节已在学术期刊上发表,或被《明史国际学术研讨会论文集》收录。在辑入本书时,为了使体例与全书保持一致,对标题做了较大幅度修改,内容有所充实,结构也做了调整。另外,本书第五章、第十三章由家父岳金西教授撰写,征得他生前同意,也辑入书中。

深感沉痛的是,在书稿即将完成之时,家父岳金西教授因医治无效而病逝。回望家父的一生,他虽然没有取得过显著业绩,更没有声名远播,但却以毕生精力,持之以恒地执着于对西方德国的马克思和中国明代的高拱的研究。大致来说,他的前半生偏重于马克思早期哲学思想研究,在《马克思主义来源研究论丛》《文史哲》《河南大学学报（社会科学版）》《论马克思主义哲学的形成和发展——1982年全国马克思主义哲学史学术讨论会论文选》等刊物和论文集上发表十余篇有分量的学术论文，合著《马克思主义哲学发展简史》（河南人民出版社1985年版）一书。他的后半生，特别是离休以后，又转向了高拱著作及相关古籍文献的点校和整理，出版有《问辨录》和《高拱全集》（中州古籍出版社1998年版、2006年版），后者荣获2006年度全国古籍整理优秀图书一等奖，并在《人文中国学报》《古代文明》《古籍整理出版情况简报》等刊物上发表多篇论文。可以说，没有家父为高拱研究奠定基础，开启先路，就没有我们相关论著的出版和发表。在此，对家父甘为人梯的奉献精神深表敬意！对其不幸逝世表示最沉痛的哀悼！也谨以此书表达最深切的怀念！

　　长期以来，我的研究工作得到了师友卢有才教授的鼎力相助，我们也曾合作出版《儒家权说论稿》一书。这部书稿的撰写，一如既往地得到了卢教授的关心和支持。在这里，特向卢教授深表感谢！

　　最后，我还要感谢河南人民出版社的信赖和支持！感谢副总编蔡瑛先生提出的宝贵修改建议！感谢责任编辑林子老师为拙著的出版所付出的诸多辛劳！

岳天雷

2022年6月于郑州